폐허에
살다

Lives in Ruins

폐허에 살다

발굴해서 역사를 찾는 고고학자들 이야기

메릴린 존슨 지음 | 이광일 옮김

책과함께

일러두기

1. 이 책은 Marilyn Johnson의 *LIVES IN RUINS*(HarperCollins Publishers, 2014)를 완역한 것이다.
2. 인명과 지명은 외래어 표기법에 따라 표기하였다.

이제 고고학자의 거창한 과업은 다음과 같다.
말라버린 샘이 다시 뽀글뽀글 솟게 만들고, 잊힌 것들을 다시 알리고,
죽은 이들을 살려내며,
우리 모두를 감싸고 있는 저 역사의 물줄기를 다시 굽이치게 만드는 것…….

― C. W. 체람, 《고고학 이야기: 신, 무덤 그리고 학자들》 중에서

차례

고고학자, 그들은 누구인가

♌

이 책에 공룡 같은 것은 등장하지 않는다. 공룡을 연구하는 사람들에 대해 알고 싶다면 고생물학자에 관한 책을 봐야 할 것이다. 이 책은 고고학자들, 즉 인간을 연구하고, 유골이나 쓰레기, 폐허처럼 인간이 남긴 것들을 연구하는 사람들에 관한 이야기다.

이 책에 등장하는 고고학자들은 석기부터 깨진 항아리, 흙에 이르기까지 보잘것없는 것들을 가지고 작업한다. 고고학자들은 사물이 깨지고 부서지고 분해되는 과정을 기가 막히게 포착하는 전문가이며, 일이 어디서부터 어떻게 된 것인지 주변 맥락까지를 날카롭게 추정할 줄 아는 사람들이다. 유물은 놓인 위치와 그 주변 상태에 따라 무의미한 폐물이 되기도 하고 지식의 보고가 되기도 한다. 고고학자에게 보물이란 과거에는 세상 빛을 보았으나 지금은 땅속에 묻혀 있는 정보의 조약돌 같은 것이다. 그 돌 하나를 어떻게 해석하느냐에 따라 역사의 이야기가 달라진다. 어떤 동영상에서 본 고고학자가 생각난다. 젊은 여성이었는데, 허리 깊이의 진흙투성이 갱도에서 무언가를 찾고 있었다. 곧 뉴욕 지하철이 들어설 곳이었다. 안전모 밑에서 그녀의 두 눈이 반짝였다. "주조 연월일이 새겨진 동전을 찾았습니다!"

지금이야말로 고고학자들이 어떤 식으로 작업하는지 알아볼 수 있는 적기다. 유물이 계속 새로 발굴되고 과학이 비약적으로 발전한 덕분에 우리가 알고 있던 역사가 다시 쓰이고 있기 때문이다. 주차장 자리에서 영국 국왕의 유골이 튀어나오는가 하면, 빙하가 녹으면서 청동기시대 사람들이 신던 신발과 바이킹이 꼈던 장갑이 다시금 세상에 모습을 드러낸다. 고고학자들은 항공관측장비 라이다Lidar를 사용해 캄보디아 앙코르와트 사원 지하에 거대한 규모의 고대도시 유적이 존재한다는 사실을 밝혀냈다. 고고학 발굴 관련 기사마다 "우리가 생각했던 것보다 훨씬 이른 시기에 인간이 거주했다는 사실이 밝혀졌다."는 구절이 빠지지 않고 등장한다. 기술의 발전은 고고학이 성황을 이룬 요인 가운데 하나다. 그러나 전쟁이나 무역의 발달, 악천후, 기온 상승과 같은, 변화와 파괴를 야기하는 요인들도 과거가 고스란히 담겨 있는 지층들을 하나씩 벗겨내는 데 큰 역할을 한다. 세상은 고고학자들이 따라잡을 수 없을 만큼 급속히 변하고 있다.

하지만 발굴 장소가 늘어나고 일이 많아질수록 고고학자들은 문화적 기억을 되살려내는 작업을 하는 다른 분야 전문가들과 비슷한 곤경에 처한다. 그들은 우리의 소중한 과거를 발굴해서 이해하는 힘든 작업을 수행하지만 사회적 지원을 거의 받지 못한다. 역사가 영원히 사라져버리기 전에 포착하는 것이 고고학자의 과제라면 그들은 과연 그런 과업을 얼마나 잘해낼 수 있다고 자부할까? 우리는 고고학자들이 무슨 일을 하는지 알고 있다고 생각한다. 그러나 우리는 도서관 사서에 대해서와 마찬가지로 고고학자들에 대해서도 선입견을 가지고 있다. 그래서 그들의 노고가 어떠한 것인지 잘 알지 못한다. 할리우드 영화에 나오는 좌충우돌 모험가 스타일의 고고학자는, 부식돼 사라져가는 과거의 파편 속에서 진짜 이야기가 될 만한 무언가를 찾아내기 위해 노심초사하는 고고학자의 참모습과는 아주 거리가 멀다. 그들은 트라우얼trowel(흙손 모양의 발굴도구로, 고고학자의 상징이다―옮긴이) 하나 달랑 들고 약간의 유머감각으로 무장한 채 고된 작업을 묵묵히 수행한다.

나는 놀이터에서 모래를 파고 흙장난하는 아이들은 누구나 커서 고고학자가 되고 싶어 하는 줄 알았다. 나도 어려서 모종삽 같은 것을 가지고 땅을 파고 놀았다. 혹시라도 멋진 화석이 나올지 모른다는 상상에 젖어 시간 가는 줄 몰랐다. 이 책을 쓰면서 어린 시절처럼 흙으로 돌아가 새로운 눈으로 현장을 꼼꼼히 살피고 보물을 찾는 경험을 했다. 즐거웠다. 나는 고고학자의 눈으로 세상을 보고 싶었다. 그들은 폐허 더미에서 무엇을 눈여겨볼까? 질그릇 파편 한 점, 고대인의 치아 한 개가 과거를 퍼즐처럼 짜 맞추는 데 어떤 도움이 될까? 그런 것들이 우리가 역사를 찾아내 보전하는 데 과연 도움이 될까?

나는 이 책을 쓰기 위해 '진짜 현장'을 열심히 쫓아다녔다. 페루의 마추픽추 정상에서부터 미국 로드아일랜드 주 뉴포트의 차디찬 바다에 이르기까지 곳곳을 누볐다. 그러면서 고고학자를 알아보는 안목이 생겼고, 그들이 사용하는 기술에 대해서도 전문가가 다 됐다. 나는 시대

별로 여러 가지 유물에 정통한 전문가들을 찾아다녔다. 특히 고고학적 관심의 대상이 되기 어려울 것 같은 곳에서 작업하는 고고학자들을 많이 만나봤다. 예를 들어 카리브 해와 뉴욕 주 피시킬의 잡초 무성한 땅에서 고고학자들은 대농장과 무덤을 발굴해 콜럼버스 이후 신세계(아메리카)의 역사를 짜 맞추고 있었다. 나는 "흙과 더불어 속삭이는 사람들"이 작업하는 지중해 연안 발굴현장에 가서 청동기시대에서부터 로마 제국 몰락까지를 연구하는 구세계(유럽) 고고학자들도 만나봤다. 또 빙하기에 집중해서 고대인들을 연구하는 고고학자들을 따라다녔다. 군부대나 강력계 형사, 양조업자들과 공동작업을 하는 고고학자들도 취재했다. 페루, 일본, 호주, 영국, 독일, 네덜란드, 이스라엘, 짐바브웨에서 온 고고학자들도 만났다. 남성이 지배적인 고고학 분야에서 이제는 여성도 남성 못지않은 활약을 하고 있었다.

나는 현장 안내를 맡아준 고고학자들과 함께 땀을 흘리며 직접 발굴도 했다. 그러나 그들은 내가 캐다준 것은 대부분 그냥 내버렸다. 나도 작가로서의 우월감이 발동해 그런 그들을 내려다보고 싶어졌다. 나는 그들이 하는 농담이나 전문용어, 각종 치수, 방사성탄소연대측정치, 일반인에게는 불필요할 정도로 전문적인 이론들 내지는 고고학자의 본질과 별 관계없는 것들은 그냥 내버렸다. 그들은 어쩌다가 지구 표면을 긁어 파는 일에 평생을 바치게 됐을까? 그런 일이 왜 중요한 것일까? 그런데 맥주는 또 왜 가는 곳마다 빠지지 않을까? 이런 것들이 바로 내가 탐색하고자 하는 요체다.

한 고고학 전공 대학원생이 내게 이런 말을 했다. "대재앙이 닥치면 고고학자가 필요해질 거예요. 우리는 불 피우는 법, 먹을 것을 구하는 요령, 언덕에 요새형 주거지를 건설하는 방법 같은 것을 알고 있으니까요." 나는 즉시 그녀의 이름을 수첩에 적고 그 밑에 메모를 달았다. '요새형 주거지 건설법을 알고 있음.' 그런 게 도움이 될 날이 올지 누가 알겠는가. 그녀는 고고학 지망생들의 취업 문제를 걱정하면서 "우리는 결국 마분지 상자 속에서 생을 마치게 될 거예요. 부모님들은 그게 걱정이지요."라고 말했다. 고고학의 필드워크fieldwork(현장발굴작업)는 힘든 일이다. 일거리로 치면 대개 단기적인 일거리다. 개발을 앞둔 지역을 현장조사해서 고층건물이나 쇼핑센터를 지어도 고대의 마을이나 묘지를 훼손할 가능성이 없다는 것을 증명해주는 정도다. 평생 고고학에 종사하려는 사람들은 그런 일거리라도 얻기 위해 치열하게 경쟁한다. 그들은 전문성과 경력, 다양한 경험과 자부심을 갖고 있지만 현장과 유물 앞에서는 늘 겸손해진다. 많이 아는 사람일수록 자신이 정말 아는 게 없다는 걸 알기 때문이다. 한 고고학자는 어깨를 으쓱해 보이며 "제가 쓴 책 대부분이 틀렸다는 걸 누군가 곧 알아낼 겁니다."라고 했다. 또 다른 고고학자는 제자들 얘기를 하면서 "그 친구들이 앞으로 10년 동안 열심히 파면 우리 같은 노땅들은 얼굴을 들지 못하게 될 겁니다."라고 말했다. 나는 그런 사람들에게 끌렸다. 풍부한 경험과 멀리 내다보는 안목이 있고 현장에서 얻은 상처가 훈장처럼 빛나는, 3박 4일을 떠들어도 다 못할 '이야기'를 가지고 있는 사람들……. 내가 아는 한, 고고학자들이야말로 가장 강인한 사람들이다.

4년 전에 나는 더블린의 아일랜드국립박물관 고고학관National Museum of Ireland —Archaeology에서 유물을 구경하고 있었다. 아일랜드 습지에서 쏟아져 나온 고대 황금 유물들이었다. 단조鍛造 작업으로 만든 목걸이,

커다란 황금 구슬, 금제 머리띠와 팔찌, 귀에 다는 장신구로 추정되는 것 등등 그 양과 수준이 엄청나게 많았다. 당시 아일랜드 경제는 초고속 성장을 거듭하고 있었다. 더블린은 영국 관광객들의 호주머니에서 떨어지는 파운드화를 줍기에 바빴다. 그런데 오히려 그 박물관에 《걸리버 여행기Gulliver's Travels》에 나오는 거인국의 보석 장신구 같은 황금 유물이 널려 있었던 것이다.

　박물관 주 전시실 뒤편에는 습지에서 발굴된 또 다른 고고학적 유물들이 전시돼 있었다. 유물의 성격 때문인지 일부러 잘 안 보이는 곳에 배치한 것 같았다. 문제의 유물은 수백 내지 수천 년 된 사람의 시체였다. 습지 특유의 산소가 없는 조건 때문에 원형이 잘 보존된 시체였다. 보통 시신은 살점은 썩어 없어지고 뼈만 남는다. 하지만 습지에서 발굴된 시신은 뼈는 분해돼 없어지고 살과 장기, 심지어 머리털과 체모까지 남아 있는 천연 미라다. 박물관에서 틀어주는 소개용 비디오의 설명이 인상적이다. "우리는 지금 철기시대 인간의 얼굴을 보고 있습니다." 내레이터의 음성이 높아진다. "눈썹까지 남아 있네요." '습지 미라bog body' 한 구 한 구는 별도의 전시실에 전시돼 있다. 그 전시실에 입장할 때는 거대한 달팽이 껍데기 속으로 들어가는 기분이었다. 미라들은 양탄자를 깐 상자에서 안식을 취하고 있고, 주변에는 엄숙한 정적이 흘렀다. 나는 '클로니케이번인Clonycavan Man' 앞에서 걸음을 멈췄다. 염소수염에 몸매가 바짝 마른 남성이다. 얼굴은 새까만 가죽처럼 말라붙어 있었다. 모히칸족처럼 머리털을 쓸어 올린 것이 인상적이다. 지중해 인근에서만 자라는 식물의 기름으로 만든 헤어젤 같은 것을 발라 머리털을 고정시킨 것이다. 그 식물의 자생지는 클로니케이번인이 살았던 동네에서 1600킬로미터도 더 떨어져 있다.

클로니케이번인은 얼굴은 물론이고 얼굴의 솜털까지 남아 있다. 하지만 정작 더 관심이 간 것은 올드크로건인Old Croghan Man이었다. 올드크로건인은 거한이었다. 지금은 머리와 두 다리가 없지만 2000여 년전 땅을 밟고 돌아다닐 때는 키가 180센티미터가 훨씬 넘었을 것이다. 꺼멓게 변한 몸통은 박물관의 희미한 조명 탓에 적갈색으로 빛났다. 두 손은 완벽하게 복원돼 지문을 딸 수 있을 정도였다. 손톱도 열 개 중 여덟 개가 복원됐다. 올드크로건인은 목이 잘린 상태였다. 위팔 살점에는 큰 구멍이 두 개 뚫려 있고 거기에 버드나무 가지로 만든 노끈이 꿰어져 있다. 올드크로건인을 죽인 자들이 노끈을 기둥에 묶고 시신을 늪지에 던져 넣었던 것 같다. 젖꼭지 두 개도 도려내진 상태다. 당시 아일랜드에서는 존경의 뜻을 표하는 방식으로 왕의 젖꼭지를 빼는 풍습이 있었던 듯하다. 그런데 이제 젖꼭지가 없으니 너는 왕이 아니라는 얘기다.

고고학자와 큐레이터들은 올드크로건인과 클로니케이번인이 왕 또는 족장 내지 상당한 세력가 출신으로 현직 통치자를 위협했거나 상류 가문 출신으로 변방에 끌려와 죽임을 당한 것으로 추정했다. 극심한 폭력이 행사된 흔적을 보면 두 사람의 죽음이 일종의 제의祭儀와 관련이 있는 것으로 추정된다(내가 만난 한 고고학자는 웃으면서 "그거 모르죠? 그런 걸 제의라고 해요."라고 말했다).

클로니케이번인과 올드크로건인이 발견된 것은 우연이었다. 2003년 몇 달 간격을 두고 40여 킬로미터 떨어진 두 지점에서 두 구의 시신이 모습을 드러냈다. 두 시신 모두 이탄채굴기가 파헤쳐 놓은 터라 손상이 심했는데 시신이 튀어나오는 순간 작업자들은 "시체다!"라고 소리쳤다고 한다. 고고학자, 생물인류학자, 고대의 머리 모양 전문가 등이 바로 출동했다. 그들은 시신에 대해 온갖 분석 작업을 했다. 클로니케이번인과 올드크로건인으로서는 살아서 당한 고문 못지않은 고문을 또 당한 셈이다. 적외선 촬영, 자외선 촬영, 엑스레이, 꽃가루 검사, 내장·위장·치아·피부조직 검사는 물론이고 3차원 얼굴 복원 작업도 했다. 클로니케이번인의 위팔에 감긴 노끈이 정확히 어떤 나무로 만든 것인지, 올드크로건인의 소매를 감싸고 있는 가죽이 어떤 동물의 것인지도 밝혀냈다. 그런 다음 전문가들은 두 시신을 소독수로 세척하고 온도와 습도가 자동 조절되는 유리관에 넣어 전시했다. 과거의 모습을 담은 생생한 증거를 꼼꼼히 조사하는 데 수십 명의 전문가가 동원됐다. 고고학 전문가들이 작업하는 모습을 현장에서 바로 볼 수 있다고 상상해보라!

'습지 미라'는 경탄을 금할 수 없는 최상급 유물이다. 캐나다 출신 고고학 컨설턴트 헤더 길프레어킹Heather Gill-Frerking은 "몇 시간이고 그 자리에 선 채로 눈을 떼지 못할 겁니다."라고 말했다. 그녀는 유럽 습지에서 이탄채굴 작업 중 시신이 발견됐다는 소식이 들리면 바로 비행기를 타고 대서양을 건넌다. 그녀는 대학원생 시절 덴마크 습지에서 발견된 미라 톨룬트인Tollund Man의 머리 사진을 보았다. 2000년 전(더 됐을 수도 있다) 사람인 톨룬트인은 다른 습지 미라들처럼 보통의 시체와는 상태가 정반대였다. 뼈는 다 분해돼 없어지고 조직만 남은 것이다. 피부가 갈색으로 변색된 것 말고는 보존 상태가 대단히 좋았다. 턱수염과 이마의 주름까지 보일 정도였다. 가죽 끈으로 꼰 줄이 목에 감겨 있었지만 얼굴 표정은 평온해 보였다. 습지 안의 무언가가 방부제 역할을 한 것이다. 그게 정확히 무엇일까? 사람들은 '아무도 모른다.'고 했다. 그러나 길프레어킹은 "나한테 아무도 모른다는 말은 하지 마세요." 라고 했다. 그녀는 죽은 새끼돼지와 돼지 발을 습지에 묻어 시체가 미라로 되어가는 과정을 밝히는 실험을 했다. 그녀는 세 개의 학사학위를 받은 뒤 법의인류학forensic anthropology 전공으로 석사학위를 받았다. 이어 일반 미라와 습지 미라에 대한 글을 쓰는 한편으로 주로 유럽을 무대로 특이한 고고학 관련 경력을 쌓았다. 길프레어킹은 현재 〈세계의 미라〉라는 순회전시 프로젝트의 과학·교육 담당 책임자로 일하는 한편, 유니버시티칼리지 런던의 로스쿨에서 문화유산 관련 법률을 공부하고 있다.

　길프레어킹은 박사학위 주제로 독일 슐레스비히에서 발굴된 철기시대 습지 미라를 연구해 '빈데비 소녀Windeby Girl' 미라—셰이머스 히니Seamus Heaney(1995년 노벨 문학상을 수상한 아일랜드 시인)의 시에 등장해 유명해졌다—가 사실은 소년이었음을 밝혀냈다. 그녀는 그때 얘기를 하면서 마치 우리 둘 다 잘 아는 어떤 친구 얘기를 하듯이 떠들었다. "빈데비 소녀가 알고 보니 남자애였다는 거 아녜요." 그녀는 미국 플로리다 주의 한 연못 이탄층 바닥에서 수많은 미라가 출토된 사건에도 열을 올렸다. 조직이나 장기는 없고 뼈만 남은 미라였는데 놀랍게도 뇌가 그대로 보존돼 있었다는 것이다. "습지 미라는 지금 369구밖에 안 남았습니다.* 정말이지 증거로서는 굉장히 적은 양이지요." 발굴된 미

---

* 미라 숫자는 다소 차이가 날 수 있다. 그러나 수백 구인 것은 분명하다. 헤더 길프레어킹이 말한 숫자는 2012년 국제 전시 기준이다.

라의 일부는 개인 수중에 들어갔다. "미라를 갖고 싶어 하는 사람이 얼마나 많은지 알면 정말 놀랄 겁니다." 미라 수집가들은 역사의 현장에서 도둑들이 훔쳐낸 미라를 밀거래하는데, 이것이야말로 고고학계의 골칫거리다. 따라서 미라 순회전시 때도 보안에 최대한 신경써야 한다.

나는 습지 발굴이 많을 거라고 생각했는데 길프레어킹이 오해를 풀어주었다. 습지를 제대로 발굴하려면 우선 습지의 물을 다 빼야 하는데, 이는 비용도 많이 들고 대단히 어려운 작업이다. "습지 미라는 대개 이탄채굴 작업을 하다가 우연히 발견된 것입니다. 따라서 채굴기에 쓸려 심하게 손상된 경우가 많지요. 습지는 시신을 매장하기에 아주 좋은 곳이지만 사고도 자주 일어납니다. 습지에 빠진 양을 구하러 들어갔다가 주인도 같이 빠져 죽는 경우도 있어요. 자칫하면 그대로 빨려 들어간다는 점에서는 유사流沙랑 비슷합니다."

길프레어킹은 미라 관련 실험 내용을 〈컴브리아와 웨일스의 새끼돼지 미라 *This Little Piggy Went to Cumbria; This Little Piggy Went to Wales*〉라는 논문으로 발표했다. 실험 과정에서 암퇘지 한 마리가 사고로 죽었을 뿐 새끼돼지를 일부러 죽이지는 않았다. 폭력이나 죽음 같은 것을 못 견디는 성격이기 때문이다. 그녀는 뉴햄프셔에 있는 집에 거미나 파리가 들어오면 남편한테 잡아서 밖에 놔주라고 한다. 부부는 암무트Ammut(이집트 신화에 나오는 괴물 형상의 여신—옮긴이)라는 이름의 푸들을 키우고 그 개를 몹시 사랑하지만, 그녀는 독일의 한 습지에서 발굴된 16세기의 개 플러피에 관해 얘기하는 것을 더 좋아한다. 지금은 플러피 연구를 진척시켜 미라 전시회에 내보낼 준비를 하고 있다. 플러피는 두개골은 물론이고 조직과 장기도 많이 보존돼 있고 사랑스러운 갈색 털도 남아 있다. "말랑말랑한 조직까지 원형 그대로 남아 있는, 세계에서 가장 오래된 동물입니다!" 그녀의 목소리에서 흥분이 느껴진다.

취재원인 어떤 고고학자는 좀 있으면 내게도 화살촉과 창촉 같은 것들이 "쏟아져 나올 것"이라고 듣기 좋은 말을 해주었지만 그런 행운이 내게 찾아올 것이라는 확신은 없었다. 어느 날 오후 위스콘신 주에서 '형상 둔덕effigy mound'을 찾아 헤매다가 역시 안내인 없이는 안 되겠다는 생각이 들었다. 형상 둔덕이란 미국 중서부의 거대한 고고학 유적으로 초기 인디언들이 흙을 쌓아 동물이나 정령의 형상으로 조성한 둔덕이다. 이들 둔덕은 내가 가져간 안내서에 따르면 세계적인 고고학 유적으로서, 페루의 나스카 라인Nazca Lines(거대한 새의 모습 내지는 기하학적 문양을 사막 지표면에 파놓은 유적)과 쌍벽을 이룰 정도라고 돼 있었다. 그럴 수도 있겠다. 그런데 사진을 보면 나스카 라인은 대단히 인상적인 반면, 흑백사진 속 위스콘신의 형상 둔덕은 전혀 그렇지 않았다. 하지만 나는 미국의 딸이니 내가 떠맡지 않을 수 없는 사안이었다.

지도도 있고, 안내판도 있고, 전망대까지 있는데도 주변에서 둔덕은 찾을 수 없었다. 전망대가 있으면 바로 보여야 되는 것 아닌가? 동물 형상은커녕 둔덕이라고 할 만한 것도 보이지 않았다. 나는 110미터 높이의 둔덕을 찾았는데, 알고 보니 길이가 110미터라는 얘기였다. 안내서에서 형상 둔덕이 세계적인 중요성을 갖는다는 얘기는 봤지만 "매우 나지막하고…… 자연 지형을 따라 조성돼 있어서 주변과 구분이 안 갈 정도로 잘 융합돼 있다."는 대목은 놓치고 만 것이다. 그래서 둔덕을 발견하지 못하는 사람들이 많다. 그리고 보니 둔덕의 형상은 곰과 뱀, 퓨마 같은 것들을 닮았다. 밤하늘의 큰곰자리와 작은곰자리가 곰을 연상시키는 것과 같다. 다른 말로 하면 미리 알고 있어야 찾을 수 있다는 얘기다. 그런데 형상이 없는, 동물 형상이 아닌 둔덕은 어떻게 찾을까? 그런 둔덕들은 부드러운 곡선이 이어지는 언덕과 같다. 경우에 따라서는 둔덕 속에 시신을 안치한 경우도 있고 그렇지 않은 경우도 있다. 형상 둔덕은 인간이 흙으로 조성한 언덕이다. 어떻게 그런 조형물을 만들었는지 미스터리가 아닐 수 없다.

미국에서 처음으로 고고학적 발굴이 이루어진 것은 독립전쟁 때였다. 당시 토머스 제퍼슨은 버지니아 주에서 인디언 무덤 둔덕에 참호를 파다가 나온 인골과 기타 유물에 대한 학술적 분석을 담은 보고서를 작성했다. 제퍼슨이 발굴한 무덤은 비교적 쉽게 눈에 띄었을 것 같다.

나중에 나는 다이애나 그린리Diana Greenlee라는 여성 고고학자가 루이지애나의 파버티포인트Poverty Point 인조 둔덕 발굴에 열중하고 있다는 얘기를 들었다. 그녀는 이 인조 둔덕이 유네스코 세계문화유산으로 지정된 미국의 다른 유적들과 어깨를 나란히 할 만큼 중요하다고 주장했다. 심지어 그랜드캐니언, 독립기념관, 자유의 여신상과 수위를 다툴 정도라는 것이다. 그랜드캐니언과 파버티포인트가? 그린리는 수천 년 전 저지低地 미시시피 계곡 문화권 사람들이 수렵과 채집 활동을 하는 틈틈이 막대한 양의 토사를 손으로 바구니에 담아 날랐다고 했다. 그들은 멀리서 가져온 토사로 동심원형 둔덕을 만들고 거대한 광장을 조성했다. 왜 그런 둔덕을 만들었는지는 아직 모른다. 파버티포인트가 특히 중요한 이유는 수렵·채집인이 인조 둔덕을 만든 경우가 거의 없고, 매우 빠른 속도로 만들었으며, 그 규모가 영국 스톤헨지 거석 유적

같은 것과는 비교가 안 될 정도로 크기 때문이다. 그린리에 따르면 파버티포인트는 각종 구조물은 제외하고 둔덕만 1.6제곱킬로미터(약 49만 평) 규모다. 규모 면에서 파버티포인트와 비견할 만한 것은 미국 네바다 주 사막 한가운데에서 열리는 버닝맨 페스티벌 때 일시적으로 조성됐다가 곧 사라지는 블랙록 시티와 플로리다의 오피스빌딩 단지 정도라고 한다. 이런 얘기를 듣고 나는 놀라움을 금치 못했다. 그리고 그해 여름 유네스코 세계문화유산에 새로 등재될 유적 명단이 발표됐을 때 파버티포인트가 맨 위에 이름을 올렸다.

이런 이야기들을 아는 사람은 과연 누구인가? 나는 온 세상을 다 돌아다녀서라도 그런 전문가들을 찾아내고 싶었다. 인간이 만든 둔덕과 일반 언덕의 차이를 식별할 수 있는 사람은 누구인가? 그 차이는 너무도 미묘해서 지도와 안내판을 봐도 보통 사람은 알아낼 수 없을 정도다. 뼈와 흙을 책처럼 읽어가며 밥을 벌어먹는 사람들은 과연 어떤 사람들인가? 퓨마 둔덕을 건설한 후기 우드랜드문화의 인디언들과 그보다 더 오래전에 파버티포인트라는 슬픈 이름('poverty'는 '가난'을 뜻한다—옮긴이)의 거대한 둔덕을 조성한 아메리카원주민들이 흥미롭다면 그런 유적을 찾아내 연구하는 사람들은 얼마나 더 흥미로운가? 그런 사람들이 없다면 우리는 얼마나 많은 것을 더 모르고 지나쳤을까?

머리가 긴 고고학자 L. 애이드리언 해너스L. Adrien Hannus가 어느 날 내게 선사시대 사우스다코타의 아메리카원주민 마을에서 10년째 발굴 중인 구덩이에 관한 얘기를 해주었다. 그는 거기서 질그릇 파편과 뾰족하게 간 돌, 모닥불을 피우고 난 자리의 재 같은 것들을 발견했다. 그런데 가장 중요하고도 놀라운 것은 불에 타서 쪼개지고 갈라진 바위와

난도질당한 뼈를 발견한 일이었다. 그것은 '뼈기름bone grease'을 생산했다는 증거였다. 사우스다코타 주 래피드시티에서 해너스와 저녁을 함께한 것은 그 얘기를 듣기 위해서였다. 나는 기름기 많은 계란 프라이를 먹으면서 뼈기름에 관한 모든 것을 배웠다.

고고학자들이 매력적이라는 사실은 부인할 수 없다. 하지만 그들은 지저분한 현장작업을 그럴 듯하게 포장하는 경향이 있는 것 같다. 베이컨을 바짝 구워달라고 주문한 해너스("바짝 태우라고 주문하지 않으면 반쯤 설 익혀 나옵니다.")는 신석기시대의 쇼트닝이라고 할 수 있는 뼈기름 분야의 전문가였다. 뼈기름은 분해되거나 변질되지 않는 반고형半固形 지방으로 동물의 큰 뼈 속 깊은 곳에 숨어 있는, 고대인들의 중요 식량 자원이었다.

골수와 달리 뼈기름은 추출하는 데 굉장한 수고가 필요하다. 해너스는 뼈기름 제조법을 상세히 설명해주었다. 우선 커다란 뼈를 많이 모아서 쪼갠 다음 뼈 표면에 달라붙어 있는 골막을 제거한다. 그렇다고 바로 뼈기름을 파낼 수는 없다. 먼저 뼈를 삶아야 한다. 유감스럽게도 미국 대평원의 아메리카원주민이 만든 질그릇은 끓는 물을 견딜 정도로 튼튼하지 못했다. 질그릇은 모닥불에 구워서 만들었는데 모닥불의 온도는 기껏해야 1000도에서 1200도까지밖에 올라가지 못했다. 끓는 물에도 손상되지 않는 도자기를 구우려면 온도가 2000도는 되어야 한다. 그래서 원주민들은 질그릇 대신 땅에 구덩이를 파고 무두질한 가죽을 댄 다음 그 위에 물과 잘게 쪼갠 뼈를 넣었다. 그런 다음 커다란 바위 덩어리들을 모닥불에 올려 시뻘겋게 될 때까지 가열한 다음 꺼내서 물이 든 구덩이에 집어넣는다. 모든 게 다 잘되면 달궈진 바위에서

지글지글 펑펑 소리가 나면서 물이 끓는다. 얼마 뒤 그 귀한 뼈기름이 거품처럼 일면서 표면으로 떠오른다. 그걸 걷어내면 되는 것이다.

이렇게 엄청난 공을 들이지만 추출할 수 있는 지방의 양은 아주 적다고 해너스는 말했다. 추출 과정에서 고고학자들이 연구하기 딱 좋은 각종 파편과 잔해가 남는다. 그런 잔해들은 제조 과정의 노고는 물론이고 뼈기름이 당시 사람들에게 얼마나 중요한 것이었는지를 말해준다. 해너스가 먹고 있는 바삭바삭한 베이컨이나 소고기 같은 육류의 살점 사이에 스며 있는 마블링 지방과 달리, 뼈기름은 수년간 보관해도 변질되지 않는다. 아메리카원주민들은 이런 식량을 비축해두곤 했다. 그래야 사냥이나 수확이 안 좋을 때도 굶어죽지 않기 때문이다. 뼈기름은 불을 켜거나 동물의 가죽을 방수처리하는 데도 쓰였다. 그리고 원주민들은 뼈기름과 말린 고기와 산딸기류를 섞어 페미컨을 만들었다. 그것이 바로 1,000년 전의 에너지바(고열량 영양식)다.

페미컨 덕분에 아메리카원주민들은 장거리 여행을 할 수 있었다(그런 휴대용 식량이 없다면 이동시간 대부분을 식량 확보를 위한 수렵과 채집에 허비해야 했을 것이다). 커호키아에서 나온 질그릇 파편이 약 1120킬로미터나 떨어진 사우스다코타 주 미첼에서 출토됐다. 뼈기름이 그런 장거리 여행과 교역을 가능케 한 것이다.

해너스는 들소 뼈와 선사시대의 도구를 가지고 대평원 지역의 아메리카원주민 방식 그대로 뼈기름을 직접 만들어봤다. 그런 다음 그 뼈기름에 말린 고기와 말린 크랜베리를 섞어 페미컨도 만들어봤다. 맛은 어땠을까? 그는 마지막 남은 베이컨 조각을 삼키며 찡그린 표정으로 "끔찍하지요."라고 말했다.

고고학자들은 먹는 데 별로 신경을 안 쓴다. 한 현장 고고학자는 구덩이 위에서 먹는 점심을 이렇게 설명했다. "볼로냐 샌드위치와 머스터드소스, 땅콩버터와 젤리와 치즈를 꽉꽉 눌러서 공처럼 만듭니다. 피클도 넣을 수 있겠지요. 그런 다음 꾸역꾸역 삼키고 바로 다시 일을 합니다."

그들은 건강에도 별로 신경을 안 쓴다. 또 다른 고고학자는 작업 도중 황당했던 체험을 소개했다. "이질에 걸려서 초죽음이 된 적이 한 번 있었어요. 말라리아에는 네 번이나 걸렸고요. 그래도 총을 맞은 적은 없네요. 잠깐만, 봅시다, …… 네, 없어요."

멀리서 보면 고고학자들의 작업은 영화에 나오는 인디애나 존스처럼 화려해 보인다. 보물과 위험이 득시글거리는 그런 상황 말이다. 그러나 자세히 들여다보면 그렇게 폼 나는 경우는 찾아보기 어렵다. 고고학자들은 탐험가이고 모험가이지만—할리우드 영화는 이런 부분을 잘 포착했다—우리가 생각하는 그런 '완전 짱' 스타일은 아니다.

고고학 발굴현장은 아무것도 없는 맨땅처럼 보일 수 있다. 유물들이 너무 작아서 잘 안 보이는 경우가 많기 때문이다. 그러나 진흙 구덩이에서 드라마가 펼쳐진다. 우리의 영웅들은 무릎을 꿇고 둘러앉아 그 구덩이 속을 경외심 어린 눈길로 들여다보고 있다.

1부

신병 훈련소

1장

필드스쿨

카리브 해 섬의 도자기 파편

　　필드스쿨field school은 고고학 지망생에게는 일종의
통과의례다. 고고학을 공부하고 있거나 공부할 생각이 있다면 체험용
으로 특별히 마련된 발굴현장에 실습생으로 가봐야 한다. 사막이나 정
글 같은, 뜨겁고 벌레가 득시글거리는 곳이 대부분이다. 그것도 연중
가장 무덥고 벌레가 많은 시기에 가야 한다. 한 세기 전에는 필드스쿨
이 발굴현장에 가서 돈을 받고 전문 고고학자의 감독하에 발굴작업을
하는 것이었다. 실습생은 고고학자에게 정교한 발굴기술을 전수받고
힘든 일은 현지 고용인들이 맡아서 했다. 그런데 지금 현지인은 통역,
잠수부, 안내인, 요리사 같은 일을 하고 실습 나온 학생들이 무거운 물
건을 들거나 바위를 옮기거나 토사나 슬래그slag(광석을 제련하고 남은 찌
꺼기―옮긴이)를 퍼 나르는 일을 한다. 예를 들어 지금 요르단에서 발굴

중인 한 진흙 구덩이는 기원전 10세기에 구리 제련소로 사용했던 곳이다. 이 발굴현장의 수석 고고학자는 자연과 문명을 주제로 하는 다큐멘터리 잡지 《내셔널 지오그래픽*National Geographic*》과의 인터뷰에서 "증거를 댈 수는 없지만 이렇게 비참한 환경에서 일하겠다고 나서는 사람은 노예 아니면 학부 실습생일 겁니다."라고 말했다. 대학생들은 노예처럼 채찍을 맞아가며 일하지는 않지만 현장실습이라는 특권을 누리기 위해 돈을 낸다. 고고학 발굴현장을 학교school라고 하는 이유는 기술을 가르쳐주는 대가로 실습생에게 수업료를 받기 때문이다. 액수도 상당하다. 대개 수천 달러 수준이다. 그렇게 현장에서 온갖 고생을 도맡아 하는 실습 대학원생과 대학생들이 없다면 고고학은 어떻게 될까? 그들은 노동을 제공하고 돈까지 바쳐가며 발굴작업이 제대로 돌아가게 해주는, 다단계 판매로 비유하면 맨 아래층이 아닐까?

필드스쿨은 발굴현장으로 가는 지름길이다. 우선 신청서를 내고 티푸스와 간염 백신을 맞은 다음 항생제와 이모디움 같은 설사약, 말라리아 예방약 같은 것들을 챙긴다. 또 '필드'에 먼저 가본 적이 있는 사람한테 어떤 현장으로 어떻게 가는지 자세히 들어야 한다. 현장은 원시적인 조건에서 열심히 일할 사람을 기다리고 있다. 밤이면 현장에 둘러앉아 동료 실습생들과 술자리 게임을 하면서 왁자지껄하게 놀기도 한다. 땀이 절로 난다.

1930년 미국 뉴멕시코 주 차코캐니언에서 현장실습을 한 대학생이 쓴 시를 보자.•

• 미국 뉴멕시코 주 앨버커키에 있는 맥스웰고고학박물관 전시품 설명문에서 인용했다.

나는 너희들의 폐허가 좋아, 모든 폐허가

그래서 난 지금 이렇게 이글거리는 땡볕에 나와 있지

여기가 바로 내 홈 스위트 홈

산들바람 살살 불면 모래언덕 높이 쌓이고

그리울 거야 너희들이, 그래, 너희들이 가르쳐준 말들도

아, 푹푹 찌는 저주받은 텐트 속의 찜통더위……

깨끗한 물이 있다면, 부디 목을 축이기를……

잠깐. 깨끗한 물은 부디 목만 축이기를? 샤워는 하지 말란 얘긴가? 내가 이 시를 읽었을 때는 아직 필드스쿨에 가보지 않은 상태였다. '차코캐니언 발굴현장: 필드스쿨 1929년부터 현재까지' 박물관 전시실 설명문을 베껴 쓰느라 벌써부터 땀이 줄줄 흘렀다. 필드스쿨 체험에는 분명 이런저런 힘들고 어려운 일이 있으리라. 지저분한 야외 숙소("푹푹 찌는 저주받은 텐트 속의 찜통더위"까지 더해졌겠다), 통조림, 각종 벌레, 햇볕에 그을려 벗겨지는 피부, 흙먼지, 주변에 널린 해골 등등은 그야말로 견디기 어려울 것이다. 좋다, 그래도 해보자. 나는 더위와 불편쯤은 충분히 이겨낼 수 있다. 와이파이나 휴대전화 또는 액취 탈취제가 없어도 살아갈 수 있다. 그런데 샤워를 못한다? 차코캐니언은 해발 1890미터다. 고원 사막지대라서 대규모 도시 건설에 적합한 입지 조건은 아니다. 그러나 푸에블로인디언들은 약 2000년 전에 그런 불가사의한 일을 해냈다. 이는 발굴현장이 보통 사막보다 태양에 2킬로미터 정도 더 가깝다는 얘기다. 나는 고원 사막지대에서 일하는 사람들의 모습을 상상해봤다. 몇 날 몇 주를 제대로 씻지도 못하고 바짝 붙어서 땅을 파

는 모습……. 그래서 반다나(대형 손수건)가 필수품이고, 그걸 산적처럼 코 위에 둘러매는 것일까?

나는 몇 주 동안 shovelbums.org와 archaeological.org 같은 고고학 웹사이트를 뒤져봤다. 필드스쿨 신청 안내문이 쏟아져 나왔다. 스페인 연안 섬에 있는 로마시대 폐허 필드스쿨에 가볼까 싶었다. 해변에서 아주 가까운 곳이었다. 페루의 필드스쿨도 생각해봤다. 실습생들은 잠자리를 현지 마을회관에서 해결했는데, 그 동네에는 "수세식 화장실이 하나밖에 없다!"고 했다. 그 느낌표가 영 불안했다. 거기 갔는데 화장실을 너무 많은 사람이 사용해 고장이 났다, 그런데 마을에는 고칠 줄 아는 사람이 없으면 어쩌지? 나는 평소 밀실공포증 같은 것이 있는 줄 전혀 몰랐는데 페루의 또 다른 필드스쿨 얘기를 듣고 생각이 달라졌다. "잊지 마세요. 발굴은 무덤 내부에서 진행됩니다. 무덤은 통로도 비좁고 공간도 대단히 협소합니다." 아름다운 그리스의 에게 해에 있는 필드스쿨은 실습생들에게 공동묘지 하나를 통째로 제공하고 있었다. 세계에서 가장 큰 고대 어린이 전용 공동묘지였다. 유골은 양쪽에 손잡이가 달린 항아리에 매장돼 있다고 했다. "유골은 물론이고 그리스 고전시대의 다양한 질그릇을 다뤄볼 수 있는 좋은 기회입니다." 무덤을 파고 항아리를 어루만지는 데 드는 비용(행여 다치거나 아파서 치료받는 데 드는 비용은 별도)은 7000달러가 넘었다.

덜 힘든 필드스쿨이 있지 않을까?

나는 신트외스타티위스 섬에 자꾸 눈이 갔다. 한 번도 들어본 적이 없는 카리브 해 연안의 섬으로 매년 무시무시한 허리케인이 들이닥치는 곳이었다. 그런 데서 무슨 고고학 발굴을 한단 말인가. 안내문을 읽어보니 신트외스타티위스 섬은 "아메리카 식민지시대의 각종 유물과 유적이 집중적으로 분포돼 있고, 규모 면에서도 단연 세계 최고"였다. 난파선, 교회, 선술집, 옛날식 사탕수수 농장, 노예 거주 구역 등등. 어느 곳이나 가서 필드워크를 해볼 수 있다고 했다. 후원 기관은 대학이 아니라 독자적으로 활동하는 신트외스타티위스 섬 고고학연구센터 Sint Eustatius Center for Archaeological Research, SECAR였다. 세카SECAR는 나처럼 학점을 인정받을 필요가 없는 지원자들에게 안성맞춤일 것 같았다. 게다가 발굴작업을 하고, 센터에서 잘 곳을 마련해주는 데 드는 비용이 주당 500달러면 비교적 싼 편이었다. 또한 많은 필드스쿨과 달리 세카는 1월에서 9월까지 계속 운영되고 허리케인 철과 공휴일에만 문을 닫는다. 원하는 주를 골라서 가면 되는 셈이다. 그 정도면 더할 나위가 없다. 나는 미국의 추운 북동부 지역에서 살았기에 한겨울인 1월에 따뜻한 카리브 해에 가서 뜨뜻한 땅을 판다고 생각하니 아주 즐거웠다.

"바로 오세요." 세카의 리처드 그랜트 길모어Richard Grant Gilmore 국장이 현장에서 위성전화로 조언을 해줬다. "언제 무슨 일이 생길지 알 수 없습니다. 다음 주에 도착하면 네덜란드에서 온 고고학자들도 만날 수 있을 겁니다." 그렇게 해서 7월의 마지막 날, 나는 반다나, 뿌리는 살충제, 자외선 차단제, 에너지바 열두 개를 배낭에 던져 넣고 뜨거운 카리브 해로 향했다. 저 밑으로 쿠바, 자메이카, 히스파니올라, 푸에르토리코 같은 큰 섬들이 지나가는 듯하더니 곧 네덜란드령 신트마르턴 섬에 도착했다. 거기서 다시 소형비행기를 타고 남서행……. 신트외스타티위스 섬이 보였다.

수백 년 전 카리브 해는 세계의 런던 내지 뉴욕, 즉 물류와 무역의 허브였다. 세계지도를 보면 카리브 해로 이어지는 도시가 엄청나게 많았고, 그 수는 점점 늘어났다. 카리브 해에서도 교역이 가장 활발한 곳이 신트외스타티위스 섬이었다. 현지 주민들은 이 섬을 '스타티아Statia'라고 부르는데, 넓이 20.7제곱킬로미터(626만여 평)의 화산섬으로 열대식물이 많이 서식한다. 네덜란드령 식민지일 때 신트외스타티위스 섬에는 수출입품에 관세를 부과하지 않는 자유무역항이 있었다. 이곳으로 세계 곳곳의 장사꾼들이 모여들면서 여러 민족이 뒤섞여 바글거리는 무역 중심지가 되었다. 주민 중에서 가장 많은 수를 차지하는 것은 유대인과 신대륙의 흑인 자유민이었다. 자유무역항 오랑에스타드는 대서양에서 가장 분주한 항구였다. 1750년대부터 1780년대까지 신트외스타티위스 섬은 세계적인 영향력을 발휘했고, '황금 바위'라는 별명이 붙을 정도로 엄청난 부를 축적했다. 신트외스타티위스 섬은 미국독립전쟁 혁명가들에게 무기를 공급했고, 미국 군함 앤드루 도리아호가 입항했을 때는 오랑에스타드의 네덜란드 요새에서 예포를 발사해 환영의 뜻을 표했다. 영국은 분노했다. 영국은 1781년 잘나가는 이 네덜란드령 섬을 무력으로 점령하고 창고에 있는 물건들을 경매 처분한 다음 창고는 불태워버렸다. 섬은 이런 시련을 딛고 다시 번창했으나 이후 프랑스가 쳐들어와 1795년 교역품에 세금을 부과했다. 이로써 근대 세계 최초의 자유무역 실험은 끝났다. 대서양의 중심지 신트외스타티위스 섬의 번영도 종언을 고했다.

이제 나는 그런 화려했던 시기의 유적과 유물 및 물질문화를 탐사하러 가는 것이다. 전혀 들어본 적 없는 곳에서 고고학 공부를 시작한다고 생각하니 더욱 설렜다. 그곳은 잊힌 세계의 교차로였다.

신트외스타티위스 섬 고고학연구센터는 비탈진 언덕에 자리 잡은 특이한 느낌의 회녹색 가옥이었다. 뒷마당 쪽 문 위에 달린 허옇게 탈색된 소머리뼈가 인상적이었다.* 센터는 도자기 파편과 나병환자 뼈를 수집해 모아두는 고미다락방 같은 느낌이었다. 뒷마당에서 정문으로 들어가면 바로 작은 주방이 나오고, 그 뒤로 굴 같은 커다란 공간이 나온다. 여기에는 먼지투성이 전시용 상자, 17~18세기 담뱃대(연기를 빨아들이는 관 부분은 다 없어졌다)를 모아놓은 칸막이 상자, 녹슨 대포알, 각종 유물이 담긴 플라스틱 보관통, 기타 각종 파편들이 놓여 있다. 2005년 센터를 개관한 뒤부터 발굴해 수집한 것들이다. 전시실 같은 큰 공간을 나서면 남자 숙소와 여자 숙소가 있는데, 방 하나를 실습생 네 명이 쓰게 돼 있다. 나는 상냥한 캐나다 여성 켈리가 빌려준 여분의 모기장을 아래쪽 침상에 설치하고는 바로 곯아떨어졌다. 열대의 소음이 한동안 귀를 괴롭혔다. 도마뱀들이 창가를 종종걸음으로 뛰어가는 소리며 소들이 음매, 푸푸 하는 소리, 모기장 주변을 알짱거리며 앵앵하는 모기 소리 등등. 멀리서 폭풍우가 몰려오고 있었지만 아직 후텁지근한 공기를 날려 보낼 정도는 아니었다. 선풍기도 없었다. 솜이불을 뒤집어쓴 것 같은 열기가 나를 짓눌렀다. 그래도 한차례 소나기가 내려서 다행이었다.

우리 팀을 지도할 대장 리처드 그랜트 길모어 3세는 다음 날 아침 8시에 센터에 도착했다. 센터 반대쪽 섬 끝에 있는 집에서 차를 몰고 온 것이다. 그는 쾌활한 표정으로 랜드크루저 픽업트럭에 첨단 장비와 재

• 세카는 2013년 초에 오랑에스타드의 사질沙質이 적은 지역으로 본부를 옮겼다.

래식 장비를 챙겨 넣기 시작했다. 카메라들과 신기하게 생긴 각종 측정도구, 삽, 양동이, 트라우얼, 비닐백, 망사 달린 체, 각종 자 등등. 그리고 마지막으로 근처 나무에서 딴 망고도 몇 개 넣었다. 길모어는 미국 플로리다 주 연안 출신으로 어머니가 필리핀과 자메이카 혼혈이었다. 건장한 체격에 나이는 아직 마흔이 채 안 됐다. 짧게 깎은 머리는 약간 은빛이 감돌았다. 길모어는 이날의 실습생들을 트럭 뒤 칸에 몰아넣었다. 우리는 좌우로 고정된 벤치에 옹기종기 모여 앉았다. 두 달 전에 들어와서 돌아갈 생각을 전혀 안 하고 있는 매트(체구가 매우 컸다), 모험 같은 휴가를 즐기러 온 40대의 켈리(청 반바지에 낡은 티셔츠를 걸쳤다), 그리고 나(최연장자로 자외선 차단용 나일론 셔츠에 벌레 방지 처리를 한 반바지를 입었다). 우리는 이제 도자기와 유리 파편, 오래전에 죽은 사람들이 버린 온갖 쓰레기를 찾게 될 것이다. 하지만 기분은 무슨 모험이라도 떠나는 것 같았다. 미지의 것을 찾아나서는 모험 말이다.

우리는 곧 출발했다. 차는 신트외스타티위스 섬 유일의 번화가라고 할 오랑에스타드 거리를 내달렸다. 바다가 내려다 보이는 절벽으로 난 길은 가팔랐다. 멀리 휴화산 정상이 한눈에 들어왔다. 인근 언덕배기에 거대한 흰색 기름 탱크들이 서 있었다. 소 떼와 양 떼가 돌아다니고 반쯤 지은 집들도 보였다. 섬은 작고 언덕이 많지만 석유회사 덕분에 일자리가 늘었다. 좁은 도로를 달리다가 노란색 허머를 지나쳤다. 나는 필드워크의 기본을 익힐 수 있는 이국적인 배경을 지닌 장소를 물색해왔다. 하지만 필드워크와 발굴현장은 따로 있는 게 아니다. 현장은 고고학의 배경이 아니라 핵심 포인트다. 고고학자들은 늘 콘텍스트(맥락)가 전부라고 말한다. 신트외스타티위스 섬에서 발굴작업을 한다는 것은 이 섬을 알아간다는 의미다. 살아 있는 현재와 숨어 있는 과거가 한데 녹아 있는 섬의 정체 말이다.

신트외스타티위스 섬의 역사는 다른 카리브 해 섬들과는 좀 다르다. 자메이카, 바르바도스, 푸에르토리코 같은 섬의 플랜테이션에서 노예살이를 하던 사람들은 주인의 착취와 억압을 받으며 악몽 같은 삶을 이어갔다. 그러나 길모어의 말에 따르면 신트외스타티위스 섬의 노예 거주 구역을 발굴한 결과를 보면 상황이 좀 다르다. 섬은 대농장을 운영하기에는 규모도 작고 비도 적게 내렸다. 그래서 사탕수수 농장도 규모가 작았고, 지주들은 오랑에스타드에 살았다. 신트외스타티위스 섬이 자유무역항을 운용하여 세계 무역의 중심지가 되면서 암시장이 번창했고, 다른 섬들은 이곳의 사탕수수를 배로 운반해 포장한 뒤전 세계로 수출하거나 공장에서 럼주로 가공했다. 물론 세금은 한 푼도 물지 않았다. 우리가 발굴을 맡은 지역 인근 폐허에 그 당시의 공장이 하나 있었다. 많은 배들이 드나들었고, 1750년대 중반까지만 해도 상인들은 창고를 충분히 짓지 못해 물품을 다 보관하지 못했다. 그동안 길모어의 발굴팀이 찾아낸 것을 보면 중국제 도자기에서부터 독일제 셀처 광천수 병에 이르기까지 다양하다. "상인들은 굉장한 부자였어요. 광천수까지 수출했지요." 길모어의 표정을 보니 정말 놀랄 정도인 모양이다.

다른 카리브 해 섬들의 노예는 주인의 철저한 감시를 받았다. 반면에 신트외스타티위스 섬 노예들이 살던 오두막들은 사탕수수 작업장 근처에서 발견되었는데, 그것을 보면 이곳은 상황이 달랐던 것 같다. 노예는 급속히 성장하는 암시장에도 투입됐다. 길모어 발굴팀은 노예 거주지에서 아프리카-카리브 해 계열 질그릇 외에 도자기 파편, 상아 빗, 입으로 불어서 만든 유리 제품 등도 찾아냈다. 일반 노예 거주지에서는 찾아보기 힘든 것들이다.

길모어는 신트외스타티위스 섬의 노예들이 상대적으로 자유로웠다는 것은 기록—후대에 쓴 역사책이 아니라 당대의 원사료—에도 나온다고 했다. 길모어는 그 사료를 헤이그에 있는 네덜란드국립기록원에서 열람했다. "사료에 보면 노예들이 말을 타고 시내를 누비며 머스킷 소총을 쏘아대거나 꼬마 노예들이 마차 밑에서 폭죽을 터뜨리는 것을 금하는 법률이 있는데, 그런 법률을 왜 만들었겠습니까?" 신트외스타티위스 섬은 너무 작아서 탈주 노예들이 은신하기 어려웠다. 노예들은 요령껏 돈을 벌어서 돈을 주고 자유를 사기도 했다. 그들은 자유민이 된 다음에도 장사꾼이나 지주로 섬에 계속 남는 경우가 많았다. 심지어 노예를 소유한 경우도 있었다. 노예 출신 흑인 자유민 중 적어도 한 명은 여성이었다.

섬의 역사를 배우는 것 말고도 우리는 여러 현장을 감독하고 전문가와 실습생을 적재적소에 배치해야 하는 고고학자의 삶이 어떤 것인지 눈으로 보게 됐다. 언덕을 따라 내려가니 항구가 보였다. 오랑에스타드에서도 가장 멋진 중심지다. 길모어는 먼저 신트외스타티위스 섬 역사재단박물관 앞에 차를 세웠다. 17세기에 지은 아름다운 건물이었다. 박물관 뒤편에서는 식민지시대 대장간을 재현한 복제품을 짓고 있었다. 이 작업을 지휘하는 사람은 우리를 데리고 다니는 그랜트 길모어의 부인 조애나 길모어Joanna Gilmore였다. 조애나는 날씬한 금발의 고고학자로 영국 출신이다. 그랜트 길모어는 조애나에게 매트를 오늘의 조수로 내주었다. 건장하고 열정이 넘치는 일꾼을 선사한 것이다. 매트는 싱긋 웃고는 대망치를 집어 들고 바로 휘두르기 시작했다. 그 모습이 마치 사슬에 묶인 채 노역을 하는 죄수 같았다. 가짜 같아 보이는 낡은 벽돌 가마가 망치질 몇 번에 바로 무너져 내렸다.

길모어와 켈리와 나는 트럭을 타고 해안을 따라 내달렸다. 1.6킬로미터 정도 달리자 공동묘지가 나왔다. 묘비들은 고인의 사진이나 꽃다발 같은 것으로 화려하게 장식돼 있었다. 주변에는 까맣고 하얀 염소와 당나귀들만 어슬렁거리고 있었다. 우리는 납작한 조립식 건물 옆에 차를 세웠다. 그곳은 네덜란드 고고학팀의 숙소였다. 숙소 뒤편 언덕에는 둥글고 거대한 흰색 유류 저장 탱크가 곳곳에 있었다. 총 1300만 배럴이 저장돼 있다고 한다. 텍사스 석유 재벌 누스타 에너지는 탱크를 더 건설해 유류 보관 능력을 두 배로 늘릴 계획이다. 네덜란드 고고학자들과 고고학연구센터가 누스타 에너지와 계약을 맺고 몇 주 동안 현장발굴작업을 하고 있는 것은 바로 그 때문이다. 녹음이 무성한 언덕을 가로지르는 널찍한 도랑 두 곳을 시험 발굴해 거기에 유류 탱크를 설치해도 혹시 중요한 유적지를 훼손할 일은 없는지 확인하는 것이다. 지금까지는 아무것도 찾아내지 못했다. 고고학자들은 오히려 그걸 더 놀라워했다.

길모어가 랜드크루저 차창 밖으로 고개를 내민 채 네덜란드 레이던 대학교 고고학과 교수 코리네 호프만 그리고 또 한 고고학자와 수다를 떤다. 영어와 네덜란드어로 이런저런 말이 전광석화처럼 오가더니 호프만 교수가 아들 얀과 얀의 룸메이트 토마스에게 발굴작업을 해보라며 우리에게 보냈다. 얀은 생물학과, 토마스는 법학과 학생인데 둘 다

서핑 반바지에 미러 선글라스를 꼈다. 구릿빛으로 그을린 모습이 멋진 친구들이다. 차는 발굴현장으로 들어가는 문을 몇 개 통과해 사탕수수 농장이었던 장소에 도착했다. 경사가 완만하게 오르락내리락하는 곳이었다. 길에는 차가 다닌 자국들이 선명했다. 저 앞에 소와 염소들이 노닐고 있었다. 여기저기에 석벽이 남아 있는 것을 보니 파면 뭐든 중요한 유물이 나올 것만 같았다. 물론 당장은 요즘 쌓인 쓰레기만 보였다. 깨진 유리, 폐타이어, 녹슨 불도저 같은 것들이 눈에 띄었다. 길모어는 속력을 높여 깊이 파인 구덩이들을 건넌 다음 덩굴과 '벌침 해독용' 식물이 얽히고설킨 수풀 밑에 차를 댔다. 그는 지난주 사전 답사를 마친 노예 거주 구역 폐허를 손으로 가리켰다. 우리는 무성한 나뭇잎을 조심스럽게 헤치며 18세기 사탕수수 가공 시설의 폐허로 다가갔다. 이제 우리는 무너진 벽들의 바깥 지점을 파게 될 것이다.

"3주 전 이 일대 덩굴을 깨끗이 제거했는데 그사이 벌써 이만큼이나 자랐네요." 길모어의 말이다. "벌집이 엄청나게 많더라고요. 벌에 쏘이면 '벌침 해독용' 식물 가지를 꺾어서 그 수액을 피부에 바르면 됩니다." 이어 길모어는 저쪽 대농장 본관 건물 초석 옆에 있는 맨치닐 나무는 만지거나 가까이 가면 절대 안 된다고 경고했다. 비가 올 때 맨치닐 나무 밑으로 피했다가 그 수액이 떨어져 2도 화상을 입고 물집이 잡혀 고생한 사람이 한둘이 아니라는 것이다. 독성이 얼마나 강한지 아주 조금이라도 묻으면 피부가 타들어갈 정도다. 그 열매를 먹으면 위에 구멍이 뚫리고 고통스럽게 죽을 수도 있다. 아예 당장 죽기를 원할 정도라고 한다. 길모어는 "아, 열대우림, 정말 징글징글해요!"라며 껄껄 웃었다. 이어 우리는 다 무너져가는 사탕수수 공장 벽 옆 앞에 모여 발굴

요령에 관한 설명을 들었다.

길모어는 시굴갱試掘坑, test pit 파는 방법을 보여주었다. 시굴갱은 어떤 장소를 표본 발굴하기 위해 파는 정사각형 모양의 구덩이를 말한다. 대충 어떤 종류의 유적인지 감을 잡기 위한 준비 단계다. 이어 길모어는 노지에 시굴갱 두 개를 파라고 지시했다. 팔 장소를 잘 고르는 데도 기술이 필요하다. 우리가 18세기 사탕수수 농장 노동자라면 잠은 어디서 자고, 밥은 어디서 짓고, 쓰레기는 어디다 버리고, 죽은 사람은 어디에 묻었을지 생각해봐야 한다. 대부분의 고고학자들은 시굴갱을 파기 전에 땅에 정사각형을 그린다. 네 변은 각각 1미터 정도다. 그런 다음 모서리 사이에 줄을 쳐서 경계를 표시한다. 그러나 길모어는 그런 줄에 발이 걸려 넘어진 적이 많아서 우리는 그냥 모서리에 못만 박아놓는 것으로 대신했다. 못대가리 부위에 빨간 비닐을 감아놓으니 고고학 발굴현장 같은 분위기가 더해졌다. 우리는 두 명씩 조를 짜서 적당한 지점을 골랐다. 이어 삽으로 네 변 모서리를 각지게 표시하고 정사각형이 제대로 유지되게끔 최대한 조심했다. 그런 다음 시굴갱 위로 뻗은 덤불을 제거하고 맨 위층 퇴적물을 걷어내기 시작했다.

나는 삽으로 토사를 퍼내 체에 쏟았다. 사각형 나무틀 안에 망사가 달린 체는 단순하지만 매우 쓸모 있는 도구다. 한쪽 가장자리에 목제 다리 두 개가 달려 있다. 켈리가 허리춤 높이로 반대편을 잡고 체의 균형을 잡았다. 외바퀴 손수레를 잡고 있는 모양새다. 그사이 나는 흙을 계속 체에다 쏟았다. 이어 켈리가 체를 몇 차례 세게 흔들었다. 목제 다리가 지탱해주는 힘을 이용해 체를 세게 앞으로 밀었다 뒤로 당기기를 반복한다. 금세 그녀 발밑으로 '불량품'이 한 무더기 쌓였다. 몇 차레 더 흔들고 나니 체에는 걸러질 수 없을 만큼 큰 덩어리만 남았다. 돌덩어리일까? 보물일까? 아니면 그냥 흙덩어리인가? 우리는 체에 고개를 처박고 잔해를 살살 뒤집어가며 얘기가 될 만한 것을 골랐다. 우리의 과제는 인간이 만들었거나 사용했을 가능성이 있는 것을 모두 찾아내는 것이다. 질그릇, 못, 유리나 뼈 파편, 조개껍데기일 수도 있고 관심이 갈 만한 것이면 무엇이든 된다. 흙덩어리는 짓눌러 으깨고 돌덩어리는 손으로 비벼봤다. 아무것도 없었다. 그러자 켈리가 다시 능숙한 솜씨로 체를 쳤다. 도움이 안 되는 돌조각과 흙덩어리들이 옆으로 떨어졌다. 길모어는 우리에게 표토층을 뚫고 들어가 회색층이 나올 때까지 몇십 센티미터 더 파라고 지시했다. 그리고 의미 있는 질그릇 파편 같은 것이 나오면 비닐백에 담는 것이다. 거기에는 수백 년 전 이 사탕수수 농장을 경작했던 사람들, 지금은 남긴 쓰레기를 통해 우리에게 말을 거는 사람들의 이야기가 담겨 있을 것이다.

반복되는 작업은 유물을 찾을 수 있다는 긴장감이 없었다면 매우 지루하게 느껴졌을 것이다. 그런데 주위 환경이 썩 그럴듯했다. 멀리 떨어진 외딴 섬, 대서양에서는 열대성 폭풍우가 숨을 고르고 있고, 주변에는 맹독성 나무들이 즐비하다.

우리가 맹독성 덤불과 싸우며 작열하는 태양 아래에서 체질로 흙을 떨어내고 있는 동안, 길모어는 섬 반대편으로 달려가 온갖 일을 처리했다. 우선 발굴이 끝난 현장을 뒤져 무거운 돌덩어리를 박물관 울타리 너머까지 운반해주었다. 모형 대장간 제작에 필요한 것들이다. 민간 비행사와 비행기를 구하고 가격을 흥정하는 것도 그가 할 일이다. 컨설팅을 해주러 온 지질학자와 그가 가져온 대형 지하 탐지 레이다

장비까지 태워서 돌려보내야 하기 때문이다. 그런 우리의 지도자가 돌아오셨다. 그는 내가 비닐백에 담아둔 질그릇 파편과 벽돌 조각들을 손에 쏟고는 별것 아니라는 듯이 어깨 너머 덩굴 수풀에 툭 던져버렸다. "다음!" 첫날 아침 나의 삽질은 그렇게 허탈하게 끝나고 말았다.

네덜란드 친구들은 운이 좋았다. 아니 안목이 있다고 해야 할 것이다. 그들이 몇 미터 떨어진 곳에서 판 시굴갱에서는 꽤 괜찮아 보이는 유물들이 나왔다. 녹이 더께로 앉은 못 두 개와 아프리카-카리브 해 계열로 보이는 질그릇 한 점을 건진 것이다. 투박하면서도 붉은 색감이 인상적인 질그릇이었다. "표면에 문양이나 어떤 표시가 있는 질그릇을 찾으면 맥주든 럼이든 팅(과즙에 탄산을 첨가한 자메이카산 청량음료)이든 한턱 쏘겠습니다." 길모어는 덧붙였다. "문양이 있고 수준이 높은 아프리카-카리브 해 계열 질그릇은 지금 전 세계에 한 100개쯤 남아 있을 텐데 우리 세카가 그중 4분의 1을 보유하고 있습니다."

센터로 돌아온 우리는 '현장작업일지field notes'를 꼼꼼히 기록했다. 그날은 못과 질그릇 파편을 발굴했다는 내용을 적었다. 길모어는 한 대학생 이야기를 해주면서 주의를 당부했다. 현장에 들어간 대학생이 현장에서 바로 노트북컴퓨터에 일지를 적었는데, 시굴갱마다 새 파일을 만들지 않고 예전 데이터 밑에 새 내용을 첨가하고 '저장하기'를 눌렀다. 자칫하면 60개의 구덩이 발굴 기록이 단 하나의 구덩이에 관한 기록으로 둔갑할 뻔했다는 것이다. 실습생과 대학생을 발굴에 투입하면 그런 위험이 있다. 실수를 저지를 가능성이 높은 것이다. 다행히 길모어는, 한 동료의 말에 따르면, "그런 난관에 처해도 눈 하나 깜짝 않는 걸물"이었다. 매일 아침 일찍부터 오후 늦게까지 길모어는 문제를 처리하고 운전을 하고 사람들을 실어오고 이런저런 계획을 짜고 실습생들을 가르치고 훈련시키고 놀리고 자극을 준다. 우리의 실수를 용서해주기도 한다. 일과가 끝나면 까만 백사장이 있는 오랑에스타드 항구에 가서 조애나와 네 살 난 딸, 두 살배기 아들과 함께 수영을 하고 집으로 가서 가족과 함께 저녁을 먹는다. 밤이면 실습생들은 언덕 아래 '쿨 코너스'(중국 음식이 안주로 나오는 괜찮은 술집이다)로 가서 하루의 고단함을 풀지만 길모어는 집에 있는 사무실에 처박혀 밤늦게까지 연구를 하고 열대성 폭풍우가 어디까지 왔는지, 이베이 경매에 나온 도난 유물이 있는지 등을 추적한다. 식민지시대 신트외스타티위스 섬의 과거를 역사 기록과 발굴 유물을 통해 정밀하게 짜 맞추고 그 결과를 논문으로 쓰는 것이 그가 지금 하고 있는 본업이다. 그는 '호넨 달림 시너고그'에 관한 글을 썼다. 1739년에 건설된 이 유대교 회당(시너고그)은 남북아메리카를 통틀어 현재 남아 있는 유대교 회당 중에서 두 번째로 오래된 것이다. 그는 이 유적 발굴에 참여했고 건물 보존에도 애를 많이 썼다. 그가 쓴 보고서를 읽으면서 나는 그가 얼마나 절박한 심정으로 발굴작업에 임했는지 느낄 수 있었다. 수많은 발굴현장마다 거대한 불도저들이 당장이라도 달려들 태세를 갖추고 있다. 길모어의 말대로 "그런 놀라운 구조물이 완전히 파괴되는 것을 간신히 막은" 경우가 한둘이 아니다.

대개 카리브 해 관련 고고학 문헌들은 사라진 것들을 다룬 내용이 많다. 길모어는 여러 섬에서 보내온 현장 얘기를 묶은 《카리브 해 문화유산 보존 보고서*Preserving Heritage in the Caribbean*》에 기고도 한 바도 있다. 이 보고서는 고고학 발굴작업을 현장에서 수행하는 학자들이 어떤 도

전에 직면해 있는지를 잘 보여준다. 관광객을 더 많이 유치하려고 개발을 추진하지만 그 과정에서 오히려 관광객을 정말 많이 불러들일 수 있는 유적들이 파괴되는 경우가 많다. 이곳의 문화유산을 말살하려고 덤벼드는 것은 허리케인만이 아니다. 세인트토마스 섬에서는 한 지주가 오랜 협상 끝에 과거에 노예 집단 거주 마을이었던 부지를 보존하기로 했다. 그런데 지주가 그 땅을 개발업자에게 팔았고, 문제의 심각성을 경고했는데도 개발업자는 현장을 파 엎어버렸다. 바르바도스에서는 고고학 유적지들이 '고고유물 보전법'의 보호를 받는다고 하지만 말뿐이었다. 법 집행을 담당하는 주체는 고고유물 자문위원회였는데, 일을 해야 할 위원은 하나도 없고 회의조차 한 번도 소집되지 않았다. 《카리브 해 문화유산 보존 보고서》 편찬자는 그런 부조리함을 지적하면서 "부조리극의 대가인 새뮤얼 베케트가 직접 '바르바도스 국회의원들에게 특별상을 수여해야 한다'"고 비꼬았다.

여러 편의 연구 보고서에 담긴 길모어의 글을 보면 학술적으로 정제된 표현을 썼는데도 안타까움이 절절하게 묻어난다. 한 남성은 신트외스타티위스 섬에 주택을 짓다가 뜰에서 유골을 발견했다. 그래서 길모어와 그의 팀이 바로 달려가 발굴작업을 했다. 며칠 뒤 건물 주인은 고고학 발굴작업 속도가 느린 것을 참지 못하고 대형 굴착기를 들여왔다. 길모어는 '당시에는 고고유적지를 보호할 법률이 미비했기 때문에 매장지에 대한 무자비한 파괴를 막을 방법이 없었다'고 썼다. 문제의 주택 건설 현장은 신트외스타티위스 섬에서 '발굴을 통해 확인된 최초의 노예 집단 매장지'였을 가능성이 높다. 길모어는 논문의 결론을 고고학자들이 자주 쓰는 말로 대신했다. "많은 중요한 역사가 영원히 사라지고 말았다." 고고학 문헌에 가장 많이 등장하는 구절이다. 카리브 해뿐만 아니라 어디서나 그렇다. 잉카문명 이전 시기의 페루 피라미드를 개발업자들이 불도저로 부숴버리는가 하면 아프가니스탄의 거대한 바미안 석굴을 탈레반이 다이너마이트로 폭파하기도 한다.

길모어의 전문 분야인 역사고고학Historical archaeology은 가까운 과거, 특히 수백 년 전의 역사를 연구한다. 역사고고학은 유물과 더불어 역사 기록을 연구 자료로 활용한다. 길모어는 더 이전 시기를 연구하는 고고학자들을 놀린다. 이들이 바로 우리가 보통 생각하는 고고학자다. 길모어가 발굴하는 현장에는 상아 빗, 약병, 해포석 담뱃대, 당밀을 럼주로 만드는 데 사용하는 각종 기계 부품 같은 유물이 지천이다. 그런데 그런 고고학자님들은 석기를 연구하신다고?

도미니카공화국에서 콜럼버스 이전 시기 유적 발굴현장에 있다가 온 대학생이 있었다. 길모어는 그 친구를 놀려줬다. "건물 기둥 박은 구멍 좀 찾았나?" 그런 구멍들은 대개 시커멓고 축축한 진흙으로, 주거용 건물을 받치는 목제 기둥이 박혀 있던 자리다. 학생은 "네, 원으로 표시된 일정한 구역 안에서 세 개를 찾아냈습니다."라고 진지한 목소리로 답했다. 우리는 감동을 받은 척했지만 나는 내가 찾아낸 상아 빗과 유리병, 기타 18세기 유물이 시커멓고 축축한 진흙보다 훨씬 흥미롭다고 생각했다. "몇 주 동안 땅을 들이파가지고 고작 기둥 박았던 구멍 세 개를 찾아내다니!" 이런 농담과 놀리는 말들이 길모어에게는 정신적 활력을 유지해주는 언어라는 느낌이 들었다. 이 섬에 있다 보면 고적함에 빠지기 쉽기 때문이다.

길모어는 네덜란드 발굴팀이 온 덕분에 힘이 나는 것 같았다. 코리

네 호프만Corinne Hofman과 그녀의 남편 메노 호글란드Menno Hoogland 그리고 같이 온 학생들은 신트외스타티위스 섬에 몇 주간 머물면서 유류 탱크 설치 예정 부지에 대한 조사를 하게 된다. 카리브 해에서 작업하는 소수의 고고학자들은 그들을 경쟁자로 볼 수도 있지만 발굴은 물론이고 전반적인 정치적 분위기를 살피는 일에도 잘 협력해줬다. 신트외스타티위스 섬은 과거에는 네덜란드령 앤틸리스 제도에 속했으나 2010년 행정구역 개편으로 지금은 네덜란드 소속 특별지방자치단체다. 당연히 네덜란드의 법률과 조약이 적용된다. 길모어는 호글란드와 팀을 이뤄 네덜란드 당국에 현지의 고고학적 자원 보전을 촉구하는 일도 하고 있다. 시간이 많이 걸리는 정치적 로비 활동이지만 그렇게만 된다면 고고학 발굴작업이 한층 쉬워질 것이다. 길모어와 호프만, 호글란드는 보통의 농촌 이웃 같은 역할도 한다. 필요하면 달려가 열심히 거들어주는 것이다. "개발 사업이 정말 많아요. 그래서 우리는 '긴급 구조' 고고학이라고 할 만한 일도 많이 합니다." 호프만의 말이다. "우리는 어디든 달려갑니다. 지난달에는 전원이 사바 섬으로 뛰어갔어요. 한 개발업자가 유골이 출토됐다고 연락을 해와서 말입니다. 당연히 제대로 발굴을 해봐야지요."

그렇게 서로 돕는 미덕은 특히 오후 늦게 발휘된다. 하루 종일 뙤약볕 아래서 작업을 한 우리는 연구센터 본부에 한데 모인다. 그때부터 또 다른 고고학적 작업이 시작된다. 발굴해낸 물건들을 세척하고 기록하는 것이다. 콜럼버스 이전 시기 카리브 해 거주민 전문가인 호프만이 센터 뒤뜰에 야외탁자를 펴놓고 판을 벌였다. 나는 박사과정에 있는 학생 둘과 함께 못 쓰는 칫솔로 유물을 문질러 닦아냈다. 질그릇 파편과 염소 이빨에서 흙과 먼지, 오물 같은 것을 제거하는 일이다. 닭들은 빨랫줄 밑에서 모이를 쪼아 먹고 있고, 도마뱀(갈색 바탕에 줄무늬가 있고 녹색이 도는데 머리는 청색이다)들은 망가진 현관과 양동이 주변을 종종걸음 친다. 양동이에는 오래된 닻과 또 다른 유물이 물속에 잠겨 있다. 호프만은 50대 초반인데 그을린 피부에 노곤해 보였다. 반바지와 목이 깊이 파인 티셔츠, 검은 머리에 야구모자를 눌러 쓰고, 귀에는 금귀고리가 반짝였다. 영화배우 알리 맥그로를 빼닮았다. 제자들은 그녀를 '신神'이라고 부른다(그녀의 남편은 반신반인, 아들은 반신이라고 부른다). 한 친구가 내게 말했다. "다들 선생님 주변에 둥그렇게 모여 있는 장면을 생각해보세요. 선생님 입에서 지시가 떨어지기만을 기다리는 거죠. 문제는 누가 선생님한테 부채질을 해드리게 낙점받느냐예요."

나는 호프만에게 생물체 잔해를 취급해본 적이 있느냐고 물었다. 그녀는 없다고 했다. 하지만 남편 메노 호글란드는 최근 네덜란드에서 1820년대의 무덤을 발굴 중이라고 했다. "얼굴에 난 털과 안구까지 처리했다고 해요." 눈알이라니! 호프만은 인상을 찡그렸고, 나는 소름이 끼쳤다. 하지만 야외탁자 의자에 앉아 작업 중인 귀엽게 생긴 박사과정생 두 명은 아무런 동요도 없었다. 한 친구는 치아 전문가, 다른 친구는 유아 시신 두개골 변형 전문가였다. 두개골 변형은 고대 세계 전역에서 나타나는 현상이다. 부모들이 아기의 두개골을 쇠로 죄거나 동여매서 편평하게 만드는 것이다. "돌출 부위가 하나도 없게!" 내가 중간에 한마디 걸쳤다. 하지만 그것만은 아니었다. 아이의 두개골을 일부러 뾰족하게 만드는 경우도 있었다. 어떤 부모들은 아이의 두개골을 애니메이션〈메가마인드Megamind〉에 나오는 주인공처럼 불룩 솟아

오르게 만드는 것을 선호하기도 했다. 두개골 변형은 상당히 흥미로운 박사학위 논문 주제가 될 만하다는 생각이 들었다.

그때 갑자기 호프만이 야외탁자 바닥을 손으로 탁 치면서 소리쳤다. "좋은 생각이 났다. 우리 인디애나 존스 탐험을 떠납시다. 어때요? 그랜트 길모어 국장, 시간 돼? 우리 금요일에 다 같이 선사시대 유적을 찾으러 가보는 게 어때요?" 이 소리를 들은 길모어가 컴컴한 안채에서 나왔다. 학생, 실습생들과 신트외스타티위스 섬 '3차원 컴퓨터 지도3D computer map' 제작에 필요한 데이터 입력 작업을 하던 중이었다. 길모어는 좋다고 했다. 지금으로서는 1989년에 한 고고학자—지금은 신트마르턴 섬에서 작업 중이다—가 학생들과 발품 팔아 섬을 누비며 만든 지도 몇 장을 참고할 수밖에 없다. 지도에는 지표면에서 발견한 유물과 파보면 좋은 결과가 나올 것 같은 지점들이 표시돼 있다. 퀼 화산 중턱에 탐사해볼 만한 지점이 있었다. 화산 정상 인근 정글에도 괜찮은 지점이 있는데, 길모어가 가르치는 학생이 조개껍데기로 만든 도구를 발견한 곳이다.

수탉의 우렁찬 꼬끼오 소리와 함께 탐험가들의 날이 밝았다. 길모어가 아침 8시에 우리를 데리러 왔다. 우리는 고고학연구센터 후문 쪽 파란 문들을 열고 쏟아져 나갔다. 안개비가 촉촉이 내리고 있었다. 픽업트럭은 벌써 장비며 짐을 다 실어놓은 상태였다. 필드스쿨이 현장 견학을 가는 날이다! "자, 여러분, 출발합니다." 길모어가 활기찬 목소리로 말했다. "이 랜드크루저 픽업트럭은 해병대원 열세 명을 태울 수 있습니다!" 새로 온 실습생 두 명과 네덜란드의 박사과정생들을 포함해 우리 열 명은 뒤 칸에 비좁게 끼어 앉았지만 분위기는 만점이었다. 차가 굴곡이 심한 도로를 덜컹덜컹 달리며 퀼 화산으로 향했다. 백팩마다 살충제 스프레이며 물병이 가득했다. 다시금 나는 나일론 재질의 가벼운 긴 소매 옷을 걸쳤다. 그리고 반바지에 두꺼운 양말과 부츠를 신고 챙이 넓은 플로피 모자를 썼다. 모자 끈은 턱 밑에 단단히 묶었다. 열대지역은 언제 어디서 공격을 가해올지 모르기 때문에 만반의 대비를 한 것이다. 네덜란드 친구들은 민소매 상의에 반바지 차림으로 한껏 기대에 들뜬 표정이었다. 다른 사람들은 그들처럼 맨살을 많이 드러내지도 않았고, 조금 차분했다. 길모어는 퀼 화산으로 올라가는 도로에 차를 세웠다. 차바퀴 자국이 끊긴 지점이었다. 한 친구가 GPS로 1980년대에 학생들이 표시해놓은 지점을 찾아냈다.

우리는 싱싱한 풀이 우거진 샛길을 걸어서 올라갔다. 호프만이 고개를 숙이더니 산호 한 조각을 집어 들고 뒤집어보았다. "이것 좀 봐요." 그녀가 말했다. "이 납작한 면 보이죠? 사람 손으로 가공한 게 분명해요." 학생들은 호프만 교수가 이 드넓은 곳에서 레이저빔 같은 안목으로 고대 유물을 찾아내는 것을 보고 경탄을 금치 못했다. 나도 그녀가 그렇게 확신하는 것을 보고 대단하다는 생각이 들었다. 인간이 가공한 모서리와 자연력에 의해 깨진 부위를 어떻게 구별하는 것일까? 그러려면 경험이 필요하고, 미묘한 차이와 인간이 만든 유형을 판별할 줄 아는 안목이 있어야 한다. 매트가 랜드크루저로 달려가 예리한 마체테machete(몸체가 넓고 긴 칼. 밀림에서 빽빽한 수풀을 베면서 나아갈 때 주로 사용한다—옮긴이)를 가지고 돌아와 산호가 발견된 지점 뒤쪽 덩굴을 잘라내기 시작했다. 호프만이 싱긋 웃으며 말했다. "손가락질 한 번 했더니 알아서 척척 잘하네. 그렇죠?" 그런데 매트가 덩굴을 치다가 그만 말벌

집을 건드리고 말았다. 호프만 교수가 '대박 말벌'이라고 부르는 종류였다. 샛길 위에서 붕붕 맴도는 모습이 아주 위협적이었다. "쫓아오면 어떻게 하죠?" 박사과정생이 떨리는 목소리로 말했다. 우리는 조심스럽게 주변 땅을 꾹꾹 찔러봤지만 아무것도 찾지 못했다. 서둘러 현장을 벗어나 샛길을 따라 급히 내려가다 보니 소들이 풀을 뜯는 들판이 나왔다. 대서양이 내려다보이는 신트외스타티위스 섬의 돌출부 고원에 당도한 것이다. 이토록 아름다운 자연이야말로 고고학자들이 카리브 해에서 활동하고 싶어 하는 가장 확실한 이유가 아닐까?

우리는 조를 다시 짜 도로로 향했다. 산호로 만든 도구는 붕붕거리는 말벌들이 알아서 하도록 내버려뒀다. 우리는 다시 수풀이 우거진 퀼 화산을 올랐다. 길모어가 앞장서고 우리는 일렬종대로 그 뒤를 따랐다. 오르막길을 오르자니 숨이 차올랐다. 그런데 다른 사람들은 땀에 젖은 구릿빛 피부가 햇빛을 받아 반짝일 뿐 오르막길을 가면서도 계속 재잘거렸다. 학생이 도구를 발견했다는 지점에 도착하자 길모어는 우리에게 과일나무를 찾아보라고 말했다. 식민지시대든 콜럼버스 이전 시기든, 또는 고대든 인간은 항상 과일나무에 끌렸다. 우리는 부채꼴로 흩어져 조심스럽게 전진했다. 그 모습이 마치 흰개미의 거대한 개미탑이나, 거미줄이 나타나면 건드리지 않으려고 움찔움찔하는 염소들 같았다. 우리는 망고나무를 찾아내 그곳을 자세히 살펴봤다. 낙과가 썩으면서 나는 냄새로 나무 위치를 알아낸 것이다.

우리는 다들 기대감에 들떴다. '고대인들도 바로 이 자리를 지나다녔을 것이다!' 그런 스릴은 기분 좋은 것이었지만 내가 특히 큰 기대를 가졌던 데에는 이유가 있다. 섬 도착 둘째 날, 과거에 농장이었던 곳을 발굴하고 나서 길모어는 내게 시굴갱 두 개를 다시 메워줄 수 있겠느냐고 했다. 나는 구덩이 두 개를 흙으로 조심스럽게 메웠다. 그러나 모서리 부위마다 못으로 박은 표지들이 영 어색해 보였다. 그래서 못도 다 빼버렸다. 아이들이 한참 놀고 나서 어질러진 방을 말끔하게 치워주는 엄마 같은 심정으로……. 그런데 얼마 뒤, 현장을 점검하던 네덜란드 친구 두 명이 길모어에게 시굴갱 두 개의 표지가 안 보인다고 소리쳤다. "못도 제거하는 것 아닌가요?" 하고 내가 물었다. 그러자 길모어는 차분한 목소리로 "내가 못도 제거하라고 했던가요?" 하고 되물었다. 나는 이 심각한 실수를 어떻게 하든 얼버무리고 싶어서 "60개의 구덩이 발굴 관련 기록을 다 지워버린 것만큼 나쁜 건 아니죠?"라고 물었다. "아니죠, 아니죠. 두 개만 지워버렸으니까." 길모어가 좀 봐주긴 했지만 못내 찝찝했다. '탐험가들의 날'은 그렇게 계속됐다. 고고학 훈련이라고는 전혀 돼 있지 않고 소심하기 이를 데 없는 나는 다른 누구보다도 부담감을 느꼈다. 그러던 차에 망고나무 밑에서 뭔가를 발견했다. 정확히 말하면 부러진 조개껍데기 두 점이었다. 부러지지 않았다면 아무런 특이점이 없는 물건이겠지만 부러졌다는 것은 누군가가 도구로 만들어 사용했다는 의미일 수 있다. 길모어가 다가와 그중 한 점을 살펴보았다. 관심을 가져주는 것을 보고 마음이 한결 놓였다. 길모어는 조개껍데기를 박사과정생 일행 중 한 명에게 내밀어 보였다. 다른 박사과정생들은 대수롭지 않다는 듯이 가던 길을 갔다. "그냥 소라게 같네요." 조개껍데기를 살펴본 박사과정생이 말했다. 실수를 만회할 기회조차 날아가버리고 만 것이다.

갑자기 언덕 저 위쪽이 소란스러워졌다. "벌이다!" 누군가 소리쳤다.

또 어떤 사람은 자기 귀를 손바닥으로 찰싹 때렸다. 네덜란드 고고학자 한 명이 "도망 가!" 하고 소리쳤다. 그 소리에 우리 일행 열 명은 정신없이 비탈길을 내리달렸다. 덤불에 걸리고 엉키고 난리도 아니었다. 법대생 토마스가 제 머리를 손바닥으로 찰싹 때렸다. 그러자 길모어가 발걸음을 멈추고 그의 긴 머리털 속에서 벌을 끄집어내주었다. 네덜란드 친구들은 비틀거리며 소리를 질렀다. 나는 길모어 옆에 바짝 붙어 있었다. 그는 다시 발걸음을 늦추더니 몸을 살짝 숙이고는 한 곳을 가리켰다. "백합이네요." 길모어는 두 그루의 백합 잎사귀들을 살살 어루만졌다. "얘네는 원래 이 섬에 자생하던 게 아니에요. 노예들이 가져다가 무덤에 심은 거지요." 오늘 본 모든 표지물 가운데 백합이 가장 흥미로운 대상이 될 것 같았다. 그러나 일단은 지도에 백합 발견 지점을 표시만 해놓고 나중에 다시 와서 조사해볼 일이다. "빨리 가요. 벌들이 아직도 쫓아오고 있어요!" 저 위쪽에서 실습생들이 외치는 소리가 들렸다. 우리는 마지막 남은 비탈 구간을 돌부리에 채이고 비틀거리며 내달렸다. 겨우 도로에 도착해서 보니 토마스는 머리를 수그린 상태였고 호프만이 화장지로 머리카락 속에서 다시 벌 한 마리를 꺼내주고 있었다. 한 네덜란드 대학생은 벌침 맞은 허리에 약을 바르고, 다른 학생은 팔에 박힌 벌침을 뽑고 있었다.

벌 정도 가지고 뭘 그러느냐고? 건장하고 힘이 넘치는 고고학자들이 그따위 눈곱만 한 날벌레들한테 쪽팔리지도 않느냐고? 바보 같다는 거 나도 안다. 하지만 여기서 한 고고학자의 말씀을 잘 되새겨보기 바란다. 그는 발굴현장에서 마주치는 무서운 뱀이며 거미, 전갈 등등을 한참 나열한 뒤 손사래를 쳤다. 뱀은 멍청하고, 거미는 어찌 보면 귀엽다. 그래서 녀석들에 대한 우리의 공포심은 비합리적이라는 것이다. 그렇다면 합리적인 공포심은 무엇일까? "정글에서 제일 무서운 건 모기예요." 그는 이렇게 단언했다. 그럼 사람을 죽음으로까지 몰고 갈 수 있는 건 뭘까? "벌레들이죠."

그가 말하는 '벌레'는 작은 꿀벌이 아니었다. 길모어가 보충설명을 해주었다. "아프리카화 벌Africanized bee(꿀을 더 많이 생산할 목적으로 아프리카 꿀벌과 서양 꿀벌을 교배해 만든 종. 공격성이 강하다—옮긴이)입니다. 녀석들이 이 섬에 나타난 것은 5년 전쯤이에요. 녀석들에게는 영토를 순찰하는 파수꾼이 따로 있습니다. 파수꾼들은 느닷없이 사람 머리를 향해 달려들거나 아예 이마에 박치기를 하지요. 그래도 상대가 도망가지 않으면 계속 쫓아옵니다." 아하, '스토커 벌'인 셈이다.

그러나 고고학자들은 겁을 먹거나 크게 당황한 것 같지는 않았다. 다들 뺨이 벌건 것이 다시 현장에 대한 열정에 불타는 것 같았다. 일종의 즐거움 같은 것이 전해졌다고 할까? 그렇다. 그들은 **재미**있어 하고 있었다. 미친 벌들에게 머리를 두 방이나 쏘인 토마스조차 벌침을 뽑아내고는 싱글벙글하고 있었다. 법대 공부보다 훨씬 재미있는 모양이다! 이런 게 우리가 갈망하던 모험이었다. 인디애나 존스식의 모험 말이다. 다만 주연은 우리와 '살인벌killer bee(아프리카화 벌의 별명)' 떼였다.

৵৵ ৵৵ ৵৵

그랜트 길모어는 지금 섬 북쪽의 안락한 자택에 앉아 있다. 제란데르 만灣이 지척인 곳이다. 내게 10대 때 고고학에 빠졌다는 얘기를 해주는 아내 조애나를 바라보는 길모어의 표정에는 흐뭇함이 넘친다. 조애나는 길모어보다 열 살 연하다. 목소리는 부드럽고 자태는 우아하지만 그야말로 외유내강형이다. 그녀는 나병 환자 유골에 나타난 '뼈 손상'을 분석한 바 있다. 신트외스타티위스 섬에 처음 와서 길모어와 일할 당시 조애나는 고고학계의 권위자인 어떤 교수 밑에서 공부하는 대학생이었고, 길모어는 유니버시티칼리지 런던의 박사과정생이었다. 조애나는 길모어와 애인 사이가 된 상태에서 학교로 돌아갔고, 나중에는 아내가 되어 다시 섬에 돌아왔다. "우리 신랑이 어느 해인가 제 생일 선물로 사람 두개골을 주었어요." 조애나가 내게 수줍게 말했다. "그래요? 그게 몇 년도지요?" 그러자 부부는 몇 년이다 아니다로 한참을 옥신각신했다. 그 사이 만에서 밤바람이 불어오고 나갔다. 아이들은 집 뒤편에서 꿈나라를 헤매고 있었다. "스물한 살 땐가?" 조애나가 과거사를 되짚었다. "…… 아니야, 그 뒤지. 크리스마스는 아니고. 그건 분명해." 남편 길모어의 말이다. "크리스마스였다면 아마 장모님이 난리 났을 거야. 밸런타인데이였을걸?" 난감했다. 현장에서 단 하나의 퍼즐 조각이라도 찾아서 이모저모 짜 맞춰 큰 그림을 그리고 정확한 연대를 확정하도록 훈련받은 사람들이 정작 자기네 과거에 대해서는, 괴기하지만 그토록 재미난 사건이 언제 일인지조차 제대로 기억을 못하다니 말이다.

열대의 폭풍우가 들이닥쳤다. 도착 당일부터 예상했던 사태가 마침내 닥친 것이다. 뜨거운 8월의 집중호우. 덕분에 몇 안 되는 우리 실습생들은 실내에서 도자기 개론을 수강해야 했다. 18세기 담뱃대, 거울, 잉크병 등에 관한 소개도 이어졌다. 이들 유물 중 일부는 '경찰 증거품'

이라는 표시가 돼 있었다. 어떤 의사가 해외로 빼돌리려다가 압수된 물품이었기 때문이다.

도자기 공부는 왜 해야 할까? 오래됐고, 오래가기 때문이다. 수천 년 동안 대부분의 문화권에서는 이런저런 형태의 도자기를 만들어왔다. 놀라울 정도로 다양한 도자기들은 우리에게 그것을 만들고 사용한 사람들에 관한 이야기를 전해준다. 나는 유럽과 아시아에서 나온, 크림색과 청색의 경질도기硬質陶器를 문질러보고, 식염 유약 처리를 해서 표면이 거칠거칠한 현지 도기의 감촉도 느껴봤다. 길모어는 가장 최근에 온 실습생 코트니가 도자기 수업을 들은 적이 있다는 것을 알고 그녀가 아는 내용을 토대로 각각의 도자기를 어떻게 만들었는지 차이점을 설명해주었다. 그러고는 신트외스타티위스 섬에서 생산된 파란색 육각형 비드bead(유리나 도자기로 만든 작은 구슬. 구멍을 뚫어 실을 꿰거나 하는 방식으로 목걸이 등 각종 장식품을 만든다—옮긴이)를 보여주었다. 섬의 특산품이었던 아름다운 파란색 비드는 수집가들 사이에서 한 점에 150~200달러에 거래된다. 나는 잠시 비드고고학을 취재해보면 어떨까 생각했다. 비드를 전문으로 하는 고고학자들을 따라다니는 것이다. 일단 《비드 연구자 협회 저널*Journal of the Society of Bead Researchers*》에 신청서를 접수한 다음 인도네시아 보르네오에서 열리는 '국제 비드 학회'에 참석해보기로 했다. 보르네오까지 가는 데는 시간도 크게 촉박하지 않았다. 폭풍우가 치면 영국인들이 신트외스타티위스 섬의 창고들을 불태웠을 당시 바닷속에 가라앉은 비드와 온갖 물건들이 해변으로 몰려온다. "폭풍우가 지나가면 파란 비드를 찾으려고 해변을 샅샅이 뒤지는 사람이 삼사십 명은 될 겁니다." 길모어의 말이다.

다음 날은 푹푹 쪘다. 우리는 사탕수수 농장으로 다시 갔다. 이번에는 '통합측량기total station' 작동법을 배웠다. 거리와 각도를 종합적으로 측량해 지도에 발굴 대상지를 정확히 표시하는 장비다. 길모어는 첨단 장비는 물론이고, 그에 못지않게 중요한 '재래식 장비'도 가져왔다. 프랑스 사상가 드니 디드로Denis Diderot가 편찬하고 19세기에 발행된《업종 소개 그림 백과사전Pictorial Encyclopedia of Trades and Industry》이다. 사탕수수 압착기를 비롯해 각종 산업이 어떻게 작동하는지 보여주는 상세한 도판이 들어가 있는 책이다. 유물은 그것이 무엇인지 미리 알고 있지 못하면 유물인지조차 알 수 없다. 이는 역사고고학, 산업고고학, 군사고고학 등 어떤 종류의 고고학에서든 대단히 중요한 문제다. 찾고 있는 물건이 무엇인지 미리 알고 있어야 하는 것이다. 우리의 경우를 예로 들면 사탕수수 농장을 발굴했기 때문에 사탕수수 압착기의 부품들에 대해 미리 알고 있어야 했다. 그래야 설탕을 정제해서 럼주를 만드는 장치들을 확인할 수 있다. 그런 지식을 가진 상태에서 예의주시하다 보면 우리 같은 초짜들도 정제하지 않은 상태의 조당粗糖에서 당밀을 빼내는 데 쓰는 원뿔형 설탕 단지를 발견할 수 있을지 모른다.

수업을 마친 길모어가 실습생과 함께 체질을 하는 동안에도 나는 계속 질문을 던지고 답변을 받아 적었다.

"앗, 거미다." 길모어가 외치는 소리를 들었지만 나는 그때 필기 중이어서 그가 체에서 거미를 골라내 어깨 뒤로 휙 던지는 것을 보지 못했다. 몇 분 뒤 녀석이 다시 나타났다. 이번에는 회색 타란툴라로 아기 주먹만 한 크기였다. 녀석은 길모어의 셔츠 앞쪽에 달라붙어 있었다. 나는 모골이 송연했다. 길모어가 그렇게 꼼짝 않고 있는 것은 처음 보았다. 두 눈을 제외하고는 완전히 얼어붙은 것 같았다. 나를 쳐다보는 그의 눈빛은 어떻게 좀 해보라는 얘기 같았다. 시굴갱 두 개를 망치는 실수를 저지르기는 했지만 길모어가 타란툴라의 공격을 받는 것을 뻔히 보고만 있을 수는 없었다. 고고학을 처음 가르쳐준 선생님을 두 번 실망시킬 수는 없었다. 그리고 나도 그가 필요했다. 그는 취재원이고, 독이 있는 나무에 대해 가르쳐준 스승이고, 나를 공항까지 태워다줄 기사였다. 나는 들고 있던 연필을 거미 다리 밑으로 집어넣고 탁 튀겨내려고 했다. 그러나 만만치 않은 녀석은 길모어의 목을 향해 벌벌벌벌 기어올라갔다. 나는 다시 한 번 녀석의 흉부 밑에 연필을 들이밀고 길모어의 어깨 쪽으로 탁 쳐냈다. 그러자 길모어는 "감사합니다."라면서 "녀석이 발을 다쳤겠어요."라고 말했다. "거미 발 다친 게 걱정이세요?" 나는 의아했다. "아, 녀석이 해를 끼치진 않거든요." 길모어는 이렇게 말하고는 체에서 흙을 뒤지는 작업을 다시 시작했다. 우리 눈에 푸르스름한 물체가 어렴풋이 들어오는 순간 길모어가 그것을 들어올렸다. "파란색 비드인가요?" 나는 기대에 부푼 마음으로 물었다. 길모어는 그것을 얼굴 가까이 가져다 들여다보더니 "에이, 바퀴벌레 알상자네." 하고는 획 내던져버렸다.

필드스쿨이 끝나갈 무렵 나는 길모어를 비롯해 연구센터에 남아 있는 실습생들을 뒤로하고 네덜란드 고고학자들과 함께 해변 탐사에 나섰다. 이따금 수영도 하곤 했던 해변은 낡은 방파제 말뚝에서부터 거대한 암반이 지표면으로 노출된 지점까지로 규모는 작았다. 신트외스타티위스 섬은 매력 있지만 카리브 해의 해변에 비하면 역시 옹색하다. 번화가에서 북쪽으로 해안선을 따라 걷게 되면 다이빙센터를 지나 호텔 바 뒤편 주차장을 통과해야 한다. 이어서 호텔 쓰레기통과 간이 화장실을 지나면 거대한 바위 무더기가 나오는데, 여기서부터는 조심해서 걸어야 한다. 나는 코리네 호프만과 그녀의 두 제자인 안네와 하일리의 뒤를 따랐다. 우리는 관광객이 많이 몰리는 지점을 돌아서 모래사장을 지난 다음 지금은 폐쇄된 나병원으로 향했다. 파도가 바위 무더기를 철썩철썩 때렸다.

바닷물이 육지로 파고드는 지점이 보였다. 풀이 무성한 암반에서 튀어나온, 높이 약 1.8미터의 절벽 같은 바위가 해변 쪽으로 흘러내리듯이 뻗어 있었다. 안네가 울퉁불퉁한 회색 절벽 바위에서 도드라져 보이는 허연 표면을 가리키며 말했다. "해골이에요." 깜짝 놀란 나는 "사람 뼈요?" 하고 물었다. "네." 안네와 하일리는 절벽 바위로 다가가 자세히 살펴봤다. 호프만은 인근에서 돌덩이와 조개껍데기가 산처럼 쌓여 있는 무더기를 조사 중이었다. "이게 패총이에요." 호프만이 말했다. "한 천 년쯤 된 쓰레기장이지요." 이처럼 풍부한 고고학적 지식의 보고가 비바람을 맞으며 방치되고 있었다. 다시 폭풍우가 치면 일부는 물에 떠내려갈지도 모른다. "이 땅의 주인이 누구예요?" 내가 호프만에게 물었다. "정부지요. 그 사람들, 여기가 발굴할 가치가 있다는 생각을 하는지조차 모르겠어요."

나는 바위 위를 조심스럽게 걷다가 하마터면 채색 도자기 파편을 밟을 뻔했다. 마침 썰물 때라 파편은 바위 위에 모습을 드러내고 있었다. 마치 나를 올려다보며 윙크하는 듯했다. '이게 뭐지?' 나는 파편을 집어서 뒤집어봤다. '범상치 않은데 혹시 도기가 아닐까?' 파편은 길이가 약 8센티미터에 입술 아래 부위에 파란색 줄무늬가 있었다. 파란색과 적

갈색으로 무슨 그림을 그렸는데, 마모가 너무 심해서 무슨 그림인지는 확인하기 어려웠다. 영국인들이 섬 창고를 모두 불태울 때 깨지고 남은 것일까? 나는 파편을 호주머니에 넣은 다음 연구센터로 돌아가 길모어에게 보여줬다. "좋은 물건이네요." 길모어는 파편을 뒤집어보더니 매트를 불러 살펴보라고 했다. 매트의 감정 결과는 '독일 베스터발트산産 도자기로 17세기경 제조된 것으로 추정된다'는 것이었다. 흐뭇했다. 길모어는 유물을 주워왔다고 꾸짖지는 않았다. 사실 고고학자들은 유물이 원래 장소에 그대로 있는 것을 좋아한다. 그래야 출토 지점이 어디이고, 주변의 역사적 맥락과 어떻게 연결되는지 더 잘 이해할 수 있기 때문이다. 하지만 이번 경우는 현장에 그대로 놓아두었다면 파도에 휩쓸려 사라졌을 것이다. 길모어는 파편을 고고학연구센터에서 분류·정리 중인 엄청난 양의 유물에 포함시켰다. 그는 조심스럽게 이름표를 만들어 붙인 다음 육지와 바다에서 수집한 도자기 파편 관련 유물함에 집어넣었다. 이제 나도 고고학의 기록에 한몫한 셈이다.

2장

초기 인류는 천재였다

고고학자가 보여주는 생존 전략

■존 시어John Shea는 허리띠 뒤쪽에 스위스 군용 칼을 찼고, 시어의 조교는 어깨에 커다란 신석기시대 도끼를 멨다. 두 사람은 바람이 쌩쌩 부는 뉴욕주립대학교 스토니브룩 캠퍼스를 성큼성큼 걸어가고 있다. 캠퍼스는 원래 수만 년 전 빙하로 뒤덮여 있던 지역이라 곳곳에 빙하가 녹고 남은 둥그런 바위가 많다. 그런 황량한 겨울 풍경을 그나마 다채롭게 해주는 것은 최근에 수집된 엄청난 양의 호모 사피엔스 표본들이다. 이 대학의 존 시어 교수는 〈인류의 기원과 고고학〉 강의에서 나를 비롯한 학생들을 위해 다양한 종류의 초기 인류가 등장할 때 모습은 어땠는지 그림을 그려가며 설명해주었다. 우리의 초기 선조 가운데 하나인 호모 에렉투스(직립원인)는 키가 크고 몸매가 홀쭉했으며 사냥감을 끝까지 추격해 잡고야 마는 능수능란한 사냥꾼

이었다. 그들은 사냥감을 따라 '칼을 든 늑대들'처럼 무리 지어 이동했다. 반면에 네안데르탈인—시어 교수는 초기 인류에 속하는 네안데르탈인의 영문 철자를 Neanderthal이 아닌 Neandertal로 써야 한다고 누차 강조했다—은 걸음걸이가 육중했다('tal'은 독일어로 '계곡'이라는 뜻이다. 독일 네안데르 계곡의 한 동굴에서 처음 화석이 발견돼 네안데르탈인이라는 명칭이 붙었다—옮긴이). 네안데르탈인은 가슴팍이 넓고 몸집이 다부졌다. 미식축구 선수 내지는 아이스하키 선수들 같다고 할까? "저랑 비슷하다고 보면 됩니다." 시어 교수의 말이다. 단단하면서도 네안데르탈인을 닮은 털북숭이 외모는 남성 고고학자의 전형적인 모습이다. 그런 모습이 주변을 압도한다. 스마트폰을 만지작거리거나 삼삼오오 모여 잡담을 나누는 유순한 스토니브룩 학생들은 무장한 두 남자가 네안데르탈인 같은 모습을 드러내자 기가 죽어 뒤로 물러섰다. "수위도 절 보고는 뭐하는 사람이냐며 출입을 막더군요." 시어 교수도 그런 상황을 잘 알고 있었다.

그의 사무실에 들어가보니 칼이며 돌촉, 도끼 같은 온갖 무기가 책상과 창턱, 서가에 진열돼 있었다. 발굴현장에서 가져온 기념품이거나 시어 교수가 직접 만든 부싯돌 등의 석기들이다. 시어 교수는 초기 인류와 그들이 사용한 도구를 연구하는 석기유물 전문 고인류학자다. 그를 만나본 것은 2011년 말이었는데 당시 49세였지만 소년 같은 모습이었다. 시어 교수는 어린 시절을 매사추세츠 주의 집 뒤에 있는 숲 속에서, 그리고 프랑스 식민지였던 캐나다 아카디아 출신인 할머니 집에서 가까운 메인 주 북부에서 보냈다. 아버지는 노동자였다. "어른들은 제가, 음, 일고여덟 살 때 이미 고고학자가 될 거라는 걸 다들 알고 있었어요. 뒷마당에 구멍을 파고 원시적인 도구를 만들며 놀았거든요. 리처드 루브Richard Louv의 책에 나오는 '숲 속의 마지막 아이', 그게 바로 저였어요. 1960년대 말 어느 해 겨울에는 눈 속에 갇히기도 했지요. 그해 폭설이 내리기 직전에 타임라이프에서 선사시대를 다룬 책이 나왔거든요. 바로 이 책입니다. 초기 인류가 각종 도구와 다양한 종류의 돌촉을 만드는 그림이 실려 있지요. 이걸 보고 그런 생각이 들었어요. '야, 정말 재밌겠다.'" 돌을 쪼개 부싯돌을 만드는 데 가장 적합한 재료는 규암이나 현무암인데, 시어 교수가 살던 동네에서는 구하기 어려웠다. 그러나 대학 시절 아르바이트를 했던 읍내 쓰레기장에 가면 유리는 천지였다. "쓰레기장 관리는 고고학자에게는 안성맞춤인 알바 자리지요." 시어 교수의 말이다. 그는 싸구려 포도주 병 바닥이 좋은 원료가 된다는 것을 알아내고는 포도주 병을 깨기 시작했다. "그런 병 바닥을 가지고 큰 화살촉도 만들 수 있습니다."

"제게 고고학은 기본적으로 자연사의 일부입니다. 그리고 석기는 인간과, 인간이 환경을 다루는 방식을 연결시켜주는 고리 같은 것이지요. 그러니까 석기는 도구입니다. 도구는 목적을 달성하기 위한 하나의 수단이지요. 저는 유물을 그런 식으로 봅니다." 그가 육중한 도끼날 하나를 들어 보였다. 컴컴해지는 사무실에서 수염이 무성한 거한이 무기를 번쩍 쳐든 모습을 보니 숨이 막혔다. "동료 학자들은 이걸 본다면 '3형 마야 고전 도끼'라고 할 겁니다." 그럴 듯한 분류명이다. 전문가라면 3형이 2형 또는 1형과 어떻게 다른지 설명할 수 있을 것이다. 그러나 시어 교수는 손수 돌을 깨서 부싯돌을 많이 만들어본 경험을 토대로 문제의 도끼를 조금 다르게, 특별한 내력이 있는 독특한 유물로 봤다. "상흔들이 보입니다. 이렇게 균열에 패턴이 있는 게 보이죠. 이걸 만든 사람들은 돌을 깨서 날카롭게 갈았을 겁니다. 제가 석기를 보는 것은 마치 당신이 자신이 쓴 책의 한 구절을 보는 것과 같을 겁니다."

시어가 최근 뉴스에 등장한 초기 인류—멀리 조지아(옛 그루지야)에서는 호모 에렉투스 유골이, 인도네시아에서는 호모 플로레시엔시스 Homo floresiensis(체구가 난장이처럼 작다고 해서 별명이 '호빗'이다)가 발견됐고, 작은 손가락 뼈 화석을 통해 데니소바인 Denisovans이 호모 사피엔스의 한 갈래임이 입증됐다—에 관해 이야기할 때는 고고학 연구자로서의 관심만으로 까마득하게 오래전에 살았던 선조들 이야기를 하는 것 같지 않았다. 그는 자신을 그들과 동일시했다. 시어 교수도 불을 피우고, 끈을 만들고, 동물을 추적하고(그는 사냥은 하지 않는다. "스포츠로서 사냥을 하는 것은 잔인한 짓이라고 생각해요."), 몇 시간 동안 돌을 쪼개고 돌촉을 만들어봤다. 초기 인류가 어떻게 살았는지 체험해보려고도 하지 않으면서 어떻게 초기 인류를 이해할 수 있겠는가.

석기 덕분에 시어는 기회를 잡았다. 석기를 실제로 제작해본 경험을 밑천 삼아 중앙아메리카 벨리즈의 발굴현장에 아르바이트 자리를 얻었는데, 거기서 인근 현장에 투입된 한 대학원생을 만났다. 그 대학원생은 시어에게 남아프리카공화국 출신의 저명한 고고학자 글린 아이작 Glynn Isaac 교수를 소개해주겠다고 했다. 아이작 교수는 당시 막 하버드대학교 교수로 임용된 상태였다. 대학원생은 시어에게 "너 정도면 군말 없이 통과될 거야."라고 했다. 그러나 시어는 하버드대학교 대학원에 입학원서를 냈다가 퇴짜를 맞은 바 있었다. 아이작 교수는 시어를 만나 그가 만든 도구에 대해 물었다. 시어는 짐이 잔뜩 든 백팩에서 돌촉이며 돌칼 같은 것들을 꺼내기 시작했다. 이후 아이작 교수는 시어에게 하버드대학교 대학원 전액 장학금을 주선해주었다. 이후 시어는 전 세계 발굴현장에서 석기 전문가로 활약했다. "저는 고고학의 포레스트 검프예요." 그는 유럽과 요르단, 이스라엘에서 일했다(특히 이스라엘에서는 입술과 잇몸에 고약한 곰팡이가 퍼졌다. 키부츠 소속 의사한테 갔더니 "아, 입속에 버섯(균)이 잔뜩 들었네요."라고 했을 정도다). 최근에는 근동지역 석기에 관한 백과사전적 안내서를 썼다. 그는 지금까지 아프리카 에리트레아와 탄자니아에서 일했고, 케냐에서는 스토니브룩 동료 교수인 리처드 리키Richard Leakey와 함께 발굴작업을 했다. 리처드 리키의 부모는 전설적인 고고학자 루이스 리키와 메리 리키다. 에티오피아에서는 소년들이 칼라시니코프 소총(자동소총의 일종)을 들고 뛰어다니는 위험천만한 상황에서 작업했다.

시어 교수가 최근 고고학 역사에 큰 기여를 하게 된 것도 에티오피아에서였다. 지난 1960년대 리처드 리키는 에티오피아 남부 오모 키비시에서 호모 사피엔스 유골 여러 점을 발견하고 연대를 13만 년 전으로 추정했다. "거긴 그야말로 오지입니다." 시어 교수의 설명이다. "작업하기가 아주 어렵지요. 그리고 부족들 간에 소 약탈전이 빈번해서 아주 위험한 곳이에요. 하지만 여기 고고학자 여러 명은 결단을 내렸습니다. '우리한테는 새로 개발된 암석연대측정법이 있다. 한번 가보자!'라고 말입니다." 고고학자들은 매장지를 찾아내 손상되지 않은 주변 암석들의 연대를 측정해보기로 했다. 그러나 리키의 탐사팀이 활동했던 시기는 GPS가 나오기 훨씬 전이어서 정확한 위치를 찾기가 어려웠다. "우리는 지질학자와 함께 랜드로버 지프에 나눠 타고 출발했습니다. 1960년대 당시 슈퍼8 필름(이스트먼 코닥사의 8밀리미터 필름)으로 찍은 동영상들의 정지화면들을 비교 분석해 발굴현장을 찾아냈습니다." 40년 가까이 시간이 흘렀지만 현장은 거의 그대로였다. "똑같은 덤불에 똑같은 나무들, 자갈이 널린 형태도 똑같았습니다. 동일한 뼈에서 떨어져 나온 조각들이 있었는데 돌아와 맞춰보니 딱 맞더군요. 그보다 더 좋을 순 없었죠." 화석화된 유골을 덮고 있는 암석의 연대를 측정한 발굴팀은 오모 키비시 유골의 연대를 13만 년 전이 아니라 19만 5000년 전으로 추정했다. 지금까지 발견된 것 가운데 가장 오래된 호모 사피엔스 화석이 된 것이다. "스토니브룩 캠퍼스의 개가였지요." 시어의 목소리에 자부심이 넘쳤다.

오모 키비시는 또한 선사시대 우리 조상들의 지능이 대단했다는 시어의 확신에 새로운 증거를 선물했다. 요즘에는 '원시' 종족들을 천재라고 보는 과학자들이 늘고 있는데, 시어도 그중 하나다. 그는 초기 인류가 특정 시점에 와서야 현대인처럼 생각하고 행동하기 시작했다는 발상에 대해 줄곧 의구심을 갖고 있었다. 과학 전문지《사이언스 Science》와의 인터뷰에서 그는 이렇게 말했다. "(그런 발상은) 진화는 직선적으로 진행되고 우리 대에 와서 끝난다는 식의 19세기 모델입니다. …… 참 받아들이기 어렵지요. 그런데 이제 그럴 필요가 없어졌어요."• 시어 교수는 에티오피아에서 호모 사피엔스 화석을 사냥하다가 발견한 돌촉들을 보면 너무 잘 만들어서 그 제작자들을 원시적이라고 하는 것은 그야말로 헛소리라고 강조한다. "그들은 우리와 똑같은 사

• 《사이언스》2013년 2월 8일자, 마이클 밸터 기자가 쓴 시어 교수 프로필에서 인용.

람이었습니다." 현대인들처럼 똑똑하고 환경에 잘 적응했으며, 우리가 다른 사람들과 다른 것처럼 그들끼리도 서로 달랐다. 다만 우리와 환경이 다르고 해결해야 할 과제가 달랐을 뿐이라는 것이다.

시어 교수는 인류라는 종을 비방하는 세력에 맞서 홀로 싸우는 전사 같다. 그는 "네안데르탈인은 상대를 그렇게 부르기만 해도 모욕이 되는 유일한 영장류이지만, 호모 네안데르탈렌시스Homo neander-thalensis(네안데르탈인의 학명)는 하나의 종으로서 수십만 년을 살아남았다."고 지적했다. 그 정도면 존경받을 만하지 않을까? 그래서인지 시어는 똑똑하지만 현대인들에게 무시당하는 석기시대 혈거인穴居人이 나오는 자동차 보험회사 가이코 광고의 팬이었다. "거기에는 어떤 진실이 담겨 있습니다."라고 그는 말했다. 시어는 그 광고들이 정말 좋아서 광고 제작사에 팬레터를 보내 "감사합니다. 덕분에 고고고학 paleoarchaeology을 가르치기가 한결 쉬워졌습니다."라고 전했다. 광고제작사에서는 답신이 없었지만 나중에 가이코는 광고에 나오는 혈거인 사진을 그의 학술 논문에 게재하는 것을 허락해주었다.

시어 교수가 가장 큰 관심을 갖고 있는 시기는 특히 중기 구석기시대Middle Paleolithic, 즉 20만 년 전부터 4만 년 전까지(2000세기 전부터 400세기 전까지)이다. "저는 빙하기에 살았으면 좋겠어요. 그러면 시베리아에서 나와 여기 북위 48도 아래로 처음 내려온 무리의 일원이 됐겠지요. 그야말로 신세계를 처음 보았을 겁니다. 빙하기에 살았다면 좋았을 일 중 하나는 주변에 사람이 별로 많지 않았을 것이라는 점입니다. 당시 상황에서는 계속 이동하면서 임기응변으로 살아야 하지요. 도구도 15종을 넘지 못합니다. 다 들고 다닐 수가 없거든요. 그리고 마을이라는 게 없어요. 그러니까 마을마다 있는 바보들도 없지요. 상상해보세요, 바보들이 없는 세상. 얼마나 좋습니까!" 그는 바보는 "맹수들이 득시글 거리는 환경에서는 생존할 수 없다."고 강조했다.

시어 같은 사람이 살기에 가장 어울리지 않는 곳이 바로 롱아일랜드의 바글바글한 주택가 한가운데에 있는 스토니브룩이다. 그는 학부생 때 비행기를 타고 가다가 하늘에서 이곳을 내려다본 적이 있다. "이집트에서 오는 길이었어요. 그게 첫 해외여행이었지요. 뉴욕 JFK 공항에서 출발한 비행기는 잠시 상공을 선회하다가 보스턴으로 향했습니다. 창밖을 내다보니 뉴욕 주 남단 롱아일랜드 나소카운티가 눈에 들어오더군요. 그렇잖아요, 집 집 집 집 집, 자동차 자동차 자동차 자동차 자동차, 수영장 수영장 수영장 수영장 수영장…… 옆 자리에 앉은 교수님한테 '저것 좀 보세요. 저런 데서는 정말 못 살 것 같아요.'라고 했지요. 그런데 나중에 거기서 일자리를 얻었어요. 그 교수님한테 전화했더니 '잘됐어, 존. 거기 어디라 그랬지?'라고 하시더군요. '아마 안 믿으실 겁니다.'라고 했더니 '롱아일랜드잖아?'라고 하시더군요. 참……"

시어는 캠퍼스에서 산악자전거로 2분 거리인 곳에서 고고학자 동료인 아내 패트리샤 크로퍼드와 살고 있다. "대학 기숙사에서 시끄럽게 떠드는 소리가 다 들릴 정도입니다." 시어와 크로퍼드 부부는 자주 자전거를 타고 56킬로미터 정도를 달리는 것으로 교외 주택가의 답답함을 벗어버린다. 여름 발굴작업 기간이면 시어는 대개 아프리카에 가 있다. 부부는 최근 뉴멕시코 주 산타페에 자그마한 별장을 구입했다. 1년에 네다섯 차례 별장에 들른다. 산타페처럼 고도가 높은 사막지역 이야말로 시어에게는 고향 같은 느낌을 준다. "문을 열고 나서면 바로 산이에요. 주변엔 퓨마가 어슬렁거리지요."

시어에게는 더할 나위 없는 곳이다. 그런데 20만 년 전에 아프리카에서 잠을 깼다면 어땠을까? 호모 하이델베르겐시스Homo heidel bergensis나 호모 에렉투스의 일원이었다면? "가장 큰 문제가 뭐였을 것 같아요?" 시어가 내게 물었다. "살아서 땅으로 내려가는 겁니다. 나무 위에서 잤을 테니까요. 왜 나무에서 자야 했느냐? 최소 다섯 종의 포식자가 있었을 거예요. 놈들은 밤에 사냥하거든요. 어둠 속에서도 잘 보고, 수 킬로미터 거리에서도 냄새를 맡지요. 자칫하면 놈들의 먹이가 된다는 얘기입니다." 시어의 얼굴에는 맹수의 이빨을 노련하게 피해가는 지혜 같은 것이 번득였다. 그는 무사할 것이다. 나는 아마 먹잇감이 되고 말았을 것이다. 독자 여러분은 어떠실까?

맹수 얘기는 이쯤 하자. 근데 시어 교수가 초기 인류 관련 고고학에 대한 설명을 잘해줄 수 있을까? 그러지 않아도 나는 **호모** 어쩌고 **호모** 저쩌고 하는 명칭에서부터 머리가 어지러웠다. 고고고학이라는 명칭부터 헷갈린다. 하지만 최근에 호모 사피엔스와 관련해 가장 오래된 증거를 찾아낸 사람보다 더 좋은 안내인이 어디 있겠는가. 시어 교수에게 그의 수업을 청강해도 되겠느냐고 묻자 그는 바로 〈인류의 기원과 고고학〉 강의에 내 자리를 마련해주었다. 나는 그에게 수업시간에 과학적 냉정함을 유지하기가 어렵다는 얘기는 하지 않았다. 고등학교 생물 시간의 악몽 같은 경험 때문이다. 개구리를 마취하고 해부하는데, 마취가 덜 되었는지 녀석이 발버둥을 쳤고, 그 때문에 다리에 박아 놓은 핀이 떨어져나갔다. 결국 개구리는 풀쩍풀쩍 뛰어나갔다.

겨울에서 봄까지 일주일에 두 번씩 존 시어 교수의 강의를 들었다.

전 세계 주요 고고학 발굴현장을 화면으로 소개하는 강의였다. 그는 학생들에게 고고학자들처럼 생각하는 방법을 가르쳐주고자 했다. 우리도 전문가들이 발굴한 것을 보면서 도구, 미술품, 건물, 매장지 등의 파편들이 갖는 의미를 파악하고자 애썼다. 그러다 보니 어떤 깨달음 같은 것이 생겼다. 시어 교수식으로 말하면 고고학에 미쳤다고나 할까? 독자 여러분은 인류의 원인原人 선조 두개골의 용량은 맥주 두 잔이 들어갈 정도에 불과한 반면, 지금 우리의 두개골은 캔 맥주 여섯 개들이 식스팩 하나가 들어갈 정도로 크다는 사실을 아시는지? 이런 고고학적 지식이 그 광활한 시간적 범위로 보면 참으로 사소하고 단편적이며 해석 불가능한 것임을 나는 깨닫기 시작했다.

나는 고고학 전문용어를 흡수하기 시작했다. 한때 유럽을 누빈 인류를 '가슴팍이 넓고 석기를 능숙하게 다루는 네안데르탈인Neandertals'이라는 식으로 바로 표현할 수 있게 됐다. 남편은 내가 너무 아는 척한다고 생각했다. 그럴 때마다 나는 "독자들한테 고고고학에 대해 설명해주려면 발음 정도는 제대로 해야 하지 않겠어?"라고 답했다. 그러면서 최근 미국 공영방송 PBS나 자연 다큐 전문 채널 '내셔널 지오그래픽' —외계인 같은 황당무계한 주제는 다루지 않는다—에서 방영한 다큐멘터리에 출연한 아나운서 얘기를 해줬다. 그 아나운서는 네안데르탈인의 '탈'을 'th'로 발음했다. 반면에 고고학자들은 '탈'을 정확히 't'로 발음했다. 나는 그런 고고학자들 편에 서서 네안데르탈의 마지막 음절을 정확히 발음하려고 신경을 쓴 것이다. 잘못된 것은 용납하지 않겠다는 일종의 고집이라고 할까?•

나는 시어 교수의 강의를 청강하는 소수의 인류학과 대학원생들과 함께 강의실에 들어갔다. 학부생 오륙십 명이 앉아 있었다. 강의실은 대형 칠판에 영사막, 앞머리가 높은 교탁이 구비돼 있었는데, 마치 한 세기 전에 와 있는 느낌이었다. 그 긴 겨울 수업 기간 내내 우리는 건설용 차량들이 내는 소음을 들어야 했다. 대학은 최신식 강의실을 더 많이 짓느라 바빴다. 대학원생들은 수수한 차림이었다. 다채로운 색깔(자주색, 주황색, 심지어 터키석처럼 파란색도 있었다)의 목 높은 운동화를 신은 것을 제외하면 멋 부리기와는 거리가 멀었다. 그들은 중간 학기에 멤피스에서 열리는 고고학 학술대회에 참석할 계획이었다. 가는 길에 테네시 주에 잠깐 내려 부싯돌 만드는 데 필요한 석재도 수집할 생각이었다. 그들은 멤피스에 살아 있는 염소를 발코니에 묶어둔 술집이 있다는 것을 알아내고는 흥분했다. 그들에게 염소는 동아리 환영식 때 신입생들을 골려주기 위해 사용하는 장치 같은 것이 아니다. 그들은 염소와 관련된 경험을 많이 했다. 인류가 가축을 길들인 역사를 공부하면서 염소를 연구했고, 중동에서 염소고기를 먹어보기도 했으며, 전 세계에 분포돼 있는 염소 떼를 관찰하기도 했다. 고고학 발굴현장에서 염소 뼈와 이빨을 식별해내기도 했다. 염소는 우리 수업에서도 작지만 핵심적인 역할을 하게 될 것이다. 시어 교수의 설명에 따르면 고고학 협회가 다시 한 번 연례 춘계 염소 구이 축제를 스토니브룩에서 개최할 예정이라고 한다. 대학원생들은 신이 났다. 축제 때 시어 교수는 우리에게 직접 석기 만드는 법을 보여주고, 우리는 그 석기를 가지고 직

• 철자 얘기를 더 하자면 독일 네안데르 계곡에 있는 공립박물관은 지금도 Neanderthal로 표기하고 있다(발음은 tal로 한다). 학술지 《진화인류학*Evolutionary Anthropology*》도 구식 표기법(~thal)을 적용하고 있다. 하지만 나는 선생님한테 배운 대로 tal로 표기하고자 한다.

접 염소를 잡게 된다. 시어는 "봄철 최대의 사교 모임"이 될 것이라고 단언했다. 물론 염소는 죽은 것을 내온다. 인근 정육업자가 미리 잡은 염소를 온전한 형태로 가져오는 것이다. 그래도 개구리를 어설프게 찌르는 순간 녀석이 되살아나 펄쩍 뛰던 기억이 생생한 나로서는 염소 잡을 일이 영 불안했다.

시어 교수는 〈인류의 기원과 고고학〉 수업을 진행할 때도 비전통적인 방식을 택했다. 그는 인류의 초기 종 변화에서 시작해 점점 후대로 내려가 현재에 이르는 과정을 이야기하는 전통적인 방식으로 20년 동안 수업을 했지만 최근에 방향을 바꾸기로 결심했다. 그런 내러티브 형식은 일반화된 지 5000년은 된 것이다. 시어의 말에 따르면 "내러티브는 호모 사피엔스에 속하는 인류의 보편적인 행동 특성의 하나다." 그러나 그는 내러티브가 과학 수업용으로는 결함이 있다고 봤다. "내러티브는 현실의 복잡성을 닫아버립니다. 인류의 기원에 관한 이야기를 우리가 거의 알지 못하는 데이터에 입각해 논하기 때문이지요. 선행 인류의 정체나 그들이 나무에서 내려온 이유, 그들이 성공하게 된 요인이 도구의 사용 때문이었는지 두 발 보행 때문이었는지 등을 잘못 확정하면, 전체 내러티브에 투입한 항목 하나하나가 다 틀리고 맙니다." 그는 인류 초기 시대에 태어났다면 퓨마한테 잡아먹혔을 우리에게도 같은 생각을 말해주었다. "이 수업은 타임머신을 타고 과거로 돌아가는 것과 같습니다. 욕조에서 술을 마시다가 타임머신처럼 과거로 간다는 영화가 있는데, 우리는 욕조만 없을 뿐입니다. 1970년대의 혼란스러운 기억 같은 것도 물론 없고요."

시어 교수는 수천 년, 심지어 수만 년 전(정확히 말하면 약 6000~8000년 전) 것으로 추정되는 고고학 발굴현장 열두 곳 정도에 대한 소개로 강의를 시작했다. 이어 중동, 유럽, 중국, 인도네시아, 북아프리카와 남아프리카를 거쳐 마지막으로 동아프리카 지역을 다뤘다. 동아프리카의 극소수 발굴현장은 유인원 및 유인원과 비슷한 종의 인류가 살았던, 고고학적으로 아주 중요한 곳이다(아메리카 대륙은 고고고학자에게는 관심의 대상이 되지 못한다. 너무 젊기 때문이다. 남북아메리카 대륙은 약 1만 3000~1만 4000년 전까지는 인간이 거주했다는 증거가 거의 발견되지 않는다.* 시어 교수도 "나는 1만 2000년 전 이후의 것에는 관심이 없다."고 말했다). 우리는 상상의 여행을 계속하기 전에 몇 가지 과학 분야의 원칙을 습득해야 했다. 특히 고고학자들이 지질학에서 차용한 동일과정설uniformitarianism이 중요했다. 이는 과거를 설명하는 데 있어서 현재 우리가 관찰할 수 있는 과정들만을 근거로 사용한다는 개념이다. 시어 교수의 설명. "동일과정설을 통해 대단히 해로운 발상들은 논외로 치부할 수 있게 됩니다. 고대의 외계인 운운하는 얘기 같은 것 말입니다. 오늘날 외계인이 하늘에서 내려와 건축물들에 대해 우리에게 조언하는 것을 본 사람이 있습니까? 그럼 '오, 우주에서 온 주님들이시여! 감사합니다.' 그럴 건가요? 아니죠!"

시어는 또 우리의 관찰 내용과 해석을 구분하라고 당부했다. 좋은 과학자라면 당연히 그래야 한다. 그는 교탁에 물 잔을 올려놓고 우리에게 현재 상태를 서술해보라고 했다. 반이 찼다? 반이 비었다? 어느

---

* 더 오래된 것으로 추정되는 유적지, 즉 칠레 몬테 베르데(약 1만 4800년 전으로 거슬러 올라간다)와 텍사스 주 버터밀크 크리크 콤플렉스(약 1만 5500년 전으로 거슬러 올라간다)에 대해서는 그동안 논란이 많았지만 고고학계에서는 점차 연대를 인정하는 분위기다. 남북아메리카 대륙에서 두 유적지보다 더 오래된, 인간의 흔적이 발견되는 유적지가 있는지에 대해서는 설이 분분하다.

쪽이든 판단이 들어간 것이고, 우리의 서술은 거기에 영향을 받은 것이다. 좋은 과학자라면 그저 '물 반 잔'이라고 서술할 것이다. 우리는 본의 아닌 편견을 경계하는 한편으로 일부 문화권의 유물은 고고학적 기록에 등장하지 않는다는 사실도 유념해야 했다. "한 초기 인류가 염소를 도살해 카누나 기타를 만들었다고 하면, 결국 나무로 만든 도구나 구조물 같은 유물은 남아 있지 않을 겁니다. 빙하기가 몇 차례 지난 뒤에 그곳은 염소 도살 유적지가 되는 거지요." 고고고학자들은 왜 그토록 부싯돌에 목을 맬까? 남아 있는 게 그것밖에 없기 때문이다.

또 하나 중요한 교훈이 있다. 시어 교수는 세상의 모든 것은 둘로 나눌 수 있다는 우리의 생각을 바로잡아주려고 애썼다. 모든 이야기에는 두 가지 측면이 있다는 관습적 사고는 제3, 제4, 제5의 측면을 제거해버린다. 과거 250만 년 동안을 '신석기시대'와 '구석기시대'로 나누는 것도 일종의 환원주의다. 시어 교수가 큰 소리로 말했다. "이렇게 써보세요. '이분법은 바보들이 하는 짓이다.'" 겨울에서 봄까지 이어진 수업 기간 내내 시어 교수는 이따금 이렇게 말했다. "이분법은 누가 하는 짓이라고?" 그러면 매머드를 잡으려고 달려드는 네안데르탈인들처럼 젊고 힘찬 목소리들이 응답했다. "바보들이요!"

우리의 수업은 중동에서 시작됐다. 팔레스타인 예리코의 인구 밀집 마을로 신석기 유적지였다. '텔 에스술탄Tell es-Sultan'이라고 알려진 마을이다(텔은 주민들이 누대로 살면서 기존 건물터에 짓고 또 짓고 해서 점점 높아진 언덕 같은 지형을 말한다). 여러 세기가 지난 뒤 예리코 사람들은 21미터 정도 높이의 언덕 위에 살게 됐다. 왜 저 아래 도로 쪽으로 가지 않고 오래된 흙벽돌집을 부수고 그 폐허 위에 다시 집을 짓는지는 알 수 없다. 하지만 그 결과 수세기 뒤에 이곳을 찾아온 과학자들에게는 좋은 선물이 되었다. 고고학자들이 텔을 좋아하는 이유는 크림이나 잼을 사이사이에 넣어 여러 층으로 만든 케이크 같기 때문이다. 질그릇을 만들기 이전 시대의 사람들이 버린 쓰레기는 맨 아래층에 있고, 질그릇, 먹고 버린 동물 뼈 등 비교적 최근 사람들이 버린 잡동사니는 정상부 근처에 있다.

나는 불편한 플라스틱 의자에 앉아 시어 교수가 분필로 작은 형상과 도형을 그리는 것을 보면서 고고학은 정말이지 무덤과 쓰레기와 밀접한 관련이 있구나 하는 생각을 했다. 8000년이나 떨어진 지금에 와서 봐도 썩는 냄새가 진동하는 느낌이다. 고고학자들이 그 옛날 열심히 일했을 농부들의 턱을 벌려보면 "치주 관련 질병이 입안에 하나 가득"이라고 시어 교수가 설명했다. "그 사람들은 우리보다 키가 작고 작달막하며 더 병약했습니다. 그들은 아마 치아가 절반밖에 안 남아 있었을 거예요." 치아는 고고학자들에게 금광이나 마찬가지다. "입속에 든 화석과 같다."고 한 고고학자는 내게 말했다. 무덤도 마찬가지다. 우리는 강의실 가상 여행에서 무덤 몇 곳에 들어가봤다. 예리코 사람들은 죽은 이들을 가까운 곳에, 즉 생활 구역 아래 모셔두었으며 어린이 시체도 매장했다. 불과 몇천 년 전 수렵과 채집 생활을 했던 사람들도 죽은 유아를 쓰레기 더미에 버린 경우가 있는 것과는 대조적이다.

색칠을 하거나 장식을 한 두개골이 예리코에서 발견됐다. 흑요석으로 만든 사발과 먼 곳이 원산지인 별보배조개 껍데기도 같이 묻혀 있었다. 게다가 매장지 주변에는 장벽과 망루까지 설치돼 있었다. 그러나 시어 교수가 무덤을 발굴한 이유는 당연히 석기, 특히 석제 무기를 찾기 위해서였다. 몇 가지 서로 다른 종류의 돌촉이 예리코에서 발견됐다. 아주 작은 돌화살촉들도 있고, 측면에 V자형 홈을 여러 개 파놓아 사냥감에게 치명상을 입힐 수 있는 기다란 화살촉들도 있었다. 그런데 "엄청나게 큰 특대형 화살촉들도 출토됐습니다. 거기에 맞았다가는 당장 뼈가 부러지고 말 정도지요." 시어 교수의 설명을 더 들어보자. "아마 목표물을 불구로 만들기 위해 만든 화살촉일 겁니다. 하지만 대개 동물에게 부상만 입히려고 하지는 않지요. 그럼 화살에 맞고도 달아날 테니까. 상대를 불구로 만드는 게 죽이는 것보다 나은 경우는 어떤 경우일까요?" 나는 주변을 둘러봤다. 학생들은 아무 생각 안 난다는 표정이었다. 우리는 누군가 이미 갈아서 넣은 고기가 든 햄버거를 사 먹는 사람들이니 그런 문제에 대해서는 숙맥일 수밖에 없다. "여기 군대 갔다 온 사람 있어요?" 시어 교수가 물었다. "전투에서 상대에게 부상을 입힐 목적으로 사격을 하는 경우가 있지요? 쏘아 죽이면 적 한 명을 잡는 거지만 부상만 입히면 성한 사람이 부상자를 신경 써야 하기 때문에 세 명쯤 무력화시킬 수 있습니다. 여기 보이는 대형 돌화살촉은 사냥용이 아니라 전투용 무기인 겁니다."

시어는 타임머신을 2만 5000년 전의 후기 구석기Upper Paleolithic 시대에 맞췄다. 인류가 도구 제작에 매우 많은 시간을 투입하고, 미술품을 만들기 시작한 시기였다. 그중에서도 시어 교수는 지금의 체코에 있는 돌니 베스토니체Dolní Věstonice라는 이국적인 유적지를 소개해주었다. 유적지에는 매머드 뼈가 널려 있어서 석조 기단 위에 지은 둥근 형태의 주거지들의 울타리처럼 돼 있었다. 돌니 베스토니체에 살던 사람들은 매머드 뼈를 아주 좋아했다. 그것을 태워서(그 악취를 한번 상상해보시라!) 연료로 사용했다. 그들은 상아를 비롯해 다양한 재료로 풍만한 몸집의 소형 조각상을 조각하기도 했다. 조각상의 머리는 아주 작고, 가슴과 엉덩이는 대단히 크며, 여성 성기를 나타내는 홈이 길게 파여 있고, 다리는 양식화된 형태다. 특이할 것은 없다. 그런 식의 '비너스상'은 유럽 전역에서 많이 발견됐다. 돌니 베스토니체 유적지의 특이한 점은 출토된 질그릇에 있었다. 그것은 식료품을 담는 용기로 쓰려고 만든 것이 아니라 동물의 형상을 새긴 일종의 조각상이었다. 초기의 도공들은 진흙으로 둥근 공을 만들고 거기에 산화구리와 염분을 가미하기도 했다. 동물 조각상을 가열하면 내구성이 높아졌다. 반면에 진흙 공을 가열하면 다채로운 불꽃을 내면서 폭발했다. 고대의 폭죽이라고 할 만하다.

이 기이한 유적지 중에서도 매장지는 특히 기이했다. 시어 교수한테 들은 이야기 중 가장 놀라운 부분은 젊은 남녀의 시신 세 구에 관한 것이었다. 시신들은 위치가 아주 용의주도하게 배열돼 있어서 매장을 담당한 사람들이 우리에게 모종의 메시지를 전하려고 했다는 생각을 지울 수 없었다. 시어가 전한 발굴현장의 모습을 정리해보자. 왼쪽에는 20대 초반의 남성 해골이 놓여 있다. 두개골은 붉은 황토색 안료 분말로 덮여 있다. 한 손은 가운데에 위치한, 여성으로 추정되는 인물의 골반 위에 놓여 있다. 가운데에 놓인 인물은 등에 손상이 있고, 오른쪽에 누운 또 다른 남성 유골 쪽으로 몸을 기울인 상태다. 여성 유골과 오른쪽 남성 유골은 팔짱을 낀 상태이며, 두 사람의 머리에도 붉은 황토색 안료 분말이 덮여 있다. 연속극에 나오는 삼각관계 내지는 고대판 로미오와 줄리엣이라고 해야 할까? 어쨌거나 구체적인 양상도 그렇고 전체적인 의미도 그렇고, 참으로 미스터리였다. 황토색 안료가 그림을 그리거나 몸에 화장용으로 칠하는 도료의 좋은 원료가 되는 이유는 짐작할 만하다. 그런데 왜 안료를 함께 매장한 것일까? 공교롭게도 호모 사피엔스에 속하는 인간과 네안데르탈인도 시신을 그런 광물성 안료와 함께 매장했다. 그 이유를 누가 알겠는가. 비너스상이 유럽 전역에서 출토되는 이유를 누가 알겠는가. 손도끼를 높이 쌓아놓은 더미가 아프리카, 유럽, 아시아 전역에서 발견되는 이유를 누가 알겠는가. 고고학 논문을 읽을 때마다 우리는 종종 '그 이유를 누가 알겠는가'라는 구절을 접하게 된다.

고고학자들은 미스터리와 함께 살아간다. 어떤 유적지를 어렵게 발굴해서 다각도로 연구한다고 해서 우리가 궁금해하는 모든 질문에 대한 답이 나오는 것은 아니다. 오히려 더 많은 의문이 생긴다. 우리는 고고학 연구를 통해 인류의 과거를 말해줄 생생한 파편들을 모으지만 과거로 올라갈수록 인류의 역사에 대해 우리가 얻을 수 있는 그림은 더더욱 불완전해진다.

돌니 베스토니체 유적지에는 또 하나 이상한 매장지가 있다. 바로 비교적 나이 든 여성의 유골이 묻힌 곳이다. 이 여성은 매머드의 어깨뼈 밑에서 태아처럼 웅크린 자세로 발견됐다. 그 가까운 곳에서는 늑대 뼈가 발굴됐다. 과학자들은 그녀의 얼굴뼈를 보면 안면 좌측에 마비가 왔음을 알 수 있다고 말했다. 이 매장지 인근에서는 사람 머리 형상으로 만든 상아 조각과 사람의 얼굴 모양을 새긴 상아 판이 출토됐다. 두 유물 모두 얼굴이 왼쪽으로 늘어진 형태였다. 사람의 머리 형상 상아 조각상은 크기가 엄지손가락만 했다. 그리고 시어의 말에 따르면 "그런 상아상을 조각하려면 수십 시간은 걸렸을 것이다." 결국 이 여성은 상당한 지위에 있었던 인물이었다는 얘기다.

돌니 베스토니체 유적지 거주민들이 수수께끼 같고 기이하게 보일지 모르겠다. 그러나 시간을 두 배쯤 거슬러 중기 구석기시대의 네안데르탈인이나, 수십만 년 전의 호모 하이델베르겐시스, 호모 에렉투스까지 올라가면 우리가 전혀 알지 못하는 지역을 찍은 오래된 흑백 필름을 보는 듯하다. 그나마 심하게 손상돼서 자주 끊기는 필름이다. 네안데르탈인은 유럽 전역과 지중해 동부(레반트) 지역을 떠돌다가 러시아까지 들어갔고, 동굴에서 살았다. 다른 주거지에도 살았을까? 우리는 동굴에 보존돼 있는 주거 흔적에 대해서만 알고 있다. 한동안 호모 네안데르탈렌시스와 호모 사피엔스 모두 레반트 지역에 거주했다. 이후 호모 사피엔스는 8만 년 전에서 5만 년 전까지 상당 기간 레반트 지역의 고고학적 기록에서 사라졌다. '그 이유를 누가 알겠는가'라는 말이 다시 떠오른다.

네안데르탈인과 호모 사피엔스는 서로 생식生殖이 됐을까? 2010년 한 실험실에서 네안데르탈인의 게놈 염기 서열을 분석한 이후 뜨거운 논란이 일었다. 과학자들은 유라시아인의 DNA 가운데 소량은 네안데르탈인에게서 물려받은 것일 수 있다고 밝혔다. 이 소식은 흥미를 좇는 언론을 타면서 "알고 보니 우리는 네안데르탈인의 후손이었다."는 식으로 확대됐다. 그러나 고고고학과 관련된 뉴스가 대개 그렇듯이 그런 결론은 곧 도전을 받는다. 현재의 인간이 교배를 거친 결과라는 이유로, 공동의 조상이 있다는 이유로 네안데르탈인의 유전자 흔적을 보유하고 있다고 할 수 있을까? 진화유전학은 '신생 학문'이라고 시어 교수는 지적했다. "네안데르탈인의 유전자를 확보한 게 1996년이에요.

아직 결론이 나지 않았습니다." 1996년이라면 고고학자에게는 어제와 마찬가지로 얼마 되지 않은 시간에 불과하다. 시어 교수는 독일 막스플랑크연구소 진화인류학 실험실이 문제의 게놈*에 대한 염기 서열 분석을 실시해 엄청난 명성을 얻었다는 것은 인정한다. 하지만 여러 실험실을 겪어본 그의 경험으로 보면 아직 확실한 결론을 내리기는 어렵다. "샘플이 오염된 것이 아닌지 의구심을 가지고 봐야 합니다." 고고학자의 시각으로 보면 "네안데르탈인과 호모 사피엔스가 서로 만났다는 명백하고도 확실한 증거는 아직 없다." 두 족속의 유골이나 사용한 도구가 같은 시기, 같은 장소에서 발견된 적은 아직 없기 때문이다. 그는 네안데르탈인을 "우리 사촌"이라고 부르면서도 "네안데르탈인은 지금으로서는 기껏해야 우리 중 일부만의 선조"라고 말했다. 시어 교수는 네안데르탈인에 많은 관심이 쏠리는 것은 유골을 찾기 쉽고 표본도 많기 때문이라고 지적했다. 또 전통적으로 자기 동네에서 발굴된 것을 선호하는 유럽 과학자들의 성향도 작용했다고 말한다. 포도주와 치즈, 고기파이를 먹어가면서 작업할 수 있기 때문이다.

시어 교수가 진짜로 관심을 가진 것은 도구였다. 물론 중요한 발굴 현장도 있다. 그가 발굴작업에 동참한 이스라엘의 동굴들에서는 호모 사피엔스가 네안데르탈인과 같은 종류의 칼과 도구를 사용했음을 보여주는 증거가 출토됐다. "복잡한 발사형 무기는 호모 사피엔스 특유의 것으로 보입니다. 네안데르탈인은 그런 무기는 사용하지 않은 것 같습니다."

• 이 실험실은 고대의 작은 손가락 뼈 DNA 분석을 통해 데니소바인이 인류의 한 갈래라는 사실을 밝혀내기도 했다.

시어 교수의 생생한 묘사를 통해 나는 마침내 인류 진화 계통수의 얽히고설킨 가지들을 일부 구분할 수 있게 됐다. 동굴에 살던 호모 사피엔스는 쓰레기를 동굴 앞쪽에 버리고 잠은 동굴 저 뒤쪽에서 잤다. 호모 하이델베르겐시스가 살던 동굴은 양상이 달랐다. 호모 하이델베르겐시스는 호모 사피엔스와 호모 네안데르탈렌시스의 마지막 공동 조상으로 추정되는데, 70만 년 전에서 30만 년 전 사이에 살았고 "쓰레기를 아무 데나 버리는" 등 생활이 단정하지 못했다. 단정하지 못했다는 대목에서 나는 묘한 매력을 느꼈다. 시어 교수는 호모 하이델베르겐시스가 "거대하고 육중한 석기를 무시무시한 힘으로 가볍게 다뤄가며 문제를 해결했을 것"이라고 말했다. "복잡하게 생각하지 않고 밀어붙이는, 〈정글의 법칙〉 같은 리얼리티 프로그램에 나가면 딱 맞을 스타일이지요."

훨씬 더 오래된 호모 에렉투스는 키가 크고 호리호리한 몸매에 늑대처럼 사냥감을 추적했다. 호모 에렉투스는 100만~200만 년 전에 아프리카에서 시작됐다. 대부분의 호모 에렉투스 화석은 두개골에서 떨어져 나온 뼈 파편 때문에 무시무시한 모습이다. 그들은 누군가에게 잡아먹힌 것일까? 나는 네안데르탈인이 연상되는 코미디언 루이스 C. K.가 생각났다. 그가 살아 있는 것을 보면 우리도 일하러 가다가 사냥감이 되어 잡아먹힐 염려는 안 해도 될 것 같다. 루이스 C. K.는 이런 말을 했다. "우리는 먹이사슬에서 벗어났습니다. 그것만 해도 엄청난 발전이지요."

이어서 호모 플로레시엔시스가 등장한다. 키가 92센티미터 정도인 이 '호빗'은 21세기 들어 인도네시아 플로레스 섬에서 발견됐는데, 이 섬에서 약 1만 8000년 전까지 살았을 것으로 추정된다. "인류의 조상 화석을 발견해서 직접 이름을 붙여보고 싶으세요? 그럼 인도네시아어를 배우고 나서 정부 허가를 받아 거기서 땅을 파보세요." 시어 교수의 조언이다.

더 오래된 고인류로는 파란트로푸스Paranthropus와 오스트랄로피테쿠스Australopithecus가 있다. 200만~400만 년 전 아프리카에서 출현한 원인으로 특대형 치아를 가지고 있었기 때문에 식물을 다량 섭취하는 데 유리했을 것으로 추정된다. 시어 교수는 "그들에게 가까이 가면 맨 먼저 방귀 소리를 들었을 것"이라고 말했다. 이 정도면 두 원인을 호모 에렉투스나 호모 사피엔스와 혼동하지 않을 것이다.

시어 교수는 내게 학부생들과 함께 〈인류의 기원과 고고학〉 수업 시험을 봐보라고 권했다. 나는 호모 하이델베르겐시스를 특별히 좋아하게 됐고, 멸종된 여러 고인류에 대해 흥미를 갖게 되었지만 시험이라는 말에는 섬뜩함을 느꼈다. 청강의 좋은 점이 바로 리포트를 쓰거나 시험을 볼 필요가 없다는 것인데……. "아니요, 도움이 될 겁니다. 정신을 집중할 수 있으니까요." 시어 교수의 부연 설명이다. "한번 봐봐요." 시어 교수는 해쓱한 표정으로 천천히 강의실을 나서는 나를 보고 나이 때문에 시험을 불안해한다고 생각했는지 "과학 시험 본 지 얼마나 됐지요?"라고 물었다. 보자, 고등학교 3학년 때 생물 시험을 봤으니까, 42년? 시어 교수는 다소 놀란 표정이었다.

수강 신청은 했지만 수업에 열심히 참석하지 않은 학생들까지 모두 시험을 보러 나왔다. 조교가 의자를 더 구해다 놓아야 할 정도였다. 시어 교수가 시험에 앞서 간단한 강의를 했고, 그 덕분에 나는 잠시나마 시험에 대한 공포에서 벗어날 수 있었다. 강의는 이라크의 샤니다르 동굴Shanidar Cave에 관한 것이었다. 1950~1960년대에 부부 고고학자 랠프 솔레키Ralph Solecki와 로즈 솔레키Rose Solecki는 이 동굴에서 꽃과 함께 매장된 네안데르탈인 유골을 발견했다. 유례가 없는 이 놀라운 발견은 곧바로 대중문화에도 반영됐다. 특히《동굴곰족The Clan of the Cave Bear》으로 시작하는 미국 여성 작가 진 아우얼Jean M. Auel의 베스트셀러 연작 소설의 핵심 모티프가 되었다. 그러나 시어 교수는 문제의 네안데르탈인을 매장할 때 누군가 의도적으로 꽃을 함께 부장한 것인지, 아니면 설치류가 굴을 파는 과정에서 우연치 않게 꽃을 물어다 놓은 것인지 알 수 없다고 했다. 나도 회의주의자이다. 나는 설치류 쪽에 표를 던졌다.

이어 시어 교수가 시험지를 나눠줬다. 대부분 사지선다형으로 지구 차원의 기후 변화, 지질학적 시대 구분, 석기와 부장품의 종류를 묻는 문제였다. 영국 고생물학자 클라이브 핀레이슨Clive Finlayson의《멸종된 인류The Humans Who Went Extinct》를 토대로 짧은 에세이를 쓰라는 문항도 있었다. 핀레이슨의 주장에 입각해 네안데르탈인이 왜 멸종됐는가를 밝히고, 호모 사피엔스의 진화 과정에서 가장 중요한 요소는 무엇인지 논하라는 문제였다. 나는 어떻게 답을 해야 할지 혼란스러웠다. 3번에 동그라미를 쳤다가 다시 지우고 하는 과정에서 시험지에 땀방울이 뚝뚝 떨어졌다. 네안데르탈인은 소규모 집단생활을 했는데 기후가 온난해지고 사냥감의 종류가 변하면서 살아나갈 방도가 점점 취약해졌다. 반면에 호모 사피엔스는 다양한 집단과 거래를 확대하면서 행동반경을 넓혀갔다. 유연성을 토대로 환경에 잘 적응했다. 호모 사피엔스는 곡물 수확 사정이 안 좋거나 순록이 잘 안 크면 짐을 싸서 사촌이 있는 곳으로 이동했다.

시험이 끝나자 아드레날린 수치가 위험할 정도로 치솟는 것 같았다. 운전을 하고 집에 가는데 뒤늦게 그런 생각이 떠올랐다. 운전대를 쾅쾅 두드렸다. 그걸 놓쳤어! 우연! 우연을 깜빡했어! 우연과 행운……. 그것 이야말로 진화 과정에서 생존 여부를 결정하는 가장 큰 요인이었다.

다음 날 뉴욕 시 지하철 계단을 내려가는데 가슴이 답답했다. 다른 사람들이 먼저 내려가게 잠시 멈춰 섰다. 전동차 안에서 쓰러지면 저 사람들이 내 공책을 발견할 것이다. 시어 교수의 설명과 조언을 잔뜩 기록한 그 공책 말이다. "이런 봉두난발한 모습이 고고학자의 전형이 지요."라거나 "물웅덩이 옆에 텐트 치면 절대 안 됩니다.", "하마 함부로 건드리면 큰일 나요.", "비비(개코원숭이)는 뿅 맞은 독일 셰퍼드나 마찬 가지임. 조심할 것.", "봉인할 거 다 가져왔죠? 네, 좋습니다." 같은 기록 들이 다 탄로 날 것이다. 법의학 조사팀이 이런 메모를 본다면 어떻게 생각할까? 염소 구이 축제가 코앞인데 여기서 간다면 정말 쪽팔리는 일이다. 두개골 화석을 가지고 멸종 시기가 언제인지 따져보아야 하는 과제가 남아 있는데, 영 찜찜했다. 가슴 통증이 계속됐고 고통을 이기 지 못한 나는 응급실로 달려갔다. 영양수액 주사를 맞고 심전도 측정 기를 꽂은 채 심박동 이상 여부를 확인했다. 간호사가 늘 하는 질문이 떠올랐다. 스트레스가 심했나요?

근심하는 빛이 역력한 간호사의 눈길이 내 눈에 들어왔다. 수십 년 만에 처음으로 과학 시험을 봤다는 얘기를 간호사에게 했다. 그렇다고 심장마비가 올 수 있는 것일까?

심장마비는 아니었다. 하지만 안전을 확보하는 차원에서 주말 동안 병원 신세를 지면서 1000쪽이 넘는 《인류의 기원The Human Career》이라는 교과서의 연습 문제를 읽어봤다. 그러고 나서 추가 검사를 받았다. 응급실 요원들이 둘러서서 지켜보는 가운데 트레드밀을 점점 더 빠른 속도로 걷는 검사도 받았다. 그래도 심장에는 큰 무리가 없었다.

시어 교수가 이메일로 내 고고학 시험 점수를 알려줬다. 낙제점은 아니었다. 33점 만점에 32점이라고 했다. "나쁘지 않네요." 나쁘지 않다고? 농담하세요? 한 문제 빼고 다 맞았는데? 다시 가슴에 통증이 왔다. 고인류 멸종 요인으로 우연을 꼽지 않았기 때문이 아니라 나투피아인Natufians에 관한 문제를 놓쳤기 때문이다. 1만 년 전에 살았던 나투피아인은 호모 사피엔스문화에 속한다.* 사랑스러운 나투피아인들은 지금의 중동 지역에서 수천 년 동안 번창했다. 그들은 개를 가축화하고 절구와 절굿공이를 사용했으며, 동물 뼈로 비드를 만드는 데 많은 시간을 투자했다. 나는 그들이 탁월한 요리사이자 예술 감각이 있는 느긋한 족속이라고 생각한다. 과거로 갈 수 있다면 우리 강아지 호메로스를 데리고 나투피아인이 되고 싶다. 그리고 가젤을 잡아먹고 싶다. 지금도 시어 교수의 음성이 들린다. "나투피아인들에게 가젤은 빅맥 같은 것이었지요."

---

* 다양한 고인류를 어느 정도 분류할 줄 알게 되면 그다음 단계로 그들의 '문화'를 살펴봐야 한다. 문화는 그들이 남긴 유물의 양식을 기준으로 명칭이 부여된다. 네안데르탈인이 고고학적으로 인기 있는 또 다른 이유는 그들 모두가 동일한 문화, 즉 무스테리안문화(유물이 처음 발굴된 프랑스 도르도뉴 지방의 동굴 이름에서 딴 명칭이다.)에 속하기 때문이다. 반면에 호모 사피엔스는 아슐리안문화, 금석병용기金石併用期 문화, 나투피아문화, 클로비스문화, 폴섬문화, 올도완문화, 조몬문화 등등 많은 문화를 가지고 있다.

"벌거벗은 꼬마가 동굴에서 뛰쳐나와 강가로 내달렸다. 작은 강이 휘감아 도는 곳이다."《동굴곰족》첫 문장을 들으면 심장이 더 빨리 뛴다. 나는 차를 몰고 스토니브룩 캠퍼스를 오가는 동안 이 오디오북을 늘 켜놓았다. 2만 5000년 전을 무대로 한 진 아우얼의 이 소설은 고아인 호모 사피엔스 소녀가 네안데르탈인들에게 입양돼 어른으로 성장해가는 이야기다. 작품은 1980년 엄청난 베스트셀러가 되었고, 속편도 5편이나 나왔다. 마지막 6권은 2011년에 출간됐다. 전체 시리즈 제목은《대지의 아이들*Earth's Children*》•로 모험과 사랑이 어우러지면서 빙하기의 생존 전략이 묘사된다. 이 작품에서 아우얼이 이룬 최고의 업적은 동굴에 사는 미개한 원시인들의 이미지를 아름답고 똑똑하며 수완 좋은 여성으로 바꾸어놓은 것이다. 아우얼은 후기구석기시대의 가장 유명한 인물상 '빌렌도르프의 비너스Venus of Willendorf(1909년 오스트리아의 빌렌도르프에서 발견된 구석기시대의 여성 나상—옮긴이)'를 토대로 에일라라는 여주인공을 창조했다. 그럴 수 있었던 것은 고고학자들 덕분이었다. 고고학자들이 소설에서 아주 독특하고 구체적이며 복잡한 사회상을 고안해내는 데 필요한 기초작업을 해주었던 것이다.

아우얼은 "원래는 상당히 다른 족속과 살고 있는 한 젊은 여성의 이야기를 구상했어요. 그들이 주인공을 자기네 무리에 들인 것은 그녀가 외팔이 노인을 잘 보살펴주었기 때문이지요."라고 말했다. 아우얼은

• 진 아우얼은 "Earth's Children"이라는 표현을 상표등록했다.

이야기 배경을 먼 과거로 설정하고 싶었지만 그 시기에 대해 아는 게 전혀 없었다. "동굴 거주인은 어떤 사람들일까?" 하는 생각이 머릿속에 맴돌 뿐이었다. 그런데 관련 자료를 조사하다가 랠프 솔레키가 쓴 책들을 우연히 접하게 됐다. 그는 아내 로즈 솔레키와 함께 샤니다르 동굴에서 산사태로 사망한 네안데르탈인 유골을 발굴했는데 시신은 꽃과 함께 매장된 것으로 추정됐다. "유골의 주인은 살아 있을 때 한쪽 눈이 멀고 절름발이에 한 팔은 팔꿈치에서부터 절단된 상태였습니다. 그게 바로 제가 소설에 등장시킨 외팔이 노인입니다! 실존인물이었던 거예요!" 아우얼은 몇 가지 질문을 고안해냈다. "한 눈이 멀고 팔 하나에 절름발이인 네안데르탈인이 어떻게 살아남아서 노인이 되었을까? 그는 (다른 네안데르탈인들에게) 무엇을 주어야 했을까? 누가 그의 팔을 잘랐고, 누가 지혈을 해주고, 쇼크사가 일어나지 않게 누가 보살펴주었을까?" 아우얼은 첫 번째 소설을 써가면서 답을 찾아냈다.

아우얼은 주요 인물인 네안데르탈인 노인은 존경받는 샤먼인데, 의약에 밝은 여동생의 보살핌을 받고 있었다는 결론을 내렸다. 그런데 두 사람은 우연히 고아로 떠도는 에일라를 만나게 된다. 에일라는 '다른 족속'임이 분명했지만, 두 사람은 너무 불쌍하다는 생각이 들어서 그녀를 데려다가 네안데르탈 씨족의 일원으로 키웠다. 샤먼의 여동생이 죽자 에일라는 추모의 표시로 시신 위에 약초 화환을 바쳤다. 아우얼은 소설 맨 뒤에 쓴 '감사의 말'에서 랠프 솔레키의 저서를 읽고 깊은 감동을 받았다면서 "그가 밝혀낸 사실들을 소설을 위해 딱 한 군데 문학적으로 가공한 것"에 대해 사과의 뜻을 표했다. "실제로 무덤에 꽃을 가져다놓은 것은 네안데르탈인이었다."•

아우얼은 솔레키 말고도 여러 고고학자의 글을 본 것이 분명하다. 그중 일부 학자는 선사시대 벽화가 발견된 거대한 동굴들은 멀리 떨어져 사는 부족들이 철마다 회합하는 장소였다는 주장을 폈다. 네안데르탈인들의 뼈에 난 상처는 로데오를 하는 카우보이들의 상처와 유사한 것으로 보아 근거리 사냥에서 입은 것이라고 보는 학자들도 있었다. 아우얼은 인지과학 논문을 연구해 네안데르탈인의 언어를 고안해냈다. 그들의 발음은 호모 사피엔스보다 후두음이 좀 더 강할 것이라는 시각을 전제로 했다. 그래서 등장인물 이름도 우바, 구브, 크레브, 브루드처럼 꿀꿀거리는 듯 낮고 거친 음이 많이 들어가게 지었다. 유럽과 중동 유적지에서 발굴된 유물들은 그녀의 작품에도 등장한다. 곳곳에서 발굴되는 비너스상이 대표적인 경우다. 아우얼은 비너스상을 멀리 떨어져 사는 호모 사피엔스 무리들이 공유했던, 대지의 어머니를 중심으로 한 종교의 상징으로 봤다. 그녀는 비교적 빨리 분해돼 고대 여성이 했던 작업의 흔적을 거의 남기지 않는 바구니와 직물 같은 특정 유물을 연구하는 전문 고고학자들을 찾아다녔다. 아우얼은 네안데르탈인과 호모 사피엔스라는 두 종족이 유럽에서는 약 1만 년간(중동에서는 5만 년 이상) 거주 시기가 겹쳤기 때문에 접촉이 있었을 수도 있다는 것을 알고 있었다. 물론 접촉했다는 고고학적 증거는 없다. 따라서 아우얼은 두 종족을 적대적 거리를 유지하는 지점에 배치하는 식으로 이야기를 구성하되 극적인 만남이라는 요소를 많이 가미했다.

아우얼의 손을 통해 에일라는, 느리고 강인하며 가부장 중심적인 네

• 아우얼은 발음할 때는 네안데르탈(tal)로, 적을 때는 thal로 쓴다.

안데르탈인과 유연하고 혁신적이며 여성 중심적인 호모 사피엔스를 연결하는 일종의 외교사절로 변신한다. 자신을 보호해주던 사람들이 죽자 에일라는 씨족에 의해 추방되고, 외딴 계곡에서 혼자 살다가 존달라는 이름의 여행자를 만난다. 존달라는 에일라를 다시 호모 사피엔스의 세계로 데려간다. 네안데르탈인을 "납작머리", "짐승"이라고 부르며 경멸하면서도 두려워하는 존달라의 동족들은 그들의 꿀꿀거리는 소리와 몸짓 역시 언어이며 그들 사회 역시 자기네처럼 복잡하다는 에일라의 이야기를 믿지 못한다. 에일라 혼자만 두 집단이 똑같은 인간이며, 대지의 아이들이라는 사실을 알고 있다. 그녀는 최초의 평등주의자다.

아우얼은 주인공을 통해 수천 년간의 인류 진화 과정을 조망한다. (에일라와 아우얼의 어감이 비슷한 건 우연의 일치일까?) 에일라는 셈을 잘하고 여러 언어에 능통하다. 가축 길들이기, 말 타기, 투창, 뼈를 갈아 만든 바늘로 바느질하는 법을 창안했으며 부싯돌로 처음 불을 만들었다. (아우얼은 토기와 비누 만드는 법을 발명한 사람은 다른 인물로 설정해놓았다.) 에일라는 타의 추종을 불허하는 사냥꾼이자 대단한 요리사이기도 하다. 그녀는 치료사이며 접골도 하고 약초로 마취를 하고 환각성 칵테일을 제조하고 피임도 할 줄 안다. 숙취를 다스리는 법도 안다. 그녀는 심지어 라스코 동굴을 발견한 뒤 적당한 화가를 물색해 거기에 다시 색을 입힌다. 이게 끝이 아니다! 에일라는 휘파람을 불어 하늘을 나는 새들을 땅으로 내려오게도 하고, 말과 늑대는 물론 동굴사자(멸종된 거대한 고양이과 동물—옮긴이)를 길들이기도 한다. 그렇게 길들어진 동물들은 모두 그녀의 명령에 절대 복종한다. 한편 에일라를 구해준 네안데르탈인들은 그녀를 못생겼다고 생각하지만 그녀는 아름답다. 자연스럽게 치렁치렁 흘러내린 노랑머리*에 잠시도 가만있지 못하는 몸은 매력 만점이다. (애인 존달라는 그녀의 아름다움에 감탄해 "오! 위대한 대지의 여신 도니여!"라고 외치기도 한다.) 에일라와 마찬가지로 존달라도 키가 크고 금발에 균형 잡힌 몸매, 빙하 같은 푸른 눈이 멋진 청년이다.** 아리아인 분위기라고 할까?

《대지의 아이들》시리즈는 총 4000쪽이 넘는다(오디오북은 182시간 분량). 그러나 나는 책을 잡고 나서는 손에서 뗄 수 없었다. 알고 보니 책 속에서 젊은이 3인방을 독살하는 독재자와 그 독재자를 살해하는 데 모종의 역할을 하는, 안면이 일부 마비된 노인에 관한 이야기에는 돌니 베스토니체 유적지의 상황이 반영돼 있었다. "기름진 음식을 먹으니 정말 좋다."는 식의 독백도 여러 번 나온다. 그거야 당연히 좋다. (고대인들이 지금 우리가 사는 세상을 방문한다면 스마트폰과, 드론을 이용한 전쟁 같

---

* 아우얼의 시리즈 첫 편을 토대로 만든 영화에서 주인공 에일라 역은 대릴 한나가 맡았다. 그러나 영화는 형편없었다. 아우얼은 너무 실망한 나머지 영화 판권을 되샀다. 하지만 지금까지 에일라 관련 영화를 만든 사람은 없다.

** 소설에는 모포 위에서 뒹구는 노골적인 장면이 많이 나온다. 물론 네안데르탈인이나 호모 사피엔스 누구도 임신이 어떻게 시작되는지 모른다. "오늘 밤 내 모포 같이 쓸래?" 이 말은 점잖은 남자 호모 사피엔스가 성행위를 하자는 신호다. 성행위는 기본적으로 대지의 어머니가 인간들에게 주는 쾌락(특히 여성의 쾌락)의 선물이다. 성관계는 개방적이다. 남자와 여자는 짝짓기를 하고 '화덕을 공유하지만' 밖으로 돌아다니며 자유롭게 또 다른 사람들과 성행위를 한다. 특히 축제나 여름철 집회 때가 그러하다. 남자들은 자기 짝이 낳은 아이들을 남에게 소개할 때 '내 화덕의 아이들'이라고 한다. 그 아이가 유독 자기를 닮았으면 '내 영혼의 아이'라고 칭한다. 그러나 아이가 창조된 것은 위대한 대지의 어머니가 부린 마법 때문이지 인간이 한 어떤 행위 때문이 아니다. 네안데르탈인 남자들은 대조적이다. 뭐랄까, 그야말로 네안데르탈인답다. 그들은 '욕구를 해소해달라'는 몸짓을 취한다. 그러면 여성은 무릎을 꿇고 비비원숭이 스타일로 엉덩이를 들어올린다. 네안데르탈인 여성이 남성의 요구를 거부하는 것은 생각할 수 없는 일이다. 그러나 결국 성행위와 출산을 연관시키는 인물이 등장한다. 바로 에일라다!

은 것은 물론이고, 무지방 식단을 즐기는 것을 보고 깜짝 놀랄 것이다.) 아우얼의 작품을 한참 읽다 보면 타의 추종을 불허하는 사냥꾼 에일라가 사나운 오소리를 보고 오히려 으르렁대는 장면도 등장한다. 당시 그녀는 등에 갓난아이를 업은 채 손에는 자신도 발명에 일조한 투창을 들고 있었다. 아우얼은 그런 위험한 세계로 우리를 인도한다. 그러나 우리는 에일라와 함께 있다. 그녀는 앞길을 헤쳐나가면서 직면하는 수많은 도전을 수완과 용기와 명민함으로 물리치는 인물이다. 소설에는 이따금 에일라의 네안데르탈인 보호자에 대한 묘사와 같은 놀라운 이미지가 등장해 2만 5000년 전의 상황이 지금과 얼마나 차이 나는지를 새삼 생각하게 한다. "그녀의 머리는 눈처럼 하얬다. 얼굴과 뺨은 퀭하고 눈구멍은 움푹 들어간 두개골에다가 마른 양피지를 덧씌워놓은 것 같았다. 그녀는 천 살은 돼 보였다. 그러나 이제 겨우 스물여섯을 넘긴 나이였다." 맙소사!

아우얼은 책과 저자 인터뷰, 강연 등에서 참고한 원자료에 대한 감사의 뜻을 항상 밝힌다. 고인류학자 이안 태터솔은 아우얼의 시리즈 마지막 편(6권) 출간 직후 뉴욕 자연사박물관에서 그녀와 함께 연단에 앉아 있었다. "30년 동안 (진 아우얼은) 수많은 청중을 매료시켰습니다." 태터솔은 이런 말로 운을 뗀 뒤 아우얼에 대한 소개를 이어갔다. "이런 사라진 세계들을 어느 정도라도 신뢰성 있게 재창조하려는 사람이라면 누구나 사전 준비를 해놓아야 합니다. 그런 점에서 고인류학은 대단히 운이 좋은 경우지요. …… 아우얼이 사전 준비를 해놓았거든요. 그것도 아주 열심히 말입니다." 저명한 인류학자이자 호모 네안데르탈렌시스 전문가인 크리스 스트링어가 아우얼과 함께 런던 자연사박물관에 나타났다. 그는 태터솔처럼 그녀를 극찬하지는 않았지만 아우얼이 사슴 가죽을 사슴의 뇌수로 무두질해본 경험이 있다고 얘기하자 깜짝 놀란 표정이었다. "작가는 사전 준비를 했어요. 그건 높이 평가해야 합니다." 한 고고학자는 내게 태터솔과 비슷한 얘기를 해줬다. 고대의 약용 식물이나 매머드 도살법, 야생 양 털로 생리대 만드는 법, 또는 오소리의 항문샘에 관해 알고 싶다면 아우얼이 자세히 말해줄 수 있을 것이라는 얘기였다. 게다가 아우얼은 태터솔이 지적한 것처럼 "많은 것을 돌려주었다." 특히 아우얼은 남편과 함께 1993년 오리건 주 포틀랜드 인근에서 고고학 심포지엄을 주최했다. 학술지 《고고학_Archaeology_》의 보도에 따르면 당시 심포지엄에서는 "세계 여러 나라의 고고학자들이 모여 구석기시대의 상징주의에 관해 토론하고, 아우얼의 포도주 창고에서 내온 돔 페리뇽과 샤토 디켐 같은 최고급 포도주를 마시며 즐겼다."

　하지만 아우얼이 잘나가고 인기를 누리면서 고고학자들 사이에 모종의 불만이 생기는 것은 불가피했다. 꼭 그녀가 돈을 많이 벌어서만은 아니었다. 한 고고학자는 내게 이렇게 말했다. "사람들을 미치게 한 건 그녀가 프랑스 남부에 갈 때마다 환영을 받았다는 겁니다. 우리 같은 사람은 도저히 안 되는 일이 그녀에게는 손쉬운 일인 거지요." 그 고고학자는 아우얼이 강연하는 자리에 앉아 있었다. 청중은 "남성 고고학자 일곱 명에 일반 여성 1500명"이었다. 남성 고고학자들로서는 영 불편한 자리였을 것이다. 잠시 뒤 혼자 힘으로 원시적이고 야만적인 동굴 거주인의 이미지를 쓸어버리고 대신 아주 똑똑하고 환경 적응력이 뛰어난, 액션영화 여주인공 같은 캐릭터를 만들어낸 작가가 등장했다. 그녀는 시어 교수를 비롯해 고대인을 연구하는 일부 학자들과 마찬가지로 우리의 선조들이 우리 못지않게 세련됐다고 주장했다. 그녀를 보려고 몰려온 일반인들의 표정을 보라. 고고학이 주는 흥미에 경탄을 금치 못하고 있다! 그런데 정작 남성 고고학자들은……

1990년 미국고고학회Society for American Archaeology 연례 학술대회 자리. 진 아우얼이 연단에 올랐다. 그녀는 대회에 참석한 전문가 청중들 앞에서 이렇게 말했다. "저는 누구보다도 과학자와 연구자들을 존경하고, 그분들이 하는 일에 감탄을 금치 못합니다……. 사실 저는 '고고학 광팬'이라고 할 수 있지요." 그러나 잠시 뒤 그녀는 학자들의 그 놀라운 연구에 대해 사람들이 거의 모르는 것은 본질적으로 고고학자들 책임이라고 지적했다. "저는 때때로 과학자들이 '대략난감 잉글리시'라는 제목이 어울릴 법한 수업을 들어야 할 필요가 있다고 생각합니다." 일종의 불만 표시였다. 너무 과학적인 냄새를 피우지 말고, 클로비스문화니 세형돌날이니 홍적세니 구석기니 하는 전문용어도 사용하지 말라는 얘기 같았다.• "보고서의 일부만이라도 명료하고 이해할 수 있는 말로 써주십시오." 아우얼의 문제 제기는 계속 이어졌다. "대중의 사랑을 얻을 수 있게 노력해보세요. 그들에게 여러분이 하는 작업이 중요하기만 한 것이 아니라 흥미롭고 매혹적이라는 것을 알려주세요. 석기가 얼마나 날카로운지 보여주세요. 잠시 제 경험을 얘기하면, 처음 흑요석으로 돌날을 만들어 가죽을 잘라봤을 때 생각이 완전히 달라졌거

• 뉴저지고고학협회 토론 분과에서도 회원들에게 전문용어 사용을 피할 것을 권하고 있다. 다만 여기서 말하는 전문용어는 '홍적세' 정도가 아니라 '동결교란작용cryoturbation', '선택론selectionism' 같은 수준의 단어를 의미한다.

든요."

"대중의 사랑을 얻도록 노력해보세요." 아우얼이 다시 한 번 강조했다. "그럼 대중은 여러분을 사랑하게 될 겁니다."

잠깐……. 지금 이 말을 듣는 사람들은 그 모든 발굴을 직접 하고 자연과학의 최전선에서 복잡한 사고를 전개함으로써 아우얼이 쓴 작품의 기초를 마련해준 사람들이 아닌가. 연구 성과를 그녀 손에 넘겨주고, 하던 일을 중단하고 그녀의 질문에 답해준 사람들이 아닌가. 고고학자들이 직면하는 어려움이 많지만 거기에 다음 사항을 추가해야겠다. 돈은 안 되지만 성실하게 한 우물을 파는 고고학자들은 본인들로부터 가장 큰 혜택을 본 당사자에게 오히려 실패자로 낙인찍힐 수 있다는 것 말이다.

⌁ ⌁ ⌁

존 시어 교수가 '고고학계의 야만인'이라는 명성을 얻은 것은 과학 전문지 《사이언스》에 소개된 프로필 서두를 장식한 애기 덕분이라고 할 수 있다. "1980년 말 어느 날. 하버드대학교 교직원이 깜짝 놀라 교내 청원경찰을 불렀다. 한 미친 청년이 대학 부설 피바디박물관 안뜰에서 사슴을 구석으로 몰면서 녀석에게 창을 던지고 있었던 것이다." 프로필은 이렇게 시작됐다. 사슴은 물론 죽었다. 당시 상황은 진행 중인 석제 유물 관련 실험의 일환이었다. 청년은 미치지도 않았고 정신병자는 더더욱 아니었다.

나는 시어 교수가 '언어 전투'를 하는 것을 몇 차례 목격했다. 그가 사용한 무기 중 하나는 독설이었다. 수업시간에 그는 일반적인 고고학자와 대학 행정가들의 지능에 의구심을 표하며 걸핏하면 '욕 폭탄'을 투하했다. 대학원생들이 충격받은 표정이면 '뭐 그 정도 가지고 그러느냐'는 식으로 픽 웃어넘겼다. 고인류학협회 연례 모임 때였다. 이틀 동안 꼭두새벽부터 해 질 때까지 〈호위슨 푸르트: 시부두 동굴 관련 최신 데이터Howieson's Poort: New Data from Sibudu Cave〉 같은 전문적인 내용의 학술 발표가 줄줄이 이어졌다. 듣기만 하는 것도 힘들었다. 그런데 시어 교수는 짧게 짧게 오가는 질의응답 시간에 열띤 논쟁을 벌이며 한껏 즐거워했다. 그러면서 발표자의 전제를 깨부수는 발언을 가차 없이 날렸다. 돌도끼 하나를 놓고 미완성이라고 규정했던 한 동료 고고학자는 낭패를 봤다. 잔에 물이 반이나 찼다고 대답한 고고학 지망생처럼 말이다. '미완성'이라는 걸 어떻게 아느냐는 질문에 답하지 못한 것이다. 깔끔하게 생긴 한 고고학자는 남아프리카의 한 유적지에서 발견된 도구들이 아주 특이하기 때문에 새 이름을 지어주는 게 좋겠다고 제안했다. 그러나 곧바로 시어 교수의 퉁명스러운 반론에 부딪혔다. "꼭 그래야 하는 이유가 뭐죠?"

고고학에서 도구를 유형별로 분류하고 명칭을 붙이는 방식은 대단히 혼란스럽다. '스크루테이프 삼촌의 충고Some Advice from Uncle Screwtape'라는 부제를 달아 《진화인류학》에 기고한 논문에서 시어는 석기 분류 관행 문제를 다루었다. 이 논문은 영문학자 C. S. 루이스가 기독교에 관해 설명한 유명한 책 《스크루테이프의 편지Screwtape Letters》에서 제목과 형식을 빌린 것인데, 여기서 시어는 삼촌 악마로 등장해 젊은이에게 인간의 진화와는 무관하게 가장 오래 보존되는 유물들에 대한 연구를 어떻게 할 것인가에 대해 조언한다. 한 구절을 보자. "사랑하는 조카에게. 네가 석기 연구를 결심했다는 얘기를 듣고 정말 기뻤다. 현명한 선택이다. 말하는 원숭이들은 수백만 년 동안 이 그 멋진 도구들을 가지고 동굴 생활을 해왔다. 그러니 논문 소재 걱정은 할 필요가 전혀 없을 것이다." 시어는 이런 조언도 했다. "너와 네 동료들이 특정 유물들에 대한 분류에 이견이 있어서 유형 분류 기준을 새로 설정하려거든……. 석기의 기능에 관해서 쓸 때에는 이럴까 저럴까 복잡하게 생각하면서 시간을 허비하지 마라. …… 너의 직관을 동원해서 석기의 기능에 관한 너의 가설을 석기 이름에 그대로 투입하면 된다(예를 들면 긁개, 주먹도끼, 찍개)."

얼마나 합리적인 얘기인가. 석기를 가지고 이런저런 실험을 해보는 것은 그것을 왜 만들었는지 알 수 있는 좋은 방법이다. 물론 그런 도구가 어디에 쓰이는지 모른다면 석기 명칭을 '긁개'라는 식으로 명명할 수 없다. 석기 분류에 대해 시어는 내게 "다들 혼란스럽다고 합니다. 그 분야에 오래 종사한 사람들도요."라고 말했다. 왜 고고학자들은 특정한 형태의 석기에 새로운 명칭을 부여하고 싶어 할까? 그래야 그 명칭이 언급될 때마다 그 명칭을 고안해낸 학자의 이름이 논문에 인용되기 때문이다.

고인류학협회 연례 모임이 끝난 뒤 시어는 언쟁을 벌인 것에 대해 별것 아니라는 식으로 어깨를 으쓱해보였다. 그러면서도 소규모 고인류학 모임에서 피 튀기는 지적 전투를 벌인 것이 참으로 즐거운 경험이었음을 감추지는 않았다. 나는 그가 '전투'를 벌이는 것을 보고 나서 평소에도 입이 거칠 것이라고 생각했다. 어느 날 저녁 그의 집을 방문했을 때다. 나는 나무가 많은 뒤뜰에 놓인 접이식 의자에 앉았다. 의자에는 거미줄이 엉겨 있었다. 시어 교수 부부는 중동의 유적지를 발굴하던 상황에 대해 얘기해주었다. 나무 밑에 앉은 시어는 느긋하고 온화한 표정이었다. 나는 그에게 랠프 솔레키의《샤니다르 동굴: 처음으로 꽃과 함께 죽은 사람들*Shanidar: The First Flower People*》을 읽어봤다고 애기했다. 일반 독자를 대상으로 시신을 꽃과 함께 매장하는 네안데르탈인에 관해 소개한 책이다. 나는 시어 교수도 싱겁게 웃을 줄 알았다. 과학자라는 사람이 어떻게 부제를 '처음으로 꽃과 함께 죽은 사람들'이라는 식으로 다는가 말이다.* 그런데 느긋해진 시어 교수는 '옛날 분인 만큼 그런 점은 우리가 좀 이해를 해야 한다'는 식으로 말했다. "잘 생각해봐야 합니다. 그 책은 50년 전에 나온 거예요." 퉁명스럽고 도발적인 고인류학 분야의 권위자도 알고 보니 이모저모로 상냥하고 배려심이 깊다는 것을 느꼈다.**

뒤뜰에 앉아 담소를 나누는 동안 줄무늬다람쥐가 살금살금 다가오자 시어가 땅콩 하나를 내밀었다. 부인 패트리샤 크로퍼드는 남편이 하는 양을 흐뭇한 표정으로 바라봤다. "새들도 저이를 좋아해요."

두 사람은 시어가 대학 4학년 때 MIT 대학원생 세미나를 청강하면서 만났다. 크로퍼드는 시어보다 연상이었다. "당시 집사람이 아는 로큰롤이라곤 비틀스가 전부였어요!" 시어가 믿어지느냐는 듯한 투로

• 1년 뒤 런던에서 발행된 영국판은 좀 점잖게《샤니다르 동굴: 인류의 선조 네안데르탈인*Shanidar: The Humanity of Neanderthal Man*》(1972)이라는 제목을 달았다.

•• 시어는 나의 무지를 깨우처줄 때 특히 배려심이 깊었다. 그와 처음에 했던 인터뷰 내용 중 일부. "시어: 오모 키비시라고 들어보셨죠? 나: 제일 오래됐다는 그거, 맞죠?'

말했다. 시어는 크로퍼드에게 핑크 플로이드와 블랙 플래그에 대해 가르쳐주었다. 크로퍼드는 시어를 오페라와 연극에 데려갔다. 그녀의 회고. "〈인형의 집〉을 봤는데, 정말 '당장 여기서 나가게 해줘요.'라고 소리치고 싶을 정도였어요. 하지만 우리 둘 다 셰익스피어는 아주 좋아했어요." 데이트 첫날 두 사람은 도서관에 갔다. 둘은 일주일에 두세 번 지역 공공도서관에 가서 온갖 책을 닥치는 대로 읽었다. 놀랄 일도 아니다. 둘 다 소설을 좋아했다. 스토니브룩 캠퍼스 고고학과 비상근 직원인 크로퍼드는 지금은 실험실에서 일하고 있다. 그녀는 내게 "미친 듯이 절약한" 덕분에 산타페에 별장을 마련할 수 있었다고 말했다. 나는 롱아일랜드에 있는 부부의 수수한 집을 구경했다. 주방이며 욕실, 식당에 있는 애완용 토끼장 등등 손을 보거나 장식을 추가한 것이 전혀 없었다. 부부의 삶은 완전히 목적에 충실한 것이었다.

시어와 크로퍼드가 요르단에서 함께 로마 유적을 발굴할 때다. "우리는 발굴지 위쪽 언덕 위의 청동기시대 신전 자리에 앉아 있곤 했어요. 석양이 지죠. 우리는 한 잔 하면서 아이들이 음악제용 텐트 같은 것을 쳐놓고 노는 모습을 바라보곤 했어요. 들락날락하더군요. 근데 알고 보니 제인 구달과 침팬지들이었어요. 우두머리 수컷이 서열 2위 암컷에게 다가가더니……." 시어는 당시 얘기를 하면서 "제가 하는 일이 참 좋아요."라고 말했다. 그는 에티오피아에서 발굴작업을 하던 얘기도 해주었다. 모든 게 엉망이 됐던 때였다. "소 떼 도둑을 만났어요. 캠프 옆 덤불에서는 불이 났고, 차는 강에 빠졌지요. 재앙이라고 할 만한 사건을 예로 들어보세요. 그 모든 것을 그때 다 겪었답니다." 같이 간 학생들의 반응은 어땠을까? "내년에 또 가요!"였다. 그런 일들을 겪으면서도 학생들이 고고학에 열정을 갖게 된 것이 시어에게는 보람이었다. 시어와 크로퍼드에게는 모든 게 즐거운 일인 것 같았다. "중간에 좀 재미난 일이 생기기를 원한다면 스무 살짜리 애들을 팀에 듬뿍 집어넣으면 됩니다."

염소 구이 축제의 날이 밝았다. 날씨는 아주 좋았다. 4월의 연파랑 하늘에는 흰 구름이 줄무늬처럼 펼쳐져 있고, 스웨터 차림만으로는 약간 한기를 느낄 정도였다. 나는 차를 몰고 롱아일랜드를 돌아 축제가 열릴 만한 들판 같은 곳을 기웃거리다가 마침내 현장을 찾았다. 스쿨버스용 순환도로가 있는 보이스카우트 캠프 같은 곳으로 곳곳에 목제 고문틀이 놓여 있었다. 식민지시대 때 죄인을 공개적으로 모욕하기 위해 만든 고문틀 말이다. 미국사를 공부하는 학생들이 단체로 찾는 곳이었다. 까다로운 규정이 없고 의무보험에 가입하지 않아도 되는, 학생들이 자유롭게 모닥불을 피우고 예리한 돌칼을 만들고 투사 무기를 시험해볼 수 있는 장소를 시어가 열심히 물색한 결과 찾아낸 곳이다. 여기서는 불필요한 말썽이 생길 걱정이 없다. 선홍색 셔츠를 입은 시어는 부산하게 돌아다니는 한편으로 빨간 부속건물 뒤쪽에서 관 크기의 구덩이를 파는 작업을 지시·감독했다. 학생들은 장작을 쌓아올리고 불을 지폈다. 불! 시어는 수업시간에 불에 대해 이야기하면서 키득키득 웃었다. "불! ㅎㅎㅎ. 불 좋지! ㅎㅎㅎ."

나는 만나는 사람에게마다 염소 구이 축제에 간다고 말했다. 구이에 쓸 염소는 어제 내가 이미 젖을 다 짜놓았다고 뻥이라도 칠 걸 그랬나……. 그런데 나중에 알고 보니 염소는 다 팔리고 없었다. 우리는 화덕 주위에 둘러앉아 커피를 마시며 시어가 부싯돌을 떼는 도구들을 상자에서 꺼내는 것을 지켜보면서 '물건'을 가지러 간 대학원생들이 돌아오기를 기다렸다. 그런데 그들이 가져온 물건은 염소가 아니라…… 새끼 양이었다. 나는 고개를 숙이고 공책에 실망감을 적었다. **염소를 잡았다고 하면 정말 멋질 텐데……. 야생적인 느낌도 나고. 그런데 나는 새끼 양을 잡았다? 이건 아니다.** 우선 발음부터가 어색하다. '고우트 goat(염소)' 하면 g와 t가 얼마나 야만적인 느낌을 주는가. 그런데 '램 lamb(새끼 양)'이라고 하면 녀석이 매애매애 우는 소리가 나는 듯하다. 시어는 새끼 양이라는 표현을 애써 피하고 "대학원생들이 죽은 동물을 구해서 지금 오고 있습니다."라는 식으로 설명했다.

마침내 녹슨 트럭이 도착했다. 대학원생들이 비닐백을 끌어내렸다. 안에는 불쌍한, 죽은 새끼 양이 들어 있었다. 대학원생, 학부생 그리고 시어의 동료 교수 두 명까지 합해 여기 모인 30여 명이 먹기에는 부족해 보였다. 하지만 시어는 신경 쓰지 않았다. 아마 도살 수업이 끝나면 입맛이 뚝 떨어지는 사람이 나올 것으로 예상한 것 같다. 핏물이 흥건한 비닐백을 앞에 두고 우리는 한쪽에 모여 앉았다. 시어가 핏자국이 덕지덕지 붙은 깔개를 여러 장 꺼내 툭툭 털어 땅에 널더니 돌망치들과 흑요석을 담은 자루, 구급상자를 가지런히 늘어 놓았다. 한쪽 넓적다리에는 가죽으로 된 천을 걸쳤다. 안전 작업 구역 표시인 셈이다. "이제 시작합니다." 시어 교수의 어조가 진지해졌다.

흑요석은 텍사스의 중개상이 보낸 것이다. 그 중개상은 많은 고고학자들과 거래하고 있는데, 이 화산암은 워싱턴 주에서 캔 것이다. 시어는 흑요석이 "면도를 해도 될 만큼 날카롭다."는 말과 함께 내게 흑요석 한 덩어리와 돌망치를 건넸다. 나는 그 돌들을 바라봤다. 근데 내가 뭘 찾고 있었지? 나는 심호흡을 하고 시어가 하는 대로 따라하려고 애썼다. 흑요석에 돌망치를 힘껏 내리쳤다. 그러자 유리처럼 반짝이는 돌 파편이 시어의 뺨에 튀었다. 맙소사……. 하마터면 그를 장님으로 만들 뻔했다. "아, 괜찮아요." 그러면서 시어는 손으로 얼굴을 슬쩍 훔쳤다. 이후 시어는 보안경을 썼다.

시어는 내가 깬 흑요석 조각—부싯돌 떼기 전문용어로는 코어core라고 한다—을 가져가더니 이리저리 뒤집어보면서 내가 작업하기 좋은 각도를 찾았다. 나는 그의 상세한 지도를 받아가며 얇은 삼각형 촉을 몇 개 떼어냈다. 첫 번째 촉의 한쪽 측면을 갈아 무디게 해서 손으로 쥘 수 있게 만든 다음 모양을 다듬었다. 그렇게 해서 이제 내 칼이 생긴 것이다. 이어 다시 촉 두 개를 거칠지만 날카롭게 만들었다. "이제 동굴 아줌마 다 됐네요." 시어가 말했다.

학부생들이 돌을 다루다가 몇 차례 손가락을 베는 바람에 주변 동료들이 위생병 역할을 맡아야 했다. 열두 명 정도가 도구를 다 만들었을 즈음 시어가 비닐백에서 새끼 양을 꺼내 나무틀 위에 거꾸로 매달고 그 밑에 다시 커다란 비닐을 깔았다. 몇몇 학생이 손을 보탰다. 새끼 양의 머리는 이미 제거된 상태였다. 시어가 설명했다. "머리는 복잡해요. 고기가 좋고, 조직이 복잡하지요. 하지만 해체하는 데 시간이 걸립니다. 특히 이빨 주변을 작업할 때는 조심해야 합니다." 빙하기 사람들은 어깨 너머로 동굴사자가 다가오는지 곁눈질하면서 신속히 도살 작업을 마쳐야 했다. 그런 만큼 머리 부위는 현장에서 해체하기보다는 일단 집으로 가져갔을 것이다. 시어는 돌날 하나를 가볍게 쥐더니 무릎을 꿇고 새끼 양의 가죽을 벤 다음 뜯어 올렸다. 가죽 전체를 완전히 벗겨서 뒤집자 펄럭이는 망토처럼 절단된 목 부위 밑으로 가죽이 늘어지면서 살덩어리와 갈비뼈가 드러났다. 새끼 양의 작은 발은 가죽 앞쪽으로 달랑달랑 늘어졌다. 가련해보이기도 하고 무섭기도 했다.

시어는 양에서 가장 지저분한 부분인 가죽을 벗겨낸 다음 손을 씻고 두 앞다리를 들어올렸다. "뜯어내기 가장 쉬운 부위입니다. 요기쯤 관절 부위가 있지요. 아직 뼈에 '자른 자국cut mark'은 하나도 내지 않았습니다." 그의 어조에 힘이 잔뜩 들어갔다. 커트 마크는 고고학자들이 고대에 인간의 활동이 있었음을 확인하는 한 방식이다. 뼈가 자연적 원인에 의해 부러진 것과 이런저런 도구를 의도적으로 사용해 잘린 자국(커트 마크)을 비교하는 논문은 부지기수다. 시어는 조심스럽게 도살 작업을 계속했다. 돌도끼로 갈비뼈를 다 잘라냈다. "절단된 뼈 부위는 절대 손으로 잡지 말아요."(아주 날카롭기 때문이다.) 그런 다음 긴 등뼈에 붙은 두툼한 살을 발라냈다. "여기에는 큰 힘줄이 있습니다. 활시위를 만들거나 상처 부위를 봉합하는 실 같은 것을 만들기에 안성맞춤이지요. 멋지잖아요. 이거 한번 해볼 사람?" 그는 양의 목구멍 부위를 따라 절개한 다음 돌칼을 청바지에 슥 문질러 점착성 지방을 떨어냈다. 날것 그대로의 새끼 양 냄새는 조리한 양 냄새와 거의 같았다. 사방에 그 냄새가 진동했다.

시어의 지시에 따라 우리는 몇 개 팀으로 나눠 갈비 분리 작업을 시작했다. 떼어낸 살코기는 깨끗한 방수 범포에 올려 놓았다. "긁어내." 시어가 말했다. "제일 좋은 고기는 뼈와 척추 밑에 붙어 있는 경우가 많아요. 파리 꼬이는 건 신경 쓰지 말고. 파리 떼가 꼬인다는 건 고기가 아직 먹을 만하다는 거예요." 나는 모험 정신을 발휘하려고 애썼다. 파리로 인해 옮을지 모르는 질병이나 파리 다리에 붙은 오물 같은 것에 대해서는 눈 딱 감았다.

나는 시어가 하라는 대로 돌칼로 살코기를 베어냈다. 집 주방에서 쓰는 칼보다 잘 들었다. 그러나 칼이 너무 작아서 몸이 새끼 양의 피로 범벅이 됐다. 나는 작업을 마치고 깨끗한 화장실에 가서 손을 씻었다. 양의 작은 살점들이 배수구로 빨려 들어갔다. 그러고는 다시 화덕 쪽으로 갔다. 학부생들이 갈비와 썬 고기를 석쇠에 올려놓고 굽고 있었다. 그들은 실습 여행 중에 먹어봤던 온갖 몬도가네 얘기를 하고 있었다. 바이에른 멧돼지, 말젖, 동물의 눈알 등등.

"작년에 머리통으로 축구할 때 여기 안 와보셨어요?" 한 친구가 내게 물었다. (여기서 머리통은 필시 염소 머리통일 것이다.) 나는 석쇠에 구운 새끼 양 고기를 둥글납작하게 구운 밀가루 빵에 싸서 먹었다. 맛있기도 하고 역겹기도 했다. 시어는 아직 핏자국이 가시지 않은 두 손으로 다리뼈를 들고 뜯으면서 싱긋 웃으며 말했다. "나쁘지 않네요." 고고학 시험에서 한 문제 틀리고 다 맞았을 때 그가 했던 말이 생각났다. "나쁘지 않네요."는 좋다는 뜻이다.

양고기를 다 먹고 나서 시어는 학생들을 다시 불러 모아 창 던지는 법에 대해 설명한 다음, 창을 몇 개 들고 평지로 달려 내려갔다. 고고학자와 고고학 전공 대학원생들로서는 특별하달 것 없는 주말이었다. 바비큐를 해 먹고 투사 무기를 던지는 것은 그들이 평소에도 하는 일이기 때문이다.

시어 교수는 야생생활과 부싯돌 떼기를 많이 해봐서 그런 것이 완전히 몸에 배었다. 그는 학생들도 그런 실용적인 지식에서 많은 것을 배우기를 원했다. 그래서 우리를 석기와 도살에 익숙해지게 만들고, 실험적인 고고학을 직접 해보도록 격려했다. 그것이야말로 행동 측면에서의 동일과정설이었다. "나는 여러분이 경험의 폭을 넓히기를 바랍니다. 그러면 과거를 제대로 관찰할 수 있을 겁니다." 시어는 가끔 〈원시 기술〉이라는 제목의 수업도 하곤 했다. 대형 체인점과 패스트푸드점이 즐비한 롱아일랜드 대로에서 1.6킬로미터 떨어진 곳에서 학부생들에게 부싯돌을 떼고, 창을 던지고, 불을 지피는 법을 가르치는 것이나. 그는 지금의 호모 사피엔스가 우리가 현재 할 수 있는 작업을 잊지 않기를 원한다. 그는 자신의 모토를 내게 말해주었다. "'절대 징징거리지 마라.'입니다. 어느 해엔가 우리 학부생들이 야외에 나가 눈밭에서 불을 만들었어요. '아아, 추워요, 뜨거워요, 텐트 안에 들어가면 안 되나요?' 하며 징징거리더군요. '안 된다. 너희가 지금 불을 만들어내면 언제든 불을 만들 수 있다. 이번이 완벽한 기회다. 이런 기회를 주신 위대한 정령께 감사해야 한다. 그러니 징징거리는 소리 집어치우고 불이나 만들어라.'라고 했지요. 그런데 두 녀석은 불을 영 못 만들었어요. 그러자 텐트에 들어가 있어도 될 친구들이 남아서 수강생 전원이 불을 만들 때까지 도와주더군요. 낯선 사람들이 모인 무리에서 서로 협력한다는 것은 인간 본성의 또 다른 특징입니다. 침팬지가 특정 주제에 몇 분 이상 집중하도록 만들 수는 없습니다. 학생들은 불을 만드는 여러 가지 방법을 조직적으로 고안해내더군요. 그래서 결국은 다 텐트 안으로 들어갔어요. 그 녀석들, 정말 대견하더군요. 그래서 이렇게 말해줬어요. '자네들도 이제 인간이 됐구먼.'"

3장

극한 음료

고고학자, 고대의 술을 재현하다

나의 첫 학술대회 참관 계획은 사실 단순했다. 미국 고고학연구소Archaeology Institute of America, AIA 주최 연례 학술대회에 가서 "고대 에일 맥주, 포도주, 극한 음료계의 인디애나 존스"라는 별명을 가진 기조연설자 패트릭 맥거번Patrick McGovern 교수와 한 잔 하는 것이었다. '극한 음료Extreme Beverages'란 포도주에 맥주 또는 미드mead(꿀에 맥아, 이스트, 향료, 물 등을 넣어 발효시킨 술—옮긴이)를 혼합한 음료를 지칭하는 맥거번 교수의 용어다. 우리 선조들의 취하고 싶어 하는 욕망은 일반 독자들에게 충분히 소개해볼 만한 주제다. 게다가 올해 학회 개최지인 필라델피아로 가는 기차 안에서 프로그램을 꼼꼼히 살펴보니 내가 이해할 수 있는 주제도 그것밖에 없을 것 같았다. "로도피 산맥 동부의 절단 암반 성역: 글루카이트 카마니 종파 집단 거주지"나 "청동기 중기

케아 섬 아이아 이리니 유적지와 크레타 섬의 관계" 같은 주제는 도무지 무슨 소리인지 감을 잡을 수 없었다.

나는 대회장인 매리어트 호텔 로비로 가서 홀을 가득 메운 사람들을 찬찬히 뜯어봤다. 저 사람인가? 모르겠다. 3200명의 고고학자들이 우글거리니 그럴 수밖에. 청바지에 군복 같은 카키색 상의를 걸치고 청산유수로 떠들어대는 남자들, 이국적인 귀고리에 구두를 신고 발굴현장이라면 도저히 상상할 수 없는 옷차림을 한 여자들……. 대회 참석자들은 몇 개 무리로 나뉘어 로도피 산맥(알고 보니 불가리아에 있는 산맥이었다)에 대해 얘기하는 쪽으로 가기도 하고, 청동기 중기 운운하는 섹션으로 향하기도 했다. 사막이나 정글 또는 지하묘지가 부르는 소리를 들었을, 아니면 지도에 다트를 던져 꽂히는 지점으로 무작정 달려갔을 사람들이다. 그만큼 그들의 직업은 행동이 핵심이다.

고고학적 호기심이 있다면 거의 어디든 갈 수 있다. 그러나 나는 좀 더 편한 곳에서 쉬면서 술에 취한다는 것에 대해 깊이 생각해보고 싶었다. 대회 주최 측은 나름의 판단으로 선조들의 술에 대한 욕망을 주제로 한 강연이 대중은 물론이고 전문가와 열혈 아마추어 연구자 모두를 만족시킬 것이라고 본 것 같다. 그래서 많은 인원을 수용할 수 있는 펜실베이니아대학교 고고·인류학박물관 대강당과 중국관을 강연장으로 확보해놓았다. 술에 대해 한 수 가르침을 받으려는 참가자들은 입추의 여지없이 대절 버스 여러 대에 나눠 탄 뒤 박물관으로 이동했다.

아마추어와 전문가 800여 명이 와글거렸다. 우리는 고색창연한 대강당 좌석에 앉아 술 취함과 술의 유구한 역사를 다루는 과학 강연에 귀를 기울였다. 패트릭 맥거번 교수는 60대로 약간 산만해 보였다. 부스스한 백발에 수염도 온통 하얬고, 콧수염만 약간 거뭇거뭇했다. 그는 요르단에서 펜실베이니아대학교 팀을 이끌고 수년간 발굴작업을 했으며, 여러 현장에서 토기 전문가로 활동했다. 강연 도중에 그는 그 오래된 단지들 속에 뭐가 들었는지 한번 자세히 알아보자고 했다. 그는 자신의 실험실 2층 위에 있는 대학 유물보관실로 갔다. 거기에는 펜실베이니아대학교 고고학자들이 지난 1950년대에 터키 고르디온의 미다스 왕 무덤에서 발굴한 청동 항아리들이 '원래 종이봉투에 넣은 그대로' 보관돼 있었다. 항아리 속에는 아직 성분 분석이 끝나지 않은 끈적끈적한 잔존물이 들러붙어 있었다. "그건 제 평생 제일 쉬운 발굴이었다고 할 수 있습니다." 맥거번 교수의 솔직한 토로다. 그는 항아리에서 긁어낸 이물질을 모은 다음 화학 지식을 활용해 일련의 실험을 실시했다(그는 "지루한 실험 절차는 자세히 말하지 않겠다."고 했다). 어떤 항아리에서는 새끼 양 바비큐와 렌즈콩 스튜 찌꺼기가 확인됐다. 다른 항아리들에서는 "포도주와 꿀, 보리맥주 혼합물"이 발견됐는데, 맥거번 교수는 "그런 것들을 섞는다는 얘기는 들어본 적이 없다."고 했다. "그걸 보고 주춤했어요. 그걸 단번에 마시면 어떤 맛일까 싶었지요. '포맥'이라……." 맥거번 교수는 프리기아의 왕 미다스와 그 백성들이 대단한 음료 제조 비법을 알고 있었던 것이 아닐까 하는 생각이 들었다.

맥거번 교수의 발견에 관한 이야기는 당연히 언론을 탔다. 역사·과학 전문지 《스미스소니언Smithsonian》은 그의 발굴 성과를 이렇게 정리했다. "그는 세상에서 제일 오래된 보리맥주와…… 제일 오래된 포도주의 존재를 확인했다. …… 그리고 약 9000년 전 신석기시대에 중국 황하 계곡에서 만들어진 술도 발견했다. 알코올성 음료로는 지금까지 알려진 것 가운데 최초의 것이다." 인류 문화에서 알코올이 차지하는 비중과 그 역사에 대한 깊은 지식을 바탕으로 바삭바삭하게 남은 알코올 잔류물의 화학성분을 열심히 연구하는 맥거번은 전 세계 술집과 나이트클럽에서 환영받고 있는 듯하다. 그는 음주를 주제로 한 각종 자리에 손님으로, 또는 연사로 초청받곤 한다. 하우스맥주를 주제로 한 강연회에서 맥거번은 펜실베이니아대학교 보관실에 있는 지저분한 청동 항아리에서 채취한 잔존물에 관해 설명하면서 청중석의 맥주 제조업자들에게 도전장을 던졌다. 원한다면 내일 아침 9시 자신의 실험실로 와서 미다스 왕의 무덤에서 나온 음료를 분석해 다시 만들어보라는 것이었다. 당시 20곳의 하우스 맥주 제조사에서 도전에 응했다고 한다. 마지막까지 남은 도전자는 도그피시 헤드 크래프트 브루어리 Dogfish Head Craft Brewery의 샘 칼라지오니 사장이었다. 그는 전부터 중세 자두 음료로 실험을 하고 있었다. 맥거번 교수와 칼라지오니 사장은 힘을 합쳐 미다스 터치를 만들어냈다. 꿀에다가 무스카트 포도와 사프란을 섞어 만든 맥주였다. 이 맥주가 상을 받으면서 다른 종류의 혼합 주류 조제도 활발해졌다. 모두 고고학적 발굴물에서 채취한 잔존물을 분석해 역으로 원래의 음료를 만드는 방식이었다. 그런 작업이 양조업자들에게는 흥미로운 비즈니스였다. 맥거번에게는 "과거에서 실마리를 찾아내 그런 음료들을 실제로 만들 수 있는 방법을 찾는" 작업으로 일종의 실험고고학이었다.

맥거번 교수는 호기심 어린 눈길로 '극한 음료'에 대한 강의를 듣고 있는 청중들에게 중독과 과음 문제는 살짝 언급하는 정도로 그쳤다. 그런 얘기를 자꾸 하다보면 일탈행위 차원으로 논의가 빗나가기 때문이다. 그날 저녁 강연은 학술적 논의와 흥미 유발이라는 두 마리 토끼를 잡는 방식으로 진행됐기 때문에 강연 도중에 코끼리와 원숭이가 취한 모습이 담긴 유튜브 동영상도 몇 편 틀었다. 모든 피조물은 알코올을 좋아한다! 우리 인간만 그런 게 아니다! 말레이시아 나무뒤쥐도 그렇다! 청중들은 점점 더 강연에 빨려 들어갔다. "발효음료를 마시면, 강연 끝나고 그럴 기회를 갖겠지만, 쾌락의 폭포수를 경험하게 됩니다." 그러면서 맥거번 교수는 리셉션장에 가서 준비한 술을 미리 드시겠다면 굳이 말리지 않겠다고 말했다. 우리는 곧 계단으로 몰려나갔다. 아치형의 높다란 천장에 보석이 군데군데 박힌 거대한 회랑은 그야말로 멋졌다. 거기에는 기운을 북돋우는 음료가 준비돼 있었다.

　강연은 공짜지만 리셉션 참가비는 29달러였다. 좀 터무니없는 가격이라는 느낌이 들었다. 버드와이저나 잉링 맥주 한 병에 그런 돈을 쓴다면 허탈한 일이 아닌가. 하지만 여기서는 아주 특별한 하우스맥주를 내놓았다. 맥거번의 도움을 받아 도그피시 헤드에서 만든 것이다. 그렇게 처음 미다스 터치를 합작하여 제조한 이후 여러 시제품이 나왔다. 맥거번이 중국에서 발견한 9000년 된 잔류물을 연구해 쌀과 보리를 섞어 만든 혼합주 샤토 지아후, 온두라스 음료를 기초로 한 초콜릿 맛이 나는 테오브로마, 이집트 맥주 타 헨케트, 남아메리카 옥수수 음료에서 힌트를 얻어 칼라지오니와 맥거번의 침으로 발효시킨 희귀 음료 치차(이것만은 '노땡큐'다)도 있다.• 값이 싼 음료는 하나도 없다. 이따

• 강연이 끝난 뒤 도그피시 헤드는 고고학에서 영감을 받아 만든 맥주 시음회를 열었다. 비라 에트루스카 브론즈는 석류와 에티오피아 몰약 성분이 들어 있는데, 이탈리아 에트루리아 무덤에서 발견된 2800년 된 잔류물을 분석해 만든 것이다. 샤티는 9세기 핀란드 스타일의 호밀을 주성분으로 한 음료

금 전문 마켓에 가면 4팩들이 미다스 터치를 20달러에 구입할 수 있다. 값이 이처럼 비싼 것은 세상에서 가장 값비싼 향신료 사프란이 들어가 있기 때문이다.

강연이 끝난 뒤 맥거번 교수를 로툰다홀에서 만났다. 접이식 테이블에 앉아 본인의 저서 《과거의 뚜껑을 따다: 포도주, 맥주, 기타 알코올성 음료를 찾아서_Uncorking the Past: The Quest for Wine, Beer, and Other Alcoholic Beverages_》를 구입한 팬에게 잔돈을 거슬러주고 있었다. 환한 표정으로 기조강연을 마친 그는 박물관 생체분자연구실 과학실장 자격으로 손님들을 맞이하는 역할을 겸하고 있었다. 그런 그가 자기 책을 파는 모습은 좀 민망했다. 나는 그에게 맥주 한 잔을 권하고 잔돈 통은 내가 맡을 테니 독자들과 대화도 나누고 사인도 해주라고 했다. 그는 좀 당황한 표정이었다. 그러나 맥주 드시라는데 마다할 리 만무했다. 고대에 대한 우리의 갈증을 풀어줄 요량으로 한 시간가량 강연을 했으니 그 역시 갈증이 났을 터였다.

바텐더는 미다스 터치 공동 제조자를 위해 마개를 따는 게 즐거운 모양이었다. 맥거번과 나는 병째 건배를 하고 첫 모금을 깊이 느껴봤다. '꿀 맥주' 또는 '에일-포도주 혼합주'라고 하면 이 음료의 풍미를 제대로 표현하는 말이 되지 못한다. 거의 신성한 맛이라고 해야겠다. 나는 꿀꺽 들이켜고 싶지 않았다. 그냥 입속에서 살살 굴려가며 음미하는 것이 유쾌했다. 맥거번은 이 음료를 '프리기아 칵테일'이라고 불렀다. 괜찮은 표현이다. 음…… 꿀꺽, 과연 놀라운 프리기아 칵테일이

다. 늪지에서 자라는 호밀과 크랜베리를 원료로 한 노르딕턴 유럽은 기원전 4세기 중엽의 혼합음료를 모방한 것이다. 크바시르는 3500년 된 덴마크 술잔에 붙은 잔류물을 연구해 제조한 것이다.

다! 왜 이렇게 맛있는지 알아내느라 잠시 시간이 걸렸다. 일반 맥주보다 칼로리가 세 배는 되기 때문이 아닐까 싶었다. 일반 맥주가 액체로 된 빵이라면 미다스 터치는 액체로 된 파운드케이크라고 할 수 있다. 그것도 벌꿀에 흠뻑 적신 케이크. 그래도 술 마시는 데 정신이 팔려 맥거번 교수 애독자들에게 잔돈 거슬러주는 일을 소홀히 하지는 않았다. 《과거의 뚜껑을 따다》 판촉은 내가 자청한 일이었으니까. 나도 그 책을 읽어봤는데, 흥미진진함을 넘어 거의 매료될 정도다. 독특한 화학성분을 다룬 내용과 작가의 열정이 절묘하게 어우러져 있다. 예를 들어 작가는 아프리카에서 찾아낸 발효된 바나나 잔존물에 대해 자세히 설명한 뒤 고고학계를 뒤흔든 "폭탄"이라며 "아프리카에 바나나가 자생한 가장 이른 시기가 단숨에 3000년이나 더 위로 올라갔다."고 흥분한다.

　나는 팬들의 집중적인 관심 대상이 된 맥주 고고학자를 자세히 살펴봤다. 맥거번의 팬들 중 다수는 고대의 마찻길이나 암각화에 대해 학술강연을 할 수 있을 정도의 전문가였다. 그런 그들이 지금은 테이블 건너편 다른 참석자들과 권커니 잣거니 맥거번이 만든 음료를 즐기고 있다. 맥거번이 스타일까, 아니면 그의 연구 주제인 고대 맥주와 에일이 스타인 걸까? 둘을 구별하기가 어려웠다. 2004년 스페인 바르셀로나 맥주 관련 학술모임에서 맥거번과 술잔을 나눴던 사람들도 있었다. 현지 양조업자도 왔다. 나이 많은 고고학자들은 고령 탓에 두 발로 서 있기조차 힘이 드는지 술은 입에 대지 않았다. 어떤 여성이 자기 학생을 맥거번에게 들이밀었다. 증류주 관련 고고학 분야에서 인상적인 작업을 하고 있는 젊은이라는 소개가 뒤따랐다. 그 학생은 내 옆자리에 와서 앉았는데, 수줍어 어쩔 줄 모르는 엘비스 프레슬리 같았다. 술잔을 기울이며 잡담을 하는 사이 맥거번이 재미난 얘기를 했다. 자기는 술이 떨어지면 도그피시 헤드에서 공짜로 보내준다는 것이다. 공동 개발자만이 누릴 수 있는 특권이었다!

나는 주변 사람들에게 한 잔 더 하자고 권했다. 우리는 애피타이저 테이블에 남은 치즈 조각이며 페이스트리를 몽땅 먹어치웠다. 치즈를 오물거리고 있는데 맥거번의 팬이자 고고학자인 한 남자가 다가와 맥주에 관한 얘기를 나눴다. 나는 그의 손에 맥거번의 책을 들이밀었다. 고고학자는 무슨 뜻인지 알아채고 "어, 사고는 싶은데 지금 현금 가진 게 없어서……"라고 말했다. "그럼 집에 가서 교수님한테 수표를 보내 주세요." 나는 이렇게 말하고는 쌓아놓은 맥거번의 명함을 한 장 뽑아서 책 속에 끼워주었다. 맥거번—도그피시 헤드 브루어리 사람들은 그를 '닥터 팻'이라고 부른다—은 남은 책에 서명을 하면서 아무렇지도 않은 척했다. 아까운 상품이 지금 저 문밖으로 걸어 나가고 있는데도 말이다. 맥거번은 나의 경솔한 행동을 탓하지 않았다. 우리는 악수를 했고, 그는 "정신없을 때" 도와줘서 고맙다고 인사를 했다. (나중에 맥거번 교수는 내게 이메일을 보내 돈을 안 내고 간 그 고고학자 이름을 적어뒀느냐고 물었다. 나는 안 적어놨다고 했다. 그런데 다행히 곧 맥거번 교수에게 수표가 도착했다. 고고학자들은 아무리 취해도 돈 문제는 똑 부러지게 기억하는 모양이다.)

리셉션장이 갑자기 썰렁해졌다. 그 많던 고고학자와 고고학 팬들은 다 떠나버렸다. 남은 것은 빈 술병들뿐이었다.

옥저룡

독창적인 고고학자를 알아보는 법

같은 학술대회의 다른 리셉션장. 광팬들은 다 집에 갔다. 이제야 고고학 얘기를 진지하게 해볼 수 있게 됐다. 고고학자들이 필라델피아 매리어트 호텔 리셉션장 주변에 길게 줄을 섰다. 참을성 있게 음료를 나눠 받을 차례를 기다리는 것이다. 곧 각 분야에 중요한 기여를 한 동료 학자들에 대한 시상식이 열린다. 그러나 참석자들은 먼저 리셉션장 구석으로 몰려갔다. 잇따라 병마개 따는 소리가 펑펑 났다. 사람들이 애피타이저 테이블로 몰려갔다. 손에는 맥주 한 병과 치즈 조각과 포도를 담은 접시가 들려 있었다.

바텐더가 끝없이 이어지는 손님들에게 맥주를 내주는 모습을 바라보고 있는데 앞에 선 노년의 미인이 농담을 던졌다. 우리는 맥주야말로 고고학계의 국제표준 음료라는 데 의견을 같이했다. 학생이나 발굴 전문가들이 사 먹기에도 값이 싼 데다 특히 학술대회 시상식의 밤 같은 행사에 가면 완전 공짜였다! 그녀가 주문할 차례가 됐다. "백포도주 주세요."라고 그녀가 말했다. 이제 언니가 신에게 술을 올릴 차례! 우리는 시큼한 하우스와인을 마시면서 필이 통하는 것을 느꼈다. 우리는 적당한 곳에 자리를 잡고 나란히 앉아 프로그램 진행을 기다렸다.

그녀의 이름은 사라 M. 넬슨Sarah Milledge Nelson이었다. 나이는 80대 초반으로 여자대학인 미국 웰즐리대학교 출신답게 머리끝을 안으로 만 스타일의 눈처럼 새하얀 머리가 인상적이었다. 그녀는 멋진 바지에 재킷을 걸치고 있었다. 스카프와 머렐 메리 제인스 신발도 인상적이었다. 머리를 독특하게 말아 올려 목을 드러낸 것이 마치 뙤약볕에 나와 있기라도 한 것 같았다. 나도 저렇게 해보면 어땠을까 하는 생각이 들었다.

나는 음료를 받기 위해 늘어선 줄을 따라 천천히 움직이면서 그녀는 어디에서 발굴을 했을까 상상해보았다. 그 스타일이나 진지함, 가볍게 농담을 던지는 투 등을 종합하면…… 그리스 아니면 지중해 어디쯤에서 활동했을 것이라는 생각이 들었다. 그런데 틀렸다. 넬슨은 중국, 특히 몽골 인근 중국 북동부 지역이 활동 무대라고 말했다. 가장 이른 시기의 여성 등신상 가운데 하나가 발견된 곳이었다. 중국은 점토로 만든 대형 여성상이 발굴될 것으로 보기 어려운 곳이었다. 더군다나 5000~6000년 전 것이 출토되리라고는 상상도 할 수 없었다. 그런데 여신전女神殿이라는 흥미로운 이름이 붙은 유적지에서 여성상 한 점이 여러 조각이 난 상태로 발굴됐다. 다양한 조각품도 출토됐는데, 그중에서도 특이한 것은 끝 부분이 돼지 머리 모양으로 된 다수의 옥 펜던트였다. 이들 옥기 유물에는 '돼지룡pig dragons'이라는 명칭이 붙었다.

우연한 자리에서 고고학자를 만나 얘기를 나누다 보면 이런 일이 자주 있다. 느닷없이 '뼈기름' 얘기가 나오기도 하고 두개골을 인위적으로 뾰족하게 만든 아이 얘기가 튀어나오기도 한다. 그러니 '돼지룡'(중국에서는 '옥으로 만든 돼지 용'이라는 뜻으로 '옥저룡玉猪龍'이라고 부른다—옮긴이)이 등장한 것도 별로 놀랄 일은 아니다. 그 뒤로도 나는 중국에서 출토된 여러 조각상에 대한 얘기를 들어봤고, 돼지와 용 같은 단어들을 머릿속에서 수없이 발음해봤지만 지금도 여전히 소박하면서도 이국적인 느낌이 결합된 그 조각상에 대해 스릴 같은 것을 느낀다. 기품이 넘치는 넬슨 선생도 '돼지룡'이라는 단어를 언급할 때면 기분이 좋아지는 것 같았다.

여신전은 사라 넬슨이 발굴을 시도 중인 유적지다. 넬슨은 외국인 고고학자로는 처음으로 1987년에 현지 방문 허가를 얻었다. 현지 발굴을 위해 미국 기관 두 곳에서 보조금까지 확보해놓고 있었다. 그런데 7년 동안 보조금을 아끼고 아껴가며 여름마다 현지를 방문했지만 중국 당국의 발굴 허가는 나오지 않았고, 결국은 보조금마저 다 떨어졌다. 발굴 허가를 받지 못한 고고학자가 뭘 어쩌겠는가. 언젠가는 학부생 몇 명을 데리고 현지에 가서 지표 투과 레이더로 촬영을 했고, 또 한번은 여신전이 태양, 별, 행성들과 이루는 각도를 측정하는 등 현장에 대한 고고천문학archaeoastronomy 관련 연구를 수행하기도 했다. 최근에는 여신전 발굴을 위해 다시 보조금을 신청했지만 퇴짜를 맞았다. 그녀는 나이가 많아서 그랬을 것이라고 생각하고 있었다. 이 점은 그동안 내가 전혀 생각하지 못한 것이었다. 고고학자가 어떤 유적지 발굴을 위해 오랜 세월 온갖 노력을 기울였는데 작업을 시작조차 못하는 경우였다. 인내와 집요함 그리고 근면 외에도 고고학자에게는 행운이 필요한 것 같았다. 그리고 구순을 바라보는 나이에도 발굴에 대한 열정을 불태우는 학자가 있다는 것 역시 상상조차 하지 못한 일이었다.

나는 이 매력적인 여성 앞에 앉아서 저 먼 중국 땅에서 그렇게 힘든 일을 하시기는 무리라는 식으로 설득을 했다. 그러나 그녀는 나름의 열정을 가지고 발굴 성과를 낸 동료들이 상을 타는 모습을 조용히 지켜보고 있었다. 어떤 남성은 고고학에 주목할 만한 기여를 한 공로로 금메달을 받았고, 어떤 여성은 우수교육상을 받았다. 그녀의 제자 세 명이 벌써 그런 상을 탔다니 적절한 시상이지만 만시지탄의 감이 있었다. 나도 모르는 사이에 넬슨에 대해 안타까운 마음이 들었다.

우리는 명함을 교환하고 헤어졌다. 다시 다른 무리의 고고학자들과 자리를 함께했지만 넬슨 생각이 머리에서 떠나지 않았다. 그녀는 여신전 발굴 시도가 성사되지 못한 것에 대해 실망했을 것이다. 그런데 알고 보니 그녀는 자타가 공인하는 아시아 고고학 분야의 권위자였다. 특히 만리장성 너머 한때 만주라고 불렸던 오지 문화권 전문가였다. 한 미국인 학자는 이렇게 썼다. "아시아 고고학에 종사했던 우리들은 그 지역에서 엄청나게 많은 발굴조사가 이루어진 사실을 알고 지금도 놀라고 있습니다. 그런데 그런 작업에 관한 소개를 서구 언어 문헌에서는 거의 찾아볼 수 없습니다." 이 학자는 넬슨을 아시아, 특히 중국과 한국 고고학을 서양에 소개한 핵심 인물이라고 평가했다.* 넬슨에

---

* 사라 넬슨은 한국 고고학을 영어로 소개하는 책을 처음으로 쓴 인물이다. 중국 고고학을 영어로 소개한 주요 학술서 네 권 가운데 한 권도 그녀가 썼다. 넬슨은 거의 평생을 덴버대학교에서 교편을 잡았고, 최고 권위의 학술공로상도 수상했다.

관한 소개글을 읽으면 읽을수록 그게 무슨 말인지 느낌이 왔다. 내가 개척자적인 학자를 알아보는 안목이 있는 모양이다.

넬슨은 아시아 고고학 연구 외에 젠더 문제에 관한 책도 많이 쓰고 편찬했다. 그녀는 남성의 전유물이던 고고학에 투신하는 여성들을 대변했고, 과거의 남성과 유물뿐 아니라 여성에 대해서도 연구했다. 거의 모든 여건이 불리한 상황에서 여성 고고학자로서 어떻게 연구 활동을 했을까? 몇 달 뒤 멤피스에서 열린 미국고고학회 연례 모임에서 넬슨을 만났을 때 우리는 다시 포도주를 들고 자리를 함께했다. 주변에는 온통 맥주파였다. 이제 그녀의 이야기를 본격적으로 들어볼 차례였다.

넬슨은 나를 위해 대충 얘기를 해줬다. 그녀는 1953년 웰즐리대학교 졸업과 함께 성서고고학으로 학사학위를 취득한 뒤 하버드대학교 출신인 핼 넬슨과 결혼했다. 이후 남편이 군의관으로 근무하던 독일에서 몇 년을 보냈다. 1961년까지 아들 셋을 낳았다. 부부는 근무지를 따라 이사를 자주 다녔다. 그러나 넬슨은 유럽이나 샌프란시스코처럼 흥미로운 곳에 사는 동안에는 별 문제를 못 느꼈다. 하지만 남편이 미국 남부 소도시로 몇 차례 전출되었을 때에는 숨이 막혔다. 그녀의 말을 들어보자. "어느 시점에 뭔가 정말 의미 있는 일을 하고 싶어졌어요. 그래서 친구를 불러다가 같이 자전거를 탔지요. 햇볕이 그야말로 작열했어요. 애들은 뒷좌석에 단단히 묶어 앉혔죠. 인디언의 '형상 둔덕'을 찾아 나선 거예요. 군 초소 안내지도에 표시돼 있었거든요. 그런데 아무리 찾아봐도 안 보이더라고요. 나중에 알고 보니 사격연습장 자리가 형상 둔덕이었어요. 둔덕을 버팀목 삼아 표적들을 세워놓았더군요. 그런데 외부인 출입금지." 그녀는 남편이 노스캐롤라이나 포트브래그 기지로 전출 명령을 받자 마침내 동행을 거부했다. 남편에게 "이젠 내 마음대로 할 차례야."라고 선언한 것이다.

넬슨은 36세(1967년)에 미시간대학교 대학원 고고학과에 입학했다. 진주 목걸이에 하이힐 차림으로 면접을 봤다. 그녀는 다시 학생이 됐다. 세 아이의 어머니는 히피 학생들과 어울리기 위해 무진 애를 썼다. 담당 교수들 대부분은 여자를 가르치는 것은 시간 낭비라고 노골적으로 말했다. 아시아에서도 살아봤지만 그녀는 대학에 다시 들어간 것이 인생에 있어서 최악의 문화 충격이었다고 말했다.

1970~1971년 한국 근무 발령이 난 남편은 '가족 비동반'으로 갔다. 군에서 쓰는 미묘한 용어다. 넬슨은 아이들과 가정교사를 데리고 타이완으로 가서 박사학위에 필요한 연구·조사를 진행할 계획이었다. 그런데 아이들을 데리고 잠시 캘리포니아에 있는 여동생 집에 머무는 동안 넬슨의 계획은 물거품이 되고 말았다. 아이들이 받을 수 있는 비자의 기한이 딱 30일이었다. "매달 한 번씩 홍콩을 오갈 수는 없었어요. 어쨌거나 어떤 엄마가 아이들을 그런 험한 데로 데려가겠어요?" 그녀는 캘리포니아에 집을 얻어 세 아들과 눌러앉았다. 여동생의 아이 다섯과 고양이 여덟 마리도 같이 지냈다. "거기서 나와야 했어요."라고 그녀는 말했다. 그래서 부랴부랴 계획을 짜 그해는 한국에서 보내기로 했다. 살림집은 기지 바깥에 얻었다. 아이들과 함께 최소한 격주로 남편을 보러갈 수 있었다. 당시 그녀는 한국의 고고학에 대해서는 별로 아는 게 없었다. 그녀가 아는 어떤 언어(영어, 프랑스어, 스페인어, 독일어, 중국어)로 된 문헌에도 한국 고고학에 관한 소개는 없었다. 그래서 한

국어를 독학하기 시작했다.

복잡한 문법이나 한글과 한자를 같이 쓰는 문장 같은 것은 신경 껐다. 넬슨은 주변에서 뛰노는 아홉 살, 열두 살, 열세 살 먹은 소년들과 어울리며 한국어를 배웠다. 한국어는 미묘한 언어다. 의미를 정확히 확정하기가 어렵다. 과학자로서는 미칠 노릇이다. 한국어는 "의미를 직설적으로 서술하는 문장보다는 미묘한 표현에 더 적합하다." 그녀의 한 저서 서문에 나오는 얘기다. "여러 한국어 원어민 선생님들과 한국 책을 읽을 때 나는 정확히 문장 어디에 그런 말이 있느냐고 묻곤 했다. 그러면 그들은 '행간을 읽을 줄 알아야 한다.'고 말했다. 그런데 어떤 때는 선생님들도 의미를 제대로 파악했는지 자신 없어 했다……" 그러나 넬슨은 1년도 채 안 돼 한국어를 읽을 수 있게 됐다.

그러던 어느 날 한국어 선생이 한국인 고고학자를 소개해주었고, 그 고고학자는 한강변 유적지 조사를 같이 해보자고 권했다. 그는 발굴 참여 허가증과 발굴도구를 챙겨주었다. 넬슨은 대학원에서 배운 최신 조사 방법을 활용한 발굴 계획서를 작성했다. 또 발굴팀에게 미군 매점에서 사온 미제 담배와 맥주 같은 것도 선물했다.

넬슨은 발굴조사에 미군 가족들까지 동원했다. "우리가 사는 데는 온통 여자들이었는데 다들 할 일이 없었어요. 그저 남편 따라온 거죠. 그래서 그들을 엮어서 훌륭한 현장팀을 만들었어요. 어떤 여성은 남편까지 나서서 적극 도와줬어요. 미 해군에서 만든 상세 지도를 구해준 남편도 있고, 헬리콥터 타고 현장 촬영을 해준 남편도 있었어요. 직접 헬기를 타고 올라가 한강 일대 사진을 찍은 거지요. 한 여성은 아주 좋은 차가 있었는데 운전기사도 있었어요, 미스터 오라고. 작은 흰 장갑을 낀 미스터 오가 우리를 발굴현장 여기저기에 데려다주었습니다. 미스터 오는 유적지 발굴작업도 같이하곤 했습니다." 넬슨은 지금도 당시 미군 가족들이 발 벗고 나서준 데 대해 감격하고 있다. "내게 새롭고도 놀라운 일이 일어난 거예요." 한강변 신석기 유적지 조사는 박사학위 논문 주제가 됐다. 그리고 41세에 미시간대학교에서 여성으로는 두 번째로 고고학 박사학위를 받았다. 이후에도 넬슨은 여러 차례 한국을 방문했다. 두 번은 방문연구원 자격이었다. 얼떨결에 한국에 처음 온 지 20여 년 만인 62세 때 넬슨은《한국의 고고학*The Archaeology of Korea*》을 썼다. "이 책은 한국을 세계 고고학이라는 지도에 제대로 표시하고자 하는 마음에서 쓴 것이다. 지금까지 그 지도에 한국이 없었다는 것이 오히려 이상한 일이다." 넬슨은 책의 첫 쪽을 이런 문장으로 장식했다.

나는 그녀의 이야기가 뮤지컬에 알맞은 소재 같다는 생각이 든다. 힘이 남아도는 미군 부인들이 흙을 체질하고 저 먼 땅 한국의 강변에 앉아 노래를 부른다. 미스터 오는 예의 흰 장갑을 끼고 거든다. 그리고 세월은 흘러 마침내 놀랄 만한 저서가 탄생한다. 그러나 그 책 서문을 보면 다른 문화를 소개하는 작업이 정확히 어떤 것인지를 짐작케 하는 대목들이 나온다. 한국어로 이 씨 성은 영문으로 Lee, Li, Rhee, Rhi 또는 Yi로 표기됐다. "게다가 동일 저자가 자기 이름을 여러 가지 영문으로 표기하는 경우도 있었다." 또 북한의 고고학을 소개하는 일은 참으로 어려웠다. "북측의 고고학 보고서는 입수하기가 어려웠다. 특히 과거에는 대한민국에서 북한 자료를 소지하는 것 자체가 불법이었다." 그녀는 비무장지대 근접 지역에서 발굴작업을 하다가 경고 사격을 받은 적도 있다고 내게 말했다.

넬슨은 머리를 들어 올려 목에 바람이 통하게 했다. 우리는 호텔 로비에서 탁자 하나를 가져다 놓았다. 여기저기서 고고학자들이 떠들고 술병을 마주치며 건배를 했다. 넬슨의 왼쪽 눈은 "거의 맛이 가고 언저리만 간신히 보이는" 정도였다. 황반변성 때문이다. 그 탓에 사람 얼굴 식별이 어렵지만 그래도 알아는 보는 것 같았다. 그녀는 내게 일단의 동료들을 소개했다. 중국에서 같이 일했던 사람도 있고, 이탈리아 벨라지오에서 안면을 익힌 이들도 있었다. 주변에서 떠드는 소리가 하도 시끄러워서 우리는 포도주를 마시며 더 목청을 높였다. 넬슨의 이야기는 이국적인 소설에 나오는 한 장면 같기도 했다. 샤먼이 나오고 전사戰士가 등장했다. 서울에서 학생들을 가르칠 때는 학생들과 함께 도시 성벽 위쪽 바위에 앉아 무당이라고 하는 여성 샤먼들이 일하는 모습을 관찰하곤 했다. 한번은 그녀들이 넬슨 일행을 불러서 함께 우아한 의식용 춤을 추기도 했다. 그리고 1976년 중국 허난성 안양시 은허 유적에서 발굴된 부호묘婦好墓. 넬슨은 내가 부호라는 여자 얘기를 들어봤는지 궁금해했다. 부호는 시종들과 함께 매장됐는데, 시종들은 하나같이 목이 잘린 상태였고, 한 구만 허리가 반으로 잘려 있었다.

당시 70대였던 넬슨은 그동안 해온 학술 작업들을 되돌아봤다. 거기에는 고대의 왕비, 여신, 샤먼들을 다룬 책도 포함됐다. 그러고는 한국과 중국에서 알게 된 것들을 가지고 재미난 일을 벌이기로 결심했다. 거대한 점토 여성 등신상과 기타 이국적인 유물들만이 아니라 현장 전체를 다뤄보기로 한 것이다. 동과 서의 충돌, 현장에서의 성차별, 도굴과 음주, 질투 등등. 그녀는 덴버에 있는 집에서 고고학 소설을 쓰기 시작했다. 그녀는 그것을 "교육용 소설"이라고 칭했다. 진짜 유물들과 발굴 과정을 소재로 했기 때문이다. 넬슨은 "어떤 시기에 대해서는 우리가 아는 것이 많지 않다."는 사실을 잘 알고 있지만 "우리가 알고 있는 모든 것을 책 속에 담았다."고 말한다. 중국 동북부에는 도처에 널려 있는, 여신전을 건설한 홍산문화(중국 내몽골자치구 적봉시 홍산을 중심으로 한 요서 지역 신석기시대 문화권을 말한다—옮긴이) 사람들의 신분의 상징인 옥저룡, 갑골, 표면에 예언 내용이 새겨진 거북 등딱지와 소 어깨뼈 같은 것들을 포함해서 말이다.

넬슨에게 소설은 고고학적 수수께끼를 푸는 또 하나의 방식이자 먼 과거의 다채로운 모습을 상상해보는 수단이었다. 한 작품은 드물게 보는 이중 화덕을 갖춘 한국의 주거지를 발굴한 경험에서 영감을 얻었다. 화덕이 왜 두 개일까? 넬슨은 한 남성 고고학자가 아내를 둘 거느린 족장의 집일 것이라고 추정한 것을 기억한다. 그녀는 그런 가정이 잘 납득되지 않았다. 족장이 배우자가 둘이었을 수도 있지만 족장이 여자라면 어떻게 되는가? "동아시아에는 여성들이 지도자 역할을 했음을 시사하는 증거가 많습니다. 유사시대有史時代를 봐도 중국에서는 여걸들이 통치했어요." 넬슨의 설명이다. 한국의 고대 신라 지역에서 발견된 가장 큰 무덤에는 화려한 금관을 쓴 귀족 여성이 안장돼 있다. 물론 역사 기록은 남성 왕들만 언급하고 있다. 부호묘에는 전사가 사용한 장비만 부장된 것이 아니었다. 갑골에 새겨진 명문에 따르면 부호는 전투에서 남자들을 지휘했다. "우리가 도저히 알 수 없는 것들이 굉장히 많아요. 우리가 확실히 아는 것은, 그렇게 많은 것들이 감춰지거나 잘못 해석돼왔다는 사실입니다."

넬슨은 출판 시장이라는 어려운 장애물을 대단히 실용적인 방법으로 돌파했다. 출판사(RKLOG Press)를 직접 차린 것이다. 자신과 다른 고고학자들의 소설을 펴내는 것이 목표였다. 왜 출판사 이름을 RKLOG라고 했을까? "철자 하나하나를 큰 소리로 읽어보세요." 넬슨이 웃으며 말했다(알케이엘오지, 아키올로지, 즉 고고학이란 뜻이다). 독자가 없어서 고생하지는 않았다. 여신들을 다룬 그녀의 학술서를 읽었던 팬들이 소설까지 사 읽는 것이다.

넬슨이 쓴 한 소설에는 어떤 노교수가 앞으로 계획이 무엇이냐는 질문을 받고 이렇게 말하는 대목이 나온다. "곧 은퇴하는 거지요. 하지만 아이디어가 너무 많아서 은퇴하기 어려울 것 같네요." 나는 넬슨과 스카이프로 영상통화를 하면서 그 소설 장면이 떠올랐다. 그녀가 곧 만 82세가 되는 시점이었다. 그녀는 요르단에서 열리는 학술회의에 참석하기 위해 짐을 싸고 있었다. 한 해 전에는 몽골에서 모로코까지 해외 10개국을 돌아다녔다. 개기일식을 보러 호주에도 갔다 왔다. 그녀는 눈에 약물을 주입하는 것으로 황반변성으로 인한 시력 저하를 막고 있었다("어쨌거나 현대 의학이 참 고맙지요."). 그녀는 학회지 등에 약속한 서로 다른 논문 여섯 편을 쓰면서 더 많은 소설을 구상 중이었다. "'남자들의 전유물'이라는 분야에서 여성으로 활동한다는 것"에 관한 회고록 초안을 거의 끝내가고 있었다. 회고록은 유명한 남성 고고학자가 고고학 분야 종사자들을 두 부류로 나눈 발언을 인용하는 것으로 시작된다. 그는 남성 고고학자와 여성 고고학자로 나눈 것이 아니라 "턱에 털 난" 이론가와 "가슴에 털 난" 필드워커(현장작업자)로 구분했다.* 턱에 털 난 것도 아니고 가슴에 털 난 것도 아닌 넬슨은 남성 동료들로부터 인정과 존중을 받는 것이 가장 힘든 싸움이었다고 털어놓았다. 그러면서 "나의 고고학 글쓰기는 여성들이 과거에 했던 일은 복원 가능하며 흥미롭다는 것을 전제로 한다."고 썼다.

"흥미롭다", 이런 표현을 덧붙일 필요를 느낀 이유가 의미심장했다. 고고학자들은 어느 정도는 자신이 원래 찾으려고 했던 것을 발견한다. 권력자인 여성에 대한 증거를 찾을 마음이 없다면 여왕과 여전사가 수없이 묻힌 언덕과 계곡이 있어도 그들 눈에는 들어오지 않을 것이다.

미술관 에피소드

넬슨을 우연히 만난 것은 행운이었다. 그 행운 덕에 나는 그 이듬해에 《뉴욕타임스》에 난 〈신석기 후기 중국 홍산문화 옥기玉器 전시회〉 광고를 보게 됐다. 나는 홍산문화가 제대로 주목받지 못한 문화라고 생각했다. 그런데 맨해튼에서 열린 전시회에 가보니 넬슨이 열정적으로 소개했던 여신전 출토 유물이 전시돼 있었다. 게다가 판매까지 한다고 했다. 미국에서 돼지룡 옥기를 보려면 시애틀에서 플로리다까지 가야 할 것이다. 미국 박물관에 있는 옥저룡을 다 합쳐야 4점밖에 안 된다. 그런데 잠시 기차를 타고 뉴욕 시의 한 미술관에 가서 12점 남짓한 옥기를 구경한 것이다. 경비원이 내 신분을 확인했다. 전시실 안에 들어가니 어떤 사람이 코트를 받아주고 차를 권했다. 나는 각종 보물이 가득한 큰 전시실을 자유롭게 돌아다녔다. 은은한 동양음악이 분위

• 넬슨은 저서 《고고학과 젠더Gender in Archaeology》에서 틸을 기준으로 고고학자들을 구분한 사람은 미국의 고고학자 알프레드 키더Alfred Kidder(1885~1963)라고 밝혔다.

기를 돋우고 있었다. 카메라가 몰래 나를 감시하고 있을까? 혹시 옥저룡을 슬쩍할까 봐? 카메라는 보이지 않았다. 전시실 전체를 한 바퀴 돌고 나서 생각해보니 역시 옥저룡이 발군이라는 생각이 들었다. '갈고리 모양 구름' 장식용 패와 뿔 달린 올빼미 펜던트 같은 것도 있었지만 한참 못 미쳤다. **돼지룡**이라는 용어는 영어로는 오해의 소지가 있다. 용이라고는 하지만 비늘도 없고 긴 꼬리도 없다. 중국 초기의 용 상징물처럼 생긴 옥저룡은 대문자 C처럼 생겼다. 매끈한 C자 모양 위쪽 끝부분에 돼지 얼굴을 새겨놓은 것이다. 통통한 두께에 크기는 작은 반지 정도에서 큰 문진文鎭 수준까지 다양하다. 색깔도 짙은 녹색에서 연두색, 심지어 노란색까지 여러 종류다. 내가 본 바로는 돼지머리도 모양이 다 달랐다.

전시된 옥저룡은 벌써 딱 한 점만 빼고 다 팔린 상태였다. 그러나 걱정할 건 없다. 어딘가에 더 모셔둔 게 있을 테니까. 딜러는 내게 따로 보관해둔 것이 많다고 하면서 예닐곱 점을 더 꺼내 왔다. 감탄을 금치 못할 걸작들이었다. 그런데 이 머리 모양이 과연 돼지일까? 딜러는 곰일 수도 있다고 생각했다. 그는 "이게 정말 명품"이라며 커다란 검은색 옥저룡을 보여주었다. 가격은 1만~1만 5000달러였다. 그런데 당시 나는 8500달러밖에 없었다. 나는 딜러에게 보증서도 주느냐고 물었다. "그럼요." 작품마다 전문가 세 명이 작성한 진품보증서가 붙어 있었다. 순진하게도 나는 위조품일지 모른다는 생각조차 하지 못했다. 아니다, 아니다. 이 물건들이 합법적인 것인지 어떻게 아느냐? 도굴품이나 장물이 아닌지 어떻게 확신할 수 있느냐? 이런 질문을 하자 딜러가 답했다. "아하, 이런 걸 보통 **주인 없는 습득물**이라고 하지요. 농부들이 밭일하다가 우연히 주운 겁니다. 제가 다 신고하고 관세와 세금도 물은 겁니다. 하지만⋯⋯." 그러면서 딜러는 어깨를 으쓱해 보였다.

그는 내가 들고 있던 옥저룡을 휴대전화로 찍어보라고 권했다. 그러면서 치수와 내역이 적힌 공식 사진 한 장과 함께 훌륭한 미술관 작품안내서까지 선물로 주었다. 75달러짜리였다. 나는 보통 남한테 자기소개를 할 때 작가라고 밝힌다. 그런데 이번에는 방명록에 실명을 쓰기는 했지만 작가라는 사실을 알리는 게 내키지 않았다. 나는 문화를 탐사하는 사람이지 미술품 수집가가 아니었다. 물건 보는 안목을 가지고 여기저기 둘러보는 정장 차림의 신사나 화사하게 차려입은 숙녀들과는 달랐다. 딜러와 나는 똑같이 고미술품을 사랑하는 사람으로서 그렇게 대화를 나누고 헤어졌다. 어쩌면 그는 아직도 내가 신용카드를 들고 다시 나타나기를 기다리고 있을지 모르겠다.

미술관 작품안내서는 그 딜러처럼 점잖지는 않다. "홍산문화 옥기는 대부분 중소 규모의 고분에서 출토된 것이다." 작품안내서 첫 쪽에는 이렇게 적혀 있었다. 나는 무덤이 지하에 있을 당시의 원래 모습을 찍은 사진들과 발굴 뒤 옥기들로 장식된 해골이 드러난 모습을 자세히 살펴봤다. 설명문에는 심지어 "무덤 하나마다 옥기 3~9점"이 출토될 것으로 예상된다는 내용도 있었다. 그러려면 일단 도굴당하지 않고 무덤 안에 잘 남아 있어야 한다.

고고학자들은 유물이 도굴되면 고고학적 의미를 잃게 된다고 말한다. "오랫동안 미술사학자들은 홍산문화 옥기를 상나라(은나라) 때 것으로 생각했다. 거기에는 콘텍스트가 없었기 때문이다." 넬슨이 쓴 소설에 나오는 여주인공의 이 대사는 사태의 본질을 날카롭게 지적하고 있다. 홍산문화와 상나라 사이에는 3000여 년이라는 시간적 간격이 존재했다. 옥저룡들은 도굴당해 딜러 손에 들어가 있지만 여전히 아름답다. 그러나 그것들은 연대를 확인할 수도 없고, 있던 장소가 어디인지도 알 수 없고, 그것을 사용했던 종족의 이야기를 말해줄 수도 없다. 도굴 유물은 말하는 힘을 잃어버리는 것이다.

5장

나의 삶은 폐허 속에 있다

고고학자들의 궁핍한 현실

■ 우리의 문화 유물과 유적을 꼼꼼히 연구하고 보전하는 일에 헌신하는 많은 전문가들과 마찬가지로, 고고학자들도 최저 생활을 유지할 정도의 임금을 주는 일자리를 찾기가 대단히 어렵다. 고고학계의 형편을 잠깐만 들여다봐도 평균적으로 화가보다도 월급이나 임금이 낮다는 걸 알 수 있다. 한 통계에 따르면 실업 상태인 고고학자가 50퍼센트였다. 2014년 경제 전문지 《포브스Forbes》는 "인류학과 고고학"을 최악의 대학 전공 분야로 선정했다. "졸업 후 미취업률이 높고 초봉 수준도 낮기" 때문이다. 2012년 멤피스에서 열린 미국고고학회 학술대회에는 3000명이 넘는 고고학자가 참석했다. 그런데 '취업안내센터'라고 적힌 방에 들어가봤더니 정규직 일자리는 다섯 개밖에 나와 있지 않았다. 문화자원관리회사Cultural Resource Management, CRM를 통

해 개발업자들이 원하는 증명서를 만들어주는 식의 필드워크 임시직 일자리를 구할 수는 있었다. 그러나 정규직은 구하기가 훨씬 어려웠다. 나는 존 시어 교수한테 그때 본 일자리 다섯 개를 얘기하면서 경제적 전망이 그렇게 불투명한데도 고고학자들이 집요하고 낙천적으로 일하는 것을 보면 참으로 대단하다고 말했다. "왜 그러겠어요?" 시어 교수가 거의 한탄조로 말했다. "우리가 그만큼 이 일을 좋아한다는 얘기지요." 그것은 기대에 부푼 환상에 빠진 낭만적인 사랑이 아니라 훨씬 치열한 열정 같은 것이었다. 따라서 그만큼 희생도 크다.

미국 고고학회 학술대회에서 안내를 맡아준 한 고고학자가 내 팔을 잡아끌고 어디론가 향했다. 마야관과 아프리카관을 지나고 '피지 섬의 민족지民族誌고고학과 불의 형상'이라는 안내판이 달린 이국적인 전시관도 건너뛰었다. 그렇게 미로 같은 대회장을 이리저리 돌아서 도착한 곳은 재미와는 거리가 먼 곳이었다. 그녀는 "여기에 관심이 있을 것 같아서요."라며 어떤 방으로 나를 끌고 갔다. 거기에는 미국고고학회 박물관·컬렉션·큐레이션 분과 관계자들이 잔뜩 모여 있었다. 내년에 연방정부 예산 자동 삭감 조치와 예산안 미통과로 인한 정부 기능 일시 중단 상황이 벌어지면 많은 미국인들이 정부 보조금이 축소되는 어려움을 겪게 될 것이다. 그러나 여기 모인 전문가들은 내핍 생활의 달인이었다. 그들이 위기를 겪은 지는 벌써 30년이나 됐다.

모인 사람들은 기록보관인, 큐레이터, 보전전문가, 고고학자 등 모두가 유물 보관과 관련된 인사들이었다. 그들은 발굴 유물이 가득한 창고를 관리하는 어려움에 대해 토론하고 있었다. 아직 목록조차 작성하지 못한 유물이 대부분이었다. 고고학의 원재료인 유물에 오히려 그들이 파묻혀 있는 꼴이었다.

"석사과정생과 박사과정생들한테 발굴을 중단하라고 하지는 않지만 **사실은 그래야 돼요.** 보세요, 지금 여러분이 발굴해내는 것을 다 보관해둘 공간이 우리한텐 없어요!"

"이 유물들은 이제 곧 바깥에 있는 쓰레기 더미에 뒤섞이게 될 겁니다! 비용을 댈 테니 이걸 잘 보관해달라는 사람은 하나도 없어요! 벌써 3년 연속 최악의 해를 보냈습니다."

"1880년대 농가 유적을 더 발굴할 필요가 과연 있을까요?"

"발굴 속도를 좀 늦추라고 하세요." 한 관계자가 목소리를 높이자 여기저기서 "벌써 해봤다니까요!"라는 소리가 쏟아졌다.

자원봉사자들이 쌓여가는 컬렉션의 목록을 작성하는 데 지원되는 자금은 전혀 없었다. 한 관계자는 전문가들도 "임금을 받는 것만으로도 행운"이라고 말했다. 수집된 유물들은 도처에서 고아처럼 버림받고 있다. 문화 발굴을 맡은 문화자원관리회사들이 폐업했기 때문이다. 연방정부 차원에서 운영하는 '미국의 보물을 지켜라Save America's Treasures' 프로그램은 "대체 불가능하고 멸실 위기에 처한 우리나라 문화유산을 보호하는" 가장 규모가 크고 성공적인 보조금 지급 프로그램이라고 알고 있었는데, 그해에는 기금이 전혀 모이지 않았다. 그래서 프로그램을 관리하는 국립공원관리청은 지원 신청 접수를 중단했다. 연방 차원에서 운영하는 '역사유적자문위원회Advisory Council on Historic Preservation'는 유물 컬렉션에 대해서는 입도 뻥끗하지 않으려고 한다. 그런 활동에 자금을 지원하기 위해 1966년 제정된 국가역사유적보호법National Historic Preservation Act은 6년마다 갱신하도록 돼 있는데 지원 규모가 점점 줄어들고 있다.

미육군공병단을 위해 고고학 컬렉션 큐레이션과 관리를 담당하는 고고학자는 대공황 때 마지막 수확마저 다 날려버린 농부처럼 개탄했다. "국가역사유적 보호는 1세대 일거리였어요. 그 법이 통과됐을 때 저도 그 일을 처음 시작했지요. 많은 고고학자들이 그 일을 했어요. 그런데 우리가 평생 그 분야에서 고용된 처음이자 마지막 세대가 될 겁니다. 그게 인기 있는 법률은 아니라는 경고를 우리는 너무도 많이 받았어요. 하지만 너무 많은 사람들이 그 사업을 중단하면 어떤 결과가 올지 전혀 모르고 있습니다. 우리는 우리 역사를 살아 숨 쉬게 만들고 있는 겁니다. 하지만 그 법이 만료되고 우리 같은 사람들도 다 떠나면 얼마나 큰 손실이 오는지에 대해 사회는 아무 생각이 없습니다."•

두 가닥의 희망이 있다. 미국국립인문학재단National Endowment for the Humanities은 매년 평균 18건의 보조금을 지급하면서 유물 보존실에 생기를 불어넣고 있다. 보존 관련 전문가들에게 도구와 지원을 제공하는 것이다. 또 고고학자 조바나 비텔리는 앤드루 W. 멜론 재단에서 얼마 전 자금 지원을 받았다고 보고했다. 영국 옥스퍼드대학교 부설 애슈몰린박물관의 '대학 참여 프로그램' 책임자를 맡아 교사들이 유물 수집에 참여하는 새로운 방법을 개발한다는 조건이었다. 비텔리는 "돈도 많고, 박사 후 과정에 있는 연구생도 꽤 확보했다."며 자리에 모인 사람들에게 참여를 당부했다. "지금 같아선 장난감을 잔뜩 선물 받은 기분입니다."

• 이 말을 한 사람은 소니 트림블인데, 그는 퇴역 군인들에게 유물 분류 및 보존 업무 보조역을 맡기고 수당을 지급하는 시스템을 구축하기 위해 모금 활동을 하고 있다.

그녀는 그 자리에서 우는 소리도, 불평불만도 하지 않는 유일한 사람이었다.

나는 유물 컬렉션을 담당하는 여성 고고학자들을 따라 다음 패널들이 있는 곳으로 자리를 옮겼다. 학자들은 우아하면서도 상냥한 존 옐런 미국국립과학재단National Science Foundation, NSF 이사장과 긴장된 분위기 속에서 질의응답을 나눴다. NSF는 많은 고고학자에게 상당액의 보조금을 지급해 현장에 파견하는 프로그램도 운영하는데, 각종 데이터를 장기 보존하는 방안을 강구한 과학자들만 지원 대상이 된다. 따라서 보조금은 다른 분야 연구자들에게 돌아가는 경우가 태반이다. 하지만 옐런 이사장은 "일단 돈을 가져가고 나면 우리도 할 수 있는 게 많지 않다."는 점을 인정했다. 고고학자가 데이터에 대한 독점적 접근권을 얼마나 오랜 기간 보유해야 할 것인가. 이것이 치열한 논란의 대상이 된 문제였다. 발굴과 보고서 출간 사이에 중간 단계가 있기 마련인데, 일부 고고학자들은 거기서 빠져나오지 못했다. 지적인 작업은 정체 상태이고, 모아놓은 유물과 정보는 일반인이 이용할 수 없으니 다른 연구자들로서는 그림의 떡인 셈이다.

옐런은 NSF도 "의회로부터 예산 절감 압력을 받고 있다."고 말했다. "우리 재단의 출장 예산도 15퍼센트 깎였습니다. 패널을 모셔서 자문도 받고 보조금 신청 건에 대해 검토도 해야 합니다. 하지만 그런 분들한테 식사 한 번 대접할 돈도 없습니다. 그런데 신청 건수는 어마어마하게 늘어나고 있어요."

그날 밤 호텔 로비가 그렇게 시끄러웠던 것이 놀라운 일일까? 늦은 밤까지 건배 소리가 요란한 가운데 고고학자들은 고래고래 소리를 지르는가 하면 바깥 분수대 가장자리에 앉아 분수대 신상神像들을 바라 보며 웃기도 했다. 운이 좋은 현장 고고학자들은 곧 터키로, 남아프리카 연안의 동굴로, 또는 페루의 사막으로, 워싱턴 주나 조지아의 드마니시(보존 상태가 좋은 호모 에렉투스 화석이 많이 나왔다!)로 향할 것이다. 아니면 시골로 흩어져 불도저들이 들이닥치기 전에 역사의 흔적을 추적할 것이다. 대학원생들은 배낭을 메고 어슬렁거렸다. 바짝 마른 얼굴에 배고픈 기색이 역력했다. 조교수들은 구겨진 계산서를 챙기며 출장 보조금이 간당간당한 것에 애를 태웠다. 컬렉션 보존 담당자들은 맥주잔을 들여다보며 투덜거렸다.

◦ζ◦ ◦ζ◦ ◦ζ◦

2011년 여름, 그랜트 길모어는 내게 신트외스타티위스 섬에 다시 올 생각은 하지 말라고 당부했다. 그 이유를 나는 곧 알게 됐다. 그는 섬에서 독립적인 고고학연구센터를 운영하는 일을 꽤 오래해왔다. 경제적으로도 괜찮은 일이었는데, 내가 그를 만났을 무렵에는 이미 다소 문제가 생긴 상태였다.

　길모어는 열정적인 에너지와 평정심을 동시에 갖춘 특이한 스타일로 열대지역 고고학이라는 힘든 작업을 잘 감당해왔다. 섬에서는 신속히 진행되는 일이 아무것도 없었다. 길모어는 1997년 현지인들을 도와 신트외스타티위스 섬 고고학연구센터를 설립했다. 2004년까지 외부 기관에서 보조금을 받지 못했지만 센터를 창설한 것만으로도 그의 말마따나 "놀라운 일이었다." 식민지시대 세계 경제 속에서 이 섬이 차지했던 역할을 최초로 기록하기 시작한 길모어의 스승 노먼 바카는 그에게 "이 섬에 고고학연구센터가 생긴다면 내 손에 장을 지지겠다."고 말했을 정도다. 세월이 흐르면서 현지의 지원 분위기에 변동이 생겼다. 그리고 최근 선거에서 근본주의자들이 핵심 정치 요직에 진출하면서 센터 입장에서는 분위기가 별로 안 좋아졌다. 그런데 내가 이곳에 도착하기 전 달에 여성 자원봉사자 두 명이 해코지를 당했다. 고고학연구센터로서는 처음 당하는 일이었다. 젊은 여성들은 술 취한 현지인들을 쫓아버리고 경찰에 신고했다. 그러나 경찰은 사건 조사를 제대로 하지 않았다. 길모어는 서장 면담을 요구하고 사건을 흐지부지 처리한 데 대해 강력히 항의했다. 그 사건이 있은 직후 자원봉사자들이 운전하는 중고 차량은 압수됐고, 길모어 본인도 여러 차례 업무 수행을 저지당했다. 그런저런 일로 길모어는 서서히 '이제 환영받지 못하고 있구나.' 하는 생각을 하게 됐다.

랜드크루저를 타고 신트외스타티위스 섬의 멋진 자갈길을 덜컹거리며 달리던 기억이 난다. 그때 길모어는 콧방귀를 뀌며 이런 말을 했다. "완전히 가짜야. 이 도로는 끔찍했어요. 원래의 돌들은 땅속에 있지요. 그 사람들한테 위에 있는 잡동사니를 걷어내야 한다고 말했는데, 계획에 반영되지 않았어요." 그는 어느 날 아침 해변도로에서 차를 멈추고는 매트를 불러냈다. 우리의 영원한 자원봉사자 매트가 이번에는 연구센터의 눈 역할을 하게 됐다. 항만 확장을 위한 준설 작업을 감시하는 일이다. 부두가 화염에 휩싸였을 때 바닷속에 가라앉은 옛 창고들의 잔해를 준설 인부들이 훼손하지 못하도록 하기 위한 것이다. 매트가 무슨 일을 하는 거냐고 묻자 길모어는 "그들이 우리의 고고학적

유산을 파괴하는 것을 지켜보는 겁니다."라고 말했다. 스승인 바카 씨는 섬에서 20년을 지냈다. "자포자기식 비관론자"가 되기에 충분한 시간이다. "저도 곧 그런 단계가 되겠지요." 길모어가 자조적인 투로 말했다. 자녀들이 취학 연령에 가까워지면서 길모어와 조애나는 심사숙고 끝에 새로운 환경이 필요하다는 결론을 내렸다.

그러니까 내가 처음 신트외스타티위스 섬에서 실습생 생활을 하면서 고고학에 눈 뜰 무렵 길모어는 이미 섬 생활을 접을 생각을 하고 있었던 것이다.

길모어도 조애나도 당장 다른 일자리는 없었다. 일단 영국이나 미국 또는 네덜란드로 갈 계획이었다. 통장 잔고가 바닥나기 전에 일자리를 구할 수 있을 것이라는 확신이 있었기 때문이다. 당시는 고고학과 관련된 일자리를 찾기가 아주 어려운 시기였다. 그러나 조애나는 석사학위를 받았고, 여러 박물관과 일한 경험이 있고, 조용한 성품에 불굴의 의지를 가진 여성이었다. 반면에 길모어는 강인하고 쾌활하며 자신감이 넘쳤다. 지식이 풍부하고 수완이 좋았다. 박사학위 보유에 고고학 연구센터 책임자로서 7년간 직접 운영한 경험도 있다. 부부는 유니버시티칼리지 런던에서 공부했다. 영국 일간지 《가디언》에 따르면 고고학 분야에서는 케임브리지대학교보다 나은 최고 대학이다. 길모어는 "평생을 해도 다 못할 이야기"를 가지고 섬을 떠날 것이다. 그리고 신트외스타티위스 섬을 무대로 한 책을 적어도 세 권은 쓸 계획이다. 그 중에는 카리브 해 관련 고고학 백과사전도 포함돼 있다.

나는 길모어 부부와 스카이프를 통해 계속 연락을 주고받았다. 길모어의 프로필에는 티셔츠를 입고 싱긋 웃는 사진이 붙어 있는데, 사진 밑에는 **나의 삶은 폐허 속에 있다**라는 설명이 달려 있다.* 나는 부부가 섬을 떠난 지 7개월 만인 6월에 다시 그들을 만났다. 부부는 리치필드의 조애나 어머니 집에서 임시로 지내고 있었다. 리치필드는 영국 웨스트미들랜즈 주에 있는 도시로, 런던에서 북쪽으로 서너 시간 거리인데 고풍스런 분위기가 아름답다. 계절이 몇 번 바뀌면서 길모어는 40세가 되었고, 이제 만 다섯 살이 되는 딸은 학교에, 두 살 난 아들은 유치원에 들어갔다. 취업 면접은 계속 봤지만 아직 자리를 얻지는 못했나. 최종 면접까지는 수없이 올라갔는데 마지막 문턱을 넘지 못한 것이다. 그는 원서를 190군데나 냈지만 일자리는 없었다. 조애나는 일자리 알아보는 일을 일단 중단했다. 그녀는 한 30군데는 냈을 것이다. "우리는 마음을 다잡고 있습니다. 면접 때 정말 잘할 수 있을 것 같은 자신감이 생겨요. 그때는 희망이 생깁니다. 그러다가……." 그녀는 어깨를 으쓱해 보였다. "처음부터 다시 시작해야죠."

　길모어와 조애나는 아직 카리브 해 시간을 쓰고 있어서 내가 묵고 있는 리치필드 호텔에 생각보다 늦게 나타났다. 우리는 길모어가 장모한테 구입한 노란색 소형차에 몸을 실었다. 길모어는 뒷좌석 어린이 카시트 사이에 끼어 앉아 차창 밖으로 머리를 내밀고 유서 깊고 아름다운 도시의 풍경을 구경했다. 애들은 오늘 처음으로 오전 내내 학교와 유치원에서 시간을 보낸다고 했다. 어른들이 좀 놀 시간이다.

　우리는 중세에 건축된 리치필드 대성당을 거닐었다. 하늘 높이 치솟은 첨탑에 스테인드글라스가 아름다운 건물이었다. 작은 기도실 옆 별

---

* 길모어의 트위트명은 @Dig_or_Die(발굴 아니면 죽음을 달라는 뜻이다—옮긴이)이다.

관도 한참을 둘러봤다. 주요 고고학 유물이 전시된 곳이다. 8세기의 리치필드 천사상은 대성당 제단 밑에서 출토된 것이고, 2009년에 인근 들판에서 발굴된 스태퍼드셔의 보물 중 금과 은 장식이 아름다운 무기류도 전시돼 있었다. 전시 담당 직원은 전시용 상자에도 제대로 조명을 비출 줄 몰랐다. 길모어가 기꺼이 달려 나가 조명 패널을 조절할 줄 아는 경비원을 불러왔다.

우리는 다시 차에 몸을 실었다. 이번에는 내가 어린이 카시트 사이에 끼어 앉았다. 우리는 고즈넉한 시골길을 달려 고대 로마시대의 성벽에 도착했다. 조애나가 처음으로 발굴기법을 배운 곳이다. 무너져가는 성벽은 짙은 녹색의 풍경과 아름다운 대조를 이뤘다. 우리는 전형적인 영국 전원의 아름다움에 푹 빠졌다. 오르락내리락 굽이치는 언덕을 석조 성벽이 도려낸 것 같은 모습이다. 소설가 토머스 하디의 작품에 나오는 "녹색의 좁다란 길들"이 바로 이런 광경이었을 것이다. "여기, 정말 좋네요." 내 입에서 감탄의 말이 흘러나왔다. 조애나와 길모어는 흐뭇한 미소를 주고받았다. "이렇게 해가 난 건 6주 만에 처음입니다." 길모어가 말했다. "지난 3월에 한 주 동안 오늘처럼 날씨가 좋았지. 생각 나, 여보?" 조애나가 거들었다.

조애나는 이곳의 고대 성벽을 따라 물불 안 가리고 발굴작업에 몰두하던 때를 회상했다. 고고학 분야에서 일자리를 얻기는 하늘의 별따기라는 얘기는 그전에도 알고 있었다. "나는 고고학자가 되고 말 테다. 나는 고고학자가 되고 말 테다." 내가 도착하기 전 주에 조애나가 길모어와 함께 엄마네 집 다락방에서 찾아낸 옛날 일기장에 적힌 내용이다. 고고학자가 되겠다는 생각에 푹 빠졌을 때 얘기와 신트외스타티위스

135

섬에서 처음 겪은 일들이 가득 담겨 있었다. 조애나가 그 섬에 간 건 길모어와 함께 연구를 하기 위해서였다. 길모어가 조애나를 대학원생 조수로 선택한 것은 사람이 진중하고 헌신적이었기 때문이다. 그걸 증명이라도 하듯이 당시 그녀의 손톱은 짧았다. "고고학. 정말 좋기도 하고, 지겹기도 하고. 고고학이 없으면 살 수 없겠지요." 조애나가 지난날들을 돌이키며 결론처럼 말했다. "참 알다가도 모를 일이에요!" 길모어는 다른 일을 한다는 생각은 해본 적이 없다. 부모(아버지는 유명한 해양생물학자다)는 그가 네다섯 살 때 이미 화석과 돌을 수집하는 것을 보고 고고학자가 될 줄 알았다. 조애나와 길모어는 생계 보장이 안 되는 직업에 완전히 빠진 것이다.

우리는 차를 몰고 수수한 벽돌집으로 갔다. 조애나의 어머니는 최근에 재혼을 해서 남편과 인근으로 이사를 갔다. 집에 도착하자마자 조애나는 달려 나가 아이들을 데려왔다. 아이들은 뒤에서 엄마 바짓가랑이를 붙잡고 들어왔다. 아들 일라이어스—유명한 고서 수집가 일라이어스 애슈몰의 이름에서 딴 것이다. 애슈몰의 컬렉션은 옥스퍼드대학교 애슈몰린박물관에 보관돼 있다—는 연신 재채기를 했고, 코에는 콧물이 주렁주렁했다. 일라이어스와 아멜리는 바이러스 감염이 유행하는 영국의 봄 날씨 때문에 많이 아팠다. 지금은 그래도 좋아진 편인데, 일라이어스가 기차 창문을 핥다가 다시 병이 도졌다.

그날 오후의 원래 계획은 조애나가 길모어를 물리치료 받는 병원에 데려다주는 것이었다. 길모어는 예전에 진흙 속에서 발굴작업을 하다가 무릎에 난 상처 때문에 치료를 받고 있었다. 그 사이에 나와 아이들은 14세기에 축조된 보더서트 성을 구경하기로 했다. 길모어가 자원봉사자로 관리 문제 등을 조언해준 유적지다. 그러나 아이들이 말을 듣지 않았다. 길모어는 영국 자동차 운전면허시험에서 떨어졌기 때문에 그날 오후 일처리를 어떻게 해야 할지 생각하니 섬에 있을 때처럼 머릿속이 복잡했다. 컨설턴트를 만나고 자원봉사자들을 지휘하던, 차 한 대로 여기저기 정신없이 뛰어다니던 그때가 말이다.

가장 쉬운 방법은 조애나가 길모어를 차로 데려다주면서 일라이어스를 맡고, 아멜리는 나랑 집에 남아 있는 것이었다. 네 살 난 아멜리와 나는 한 시간 동안 사이좋게 그림에 색칠을 하며 놀았다. "아까 아줌마 무서웠어." 책상에 밑그림을 잔뜩 늘어놓자 아멜리가 속마음을 털어놓았다. 이 말을 듣고 불현듯 '아, 맞아. 이 사람들이 나한테 애를 맡긴 거였지.' 하는 생각이 들었다. 상관없었다. 잘 지냈으니까. 나중에 부부와 그 얘기를 하며 또 한 번 웃었다. 길모어와 조애나는 영국에서는 더 조심하느라 신경을 썼지만 섬에서 하던 것처럼 슬렁슬렁하던 버릇은 잘 없어지지 않았다.

카리브 해식 대처법은 아이들이 대책 없이 변덕을 부릴 때 효과가 그만이었다. 부모는 천하태평이었다! 길모어가 자신이 발굴한 식민지 시대 유물에 관한 얘기를 나한테 하고 있는데 일라이어스가 갑자기 떼를 썼다. 떼도 전염성이 있는지 곧 이어 아멜리도 난리를 쳤다. 한 놈은 조애나의 품에 안겨 울고 짜고, 또 한 놈은 길모어의 품에서 대성통곡을 했다. 그런데도 조애나는 내게 살며시 미소를 지어 보이며 "매일 이래요."라고 말했다. 날씨도 도움이 안 됐다. 그렇게 화창하던 날이 갑자기 끄무러지더니 가는 보슬비가 내렸다. "지난주에는 정말 날씨가 사나웠어요, 비바람이 거세고. 밖에 나온 사람이 하나도 없었지요." 길모어가 말했다. "섬에 그냥 있을 걸 그랬나봐요." "마트만 빼고." 조애나가 남편의 말을 받았다. 마트에 없는 물건이 없다는 것이다! 며칠 묵어서 값이 내린 농산물도 섬에서 구할 수 있던 것보다 싱싱했다. 그리고 비디오 스트리밍 시대에 섬은 불리했다. 서반구에서 광대역 통신이 안 되는 거의 유일한 곳이었기 때문이다. 내가 어떤 다큐멘터리 얘기를 했더니 길모어는 얼굴이 멍해졌다. "내가 섬에 13년 갇혀 있는 동안 그런 게 나왔어요?" 그의 농담이다.

BBC 방송에서 〈뚝딱 아저씨Mister Maker〉를 할 시간이었다. 이제 그 프로를 보는 것으로 우리의 오후 일과는 모두 끝난다. 영국인 진행자가 얼굴 표정을 우스꽝스럽게 바꿔가며 점토로 퉁방울눈이 세 개인 작은 외계인들을 만드는 장면이 나왔다. 리치필드의 거실에 앉은 우리 꼬마 외계인들은 넋을 잃고 텔레비전을 응시하고 있고, 어른 셋은 녀석들의 머리꼭지를 내려다보며 미소를 금치 못했다. 조애나의 어머니와 새 남편은 외출 중이었다. 모처럼 딸 내외가 포도주에 인도 음식을 먹으면서 고고학 얘기를 한껏 할 기회를 준 것이다.

길모어와 조애나는 자신들이 옳은 결정을 했다고 확신했다. 부부는 이사한 것을 잘한 선택이라고 생각했다. 어려움을 겪고 있기는 하지만……. 나는 그 모든 어려움에도 두 사람이 썩 명랑하다는 것을 알게 됐다. 조애나는 애들이 생떼 쓰는 걸 보면서 "매일 이래요."라고 할 때도 얼굴에 미소가 흘렀다. 길모어도 섬에서는 무슨 말을 할 때마다 자조처럼 비아냥거리는 듯한 느낌이 있었는데 그게 없었다. 신랄함 같은 게 싹 가신 것이다. 직장이 없어서 좋은 점은 자녀들과 시간을 많이 보내는 것이라고 부부는 솔직히 인정했다. 그리고 신트외스타티위스 섬에서는 더 살 수도 없게 됐다. 그 섬을 떠나 네덜란드에 사는 한 친구는 은퇴하면 섬으로 다시 돌아가기로 결심했다고 한다. 길모어는 서글퍼하면서 이런 얘기를 했다. "'다트 이스 페르케이르트dat is verkeerd'라는 네덜란드 말 아세요? '잘못된 거야.'라는 말이지요. 전 그 친구한테 그랬어요. '다트 이스 조 페르케이르트dat is zo verkeerd(정말 잘못된 거야.)'"

길모어는 고개를 가로젓더니 부부가 추진 중인 거창한 구상을 소개했다. 유네스코 국제고고유산관리위원회International Committee on Archaeological Heritage Management, ICAHM도 상상하지 못할 아이디어였다. 고고학 관련 유적지와 유물을 구글 지도에 등록하는 것이다. 누구나 아이패드로 유적지를 올릴 수 있다. 그러면 전 세계에 대한 고고학 주소록이 되는 것이다!

2013년, 리치필드에 다녀온 지 1년 가까이 되었을 때 조애나가 페이스북에 글을 올렸다. "오늘의 영웅은 그랜트 길모어입니다. 절대 포기하지 않는 사나이지요." 길모어는 한동안 자전거 가게에서 일했고, 몸매도 좋아지고 있다고 했다. 신트외스타티위스 섬을 떠난 지 2년이 되던 2013년 말, 그는 영국 셰필드대학교 고고학과에 6개월 시간강사 자리를 얻었다. 오랜 백수 신세의 끝이 시작됐음을 알리는 신호였다. 그가 공동 편찬한 《카리브 해 고고학 백과사전The Encyclopedia of Caribbean Archaeology》이 2014년 초에 출간됐고, 그 직후 역사고고학의 또 하나의 요람인 미국 사우스캐롤라이나 주 찰스턴에 아주 좋은 일자리를 얻었다. 찰스턴칼리지의 역사보전 및 지역사회 발전연구소 소장을 맡게 된 것이다. 그가 할 일은 고고학을 교과과정에 더 많이 소개하는 것이다. "네, 우리 부부는 샴페인을 터뜨렸습니다." 고고학에 대한 열정과 인내심을 묻는 2년 반 동안의 힘겨운 시험을 이겨낸 길모어는 내게 이렇게 말했다. "그런 일이 일어났다는 게 지금도 믿기지 않아요. 300번 이상 지원서를 낸 게 마침내 완벽한 일자리를 얻게 된 비결인 것 같습니다."

6장

길을 따라서 가는 **시간 여행**

고고학자가 슬픔에 잠길 때

■많은 중요한 역사가 영영 사라지고 말았다. 나는 그랜트 길모어가 쓴 어떤 보고서에 나오는 이 구절을 생각했다. 먼지투성이 회갈색 트레일화를 신고 손에는 《종족의 오아시스: 블랙힐스의 중국인들*Ethnic Oasis: The Chinese in the Black Hills*》을 든 채 집을 나서는 길이었다. 책의 공동 저자인 고고학자 로즈 포샤Rose Fosha에게 자극을 받은 나는 사우스다코타 주 데드우드 시 차이나타운의 마지막 남은 흔적을 찾아가고 있었다. 타운이라고는 하지만 별도의 구역이라고 할 만큼 큰 동네는 아니었다. 하지만 1800년대 말 골드러시 때는 중국인 수백 명이 거주하면서 중심가 일대에서 생계를 꾸려가던 곳이다. 당시 도로는 진창길이었지만 지금은 예스러운 느낌을 주는 포장도로로 변해 있었다. 그런데 초기 차이나타운의 보기 흉한 모습이 아니라 멋진 도시로

탈바꿈한 후대의 모습으로 복원했다. 나는 중심가 도로를 따라 걸어 내려갔다. 프리메이슨 회관을 지나자 넓은 현관에 의자를 죽 늘어놓은 프랭클린 호텔이 나오고, 그 유명한 찰리 우터가 드나들었다는 장소들과 영화배우 케빈 코스트너의 가게, 문을 열어놓은 티셔츠 가게와 카지노가 이어졌다. 팝송이 흘러나오는 가운데 상인들이 관광객들의 돈을 긁어모으고 있었다. 적어도 이 중 일부는 보전해야 할 유적이라고 할 만하다. 데드우드에 카지노 산업을 유치한 데에는 무너져가는 건물들을 보호하려는 취지도 있었다.

9월답지 않게 날이 더웠다. 하루 종일 오존 수치가 계속 올라갔다. 블랙힐스 위로 층층구름이 피어올랐다. 오후 늦게 이 유서 깊은 건물들 위로 끄무레한 자줏빛 하늘이 낮게 내려앉았다. 관광객들은 서로 사진을 찍어주거나 슬롯머신 영업장 주변을 기웃거렸다. 나는 옛 차이나타운에서도 아직 개발이 덜 된 신흥 지역에 도착했다. 길 한편으로 햄프턴 인 호텔과 틴 리지 카지노가 눈에 확 띄었고, 반대편에는 부식된 옹벽을 배경으로 자갈을 얇게 깐 주차장들이 이어져 있었다. 나무 뿌리가 드러난 곳도 있고 옹벽 기초가 일부 무너진 곳도 많았다. 사슬에 매단 표지판들이 '포 에이스 카지노와 햄프턴 호텔 주차장', '발렛파킹', '손님 전용 주차장' 등을 구분해놓고 있었다. 데드우드의 중국계 주민들을 소개하는 커다란 안내판 옆에는 쓰레기통이 있었다. 거기서 멀지 않은 곳 오래된 옹벽 옆에 초대형 쓰레기 수거 용기가 보였다. 이 정도가 데드우드 시 차이나타운에 남아 있는 전부였다.

전날 나는 가파른 언덕을 올라 마운트모리아 공동묘지를 돌아봤다. 무덤의 종류별로 구획된 묘지는 19세기 후반 서부 개척시대의 전설적인 인물 와일드 빌 히콕과 컬래미티 제인이 묻혀 있는 곳으로 유명하다. 중국인들이 제사 음식을 올리던 제단은 최근에 복원됐다. 제단은 차이나타운 최후의 건물이었던 윙체상점Wing Tsue Emporium 잔해에서 겨우 건져낸 벽돌로 만들었다. 윙체상점을 건설한 피리 윙은 20세기 초 몇십 년간 데드우드에서 가장 유명한 중국계 상인으로 백인과 아시아계 주민의 연결고리 역할을 했다. 새하얀 미니어처 사원처럼 생긴 제단은 오래된 무덤들 위쪽 언덕 측면에 있고, 그 밑으로 히콕과 제인의 무덤이 있다. 남북전쟁 당시 사망한 사람들의 묘비명 위에 있는 새하얀 십자가상은 풍상에 시달린 나머지 만질만질해진 상태였다. 유대인 묘지 구역에는 돌무더기들이 선조들을 추모하고 있었다. 최근에 세운 인근의 두 묘비—'피리 윙의 갓난아기, 데드우드에서 태어나 1895년 1월 30일 죽다', '피리 윙의 아이, 데드우드에서 태어나 1899년 3월 20일 죽다'—는 일찍 죽은 윙의 두 자식을 위한 것이었다.

데드우드의 중국인들 이야기는 수완을 발휘해 역경을 헤쳐나간 사람들의 이야기였다. 떼돈을 벌 수 있는 금광 채굴권을 얻지 못한 중국인들은 데드우드에서 장사를 하거나 세탁업을 하거나 식당을 운영하면서 광부들의 일상적 수요를 채워주었다. 금광이라고 해서 열심히 파봤는데 허탕일 경우에도 광부들은 음식과 깨끗한 옷이 필요했다. 부인까지 데리고 이민 온 중국인은 거의 없었다. 1882년 노동 이민을 금지하는 중국인배제법Chinese Exclusion Act 발효 이후에는 대부분이 남성이었던 중국인의 수가 서서히 줄어들었다. 피리 윙은 다행히도 아내를 데려온 상태였다. 자녀 가운데 둘이 어려서 죽었지만 나머지 여덟은 살아남았다.

미국과 중국에 사는 윙의 후손들은 2004년 증조부와 고조부가 세운 상점 건물 앞에서 만났다. 기념사진도 찍었다. 그런 다음 떠나기 전에 시장을 방문해 상점 건물을 잘 보전해달라고 청원했다. 시장은 다들 건물을 보존하고 싶어 한다고 안심시켰다. 건물주는 건물 가운데 불안정한 구조 부분의 철거 허가를 받으면서 특별히 건물을 잘 보전하라는 당부도 받았다. 그런데 어쩐 일인지 2005년 성탄절 전야에 건물주와 그 아들들이 건물 전체를 폭파하기 시작했다. 폭파가 끝났을 때 윙체 상점—데드우드 차이나타운의 옛 모습을 보여주는 마지막 남은 건축물이었다—은 길거리를 나뒹구는 돌무더기로 변해버렸다.

당시 상점 건물 폭파 이야기를 하는 고고학자 로즈 포샤의 목소리는 울화가 북받쳐 떨렸다. "지난 18개월 동안 그 이야기를 할 때마다 눈물이 났어요. 데드우드 역사에서 정말 멋진 건물이었는데……." 그녀와, 역시 고고학자인 그녀의 남편 마이클 포샤Michael Fosha는 데드우드 발굴 당시 이야기를 하면서 냉정함을 되찾으려고 애썼다.

포샤 부부한테서 들은 서글픈 이야기는 상점 건물 폭파만이 아니었다. 다른 고고학자들에게서도 그런 이야기를 종종 들었다. 글로 널리 소개되고 유적지로 지정되고 관광명소가 된 곳들이 소실되거나 파괴된 사례는 종종 있다. 파르테논 신전이나 폼페이 유적을 생각해보라. 부주의나 돈벌이에 눈이 먼 인간들에 의해 완전히 파괴되는 유적지가 얼마나 많겠는가. 거기 있던 보물들은 아예 사라져버리거나 이베이에 매물로 나온다. 로즈 포샤는 여러 해 동안 데드우드의 이 특별한 동네가 사라져가는 것을 안타깝게 바라봐야 했다. 그녀는 그동안 차이나타운의 기초 부분 발굴작업 책임을 맡았고, 간곡한 부탁을 수도 없이 한 끝에 마침내 웡체상점 주인으로부터 건물 내부 촬영을 허락받았다. 딱 한 시간만 찍는다는 조건이었다. 충분히 들어줄 만한 부탁이었다. 주인은 그녀를 들어오게 했다. 포샤는 한 시간 동안 사진을 찍고 또 찍었다. 허락된 곳은 딱 한 층, 허용된 시간은 딱 한 시간뿐이었다. "그 사진을 가지고 프레젠테이션을 하기로 돼 있는데…… 중간에 또 눈물이 날까 봐 걱정이에요." 그녀가 말했다.

마이클 포샤는 데드우드 차이나타운 옛 건물 자리에서 한 시간 거리인 래피드시티의 보티첼리 레스토랑 별실에서 아내의 말에 귀 기울이고 있었다. 그는 매머드 관련 유적을 열심히 찾아다녔다. 인간이 매머드의 뼈를 자르고 잘게 조각 내 도구로 사용한 현장을 발굴하기 위해서다. 마이클은 "싱싱한 매머드 뼈는 석기와 똑같이 잘 듭니다. 오히려 낫지요."라고 말했다. 그는 북아메리카에서 1만 3500년 전 이전에 인간이 거주한—고고학자들은 '클로비스 이전 문화pre-Clovis cultures'라고 칭한다—증거를 찾기 위해 돌아다닌 결과 서부의 매머드 도살 현장이 그런 증거를 확보할 수 있는 가장 유력한 장소라는 결론을 내렸다. "인간이 신세계에 등장한 시기를 더 위로 끌어올리는 것은 흥미로운 작업입니다. 논란이 치열한 분야니까요." 마이클은 사우스다코타 주 브루킹스에서 매머드 관련 유적 한 곳—온전한 유적이라는 판정을 내리는 데 필요한 엄격한 요건을 통과할 가능성이 높은 곳이었다—을 발견하고 부러진 매머드 뼈 표본을 실험실 두 곳에 보내 연대측정을 맡겼다. "매머드의 뼈를 부러뜨릴 수 있는 동물은 딱 하나입니다. 바로 인간이지요." 실험실에서는 뼈 표본의 시기를 1만 4500년 전으로 판정했다. 아메리카 대륙에서 가장 오래됐다는 클로비스문화에서 발견된 돌촉보다 1000년이나 앞섰다는 얘기다. 그러나 마이클이 자원봉사자들과 함께 발굴을 완료하고 지층 조사를 마치기도 전에 현지 고속도로 관리 공단 직원들이 현장 일부를 훼손했다. 실수였거나 관할권 다툼일 수도 있었다. 이 사안은 대단한 감동이나 큰 의미가 있는 얘기는 아니었다. 나 같은 사람이 보기에는 그랬다. 마이클은 "그저 웃고 말 수밖에 없지요."라고 말했다.

그런 허망한 사태를 겪으면서도 포샤 부부는 다른 일을 하는 것은 상상도 하지 못했다. 50대 중반의 로즈 포샤는 지금 연방재난관리청 Federal Emergency Management Agency에서 일하고 있다. 네 살 연하인 마이클은 사우스다코타 주 공무원이다. 그는 "사람들을 위해서 일하는 것"이 직업이라고 했다. 휴가 때도 부부는 발굴까지는 아니더라도 여러 곳을 현장답사한다.

밤의 불빛이 레스토랑 창문으로 흘러들었다. 로즈와 마이클은 이탈리아식 샌드위치 파니니를 먹으면서 얘기 중인데, 머리를 거의 맞대다시피 한 모습이 금슬이 꽤나 좋은 것 같다. 로즈는 금발, 마이클은 머리 윗부분이 살짝 벗겨졌는데 남은 머리는 귀밑까지 말끔하게 빗은 상태다. 로즈는 어깨에 꽃무늬가 들어간 숄을 걸쳤다. 마이클은 옷깃이 달린 셔츠에 깔끔한 조끼를 입었다. 로즈는 초등학교 4학년 때부터 고고학자가 되고 싶었다고 했다. "선생님한테 발굴을 하고 싶다고 했어요. 죽은 사람을 파낸다는 말은 안 했지요. 이름이 알려진 사람들 이전에 여기 살았던 사람들을 발굴하고 싶다는 얘기였어요." 선생님은 상냥한 어조로 "아, 고고학자가 되겠다는 거구나." 하고 말했다. 로즈는 두 아이의 엄마가 된 34세 때 비로소 대학에 진학할 수 있었다. 수년간 캔자

스시티에 있는 집에서 캔자스대학교까지 통학했다. 마이클은 로즈가 처음 필드스쿨에 갔을 때 현지 부책임자였다. 두 사람은 거기서 처음 만났다. 로즈의 말에 따르면 마이클은 주변 경관을 보고 아주아주 오래전에 어떤 모습이었는지를 알아내는 재능이 있었다고 한다. 그는 발굴현장에서 처음 삽질을 해야 할 곳이 어디인지를 본능적으로 파악했다. 그런 감은 오랜 훈련과 토양에 대한 감각, 그리고 지형 변화 과정을 다루는 지형학 지식이 조합된 결과로 생기는 것이다. 마이클은 자신이 하는 일을 "길을 따라서 가는 시간 여행"이라고 했다.

아이들의 친부인 로즈의 첫 남편이 첫 필드스쿨이 끝나갈 무렵 그녀를 찾아왔다. 장식이 된 도자기의 아가리 파편을 발견한 날이었다. "보통 것보다 컸어요. 목과 아가리 부분 파편을 찾은 거지요." 장식이 중요하다고 마이클은 지적했다. "누가 만들었고, 언제 만들었는지를 말해주기 때문"이다. 그러자 로즈가 "정말 스릴이 넘쳤어요. 지금도 그 얘기를 할 때는 소름이 돋아요!"라고 말했다. 당시 로즈는 남편한테 "이리 와서 이 위대한 발견을 좀 봐요."라고 소리쳤다. "그러자 그 사람이 다가오더니 그러더군요. '로즈, 이 땡볕에 여기서 뭐하는 거야. 이런 그릇 쪼가리 가지고 그렇게 흥분하는 건 뭐냐고? 당신 돌았군.' 저도 그렇게 생각했어요. '우리 둘 중 하나는 돌았다'고." 이혼은 불가피했을 것 같다. 그해 여름 필드스쿨에서 처음 만난 로즈와 마이클은 8년 만에 결혼에 골인했다.

그럼 이제 부부가 같이 산 지는 얼마나 됐을까? "14년이요." 로즈가 즉각 답했다. 반면에 마이클은 고개를 젓더니 웃으며 말했다. "그런 질문 나올 줄 알았어요. 우리도 한참 옥신각신한 것 같은데……."

나는 별다른 것 없이 평범해 보이는 현장에서 유적지와 유물을 감별해내는 부부의 능력이 부러워서 위스콘신에서 도저히 찾지 못한 '형상 둔덕'에 대해 물어봤다. 마이클과 로즈는 웃으면서 고고학자들을 포함해 특이점을 간파하지 못하는 사람들이 많다고 말했다.

　"현장을 척 보고, 찾던 것이 어디 있는지 감을 잡는 사람이랑 다니면 정말 좋아요. 그런 사람은 형상 둔덕을 보면 알고, 땅에 떨어진 유리 비드도 바로 알아채거든요." 나는 이런 말을 하면서 신트외스타티위스섬의 특산품인 파란색 비드를 생각했다.

　"그럼, 이 유리 비드가 어디서 나왔는지 아내한테 물어보세요." 마이클이 내가 보여준 사진을 집어 들더니 로즈에게 눈길을 던졌다.

　로즈는 남편의 눈을 그윽하게 바라보더니 속삭였다. "난파선이요."

7장

바닷속에서 미스터리를 찾다

고고학의 미래, 수중고고학

■ "제가 여기 여왕입니다." 캐시 아바스 Kathy Abbass 는 본부에서 나를 맞으면서 이렇게 말했다. 그녀의 본부란 로드아일랜드 주 뉴포트 해군기지 구내 조립식 건물의 창고 같은 사무실이다. 방에는 해양의 역사를 담은 플라스틱 상자들과 녹슨 유물을 얹어놓은 선반들로 가득했다. 주위를 돌아보다가 말끔하게 정리된 서류 더미와 지도들이 눈에 들어왔다. 노란 플라스틱 통에는 줄자와 삼실, 방수 클립보드 등이 잔뜩 들어 있었다. 정확히 무엇의 여왕이라는 말일까? 이어 아바스는 자신의 보물이 묻혀 있는 곳을 보여줬다. 미국독립전쟁 당시 미국 역사상 최대 규모의 함대가 바닷속에 수장돼 있는 항구였다.

나는 덜컹거리는 아바스의 밴, 17년 된 폰티액 트랜스스포트의 조수석에 앉았다. 해양고고학자에게 어울리는 차였다. 오래됐지만 작동은

149

7장 바닷속에서 미스터리를 찾다

잘됐다. 활력이 솟는 느낌까지 들었다. 주행계를 보니 12만 9000킬로미터 정도를 뛰었고, 계기반에는 경고등 세 개가 들어와 있었다. 아바스는 머리를 위로 틀어서 묶었는데도 아름다운 사각턱 얼굴에 백발이 휘날렸다. 두 눈은 대양처럼 파랗고 날카로웠다. 운전석은 골다공증으로 문제가 있는 허리를 위해 뒤로 젖혀 놓은 상태였다. 아바스는 디바(뒷좌석에 탄 페키니즈 애완견의 이름이다)가 최근에 벼룩한테 물렸다가 나았는데 아직도 놈들이 남아 있을지 모른다고 경고를 해줬다. 아바스도 어젯밤 벼룩에 물렸다는 것이다. 나를 겁주려고 그런 말을 하는 걸까? 그 정도로는 안 통하는데……

나는 이 고고학자한테 이미 물려버렸다. 처음 인터뷰 요청을 했을 때였다. 그녀는 먼저 "해양고고학과 그 어려움에 대해 선생과 이야기할 수 있게 되어서 기쁩니다."라고 했다. 하지만 곧 "'해변에서 우리 팀이 작업하는 모습을 보는 것'은 불가능합니다. 그리고 우리의 미출간 자료는 선생한테도 공개하지 않겠습니다."라는 말이 돌아왔다. 연구자들이 연구 내용을 공유하는 웹사이트(Academia.edu)에 다음과 같은 경고를 올린 사람이 바로 그녀였다. '로드아일랜드 해양고고학 프로젝트 The Rhode Island Marine Archaeology Project와 나는 보고서, 간행물 또는 우리 연구에서 나온 데이터 등을 이 웹사이트에 일절 올리지 않습니다. 그렇게 하는 사람이 있다면 우리의 비공개 정책을 위반한 것인 만큼 지적재산권 침해에 대해 소송을 당할 수 있습니다.' 아바스는 투견이었다. 그래서 페키니즈를 똘마니로 거느리고 있는 모양이다. 아바스의 옆자리에 타기 위해서 나는 그녀가 운영하는 단체에 회원으로 가입하고(깎아준 가입비가 25달러였다), 그랜트 길모어의 추천서까지 보내야 했다. 게다가 사무실이 해군기지 안에 있어서 사회보장번호를 관계 당국에 보내 신원조회까지 거쳐야 했다. 그래도 그녀가 일하는 모습과 주변 여건을 꼭 보고 싶었다. 아바스는 관련이 있는 사람들을 한데 끌어모으는 방식으로 길모어처럼 독립적인 고고학연구센터를 만들었다. 학자들을 회원으로 가입시키기도 하고, 정부 소속 고고학자들의 도움을 받기도 하고, 비용을 지불하고 고고학자들을 동원하기도 하는 방식이었다. 그녀는 거의 돈을 안 들이고 뉴포트 항구 인근에서 저명한 난파선 탐사 전문가인 로드아일랜드대학교 교수 로버트 발라드와 함께 그런 큰일을 해냈다. 남들이 다 하는 일은 마뜩치 않았던 것이다. 그녀는 뉴스거리가 될 만한 새로운 작업을 하면서 고고학을 한 차원 높은 단계로 올려놓았다.

아바스는 페달을 힘껏 밟았다. 우리는 해군기지 구내에 있는 로드아일랜드 해양고고학 프로젝트 사무실들을 지나 뉴포트의 멋진 가로수 길로 들어섰다. 여왕은 다시 경고했다. "이 밴, 10년 전에 중고로 산 거예요. 그러니까 고치고 자시고 할 것도 없지요. 그냥 수명 다하면 길가에 버리려고요." 적절한 경고라고 하겠다. 게다가 어떤 위험이 또 도사리고 있을지 모르니 결국에는 걸어야 하는 신세가 될지도 모르겠다. 흐린 가을날, 우리는 벼룩이 있을지도 모르는 덜컹거리는 밴을 타고 무장한 위병들이 지키는 해군기지 정문을 지나 그 유명한 뉴포트 저택들이 있는 동네로 향했다. 거기서 좀 더 가면 역사적인 함대가 수장돼 있는 항구 수역이 나온다.

아바스 왕국의 보물은 군함 열세 척이다. 1778년 프랑스군은 대륙군(영국군에 맞서 아메리카 식민지 독립전쟁을 하던 군대—옮긴이) 산하 해군을 지원해 뉴포트를 구하려고 했는데, 그들이 항구로 진입하는 물길을 막기 위해 영국군이 일부러 수장시킨 자국 배가 바로 그 열세 척이다. 그 결과 영국군은 뉴포트를 지킬 수 있었다. 당시 프랑스 해군이 거기서 영국군을 저지했다면 전쟁의 향방이 어찌 되었을지 누가 알겠는가. 당연히 침몰한 함대는 역사적 보물이 되었다. 침몰 선박 중 일부는 반란을 일으킨 식민지 군대와 싸울 무기와 병력을 실어 나르는 데 사용됐거나 일부는 전쟁 포로를 태우고 있었다. 아바스는 침몰한 배들 가운데 한 척이 과거에 영국 탐험가 제임스 쿡(캡틴 쿡)이 타고 전 세계 바다를 누빈 범선 '인데버호Endeavour'('인데버바크호Endeavour Bark'라고도 한다)라고 주장했다. 지금 쿡은 대부분의 미국인들에게 그저 18세기의 유명한 탐험가 가운데 한 사람으로 알려져 있다. 그러나 미국을 제외한 세계인들은 그를 탐험가의 왕으로 기억한다. 쿡 선장이 인데버호를 타고 항해함으로써 호주와 뉴질랜드가 지금의 세계지도에 오르게 됐다. 인데버호는 호주 입장에서는 콜럼버스가 신대륙 발견에 동원한 세 척의 배('산타마리아호', '니냐호', '핀타호')와 같은 존재였다. 미국 입장에서는 최초의 영국 이민자들을 실어 나른 '메이플라워호Mayflower'와 같은 존재였을 것이다.

쿡의 국제적인 명성이 아바스가 보통 고고학자보다 이 배에 훨씬 더 집착하는 이유다. "잘 모르실 거예요. 많은 사람들이 우리에게 접근한 것은 오로지 캡틴 쿡이 탔던 인데버호에 관해 우리가 가지고 있는 정보를 훔쳐갈 목적에서였습니다." 아바스가 털어놓은 얘기다. 명색이 해양고고학자가 해적질(표절)을 걱정해야 한다니…….

60대 후반인 아바스는 15년 동안 뉴포트 항구 일대를 돌아다니며 보냈다. 침몰한 배들을 안전하게 보호하는 데 진력하는 한편으로 깔끔한 발굴을 위한 준비 작업을 진행해왔다. 그녀는 "이제 준비가 거의 끝나갑니다."라면서 "그래도 여러 해 더 해야 할 일이 남아 있어요."라고 말했다. 따라서 배들은 당분간 계속 공해 속에 잠겨 있게 된다. 자연재해로 손상을 입을 수도 있고 도굴꾼들의 사냥감이 될 우려도 있다. "저기 닻을 내리고 작업하는 사람들이 보이네요." 그러면서도 아바스는 서두르는 기색이 전혀 없다. 수중발굴을 하는 고고학자에게 필요한 것들 가운데 하나는 연구를 하면서 발굴한 물건들을 보존할 수 있는 공간이다. 출토되는 모든 것은 잘 보존해야 한다. 대단히 신경 쓰이는 일이 아닐 수 없다. 손상되기 쉬운 유물이 들어 있는 항아리 속의 바닷물을 자칫 다른 물로 바꿨다가 무슨 일이 생길지 알 수 없다. 게다가 그런 항아리들은 선반에 올려놓기에는 너무 작아서 다루기조차 조심스럽다. 보존 대상이 물속에 잠긴 선박이라면 어려움은 배가 된다. 그것이 함대일 경우에는 더 말할 나위도 없다. 자칫 잘못 손을 댔다가는 심각한 사태가 벌어질 수도 있다. 미래의 고고학자들이 더 연구할 수 없게끔 현장을 망쳐버리는 경우가 있기 때문이다. 따라서 최대한 조심하지 않으면 안 된다.

고고학의 미래는 물속에 있다. 이에 대해서는 전문가들의 의견이 일치한다. 한 취재원은 "고고학자로서 이름을 내고 싶으면 스쿠버다이빙을 배우세요."라고 했다. 내륙지역인 사우스다코타에서 마이클 포샤를 만났을 때 해양에 관한 이야기가 나왔다. 그러자 그의 눈빛이 반짝였다. "빙하가 녹으면서 수면이 90여 미터 상승했습니다. 수면 아래에 있는 것들은 과거에 거기 살았던 사람들의 이야기를 전해줄 수 있습니다. 거기가 바로 저 먼 과거의 삶이 묻힌 곳이지요." 포샤는 수중고고학 underwater archaeology 전공은 아니지만 수중고고학의 발굴 성과를 예의주시하고 있다. 북아메리카에 건설된 최초의 영국 식민지 제임스타운의 일부는 지금 수몰 상태인데 거기서 초기 정착촌이 발굴됐다. 또 잉글랜드 연안에서는 1차 세계대전 당시에 사용됐던 잠수함 40여 척이 발견됐다. 일부 잠수함은 승무원들이 그대로 안에 있는 상태였다. 수중의 암흑과 펄, 조류에 굽이치는 수초 무더기 사이에 잠들어 있는 물건들은 우리의 먼 과거를 들여다볼 수 있는 열쇠가 아닐 수 없다.

캐시 아바스가 처음부터 난파선이나 수중 고고유적에 관심을 가진 것은 아니었다. 그녀는 "고고학자로서의 출발은 전통적인 스타일과는 조금 달랐어요."라고 말했다. 좀 겸손을 떠는 얘기다. 그녀는 공군 집안에서 태어났다. 그래서 부모의 전출을 따라 전 세계를 돌아다녔다. 그러다가 미국 서던일리노이대학교에 입학했고, 대학 재학 시절 '아랍 왕족'과 결혼했다. 남편은 유엔 주재 이라크 대사를 지낸 인물의 아들로 본국에서 쿠데타가 일어난 뒤로 이 대학에서 교편을 잡고 있었다. 그녀의 전공은 인류학이었다. 전공을 마친 뒤에는 중동으로 가서 베이루트나 바그다드의 박물관에서 일할 생각이었다. 아바스를 가르친 선생들 중에는 저명한 고고학자인 W. W. 테일러 교수가 있었는데 그는 수업시간에 고고학계에서 여자가 설 자리는 없다고 말했다. "지금 같으면 물론 고소 대상이겠지요." 아바스가 별 다른 감정 없는 어조로 말했다. 그녀는 일찍부터 누가 격려해주지 않아도 집요하게 시도하는 법을 배웠다.

아바스는 하버드대학교에 연구원 장학금을 신청할 때 좌현이니 우현이니 하는 말조차 몰랐다. 그저 유럽에서 식민지 아메리카로 말과 소와 돼지를 운송하는 데 시간이 얼마나 걸리는지를 연구하고 싶었을 뿐이다. 그녀는 모노클을 낀 영국인 교수 어투를 흉내 내며 이렇게 말했다. "이것이야말로 지금까지 우리가 다룬 가장 중요한 주제 가운데 하나가 될 것입니다."(줄기찬 노력과 기계 구조에 대한 지식과 식민지시대 정신구조에 대한 식견이 필요합니다!) 돼지와 말이 아메리카 대륙까지 어떻게 운송되는지를 연구하다 보니 자연스럽게 선박에 관심을 갖게 됐다. 알고 보니 그녀도 그 분야에 소질이 있었다. 아바스는 교수와 학생 모두 흑인인 버지니아 주의 한 대학교 정교수 자리를 박차고 나와 스쿠버와 범선 운항 강좌를 듣고 뉴포트로 가서 선박검사관 밑에서 일했다. 그녀의 목소리에는 활기가 넘쳤다. "바로 바다로 달려갔어요. 이 나라에서 해사검정원 일을 하는 사람 가운데 여성은 제가 처음이었지요. 수심 몇 미터 아래로 내려가 검사에 임합니다. 그 사람들 대답은 늘 뻔하지요. 그럼 전 이렇게 말합니다. '배 밑바닥을 열어보세요. 엔진 좀 봐야겠어요.'" 아바스는 선박 구조에 빠삭했기 때문에 선박회사들이 속임수를 쓸 수 없었다.

아바스 부부는 합의 이혼했다(자녀는 없다. 하지만 지금도 결혼 후 성을 그대로 쓴다. 아바스는 아랍어로 '신神'이라는 의미지만 '엄격하다'는 뜻도 있다). 아바스는 뉴포트에서 1년간 요트박물관을 운영하다가 실업자가 됐다. 신입사원 수준의 일자리를 구하기에는 나이가 너무 많고, 최고 수준의 고위직을 노리기에는 경력이 충분치 않았다. "시키는 대로 할 만큼 순진한 아이도 아니었어요." 그러지 않아도 독자적으로 하고 싶은 일이 있었다. 해양고고학 분야를 개척하고 싶었던 것이다.

어느 날 아바스는 미국 해군대학교에 소속된 고고학자가 뉴욕 주 조지 호로 출장가는 데 동행했다. 취미생활로 잠수를 하던 사람들이 호수에서 프렌치-인디언전쟁French-Indian War(프랑스가 인디언 부족과 동맹해 1754년부터 1763년까지 북아메리카 식민지에서 영국과 벌인 전쟁―옮긴이) 당시 침몰한 전함을 찾아냈다는 소식 때문에 가게 된 출장이었다. 라도 radeau라는 종류의 선박이었다. 해군대학교 관계자들은 뉴욕 주로부터 조사 허가를 받았는데, 고고학자가 작업을 감독한다는 것이 조건이었다. 그런데 파견 나온 고고학자가 하루 만에 돌아가자 아바스가 대신 일을 지휘하게 된 것이다. 북아메리카에서 가장 오래된 전함을 발굴하는 작업이었다.

아바스가 뉴포트에서 조지 호까지 느린 버스를 타고 통근하며 발굴 작업을 할 때 로드아일랜드 주 소속 고고학자 한 사람이 로드아일랜드에 와서 그런 작업을 하지 않겠냐고 제안했다. 로드아일랜드에는 난파선이 엄청나게 많았다. 주 소속 고고학자는 로드아일랜드 문화유산 보존 담당자였다. 그곳에는 그런 유산이 수면이나 수중에 아주 많았지만 그에게는 그런 분야의 전문 인력과 경험이 없었다. "그들은 자기네 주에 무슨 유물이 있는지 목록조차 정리해놓은 게 없었어요. 사라진 게 뭔지, 찾을 만한 게 뭔지 몰랐지요. 이따금 파편들을 발견하는 정도였습니다." 그렇게 해서 로드아일랜드 해양고고학 프로젝트라는 연구소가 탄생한 것이 1992년, 장소는 아바스의 집 식탁이었다. "처음 우리가 한 일은 목록 작성이었어요." 일종의 데이터베이스로 연구와 조사가 진행됨에 따라 목록은 계속 늘어났다. 아바스는 자원봉사자들을 훈련시켜 주의 해양 역사를 기록으로 정리하도록 하고 수중 유적 조사에도 동참하게 했다. 아바스와 동료들은 박물관 직원, 선원, 청소년, 은퇴한 노인 등 거의 모든 이에게 역사, 다이빙, 발굴, 보전 관련 강좌를 제공했다. 학생 다수가 수강 이후 고고학 분야 대학원에 진학했다. 연구소는 대학원생들을 위한 해양 역사 및 해양고고학 관련 현장 체험 강좌도 개설했다. 아바스는 대학원생들이 대부분 "선박에 대해서는 전혀 모른다."는 사실을 알게 됐다. 그녀는 일반인도 역사적 가치가 있는 수몰 선박들의 의미를 이해하고 평가할 수 있도록 교육 사업을 시작하는 한편으로, 직접경험을 통해 발굴 대상에 대한 전문지식을 갖춘 고고학자들을 육성하고자 했다.

처음에는 아바스 혼자서 그 모든 일을 해나가야 했다. 연구소 유지비는 뉴포트의 그 유명한 멋진 저택에서 청소부로 일하면서 감당했다. 낡은 밴이 터덜거리면서 전진하는 동안 차창 밖으로 그런 저택들이 보였다. 아바스가 청소 일을 한 저택의 "대단히 부유한 안주인들"은 그녀가 비영리기구를 운영하고 있다는 사실을 알고 있었다. "그러면 팁을 주거나 약간의 헌금이라도 할 것 같지요? 천만에요. 지금도 그 아줌마들은 '당신이 최고였어. 정말 보고 싶어요. 당신만큼 청소 잘하는 사람은 세상에 없어요.'라는 얘기뿐입니다."

여기서 잠깐. 이 고고학자는 지금 나에게 자신이 대단한 청소부였다는 얘기를 하고 있는 건가? 바로 그렇다. 아바스는 "한 가지 일을 잘하면 대개 다른 일도 잘하는 법이지요."라고 했다.

아바스는 10년 전 수중고고학을 포기하고 "일리노이에 가서 보험설계사나 뭐 다른 일을 할 뻔했다." 그런데 쿡 선장의 인데버호는 어쩌지 하는 생각이 들었다. 인데버호는 훗날 그녀에게 "고고학자로서의 명성을 안겨준 것"이었다. 그녀는 이에 대해서는 나중에 자세히 이야기해 주겠다고 약속했다.

아바스는 곡예 운전하듯이 밴을 몰아 뉴포트 역사지구 주차장에 세워놓았다. 그러고는 내가 디바와 함께 차에서 기다리는 동안 출판물 관련 상점으로 들어갔다. "무슨 일일까?" 내가 디바에게 물었다. 디바는 뒷다리로 엉덩이를 긁어대기만 했다. 디바는 두 번이나 구조된 녀석이다. 원래 주인이 죽자 아바스의 친구가 데려왔고, 아바스의 친구가 숙자 아바스가 데려와 키우고 있다. "개들은 원래 주인이 이제 오지 않는다는 걸 아는 데 1년쯤 걸려요." 아바스가 해준 얘기다. 디바는 이제 불안해하지 않는다. 수중고고학의 마스코트로 계속 살아가는 것이 보장돼 있기 때문이다.

아바스는 작은 손수레를 끄는 남자와 함께 밖으로 나왔다. 남자는 수레에 잔뜩 실은 브로슈어 상자들을 밴 뒷좌석으로 옮겼다. "자, 이제 미국독립전쟁 시기 로드아일랜드 주 보유 유물에 관한 시리즈를 낼 차례네요." 아바스의 설명이다. "우리 연구소는 많은 '회색 문헌gray literature'을 내고 있습니다. 회색 문헌이 뭔지 아시죠? 조사 보고서를 비롯해 상업적으로는 출판되지 않는 각종 책자를 말합니다." 연구소가 발행한 회색 문헌 중에는 아바스가 쓴 다섯 권짜리 독립전쟁 시기의 로드아일랜드 역사도 있다.

연구소 광고지 뒷면에 실린 독립전쟁 당시 운영된 병원들에 관한 글에는 연구소가 회원들에게 필드워크 훈련을 시키고 역사 유적 발굴·조사에 참여할 기회를 제공하는 비영리 자원활동 조직으로 소개돼 있다. "정말 재미있지 않아요?" 아바스가 특유의 말투로 내게 말했다. "바로 당신이 처음으로 유물을 발굴하고 처리하고 기록을 남긴 사람이 될 수 있는 겁니다!" 그녀는 광고지 뒷면에 호소하는 말도 추가했다. "로드아일랜드 해양고고학 프로젝트가 필요로 하는 것은 대중이 쉽게 접근할 수 있도록 유물을 보존·보관·전시할 수 있는 시설입니다."

"미국독립전쟁 시기에 병원으로 사용된 건물을 보여줄게요. 해머스미스 농장이라는 곳인데요." 나는 아바스와 함께 농장을 둘러봤다. 다른 고고학자들과 함께 역사가 생생히 살아 움직이는 장소들(독립전쟁 때 스파이가 살았던 식민지 시기의 주택, 부호의 딸로 태어나 예술품 수집가가 된 도리스 듀크의 저택 등등)을 구경했던 기억이 떠올랐다. 그런 곳에는 으레 역사 속으로 사라진 유령들이 따라다녔다. 고고학자들은 역사가 파괴된 지점을 반드시 거론한다. 아바스가 데려간 곳에는 도시 재개발 사업에 따라 철거된 18세기 잔교가 있던 장소도 있었다. "해양고고학은 육상에서도 진행됩니다." 아바스가 잔교 자리를 가리키며 말했다.

해머스미스 농장에 있던 독립전쟁 당시의 병원은 지금, 농부들이 차지하고 있다. 터프츠대학교와 식품회사 캠벨수프의 의뢰를 받아 신품종 가축을 개발하고 있는 것이다. 주변 전원 풍경은 그야말로 그림 같은데, 농장은 진흙투성이에 잡동사니가 널려 있다. 테네시 특산이라는 희귀 품종 염소들이 주변을 어슬렁거린다.

해머스미스를 구경하면서 나는 아바스가 어떤 사람들과 어울리는지 살짝 알게 됐다. 그녀는 내게 '유샤'라는 이름의 인물에 대해 얘기해 줬다. 해머스미스 농장 구내 저편에 사는 유샤는 휴 오킨클래스 3세의 별명으로, 아버지가 여러 차례 재혼하는 바람에 유명 작가 고어 비달, 케네디 대통령 부인 재클린 오나시스 케네디와 형제자매 관계가 된 전직 외교관이다. 아바스는 "애칭으로 부를 수 있느냐에 따라 친소 관계가 드러난다."고 말했다. 그러고 보니 재클린과 상원의원이던 케네디의 결혼식 피로연이 열렸던 곳이 여기가 아니던가. 아바스는 뉴포트의 '오두막'에서 이따금 열리는 저녁 파티에 갔다. "네, 화장을 정성스레 하고 좋은 옷을 입고 나가지요." 벨벳 조끼를 입고 칵테일 잔을 든 모습이 찍힌 사진이 현지 신문 사교란에 실리기도 했다. "그런 자리에서는 그냥 시키는 대로 하면 돼요." 아바스는 이런 농담을 하면서 그런 자리에서 만난 노땅들은 돈이 없다고 했다. 물론 벤처 투자가들에 비하면 그렇다는 얘기다. 자기보다 훨씬 갑부인 것은 말할 것도 없다.

내가 만나본 한 여성 고고학자는 자신을 '문화적 카멜레온'이라고 했다. 고고학자들, 특히 아바스에게 딱 어울리는 표현이었다. 아바스는 범선의 가치와 효용에 대해 정확한 판단을 내릴 수 있을 정도로 물질문화의 전문가다. 동시에 주변의 유서 깊은 저택들과 어울리지 않게 새로 지은 화려한 대저택을 보고 비웃음을 날릴 줄 아는 인물이다. "저차이를 알겠지요?" 하지만 누가 아바스처럼 가진 것 없이 살면서 덜컹거리는 중고차를 몰고 유서 깊은 동네를 돌아다니겠는가. 지역 명문가의 단골 초대 손님이 청소부 일을 해서 연구 비용을 댔다는 것이 얼마나 아이러니한가.

뉴포트의 돈 많은 노땅들 중에서 아바스의 연구소에 제일 많이 기부한 사람은 코모도어 헨리 H. 앤더슨 주니어였다. 보통 그냥 '해리'라고 부른다. 뉴욕 요트클럽 회장 출신으로 범선 운항과 범선 운항 교육의 후원자다. 나이는 90대인데 아직 미혼으로 뉴포트에서는 최고의 신랑감으로 꼽힌다. 그는 아바스에게 기부할 만한 인사들을 소개해줬고,

이런저런 파티가 있을 때면 그녀의 에스코트 역할을 도맡았다. 아바스가 런던으로 달려가 인데버호의 변천 과정을 알아볼 수 있게 비용을 대준 것도 바로 해리였다.

이야기는 오랜 기간에 걸쳐 진행됐다. 제임스 쿡이 탔던 인데버호는 그 유명한 세계 일주를 마치고 퇴역했다가 '자유호La Liberté'라는 이름으로 다시 항해를 시작한다. 자유호는 고래 기름을 식민지로 실어 나르다가 뉴포트에서 좌초됐다고 전해진다. 자유호의 선체 목재 일부가 수습되면서 자유호가 원래는 인데버호였다는 사실이 확인됐다. 그 유물들이 지금 뉴포트 역사협회와 호주 국립해양박물관에 전시돼 있다. "이렇게 오래되고 벌레 먹었지만" 인데버호의 선미재船尾材가 가장 관심을 끄는 유물이다.

그런데 1998년, 뉴포트 항구 영국 수송선 함대의 정체를 파헤치기 위해 애쓰던 아바스는 호주 아마추어 역사학자 두 명에게 편지를 받았다. 뉴포트의 선박들은 쿡 선장과는 무관하다고 본다는 내용이었다. 두 사람은 박물관에 전시된, 인데버호의 흔적으로 추정되는 유물들은 사실은 제임스 쿡 선장이 탔던 다른 배에서 나온 것이라고 봤다. 두 호주인은 편지에 자신들이 쓴 논문을 동봉했는데, 그 마지막 문장이 아바스로서는 대단히 궁금한 내용이 아닐 수 없었다. "논문에는 '인데버호가 어떻게 됐는지는 아무도 모르지만 1779년도 로이즈 선급협회船級協會 선박 등록부에 기재된 로드샌드위치호Lord Sandwich라는 이름으로 군인들을 태우고 런던에서 출발했다가 중간에 사라졌다.'고 돼 있었어요." 그런데 공교롭게도 아바스가 미국독립전쟁 당시 침몰된 함대에서 발견한 전함 가운데 한 척의 이름이 '로드샌드위치호'였다. "그 순간, 이

거다 싶었어요."라고 아바스가 말했다. 로드샌드위치호는 이미 중요한 역사적 가치를 갖는 선박이었다. 그 배가 인데버호라는 이름으로 활동했다면 뉴포트 수역에 수장된, 세상에서 가장 유명한 배임에 틀림없었다.

쿡 선장이 탄 배들을 건조한 잉글랜드 휫비에 사는 한 친구가 아바스에게 런던행 비행기 표를 보내주었다. 아바스와 유물 탐사 잠수도 했고 그녀가 무엇을 연구하는지 잘 아는 또 다른 역사학자 친구는 자기 집에 오면 잘 자리는 소파밖에 없지만 영국 정부기록보관소* 인근에서 하룻밤을 지낼 수 있다고 했다. 학자적 열정에 부푼 아바스는 해리 앤더슨이 준 500달러를 석탄운반선 '펨브로크 백작호Earl of Pembroke'의 내역을 담은 각종 자료를 복사하는 데 모두 털어 넣었다. 이 배는 제임스 쿡과 조지프 뱅크스(쿡과 동행한 박물학자)가 사들여 개조한 다음 'HM 바크 인데버호HM Bark Endeavour'로 명명하고 처음으로 세계 일주 항해를 한 배였다. 소형 범선 인데버호는 뉴질랜드와 호주 동부 연안을 발견한 최초의 서양 선박이 되었다. 인데버호는 영국으로 귀항한 다음에는 매각돼 로드샌드위치호로 이름이 바뀐다. 새 주인은 해외 전쟁에서 영국군을 지원하는 작업에 배를 투입하기로 했다. 로드샌드위치호는 수리를 거쳐 독일 헤센 출신 용병들을 싣고 로드아일랜드로 향했다. 이후에는 한동안 뉴포트 항구 주변을 오가며 식민지인 포로들을 이송하는 일을 했다. 프랑스 함대가 들어와 독립을 추구하는 식민지인 군대를 지원하자 영국은 보유 선박들을 침몰시켰다. 거기에는 로드샌드위

• 런던의 정부기록보관소는 지금은 국립기록보존소The National Archives라고 불린다.

치호도 포함돼 있었다. 프랑스 해군이 항구로 진입하는 것을 막고 영국 함대가 프랑스군 손에 넘어가는 것을 방지하기 위한 조치였다.

"그동안 알려진 것과는 다른 사실을 보여주는 자료들을 발견했어요. 그게 대박이었지요." 아바스는 흡족한 표정으로 말했다. 이제 가장 흥미로운 부분이다. '인데버호'에서 '로드샌드위치호'로 변신한 배는 아직도 뉴포트 항구 앞 갯벌 속에 수장돼 있을까? 그 잔해가 조금이라도 남아 있을까? 아바스의 연구소가 그것을 증명할 수 있을까? 전시할 유물 같은 게 있을까? 그렇다면 세계 곳곳에서 관광객이 로드아일랜드로 몰려들까? 아바스는 은퇴하고 일리노이로 가서 살 생각을 완전히 버렸다. 이제 은퇴 따위는 절대 하지 않을 것이다.

그녀는 쿡 선장이 가난한 잉글랜드 요크셔 농민의 아들이었다는 사실에 애정이 갔다. 자신과 마찬가지로 온갖 시련을 겪고 자수성가한 인물이기 때문이다. "쿡은 처음에는 보잘것없었지만 결국은 세계 역사상 그 누구보다도 더 많은 탐험을 하고 지도를 만들고 신천지를 발견해냈어요. 정말 대단한 사람이지요." 아바스의 열변이 이어졌다. "그리고 하와이에서 살해돼 잡아먹혔습니다. 그래서 더 매력적으로 느껴지는 거지요."

"잡아먹혔다고요?" 내가 물었다.

아바스는 속삭이듯이 말했다. "쉬잇! 그렇게 큰 소리로 말하면 안 돼요. 하지만 거의 그랬을 거예요."•

"나는 뉴포트에 관광 온 분들한테 늘 그런 말을 해요. '네, 여기는 저

• 캡틴쿡협회Captain Cook Society 웹사이트에 따르면 하와이원주민들은 쿡 선장을 잡아먹은 것은 아니고 시신을 끓는 물에 삶아 뼈만 발라냈다.

택들로 유명합니다. 하나같이 18세기에 지은 멋진 대저택이지요. 그러나 다른 곳에도 이보다 훨씬 훌륭하고 규모가 큰 저택은 많아요. 하지만 뉴포트에는 세상 어디에도 없는 게 있지요. 바로 제임스 쿡과 관련된 선박 유물입니다. 세상에 이런 곳은 없어요!'" 이제 아바스는 미국인들, 특히 로드아일랜드 주민들을 설득해야 한다. 그런 국제적인 유물은 주민들에게도 대단한 의미가 있다는 것을 말이다. 아바스의 열정은 누구도 꺾을 수 없다. 학자지만 일종의 마케팅 계획도 가지고 있다. 어쩌면 영화배우 조니 뎁을 설득해서 쿡 선장과 관련된 영화를 만들지도 모른다.

뉴포트 구경은 결국 해안도로 포트 애덤스에서 끝이 났다. 원뿔형 교통 표지판들이 해안 쪽으로 뻗은 곳의 주차장으로 들어가는 길목을 막고 있었다. "고고학 발굴단입니다." 아바스의 말에 경비원들이 즉시 표지판을 치우고 들어가라고 손짓을 했다. 우리는 항구 끝 지점에서 차를 멈췄다. 흐린 날인데도 경치가 그만이었다. 아바스는 '고트 아일랜드'라는 섬을 가리켰다. 과거에 해적들을 교수형에 처하고 매장했던 곳인데 지금은 하얏트 호텔이 들어서 있다. 고트 아일랜드에서 클레이번 펠 다리 바로 너머, 그리고 동쪽으로는 해변까지 사각형을 이루는 일대가 한눈에 들어왔다. 약 5.2제곱킬로미터 넓이의 이 지역이 바로 독립전쟁 시기에 영국 전함들이 항구에서 수장된 곳이다.

아바스는 정치적으로 교묘한 조치를 취했다. 로드아일랜드 주가 문제의 항구 지역 5.2제곱킬로미터(약 157만 평)를 '압수'하게 만든 것이다. 그러면 인양하는 물품에 대해서는 그 가치에 해당하는 만큼의 보상을 받을 수 있기 때문이다. "해난구조법이 (유물보전법보다) 훨씬 오래됐어요. 규정도 훨씬 엄격하고요." 아바스는 회심의 일격이 맞아들었다는 듯이 목소리에 힘이 넘쳤다. 이 아이디어를 낸 것은 동료인 케리 린치였다. 그녀는 "구조자가 구조 물품을 갖게 돼 있는데 왜 우리가 유물보전법을 신경 써야 하지?"라고 주장했다. 아바스는 린치의 아이디어에 동의했다. 그렇게 해서 연구소와 주 법무장관이 연방법원에 소송을 냈고, 주는 5.2제곱킬로미터 안에 있는 모든 모터 없는 목조 선박에 대한 권리를 획득했다. 그런 대담하고 교묘한 조치 덕분에 로드아일랜드 주는 현재 인데버호였던 로드샌드위치호를 비롯한 일부 프리깃함에 대한 소유권을 갖고 있다. 또한 난파선을 침해하는 자에 대해서는 연방 보안관이 체포도 할 수 있다.

난파선 확보를 위해 해난구조법을 동원한 아바스의 발상은 다른 해양고고학자들에게도 하나의 모델이 되었다. 자주 인용되는 아바스의 논문 〈해양고고학자, 보물 인양에 주목하다*A Marine Archaeologist Looks at Treasure Salvage*〉는 다음과 같은 대담한 문장으로 시작된다. "모든 변호사가, 난파선에서 번쩍이는 보물을 뜯어낼 궁리만 하는 도굴꾼에게 법망을 피해갈 방법을 알려주겠다며 아첨을 하는 것은 아니다. 모든 고고학자들이 귀중한 역사 유적을 대중에게 공개하지 않고 독점하면서 지적 오만에 젖어 있는 것은 아니다."

뉴포트 항구 수역은 갈색이었다. 카리브 해처럼 새파란 바다와는 거리가 멀었다. 아바스 연구소 소속의 한 잠수부는 항구 수역은 시계가 아주 나빴다며 "서로를 밧줄로 묶고 잠수를 해야 할 정도였다."고 회고했다. 기술의 발전, 특히 측면주사음향탐사기side-scan sonar(음파가 해저 바닥에서 반사되어 오는 모양을 통해 해저면의 형상을 파악하는 장비—옮긴이)는 해저의 이미지를 놀라울 정도로 선명하게 보여준다. 그러나 "바다 밑을 누비다보면 모든 게 난파선처럼 보이기도 한다."고 아바스는 말했다. 나는 "200년도 더 된 난파선에 뭐가 남아 있을까요?"라고 물었다. 지금은 선박의 평형 유지를 위해 넣었던 돌들(밸러스트)이 단단히 버티고 서서 갯벌 밑에 박힌 판재와 기타 선박 잔해를 보호하고 있는 상태라고 한다. 보통 사람들이 보면 밸러스트 덩어리는 항구 바닥에 깔려 있는 쇄석 무더기와 다를 바 없다. 심지어 전문가들도 그런 무더기가 정확히 무엇인지 잘 가늠하지 못한다. 따라서 고고학자들이 '지상 검증 작업'이라고 부르는 과정을 거쳐서 확인해봐야 한다. "지상 검증 작업에 많은 시간이 걸린다."고 아바스는 말했다. 그런데 갯벌 밑에 박힌 목제 선박 잔해들은 부식이 심해서 이제 형체라고 할 만한 것이 안 남아 있지 않을까? 아니다. 누가 건드리지만 않았다면 개흙이 일종의 무산소 환경을 만들어주기 때문에 난파선의 유기물 잔해는 공기에 노출되기 전까지는 분해 현상이 시작되지 않는다.

"점심을 사면 연구소에 돌아가서 여기 수장돼 있는 선박들에서 출토된 섬유와 가죽 같은 물품들을 보여드릴게요." 아바스의 제안이다. "저기 많이 있거든요." 1960년대까지는 고고학자들도 수중발굴에서 수집할 가치가 있는 유물과 정보가 나올지에 대해 회의적이었다. 이제 그런 의구심은 사라졌지만 도입된 지 몇 년 안 된 보존기법도 이미 부적합 상태다. 이것이 아바스가 발굴작업을 서두르지 않는 또 하나의 이유다. 기술이 매년 새로워지고 있기 때문이다. 다른 고고학자들은 미래는 수중에 있다고 말한다. 하지만 아바스는 미래는 재료과학과 보존에 달려 있다고 말한다. 발견물을 보존하는 것이 가장 어려운 부분이다. 따라서 그녀는 이렇게 말한다. "유명한 난파선을 찾아내는 것이 핵심이라고 생각하는 영웅적인 탐사자들은 이제 지겨워요. 그런 일은 전체의 5퍼센트에 불과하거든요!"

그래서 내가 점심을 샀다. 우리는 비숍 4번가의 차량을 개조한 식당에 자리를 잡았다. 해군기지 바깥 로터리에 있는 원통형 비행선 형태의 낡은 은색 차량이었다. 창문에는 볼품없는 장식용 물건들이 놓여 있다. 점원이 아바스에게 상냥하게 인사하면서 바로 주문을 받았다. 햄버거와 감자튀김.

아바스는 연구소를 이어갈 후계자들을 여럿 훈련시켰다. 그러나 누가 그녀만큼 열심히 일하면서 한 달에 1000달러도 안 되는 돈(10년 동안 교수 일을 한 결과 지급받는 사회보장연금도 포함한 액수다)으로 검소하게 살아갈 수 있을까? "가족을 부양해야 하는 젊은 사람들에게 그렇게 하라고 하기는 어렵죠. 저는 고고학을 전공하는 학생들한테 늘 그럽니다. '1년에 6만 달러는 벌 것이라고 생각들 하는데, 누가 그렇게 말했어?'라고. 3만 달러도 현실성 없는 얘기입니다. 제가 대학원생일 때 가처분소득도 그거보다는 많았는데." 아바스는 고고학이나 인류학 분야의 대학원 강좌 대부분에 대해 대단히 비판적이다. 그녀는 대학원들이 "대학원을 졸업해도 제대로 된 일자리를 얻을 기회가 거의 없다는 걸 잘 모르는 친구들에게 사기를 치고 있다."고 본다.

그녀는 감자튀김을 들고 나를 날카로운 눈으로 쏘아봤다.

"자, 지금까지 여섯 시간 걸렸네요. 이제 왜 그렇게 시간이 오래 걸리는지 아시겠지요? 우리는 독립전쟁 시기에 수몰된 함대를 찾는 과정에서 이제 겨우 원격탐사를 마친 수준입니다. 1992~1993년에 시작한 작업이 벌써 20년이나 지났는데 말입니다!"

"사람들이 그래요. '근데 왜 아직 못 찾아냈어요, 아바스 박사님?' 그럼 저는 '이게 얼마나 거창하고 어려운 작업인지 아세요? 여러 요소가 복합된 다층적인 유적 탐사 작업이에요.'라고 대답하지요. 기술이 날로 발전하고 있습니다. 그게 큰 도움이 되지만 정말 거대한 프로젝트입니다. 더구나 금전 지원 없이 모든 걸 자원봉사자들 손으로 진행하고 있으니까요."

거창한 꿈을 꾼 사람은 그 꿈을 실현하기 위해 마룻바닥 청소도 마다하지 않았다.

❦ ❦ ❦

6개월 뒤 나는 뉴포트에 다시 갔다. 종일반으로 진행하는 해양고고학 강좌를 듣기 위해서였다. 수업 준비를 위해 지난번 뉴포트를 떠날 때 아바스가 안겨준 거의 1.4킬로그램이나 되는 항해 관련 브로슈어들을 다 읽었다. 해양 관련 전문용어와 종류별 범선 스케치, 윤리 강령 등을 소개하는 내용이었다. '어부를 위한 폭발물 안내'(뉴포트 항구 해역에서는 아직도 2차 세계대전 때 사용하던 폭발물이 종종 발견된다), '과학적 엄정성, 일차 증거, 데이터 통제 및 보호 관련 노트: 비공개 정책' 같은 제목도 있었다. 듣도 보도 못한 지극히 전문적인 내용이 많았다. 하지만 수업료 50달러를 낸 만큼 그날 하루를 고고학에 관심 있는 잠수부들과 함께 보내면서 아바스의 얘기를 들을 수 있었다. 지난번에 대화를 나눠본 결과 그녀는 선생으로서 제격이었다. 그녀는 내게 수중고고학 입문을 위해 머리를 물속에 담글 필요는 전혀 없다고 말한 바 있다. 육지에도 해양 관련 유적지가 있고, 유물 보존 및 분류 작업 가운데 상당수가 지상에서 진행되기 때문이다.

수업은 오전 9시 30분에 멋진 뉴포트도서관 회의실에서 시작하기로 돼 있었다. 나는 정시에 도착했다. 하지만 뉴욕주립대학교 해양대학(뉴욕 스로그스 넥 다리 아래쪽에 있는 캠퍼스가 참 낭만적이다) 학생인 잠수부 라울과 나는 10시가 되도록 회의실에서 잡담을 나누고 있었다. 바로 그때 아바스 연구소 자원봉사자가 대형 파일 상자 두 개를 실은 작은 수레를 끌고 들어와 나쁜 소식을 알렸다. 몇 시간 전에 통증으로 비명을 질러대는 캐시 아바스를 태우고 병원에 다녀왔다는 얘기였다. 의사들은 신장결석이라고 봤다. 자원봉사자 데비 드와이어는 다른 수강생들을 밖으로 데리고 나갔다. 드와이어는 라울과 내게 배포 자료를 한 보따리씩 안겨주며 연신 미안하다고 하면서 수업 날짜는 다시 조정하겠다고 했다. 병원으로 돌아간다기에 드와이어에게 허락을 구하고 나도 함께 병원으로 갔다.

우리는 구불구불한 뉴포트의 일방통행로를 지나 병원 응급실에 도착했다. 마침 아바스가 CT 촬영을 마치고 휠체어에 실려 돌아오고 있었다. 흰머리는 여전히 하나로 묶어 쪽을 진 상태였다. 우리를 보자 얼굴에 환한 웃음이 돈다. 나는 그녀가 좀 괜찮은지만 보고 올 작정이었다. 그런데 아바스는 우리가 문병을 와서 기분이 썩 좋은 모양이다. 진통제가 약발이 나기 시작했는지 한결 좋아졌다고 한다. "진통제가 잘 듣네요."라고 그녀가 말했다. 이어 한 시간 동안 검사 결과를 기다리는 동안 아바스는 베개를 베고 편히 누워 여왕처럼 행동했다. 터딜

거리다가 마침내 돌아가시고 말았다는 고물 밴 소식도 들었다. 이제는 브리스틀 집에서 뉴포트까지 버스를 타고 통근해야 한다. 그건 별로 문제가 아니었다. 버스 정거장에서 해군기지 구내 연구소 사무실까지 3.2킬로미터나 된다는 게 문제였다. 매일 걸어서 다니기는 힘든 거리였다. 드와이어와 다른 자원봉사자들이 돌아가며 아바스를 태워주기로 했다. 마트에도 모셔다줄 생각이다. "새엄마가 생긴 것 같아요." 드와이어의 말이다. (나중에는 결국 한 자원봉사자가 고물이 다 된 머큐리 승용차를 단돈 1달러를 받고 아바스에게 넘겼다.)

응급실 간호사가 중간에 들어와 아바스에게 통증지수를 표시해보라고 했다. "아까보다 훨씬 나아요. 6이나 7 정도?" 아바스가 기분 좋은 목소리로 말했다. 간호사는 다른 주사를 준비하면서 우리에게 좀 나가 있으라고 했다. 아바스는 간호사에게 "아니, 아니. 있어도 돼요."라고 했다. 그녀는 곧바로 우리에게 믿기지 않는 이야기를 해줬다. 샌드위치 백작 부부가 연구소 사무실로 찾아왔었다는 것이다. 그녀는 진통제를 맞으면서도 이야기를 계속했다. 보통 때 아바스가 하던 얘기와는 달리 다소 복잡하면서도 엉뚱했다.

샌드위치를 발명한 것으로 전해지는 인물, 즉 샌드위치 가문의 4대 백작이 영국 해군장관 시절 제임스 쿡을 전 세계로 파견했다. 아바스는 인데버호가 뉴포트와 연관이 있다는 사실을 발견한 뒤 당연히 샌드위치 백작의 후손들을 추적했다. 먼저 현재의 백작인 11대 샌드위치 백작의 아들과 편지 왕래를 시작했다. 아들은 아직 작위가 없는데, 얼 오브 샌드위치('샌드위치 백작') 패스트푸드 체인의 미국 담당 책임자다. "왕족들이 즐기는 새로운 최고급 샌드위치, 상류사회의 일원이 되어보세요."라는 거창한 선전을 (체인 홈페이지에서) 한 번쯤 들어보았을지 모르겠다.

아바스는 그 아들로부터, 아버지인 11대 백작 부부가 새 점포 개관식 참석차 미국에 온다는 소식을 듣고 바로 작전에 들어갔다. 우선 백작에게 '하루만 시간을 내달라'는 내용의 편지를 썼다. 그렇게 해서 백작 부부(본명은 존 몬터규와 캐롤라인 몬터규다)가 미국 여행 마지막 날 오후 뉴포트 해군기지의 아바스 사무실을 방문한 것이다. 아바스는 부부에게 영국 국립기록보존소에서 찾아낸 기록들의 사본을 보여줬다. 쿡 선장의 인데버호와 로드샌드위치호 그리고 미국독립전쟁의 연관성을 입증하는 자료였다. 아바스는 또 수장돼 있는 선박에서 나온 극소수 유물도 보여주면서 '수면에 떠돌던 것들인데, 누군가 먼저 보고 이미 훔쳐간 것도 있을지 모른다'고 설명해줬다. 거기에는 오래된 찻주전자 파편도 있었다. "부부는 인데버호 탐사에 관심을 보였어요." 아바스는 싱글벙글하며 당시 얘기를 이어갔다. 그녀는 벌써부터 앞으로 로드아일랜드 해양고고학 프로젝트 박물관과 보존 시설을 건립하면 거기에 얼 오브 샌드위치 분점을 들일 계획도 세워놓고 있었다. "각종 가게와 레스토랑이 들어서면 박물관도 돈이 될 거예요. 우리는 백작이 영국 쪽 후원자가 돼주기를 바랍니다. 모르겠어요, 잘 될지는. 하지만 최대한 시도는 해봐야죠."

백작 부부가 돌아갈 무렵 뉴포트에 폭우가 쏟아졌다. 그런데 몬터규 부부는 비행기 탑승 전에 배가 고프다고 했다. "백작 부부를 어디로 모셔 요기라도 시켜드린다? 더구나 이런 날씨에……." 아바스는 난감했다. 그녀는 백작 부부를 차에 태우고 버거킹으로 데려갔다. 차에서 내리지 않고 주문한 상품을 받아가는 드라이브스루 매장이었다. "부부는 햄버거 하나를 나눠 먹었어요. 나머지도 다 나눠 먹더군요. 아주 마른 얼굴이었어요." 그런 다음 "샌드위치 백작과 가볍게 포옹하고 작별인사를 했다."는 것이 아바스의 설명이다.

"근데, 잠깐만요." 내가 물었다. "백작을 데리고 버거킹에 갔다고요?" 우리는 응급실 안에서 그런 문명의 충돌을 놓고 한참 웃어대고 있었다. 바로 그때 젊은 의사가 들어왔다. 의사도 스쿠버다이빙을 하는 사람이어서 수중고고학자인 아바스가 하는 일에 대해 듣고 싶어 했다. 아바스는 나중에 연구소에 오면 강좌를 듣게 해주겠다고 했다. 의사는 아바스에게 처방전을 써준 다음 다음 번 예약을 잡아놓으라고 당부하고 나서(아바스는 병원에 다시 올 생각이 없었다) 귀가를 허락했다. 아바스가 몸이 좋아졌으니 점심을 먹어야겠다고 고집을 부리는 바람에 우리 셋은 비숍 4번가 식당으로 향했다. 거기서 아바스는 우리에게 거하게 샌드위치를 대접했다.

나중에 아바스는 다음과 같은 편지를 보내왔다.

전 지금껏 20년 넘게 로드아일랜드 해양고고학 프로젝트를 운영하면서 의료보험 없이 살았어요. 그냥 그럴 돈이 없어서예요. 조직 일을 이것저것 하다 보면 돈이 들어가기도 하고, 내 월급을 어느 정도라도 확보해서 먹고살려면 의료보험에 낼 돈이 없지요.

일은 하는데 가난하게 살아야 하는 미국 현실이 참 암울합니다. 공부를 많이 했다는 것도 (저처럼) 생활임금을 보장해주지 못하는 직업을 추구할 경우에는 소용없습니다. 제가 해양고고학 입문 강좌에서 논의하는 것 가운데 하나는 우리 직업이 처한 현실이에요. 해양고고학자 자격을 갖추려면 무엇이 필요한가, 취업 기회는 얼마나 되는가, 그리고 기타 비경제적인 어려움에는 어떤 것이 있는가(예를 들면 병원에서 저소득층 특혜보험 혜택을 받으려면 '빈민'으로 간주되는 당황스러움을 겪어야 하지요) 등등. 그러나 그만두고 '제대로 된' 직장을 갖기보다는 연구소 일을 계속하자는 것이 저의 선택이었어요.

그런데 이제 보니, 경제적으로 좀 더 현실적인 길을 선택한 많은 사람들이 최근 금융 위기 상황에서 연금을 다 날리거나 경기 하락으로 보유 자산이 급감하는 사태를 겪더군요. 하루아침에 직장에서 쫓겨나거나 임금을 적게 줘도 되는 젊은층에게 자리를 빼앗기기도 하고요. 이렇게 본다면 누가 더 나쁜 상황일까요? 열정을 가지고 하는 일을 계속하면서 적은 돈으로 살아가는 법을 배운 사람일까요, 아니면 경제적 안전이 보장되는 것도 아닌데 그저 그런 일을 계속하면서 자칫 빚더미 위에 주저앉기도 하는 사람일까요?

아바스는 자신의 선택이라는 부분을 강조했다. 그것은 본인이 영국에서 남태평양, 호주, 로드아일랜드 수역까지를 누비며 용의주도하게 엮어나간 모험이었다. 그 과정에서 겪은 온갖 어려움들은 이제 사라질지어다.

그녀는 그런 결단과 일을 자꾸 벌이려는 시도가 미국 시민단체인 여성유권자동맹League of Women Voters에서 활동한 경험 덕분이라고 밝혔다. 젊은 시절인 1960년대에 그녀는 세상을 좀 바꿔보고 싶었다. 그런데 "당시는 대학생들이 폭동을 일으키고 방화나 하던 시절"이었다. 아바스는 여성유권자동맹에 가입해 활동하는 것이 "파괴적이지 않은 방식으로 정치적 참여를 하는 방법"이라고 생각했다. 미국 시민권을 취득한 남편이 베트남에 가서 "의무를 다하고" 있을 때 아바스는 여성유권자동맹 버지니아 주 노포크 지부 운영에 뛰어들었다. 정치인들에게 로비를 하고 법률을 잘 활용하는 법을 배웠다. "사람들이 웃지요. 하지만그런 노땅들, 물론 저도 이제 그렇지만, 그들이야말로 제가 대학원에서 생존할 수 있는 법을 가르쳐주었습니다. 관계자 회의를 하는데 시장이 당신을 향해서 고함을 친다고 합시다. 그런 걸 듣고 나면 대학원에서 담당교수가 떠드는 소리는 아무것도 아닙니다." 그들은 또 그녀에게 '법을 바꾸고 싶으면 정치적으로 적극 활동해야 한다'는 것을 가르쳐주었다고 한다. "고고학자는 극소수예요. 그리고 우리는 대개 저돌적이고 맹렬한 타입과는 좀 거리가 멉니다. 현실을 바꾸려면 그래야되는데 말입니다." 연구소 활동과 관련해 그녀가 더 큰 야심을 추구하는 데에는 여성유권자동맹 활동을 통해 체질화된 시민적 책임감이 바탕에 깔려 있다. 싸울 가치가 있는 일을 위해서라면 '죽기를 각오하고달려든다'는 신념도 중요한 요인이다.

　아바스의 연구소를 처음 찾아갔을 때가 생각난다. 당시 그녀는 나와책상을 사이에 두고 마주앉아 다이어트 콜라를 사이좋게 나눠 마시면서도 회색 문헌을 차곡차곡 챙겨주었다. 나는 기록을 했고, 디바는 우리 발치에서 졸고 있었다. 나는 내가 평생을 해양고고학에 몰두하면서자발적인 가난 속에서 구조견 한 마리와 살고 있는데, 주변에는 호화요트클럽 회원들이 우글거린다면 취미로 뭘 할까 하는 상상을 해보았다. 조금 악취미라고 할 만한 것을 택할 것 같았다. 나는 직감적으로 아바스에게 살인사건을 소재로 한 추리소설을 좋아하지 않느냐고 물어봤다. 그녀는 주저 없이 답했다. "피터 윔지 경(저명한 영국 여성 소설가 도로시 L. 세이어스의 추리소설 시리즈에 등장하는 귀족 출신의 탐정 주인공—옮긴이)이 지금 저 문으로 걸어 들어온다면 당장이라도 그와 결혼할 거예요." 그러면서 아바스는 내게 세이어스 같은 야릇한 미소를 지어 보였다. 물론 아바스는 훌륭한 추리소설을 아주 좋아한다. 그러나 그녀가 하는 작업 자체가 어떤 의미에서는 추리소설 같은 것이다.

2부

고전고고학

탐험가 클럽

고대 세계 발굴과 인디애나 존스

한 고고학 강연회 자리. 청중은 대부분 노인이었다. 나는 청중이 몰려 들어오는 것을 지켜보고 있었다. 그들은 유물 슬라이드와 폐허 관련 설명을 유심히 보고 들었다. 눈처럼 새하얀 머리에 지팡이를 짚고 점잖은 복장을 한 사람들. 그들은 굶주린 사람처럼 강연에 열중했다. 돌이킬 수 없는 과거를 찾으려는 욕망, 사라진 문명의 잔해를 접하려는 열망은 노년에 흔히 있는 일일 것이다. 뉴욕대학교 강당에서 내 옆자리에 앉은 남성은 고개를 앞으로 내민 채 강연—뉴욕대학교 고전학부가 후원하는 〈고대 세계 기억의 재구성을 위하여〉라는 강연회다—에 집중하고 있었다. 그는 60대의 은퇴한 작가로, 이 강의실에서 그래도 젊은 축에 속했다. 그는 내게 이 강연 일정이 표시된 다이어리를 보여주었다. 다른 강연회가 있는 날짜들에도 동그라미가 쳐져 있었다. 그는, 아쉽지만 중간에 인근 컬럼비아대학교 고대지중해연구소로 가서 폼페이 유적과 관련된 이탈리아 학자의 강연을 듣고 돌아올 생각이라고 했다. 내가 "자리를 맡아놓을까요?"라고 했더니 그는 점심때쯤 뉴욕대학교 강연장으로 돌아올 것이라면서 다시 자리에 앉아 공책을 폈다.

"유인물을 어디에 뒀더라?" 다급해하는 그에게 자료를 보여주자 그는 유심히 들여다보더니 벌떡 일어나 자기 자료를 열심히 찾았다. "여기 참고문헌이 있네요." 그는 두고 온 자료를 찾았는지 환한 표정으로 말했다. 그는 지난번에 놓친 특별한 주제의 강연을 꼭 듣고 싶어 했다. 강연자는 유물·유적 발굴을 통해 그리스·로마 세계를 연구하는 고전고고학classical archaeology 전문가 조앤 코널리Joan Connelly로 맥아더재단이 각 분야에서 걸출한 업적을 이룬 인사들에게 수여하는 맥아더 펠로십('천재들의 상'이라는 별칭으로 통한다)을 수상한 바 있다. 나는 그 강연에 대해 열심히 설명해줬다. 그러자 그의 어깨가 축 쳐졌다. 고대 세계 관련 강연에 목말라하는 그는 큰 기대를 걸었는데 내 얘기를 듣고 보니 실망스러웠던 모양이다. 조앤 코널리 강연을 굳이 들어야 할 필요를 못 느끼는 것 같았다.

코널리의 저서 《여성 신관의 초상: 고대 그리스의 여성과 제례Portrait of a Priestess: Women and Ritual in Ancient Greece》는 학술적인 동시에 흥미진진한 책으로 청동기 후기에서 기원후 5세기까지 고대 그리스에서의 여성의 역할에 대담하게 주목했다. 이 시기의 고대 그리스 여성은 별로 존재감이 없는 것으로 여겨지지만 알고 보면 종교 분야에서 상당한 세를 발휘했다는 것이 골자다. 종교는 당시 거의 모든 삶의 영역과 얽혀 있었다. 이 책을 읽으면서 나는 고전학에 매료됐다. 나는 코널리가 키프로스 서부 연안 예로니소스 섬에서 발굴한 이야기들을 샅샅이 찾아봤다. 1990년부터 코널리는 현지에서 아폴론 신을 모시는 신전—신전 건축은 클레오파트라의 궁정에서 주도한 것으로 코널리는 추정하고 있다—을 발굴해왔다. 코널리에 대한 개인적인 자료는 전혀 찾을 수 없었다. 그래도 사회적으로 알려진 인물이, 이 소셜네트워크 시대에 그토록 사생활을 노출하지 않았다는 것은 흥미로운 일이다. 위키피디아에도 생년월일조차 나와 있지 않았다. 그녀는《여성 신관의 초상》을 여성 멘토 네 명에게 헌정했다. 감사의 말에는 "그분들이 없었다면 이 책은 쓰지 못했을 것이다."라고 돼 있지만 정작 '그분들'에 대해 추정할 수 있는 내용은 전혀 없다. 대신 다양한 층위의 학자 사회, 알려지지 않은 문헌보관소들, 이국적인 장소들에 대한 언급만 있을 뿐이다. 가장 사적인 표현이라고 할 만한 것이 고작 "그해 여름, 릴리 카힐과 함께 그녀의 시트로엥 DS 승용차를 타고 그리스의 브라우론과 에레트리아를 누빈 그 멋진 여행"이라는 구절밖에 없다. 이 정도는 서로 맥이 잘 안 닿는 정보의 파편들이다. 코널리가 그리스 여성 신관들의 역사를 밝혀내기 위해 연구하는 도자기 파편이나 조각상 파편들만큼이나 큰 도움이 되지 않는 것들이다. 그런 단편적인 정보에 의미를 부여하는 것은 어리석지만 그녀가 잘 정돈된, 멋진 은신처에서 살고 있을 것이라는 생각이 들었다.

뉴욕대학교 고전학부 학장은 코널리를 요란하게 소개했다. 코널리는 브린마워칼리지와 프린스턴대학교, 필드박물관The Field Museum(미국 3대 자연사 박물관의 하나—옮긴이) 그리고 "여러분이 들어보셨겠지만, 옥스퍼드라고 하는 영국 중부의 작은 대학교" 소속 네 개 칼리지에서 공부했다. 1996년 맥아더 펠로십을 수상했다는 얘기는 앞서 언급했다. 물론 다른 수상 기록도 많다. 코널리는 미소 띤 얼굴로 무대에 올랐다. 자그마한 체구에 예쁘장한 모습이 뉴욕 시에서 주관하는 공짜 강연을 찾은 허름한 복장의 청중은 물론이고, 머리털을 풍성하게 늘어뜨리고 한쪽 어깨를 드러낸 고대 그리스풍 의상을 걸친 젊은 학부생 강연 도우미들 사이에서도 단연 돋보였다. 다른 강연자들―이마 위로 새 둥지 같은 머리를 한 프랑스 학자는 목소리가 드라마의 주인공인 형사 클루조 같았고, 나비넥타이를 맨 교수도 있었고, 스웨터에 카디건을 걸치고 나온 여성도 있었다―은 학술논문을 죽 읽어나가는 식이어서 강연 내내 머리꼭지만 보였다. 코널리도 원고를 읽기는 했지만 무대 체질인 듯 자신감이 넘쳤다.

그녀의 노트북컴퓨터 스크린세이버에 있는, 지중해 해변 모래를 파고 들어갈 듯한 하이힐과 삽의 이미지가 전방 화면에 투사되자 청중석에서 웃음이 터져 나왔다. 그날 강연에 나선 몇몇 학자들과 달리 코널리의 강연은 거침이 없었다. 그녀는 텅 빈 강당 사진을 보여주면서 이야기를 시작했다. "2010년 11월 26일. 당시 여기에 2700명이나 되는 사람이 입장료 500캐나다달러(약 45만 원)를 내고 토니 블레어와 크리스토퍼 히친스Christopher Hitchens(영국 출신의 대중적 지식인. 무신론 주창자로 유명하다―옮긴이)의 논쟁을 관전하려고 몰려들었습니다. 종교가 선을 위한 힘이 될 수 있느냐가 주제였지요. 그 자리에서 히친스는 다음과 같이 선언했습니다. '저는 파르테논 신전 없이는 살 수 없을 겁니다. 문명화된 사람이라면 누구나 그럴 거라고 생각해요. 하지만 저는 지혜의 여신 아테나 숭배에 대해서는 아무 관심이 없습니다. 다 지난 일이니까요. 그리고 내가 아는 한, 지금 와서 그런 걸 다시 하고 싶어 할 사람도 없을 겁니다.'" 다시 하고 싶어 할 사람이 없다? 코널리는 다른 견해를 제시했다. 그녀는 아테나 여신을 숭배하던 시절의 상황을 환기시키면서 그런 종교가 파르테논 신전과 도시국가 아테네에 얼마나 중요한 것인지 설득력 있게 보여줬다. 이어 파르테논 신전 박공벽에 묘사된 신화에 대한 재해석을 치밀하게 전개했다. 그 그림은 일부에서 주장하듯이 도시의 영광을 찬미하는 행진이 아니라, 왕의 딸들 가운데 하나를 희생해 도시를 전쟁의 참화에서 구하기 위한 행진이라는 것이었다. 코널리가 리모컨을 조작하자 멋진 파르테논 신전의 슬라이드가 떴다. 신전은 높은 언덕 꼭대기에서 화려한 모습을 뽐내고, 그 뒤로 별이 빛나는 밤하늘이 펼쳐져 있다. 특히 여름밤에는 신전의 동쪽 현관 위쪽으로 펼쳐진 높은 하늘에 히아킨티데스라는 별자리가 선명하게 한눈에 들어왔다. 어떤 이들은 이 별자리가 아테네의 전설적인 왕 에레크테우스의 세 딸을 의미한다고 했다. 그중 한 명은 아테네 승전을 위한 제물로 아버지에게 희생됐고, 나머지 둘은 세 자매가 한날한시에 죽기로 한 약속을 지키고자 동반 자살했다. 코널리는 파르테논 신전의 상단 장식용 띠에 그려진 인물들을 하나씩 짚어가며 이야기를 풀어나갔다. 이어 그리스 처녀들이 에레크테우스의 딸들을 기억하며 경건한 마음으로 원을 그리며 춤추는 모습을 상상해보라고 했다. 그러자 우리 머리 위로 투사된 고대의 돌기둥들이 희미한 허깨비처럼 가물거렸다. 종교는 별것 아닌 것으로 무시해버릴 수 있는 어떤 것이 아니라는 점을 코널리는 강조했다. 분명히 간단히 치지도외해버릴 수 있는 대상이

183

8장 탐험가 클럽

아니라는 것이다. 종교에는 어떤 힘이 있었다. 실제로 파르테논 신전은 아름답기도 하지만 그런 종교적인 힘이 없다면 죽은 폐허에 불과했다.

그녀의 강연에는 대가적이면서도 당당한 뭔가가 있었다. 그녀가 어느 시대에나 있을 수 있는 학자일지는 모른다. 하지만 그 기술과 독특한 이력만은 예외다. 그녀는 2008년 미국 히스토리 채널에서 방송한 다큐멘터리 〈인디애나 존스와 궁극의 탐색 *Indiana Jones and the Ultimate Quest*〉(영화 〈인디애나 존스〉 시리즈와 실제 고고학의 관계를 다룬 두 시간짜리 역사물이다—옮긴이)에 출연한 전문가들 가운데 한 사람이다.* 멋지고도 세련된 우리의 코널리 교수는 같은 제작·연출팀이 만든 〈아메리칸 아이돌 *American Idol*〉, 〈이웃집 여자들 *Girls Next Door*〉, 〈고대의 외계인 *Ancient Aliens*〉에도 출연했다.

"〈인디애나 존스〉 영화 시리즈가 해낸 큰일은 정신의 진수를 액션이 넘치는 영웅적인 어떤 것으로 변환시켜놓았다는 것입니다." 코널리는 다큐멘터리 〈인디애나 존스와 궁극의 탐색〉에서 이렇게 단언했다. 코널리의 언급에 이어 다큐멘터리에서는 여러 편의 영화에 등장하는 짤막짤막한 장면이 요란한 음향과 함께 소개된다. 인디애나 존스 역의 해리슨 포드가 말을 타고 사막의 발굴현장을 질주한다. 구덩이에는 꿈틀거리는 독사들이 우글거리고, 몸에 문신을 한 원주민들은 여주인공 케이트 캡쇼는 물론이고 외계우주인 연구소장까지 기름에 튀길 준비를 한다. 코널리 박사는 고고학자들이 현장에서 직면하게 되는 위험에 대해 흥미로운 이야기들을 전했다. 특히 키프로스 연안의 한 섬에서

* 코널리는 히스토리 채널의 〈스타워즈: 밝혀진 유산 *Star Wars: The Legacy Revealed*〉, PBS에서 방영한 〈노바 *Nova*〉의 한 에피소드인 〈파르테논의 비밀 *Secrets of the Parthenon*〉에도 전문가로 출연했다.

발굴현장을 지휘한 체험담이 생생했다. 매일 아침 어선에 몸을 싣고 거센 조류와 싸우며 섬까지 들어가는 얘기는 특히 현실적이었다. 그런데 어선이 거대한 암초 사이에 좌초했고, 그녀는 할 수 없이 21미터 높이의 절벽을 기어올라가 간신히 발굴현장에 도착했다. 한번은 배가 전복됐다! 다큐멘터리에서 그녀가 소개하는 이런 흥미진진한 이야기는 인디애나 존스가 다급하게 "나치 놈들. 정말 지긋지긋해."라고 외치는 배경 화면에 묻히고 만다.

다큐멘터리에는 해리슨 포드보다 코널리의 얼굴이 더 자주 나온다. 그녀는 독사를 보고 과장된 몸짓으로 엄살을 떨면서, 키프로스 현지 독사에 물리면 25분 안에 사망할 수 있다고 말한다(그녀의 발굴팀이 일하는 현장에서 가장 가까운 병원은 30분 이상 떨어진 거리에 있었고, 현장에는 해독제도 없었다). 코널리는 열변을 토하기도 했다. "도굴품은 전 세계적으로 마약과 무기에 이어 거래 규모가 3위입니다. 연간 60억~70억 달러 규모이지요. …… 동전 하나를 발견했다고 칩시다. 도굴꾼들은 그것을 (현장에서) 빼냅니다. 그 동전은 지금은 사라지고 없는 건물 전체의 건립 시기를 말해줄 수도 있습니다. 그걸 빼감으로써 역사의 한 부분을 완전히 파괴한 셈이지요. 여러분은 거기에는 아무것도 없다고 생각할지 모릅니다. 하지만 아무것도 없는 경우는 절대 없습니다."

다큐멘터리를 보면서 나는 이 대목을 여러 차례 돌려보았다. "여러분은 거기에 아무것도 없다고 생각할지 모릅니다. 하지만 아무것도 없는 경우는 절대 없습니다." 이 말은 떠들썩한 장면 속에서 돌에 새겨진 문구 형태의 정지화면으로 강조되었다.

코널리는 고고학자로서 인디애나 존스의 불법적인 행태에 대해서는 단호하게 비난했다. 각종 발굴물을 그냥 들고뛰는 행태 말이다. 이는 콘텍스트를 파괴하는 행위다. "저는 인디애나 존스가 2008년 현재 작업하는 고고학자라면 열렬한 문화유산 보호 주창자일 거라고 생각합니다. 그는 최전선에 서서 불법 유물 거래 방지를 위해 사법 당국과 협조했을 것입니다." 〈인디애나 존스〉 시리즈는 의도적으로 시대 배경을 1930년대로 설정했다. 이는 고고학자가 각종 모험을 통해 보물을 낚아채는 상황이 가능하게 하기 위한 것이다. 말하자면 그가 (영화에 나오는 스타일로) 고고학 활동을 한 것은 유럽고고유산보호협약Convention on the Protection of the Archaeological Heritage of Europe, 아메리카원주민무덤보호 및 송환법Native American Graves Protection and Repatriation Act, NAGPRA, 유네스코 문화유산보호규약UNESCO Cultural Heritage Protection Act, 헤이그전시문화재 보호협약Hague Convention for the Protection of Cultural Property in the Event of Armed Conflict 같은 규정들이 제정되기 이전에 벌어진 일이라는 것이다. 인디애나 존스는 이런 규정의 제약을 받지 않고 자유롭게 활동했지만 지금은 고대 유물과 보물은 발굴된 나라에 귀속되어야 하며 오래전에 취득한 유물은 원 소유국에 반환해야 한다는 것이 국제적 규범으로 돼 있다.

인디애나 존스가 현대의 고고학자라면 지금쯤 무릎을 꿇고 앉아 시굴갱에 표시를 하고, 파낸 흙을 체질하고, 각종 뼈나 도자기 파편을 핀셋으로 골라 소형 비닐백에 담고 있을 것이다. 그런 다음 파편을 세척하고 실험실에서 분석하는 데 오랜 시간을 보낼 것이다. 영화에서처럼 말을 타고 발굴현장을 누비거나 여주인공과 금은보화를 순식간에 낚아챈 뒤 악당들을 따돌리고 현장을 유유히 빠져나가는 모습과는 전혀 다르다. 사실, 인디애나 존스가 한 일은 과학이라기보다는 유물 획득이었다. 그는 유물을 손에 넣는 데 혈안이 돼 있다. 소속 대학 박물관을 위해 황금이나 보석 같은 각종 귀중품이나 언약궤(돌판에 새긴 십계명을 보관했다고 하는 상자—옮긴이) 또는 성배(예수가 최후의 만찬 때 사용했다는 술잔—옮긴이) 같은 굉장한 유물을 수집하는 것이다. 수집 과정에서 그는 가능한 모든 방법을 동원한다. "고고학 교수, 비교秘教 전문가 그리고 또, 뭐라고 해야 하나? 희귀 유물 사냥꾼." 〈인디애나 존스〉 시리즈 1편 〈레이더스*Raiders of the Lost Ark*〉에 등장하는 한 인물이 그를 두고 한 말이다.

요즘 같으면 주인공 인디애나 존스는 도굴꾼으로 간주될 것이다.

코널리는 인디애나 존스 관련 다큐멘터리에 출연해 이런 이야기를 거침없이 했다. 더구나 코널리의 친구이자 〈인디애나 존스〉 시리즈에 각본과 제작자로 깊이 관여한 조지 루카스가 바로 그 다큐멘터리의 배급자였다고 한다. 코널리는 루카스가 "무슨 일이나 그렇듯이 다큐멘터리 작업도 잘해낼 것"이라며 그를 신뢰했다. 더욱 중요한 것은 루카스가 그녀에게 도굴이 세계의 문화유산에 얼마나 끔찍한 해악을 미치는지에 관해 발언할 기회를 주려고 한다는 것을 그녀가 잘 알고 있었다는 점이다. 코널리는 열정적으로 고고학을 전파한다. 그런데 인디애나 존스와 그를 주인공으로 한 이 영화 시리즈를 높이 평가하는 것은 그녀만이 아니다. 다큐멘터리에서 영화의 주인공은 진지한 학술 작업을 흥미진진하게 소개하기 위한 방편으로 활용됐다. 영국의 한 고고학자도 〈왜 인디애나 존스는 후기과정고고학자보다 똑똑한가〉라는 논문에서 다음과 같은 이야기를 했다(후기과정고고학자'라는 단어는 자신들이 하는 작업은 과학이지만 주관적인 것이라고 믿는 고고학자들에게는 납득이 안 가는 표현이다).

인상적인 전기영화라고 할 수 있는 〈인디애나 존스와 최후의 성전 *Indiana Jones and the Last Crusade*〉에는 특이하다고 할 만한 대학 강의실 장면이 나온다. 우리의 주인공인 교수는 자신을 우러러보는 많은 수강생들에게 이야기한다. 주제는 다름 아닌 '고고학의 본질'이다. 인디애나 존스 교수는 고고학의 95퍼센트는 문헌 작업이라고 언급한 뒤─이후 영화 전개는 이런 주장을 전혀 뒷받침하지 않는다. 다만 인디애나 존스와 매력적인 조수가 도서관 바닥 밑에서 해골을 파헤치는 장면은 예외라고 할 수 있다─마지막으로 일종의 잠언 같은 것을 학생들에게 던진다. "고고학은 사실을 다루는 것이야. 사실이 아닌 진실을 원한다면 옆에 있는 철학과로 가보게!"

내가 인터뷰해본 고고학자들은 하나같이 인디애나 존스를 대화에 끌어들였다. 대개는 마치 대단히 위험한 일을 용기 있게 해내는 큰형님 얘기하듯이 호의적인 태도를 보였다. 고고학자들은 큰 걸음으로 성큼성큼 걷게 될 때는 인디애나 존스를 흉내냈다. 그랜트 길모어는 내게 "농담으로 하는 얘기지만, 누가 고고학자를 흠집 내면 그들은 마음 깊은 곳에서 인디애나 존스처럼 행동하고 싶어 할 겁니다."라고 말했다. 고고학 발굴현장에서는 반다나와 카피예(아랍 남성들이 머리에 쓰는 두건), 야구모자를 쓰고 작업하는 사람들을 흔히 볼 수 있는데, 인디애나 존스 스타일의 낡은 중절모도 간간이 눈에 띈다. "무슨 이유에서인지는 몰라도 남자들은 다 중절모랑 채찍(인디애나 존스의 상징이다─옮긴이)을 가지고 있어요." 한 여성 대학원생이 귀띔해준 얘기다.

고고학자들은 인디애나 존스를 통해 선망의 대상이 될 때 흐뭇함을 느낀다. 정형외과 의사들은 그런 상징적인 캐릭터가 있나? 출판 편집자들은? 치위생사를 멋지게 보이게 만들어줄 사람은 누구인가? 고고학자들은 인디애나 존스에게 깊이 감사하고 있다. 미국고고학연구소가 해리슨 포드를 이사로 위촉하고 제1회 반델리어 고고학 공로상 Bandelier Award for Public Service to Archaeology 수상자로 결정한 것도 바로 그런 맥락에서다. 포드의 공로란 당연히 고고학의 매력을 줄기차게 광고해준다는 것이다. 그는 고고학으로 인재를 끌어 모으는 최고의 영웅이다. 시상에 앞서 미국고고학연구소 소장은 고고학이 인디애나 존스라는 주인공에게 진 빚을 이렇게 설명했다. "정말이지 수많은 고고학자들이 저에게 말했습니다. '〈인디애나 존스〉를 보지 않았다면 절대 고고학자가 되지 않았을 겁니다.'라고 말입니다." 그해가 2008년, 〈인디애나 존스〉 시리즈 4편 〈인디애나 존스: 크리스털 해골의 왕국 Indiana Jones and the Kingdom of the Crystal Skull〉이 개봉되기 직전이었다. 때마침 미국고고학연구소에서 발행하는 학술지 《고고학》에는 '크리스털 해골'에 관한 기사가 커버스토리로 실렸다(19세기에 벌어진 사기극이라는 것이 논지였다). 이는 감사 차원에서 〈인디애나 존스〉 시리즈 홍보를 도와주겠다는 의지의 표현이었다. 내성적인 성격의 해리슨 포드는 화상 연결을 통해 고고학 공로상 수상 소감을 밝혔다. 한 취재원은 "해리슨 포드는 사람도 괜찮더군요. 고고학 발전을 위해 영화에서 사용한 채찍을 경매에 내놓았거든요!"라고 말했다.

대개의 경우가 그렇듯이 고고학자들은 실용적인 접근 방식을 택한다. 인디애나 존스 같은 캐릭터에 대해 불평불만을 늘어놓는다면 그 결과는 과연 어떻게 될 것인가. 물론 그들은 할리우드가 본의 아니게 준 선물을 환영하면서도 그것이 순전한 공상이라는 점을 잊지는 않는다. 고고학자들은 현혹된 게 아니다. 그들은 악취 나는 구덩이에 쭈그리고 앉아 고대의 쓰레기 파편에서 힘들게 중요한 정보를 찾아내는 작업이, 번쩍번쩍하는 유물을 낚아채고 나치의 추격을 피하는 스릴 넘치는 활약과는 동떨어진 현실이라는 것을 잘 알고 있었다. 모기떼가 들이닥치는 바람에 진흙 구덩이에서 꿈틀대던 거대한 독사들이 땅으로 올라오고, 가난한 원주민들이 피에 굶주린 식인종이 되는 장면 같은 것은 또 어떠한가. 그러나 코널리가 지적하듯이 영화적 과장을 제외한다면 경우에 따라 고고학자들이 하는 일은 인디애나 존스가 B급 영화에서 하는 일들과 별반 다르지 않다. 그것은 과거를 비춰줄 희미한 빛을 찾는 영웅적인 여정이다. 불굴의 인내와 창의적인 수완을 끊임없이 시험받아야 하고, 길들여지고 상투화된 삶에서 벗어나 이국적이고 배짱 넘치는 대안을 추구하는 작업인 것이다.

조앤 코널리(감히 '여자 인디애나 존스'라고 부른다면 지나친 말일까?)는 어느 뜨거운 여름날 오후 내게 '탐험가 클럽Explorers Club'을 구경시켜주었다. 뉴욕 맨해튼에 있는 이 국제적인 클럽의 본부 건물은 화려했다. 거친 풍파를 이겨낸 탐험가들의 삶을 기념하는 건물은 잘 관리된 어퍼 이스트사이드의 도로변과 전혀 어울리지 않았다. 늙었거나 젊은 등반가와 잠수부, 우주인, 탐험가 들이 본부로 들어선다. 우리 앞에 선 그들은 안내 데스크에 각종 장비를 맡겨놓고 19세기 풍의 이런저런 방으로 들어간다. 클럽이 여성을 회원으로 받아들인 것은 1981년이나 되어서였다. 코널리는 남자들의 소굴로 들어서는 데에도 추호의 거리낌이 없다. 그녀는 여성을 맨 처음 회원으로 받아들인 프린스턴 지부의 3등급 회원이었다가 1990년에 가서야 탐험가 클럽 정회원이 되었다.

"이 회원 라운지는 옛날에는 그야말로 고색창연하면서도 독특한 장소였어요." 탐험가 클럽 바를 둘러보던 코널리가 이런 말을 하면서 포도주 잔을 건넨 다음 가지고 온 냉동가방에서 다이어트 아이스티를 따라주었다. "그런데 나중에 리모델링을 했지요. 이제는 디자이너 랠프 로렌이 설계한 대로 탐험가 클럽의 정식 바가 된 거지요." 아무리 리모델링을 했다고는 해도 내게는 독특해 보였다. 일각돌고래의 창 같은 긴 이빨이 벽에 걸려 있고, 옆방 벽난로 주변에는 각종 동물의 엄니가 액자 테두리처럼 장식돼 있었기 때문이다. 그때까지 나는 일각돌고래의 긴 이빨을 본 적이 없었다. 우리는 마시던 음료를 내려놓고 바를 나와 삐걱거리는 목조 계단을 올라갔다. 문서보관실이며 지도보관실, 트로피진열실 등이 중앙 계단 좌우로 늘어서 있었다. 노르웨이 탐험가 토르 헤위에르달Thor Heyerdahl, 미국 우주비행사 버즈 올드린Buzz Aldrin, 영국 탐험가 어니스트 섀클턴Ernest Shackleton, 미국 탐험가 로이 채프먼 앤드루스Roy Chapman Andrews, 이탈리아 등반가 라인홀트 메스너Reinhold Messner, 말린 퍼킨스Marlin Perkins와 함께 동물의 왕국을 진행했던 동물학자 짐 파울러Jim Fowler, 수중 탐사의 대가 실비아 얼Sylvia Earle 등의 사진이 우리를 굽어보고 있었다. 코널리는 ABC 방송 탐험 프로그램 〈우리는 탐험가Born to Explore〉의 진행자 리처드 위즈Richard Wiese의 사진을 가리켰다. 위즈는 전 세계를 탐험했고, 북극을 비행했으며, 재규어를 잡고, 피그미족과 함께 살았다. 또 예로니소스 섬에서 발굴작업을 했던 그는 코널리에 대해 "내가 함께 작업했던 가장 뛰어난 탐사대장"이라고 칭찬한 바 있다.

우리는 명예의전당 같은 장소를 벗어나 더 위층으로 올라갔다. 코널리는 나를 어느 방으로 안내했다. "1990년대에 독신 탐험가들이 일요일 아침이면 함께 모여 팬케이크를 만들어 먹던 곳입니다. 그때 그 남자들이란! 정말 재미있었지요!" 이어 우리는 실내장식이 우아한 무도실을 지나 널찍한 테라스로 나갔다. "여기가 매년 예로니소스 발굴자금 모금행사를 하던 곳이에요. 그런데 나중에는 클럽 측에서 장소 사용 비용으로 수천 달러를 내라더군요. 이런 클럽의 문제가 바로 그거예요. 정작 이곳이 필요한 사람들은 그럴 만한 돈이 없으니 말입니다. 그 이후로는 생각이나 행태가 많이 바뀌었어요. 물론 벽에 동물 머리 박제를 걸어두는 것 같은 관행이 바람직하지는 않지요……." 탐험가들은 트로피진열실과 거기 있는 물품들만은 아무리 세월이 변해도 그대로 유지되기를 원했다. 그들은 이 진열실을 "우리 선조들을 기리는 일종의 사당" 같은 것으로 여겼고, "특히 탐험가로도 유명한 미국 제26대 대통령 시어도어 루스벨트가 그랬다"고 코널리가 설명했다. 하지만 그녀는 진열실에 들어서면서 어떤 불안을 느꼈다. 자신이 외국에 나가 있는 동안 보물 같은 전시품들 중 일부라도 사라지거나 바뀌지 않았을까 하는 우려 때문이었다. 재규어와 사자, 고래 음경은 아직 그대로 있을까?

박제한 동물 머리들이 트로피진열실의 사방 벽을 덮고 있었다. 넓은 창턱에도 박제가 즐비했다. 사자, 스라소니, 가젤영양 박제 등은 탐험가를 소재로 한 옛날 영화의 소도구 같은 느낌이었다. 코널리는 "저게 바로 우리가 '껴안고 애무하는 소파'라고 부르는 거예요."라고 말했다. 그런데 고래 음경은 어디 있단 말인가. 우리는 전시실 전체를 샅샅이 둘러봤다. 그러다가 모든 것이, 멸종된 도도새처럼 먼 과거에 속하는 이상한 트로피처럼 느껴졌다. 바로 그때 코널리가 문제의 물건을 찾아냈다. 그것은 창문 바깥에 처박혀 있었다. 화석화된 나무 받침대 위에 올려둔 물건은 뼈처럼 딱딱하게 뾰족한 개미집 형상으로 솟아 있었다. 높이는 한 1.2미터쯤 될까. 대단한 표본이었다. 자연사박물관에 가면 꼭 보고 싶지만 거의 볼 수 없는 그런 표본⋯⋯. 코널리가 고래 음경 옆에 서 있는 동안 나는 휴대전화로 그녀의 모습을 찍었다. 다음에는 그녀가 나를 찍어주었다. 거대한 탑처럼 솟은 고래 음경 옆에서 환한 미소를 짓는 내 모습을 말이다. 우리 두 사람이 클럽에서 열심히 '사냥한' 보람을 느끼게 해주는 기념품이었다.

우리는 다시 아래층으로 내려가 벽난로 옆에 섰다. 난로 주변에 각종 동물의 엄니가 테두리처럼 둘러져 있었다. 코널리가 노트북컴퓨터와 각종 자료들을 꺼냈다. 시간이 지나면서 토양과 암석이 지층을 이루는 과정을 연구하는 층서학層序學 내용을 내게 시각적으로 보여주기 위한 자료들이었다. 플라스틱으로 된 진저에일 음료수 병도 꺼냈다. 튼튼하고 가벼워 보였다. 그녀는 그 병에 거품이 생생하게 백포도주를 담아왔다. 여름철에 어우리는 음료였다. 포도주를 병째 들고 왔다가는 혼잡한 지하철을 타고 탐험가 클럽으로 오는 동안 자칫 깨질지 모른다고 생각한 것이다. 그녀는 랠프 로렌 바에서 가져온 포도주 잔 두 개에다가 포도주를 가득 따랐다. 나의 탐험대장은 그렇게 모든 일을 용의

주도하게 준비해두었던 것이다.

　미국 오하이오 주 톨레도에 있는 수녀원 학교에서 공부한 코널리는 토요일이면 아일랜드계 미국인이었던 사랑하는 아버지와 함께 시간을 보내며 성장했다. 아버지는 아침이면 그림 수업을 받게 하려고 딸을 미술관에 데려갔다. 미술관에서는 승마 수업도 했다. 나중에는 딸을 자신이 일하는 건축 현장에도 데려갔다. 아버지는 딸에게 측량도구 사용법, 기초 놓는 법, 일꾼들과 대화하는 요령, 프로젝트를 집중적으로 추신하는 비결 등을 가르쳤다. 그런 식의 다양한 교육 덕분에 그녀는 박물관이나 목재하치장 등 어디를 가도 어려움 없이 활동할 수 있었다. 코널리는 현장 일꾼들이 사용하는 기본적인 그리스어를 할 줄 알았다. 그리스 네메아에서 발굴작업을 하면서 익힌 것이다. 그녀는 아직 미혼이고 자식도 없다. 덕분에 좋은 경험도 하게 됐다. 미국의 저명한 여성 고전고고학자 도로시 톰프슨Dorothy Thompson을 멘토로 만난 것이다. 톰프슨은 학문적 이력이 화려할 뿐만 아니라 결혼해 자녀도 둔 학자였다. 코널리가 그녀를 만났을 때 그녀의 나이는 74세였다. "그 나이의 누군가를 만났다면 그 사람과 얼마나 더 교류할 수 있을 것이라고 생각하세요? 그런데 그분은 101세까지 사셨답니다. 전 27년 동안 그분의 지혜와 경험을 물려받았지요." 코널리가 상념에 잠긴 어조로 말했다. 코널리는 언젠가 톰프슨에 관한 책을 쓸 계획이다. 일단은 파르테논 신전을 다룬 차기작을 끝내놓고 난 뒤의 일이 되겠지만.

　우리가 시간 가는 줄 모르고 대화에 열중한 사이 안내인이 다가와 10분 뒤에 클럽 문을 닫는다고 통보했다. "옛날에는 회원들이 문지기 아저씨한테 50~100달러쯤 찔러주곤 했어요. 계속 문을 열어두라고 말이에요. 그게 통했는데!" 코널리가 푸념하듯 말했다. 순간, 아! 모험과 스릴에 찬 지난날 속으로 빠져드는 것 같았다! 코널리는 토르 헤위에르달과 에베레스트 산을 처음 등정한 에드먼드 힐러리Edmund Hillary 경이 이 방에서 모임을 주관하는 모습을 직접 보았다. 그녀의 말에 따르면 1980년대에는 혼자서 이집트, 시리아, 요르단, 터키, 쿠웨이트를 누볐고, 잠은 대개 유서 깊은 호텔에서 잤다. "다들 지금처럼 리모델링되기 전 얘기지요. 그땐 호텔에 들어서면 매혹적인 과거의 숨결을 느낄 수 있었어요." 코널리가 그런 과거의 추억에만 사로잡혀 있는 것은 아니다. 박제로 장식된 벽난로가 있는 방에서 그녀는 특이한 감수성으로 그런 과거를 현실로 불러내고 있었다.

9장

흙과 **더불어** 속삭이는 **사람들**

예로니소스 섬 필드스쿨에서

처음 조앤 코널리의 얘기를 들으면서 그녀가 잘 정돈된, 멋진 은신처에서 살고 있을 것이라던 내 생각은 상상에 불과한 것으로 드러났다. 그녀는 지금 뉴욕대학교 교수 사택에 살고 있다. 이 아파트도 교수로 재직할 때까지만 사용할 수 있다. "은퇴하면 학교 측에서 나가달라고 하겠지요." 코널리는 말을 이었다. "다른 곳에 살 집을 구해야 한다는 걸 알고 있어요." 그녀는 또 대학 구내에 워싱턴 스퀘어 아치가 내려다보이는 사무실과 회의실 겸 보관실로 쓰는 방을 하나 가지고 있다. 뉴욕 시에서 교수로서 전권을 행사할 수 있는 일종의 직할 영지 같은 공간이다. 또 하나, 탐험가 클럽 회원권이 있다. 그러나 그녀의 마음이 늘 가 있는 곳은 키프로스다. 특히 키프로스 서부 연안의 아주 작은 섬 예로니소스가 그러하다. 절벽으로 우뚝 솟은 섬 위에는 지중해 일대 토질 특유의 균열이 많은 대지가 탁자처럼 펼쳐져 있다. 섬 길이는 미식축구 경기장 세 개를 합쳐놓은 정도다. 지난 23년 동안 코널리는 그곳을 파고 또 팠다. 발굴작업에는 뉴욕대학교 학생들이 동참했다. 그녀는 그 작업을 통해 역사적 장소로서의 섬의 숨겨진 이야기를 짜 맞췄다. 요지는 예로니소스가 과거에 클레오파트라가 율리우스 카이사르와의 사이에서 낳은 아들 카이사리온을 기리기 위한 장소로 개발됐다는 것이다. 클레오파트라는 아들 카이사리온이 이집트 제국과 로마 제국, 즉 동방과 서방을 통합하는 대제국을 건설해주기를 기대했다.

뉴욕대학교의 회의실에서 코널리는 예로니소스 섬에 있는 신전의 미니어처를 조립했다. 미니어처의 벽은 스물세 장의 사진으로 만들었다. 매년 발굴이 진행될 때마다 찍은 것으로, 다양한 발굴팀 팀원들이 피아노 주위에 둘러앉아 포즈를 취한 사진들이다. 피아노는 뒤쪽으로 깎아지른 듯이 솟은 예로니소스 섬과는 영 어울리지 않는다. 잘 차려입은 매력적인 학생들도 있고, 때로는 저명한 고고학자, 심지어 진짜 유명인사의 모습도 보인다. 예를 들면 햇볕에 그을린 얼굴로 싱긋 웃고 있는 영화배우 빌 머레이가 그런 경우다. 고고학이 재미있어 보인다며 현장 프로그램 1주일 치 비용으로 1만 달러를 쾌척한 부호의 모습도 있다.

나는 그보다는 훨씬 소액을 기부하고 발굴팀에 참여했다. 그리고는 2주간의 현장실습에 필요한 힘을 키우려고 여러 달 걸릴 체력 훈련을 속성으로 끝내는 작업을 시작했다. 코널리는 예로니소스 섬 방문자들에게 수영을 할 줄 알아야 한다는 점을 특히 강조했다. 혹여 누가 섬 앞

바다에 빠지면 현장 방문 프로그램까지 다 날아가버릴 것을 우려했기 때문이다. 나는 현장 답사팀이 기어 올라가야 할 절벽의 높이가 21미터나 된다는 얘기를 기억하고 있었다. 그렇게 높은 데를 어떻게 올라가지? 수영 강습과 함께 등반 수업도 신청했다. 연습용 인공벽에서 두 번째 떨어졌을 때 강사는 강습료를 환불해줄 테니 그만 가보시라고 했다. 수영 강습은 좀 나았다. 수영장 끝까지 헤엄쳐 갈 정도는 됐으니까.

키프로스로 떠나기 전날 코널리가 이메일을 보내왔다. 예로니소스 섬이 바라다 보이는 꼿 언덕 옥외 테라스에서 각종 장식을 해놓고 연례 발굴 축하 파티를 하려는데, 촛농을 녹여 담을 누런 도시락용 봉투를 구할 수 없다는 것이었다. 내가 최대한 많이 가져가면 될 일이었다. 나는 여행용 가방에 봉투를 100개쯤 쑤셔 넣었다. 런던에 기착했을 때에도 그 가방을 끌고 대영박물관을 둘러봤다. 키프로스 섬 언덕에서 가물거리는 촛불을 담기 전에 벌써 저 누런 봉투들은 엘긴 마블스Elgin Marbles(오스만 제국 주재 영국 공사 엘긴 경卿이 1801~1812년 그리스에서 영국으로 반입한 고대 그리스 조각품들로 대영박물관에 전시돼 있다―옮긴이)의 존재까지 흠뻑 맛본 셈이다.

아기오스 게오르기오스라는 작은 읍 해변에서 바다 쪽으로 예로니소스 섬이 가물거렸다. 몇백 미터 거리밖에 안 될 것처럼 보였다. 수영만 잘하면 쉽게 헤엄쳐 갈 수 있을 것 같았다. 동이 텄을 때 우리는 읍 내 항구에 모여 네메시스호에 올랐다. 잘생긴 현지 어부 발렌티노스가 모는 배다. 우리는 갑판에 모여 앉았다. 파도가 출렁일 때마다 가벼운 구명조끼를 걸친 우리의 몸이 서로 부딪쳤다. 탑승객은 조앤 코널리와 동료 고고학자 두 명(리처드 앤더슨과 폴 크로프트), 대학원생 한 명, 학부생 열 명, 현지 고용인 야니 그리고 불청객인 나였다. 아마 멀리서 보면 구명조끼 색깔 때문에 노란 새들이 떼를 지어 지중해로 가는 것처럼 보였으리라. 파도는 잔잔했지만 가벼운 메스꺼움이 느껴졌다. 파도가 심해질 수도 있을 것이다. 하지만 나는 앞일은 생각하지 않으려고 애썼다.

첫날에는 파도가 잔잔하지 않았다. 그 짧아 보이는 거리를 배를 타고 가서 섬 주위를 돌아 남쪽 해안에 도착하는 데 30분이나 걸렸다. 나는 얼굴이 파랗게 질리는 것을 느꼈다. 코널리의 조수인 대학원생 탈리아가 도움을 주었다. "눈을 한 지점에 고정시키고 파도가 넘실거릴 때마다 숨을 들이쉬었다가 내쉬세요." 그런 식으로 우리는 인내심을 가지고 기다렸다. 어선이 파도에 출렁거리는 동안 우리는 교대로 소형 보트에 옮겨 탔다. 발렌티노스가 먼저 보트에 로프를 걸어 착륙지점으로 끌어당겼다. 하선 작업 전체에 다시 한 시간이 더 소요됐다. 아슬아슬한 기분이었다. 발렌티노스는 보트를 안정시키면서 한쪽 입가에 담배를 문 채 이리저리 이동하라는 지시를 했다. 이어 우리는 크로프트, 앤더슨, 야니의 도움을 받아가며 흔들리는 보트에서 내려 타이어와 널빤지로 얼기설기 엮은 임시 부두 같은 곳을 딛고 큰 바위들이 늘어선 해변에 도착했다. 우리가 안전하게 상륙한 다음에도 발렌티노스는 우리를 도와줬다. 그는 우리가 가져온 백팩과 장비, 도시락 가방 그리고 물통(섬에는 신선한 물이 없다) 같은 것들을 올려주었다. 우리는 벼랑 발치에 박아둔 기둥에 구명조끼를 걸어놓고 절벽을 오르기 시작했다. 일렬종대로 오래된 디딤대를 딛고 한참을 올랐다. 바위가 깎여 디딤대처럼 된 것들이 있어서 다행이었다. 마침내 섬 정상에 올랐을 때 바위와 유적 폐허가 널린 고원 같은 풍경이 펼쳐졌다. 주변에는 갈매기들이 몰려들었고, 사방은 망망대해였다. 절벽 꼭대기에 오르자 주변에 오두막 두 개가 보였다. 석조 기초에 목조 틀로 된 임시 가옥 같은 것이었는데, 사방 벽은 뻥 뚫려 있었다. 이런 오두막을 칼리피khalifi라고 하는데, 기원후 6세기에 순례자들이 만들었던 오두막 위에 가설한 것이다. 덕분에 우리의 베이스캠프는 햇빛을 가릴 수 있고, 그런 대로 모양이 났다. 우리는 더 큰 칼리피 안에 있는 돌의자에 모여 앉아 구덩이 파는 과제 등에 관한 지시를 받았다. 그러는 동안에도 갈매기들은 상공을 선회하며 끼룩끼룩 울고 있었다. 해협 건너편에 아기오스 게오르기오스의 작은 비잔티움식 교회에 장식된 보석이 이른 아침 햇빛을 받아 반짝였다.

예로니소스 섬 발굴 프로젝트가 시작된 1990년과 다음해인 1991년까지 코널리는 섬의 동식물 서식 현황을 조사하는 생태 평가 작업을 지휘하면서 발굴작업에 따른 환경 파괴를 최소화하기 위한 방법을 고안해냈다. "우리 생태학자는 토양과 같은 색깔의 장비를 써야 한다고 제안했어요. 그래야 새들이 놀라지 않을 테니까요." 코널리의 설명이다. "우리가 쓰는 양동이도 보시다시피 흙이나 바다 색깔이에요. 빨간색이나 주황색은 없지요." 그녀는 페루 마추픽추에서 산악과 고대 유적의 공존이라는 그 숨 막히는 장관을 내려다보던 때를 떠올렸다. "근데 갑자기 비가 내리기 시작했어요. 그러자 형형색색의 판초 우의들이 마구 등장하더군요. 정말 혐오스러웠어요!" 생태학자는 새에 친화적인 각종 방안을 고안했고, 코널리는 이를 작업에 그대로 반영했다. "우리는 초봄부터 짧은 기간만 작업하기 때문에 새들이 둥지 트는 것을 방해하지 않습니다. 그리고 칼리피도 흉측한 골함석 같은 것은 쓰지 않고 나무토막과 잔가지를 엮어 지붕을 잇지요."

코널리는 뉴욕대학교 고전학부로 옮기기 전에 미술사학부 소속이었는데, 그래서인지 발굴 지휘도 미술감독처럼 했다. 그녀가 사용하는 현장작업 수첩은 모두 "키프로스 남부 리마솔에 있는 키 작은 노인이" 수작업으로 제본해준 것으로, 직접 그린 각종 유물 그림이 한가득이다. "어떤 발굴팀은 팀원 모두에게 아이패드를 지급합니다. 하지만 여기는 전원이 없어요. 그래서 우린 공책을 방수백에 넣어가지고 다니지요. 설명은 왼쪽에 적습니다. 구덩이 번호, 날짜, 감독자 이니셜, 날씨, 작업 인원 전원의 이니셜, 사진 넣을 공간도 남겨놓고, 구덩이 그림도 그려 넣고, 출토 유물은 붉은색으로 기입하지요." 고전적인 발굴을 진행하는 고전적인 방식이다.* 코널리가 입고 있는 옷만 해도 흙과 비슷한 색깔이다. 그래서 땅을 가뿐가뿐 돌아다니나 보다. 베이지색 리넨 셔츠에 착 달라붙는 녹색 코르덴 바지를 걸치고 캔버스 원단으로 된 부츠를 신고 있다. (빨간색이나 주황색 옷을 입은 사람은 아무도 없다. 새들을 자극하지 않기 위해서다.) 모든 것에 미학적인 요소가 가미됐다. 어느 날 야니가 계단 근처 콘크리트 벽에 콘크리트를 던져 붙이는 식으로 보강 작업을 하고 있었다. 기능적으로는 아무 문제가 없었지만 코널리에게는 만족스럽지 않았다. 다음 날 야니는 벽에 다시 시멘트를 발라야 했다. 그것도 아주 정성스럽게…….

예로니소스는 '신성한 섬'이라는 의미로, 사람이 처음 거주한 것은

• 발굴팀이 사용하는 컴퓨터들과 데이터베이스는 아기오스 게오르기오스 마을 해변에 보관돼 있다.

5800년 전이지만 나중에 무인도로 변했다. 이번 발굴작업에서 코널리는 헬레니즘시대에 사람이 거주했던 짧은 시기에 관심을 두었다. 기원전 1세기의 수십 년 동안 막대한 부가 섬에 투입됐다. 정교한 저수조를 축조해 빗물을 모아들였고, 현지의 석회석을 일정한 크기로 자른 거대한 마름돌 위에 수많은 건물을 세웠다. 야외에는 원형으로 댄스용 바닥 같은 것을 조성하고, 바닥 표면은 해저에서 힘들게 퍼온 해양 퇴적토로 덮었다. 아폴론 신에게 봉헌한 무도장이었을 것이라고 관계자들은 추정한다. 코널리와 팀원들은 다량의 소형 호신용 부적과 작은 컵, 미니어처 접시, 여과기 그리고 글씨 연습용 서판 등을 발굴했다. 그들은 서서히 예로니소스가 고대 남자 아이들이 다니는 학교 터가 아니었을까 추정하기 시작했다. 각종 시설과 용품은 막대한 부와 야망을 가진 누군가가 공급한 것으로 보였다. 그것은 일종의 상징적 광경을 연출하기 위한 증여이기도 하다.

"좋은 고고학은 역사의 공백을 메우지요. 그것은 패배자들의 이야기를 말해줍니다. 갈라진 틈 사이로 빠져버린 역사를 어떻게 해서든 다시 길어 올리는 거지요." 코널리의 말이다. 그녀는 섬 발굴현장이 클레오파트라 7세와 그 아들 프톨레마이오스 15세(카이사리온)의 이야기를 전해준다고 생각했다. 둘 다 역사의 엄청난 패배자다. 섬은 알렉산드리아와 로도스 사이를 항해하는 여행자들에게는 연안에서 조금 떨어져 있는 것으로 보였다. 이집트와 콘스탄티노플을 연결하는 무역로 중간의 편리한 기착지로, 키프로스 남서부 파포스와는 아주 가까웠다. 파포스는 카이사르가 자기 선조들의 조상이라고 주장한 베누스 여신의 탄생지로 알려진 곳이다. 예로니소스는 아폴론을 기리는 신전을 짓고, 로마 황제와 이집트 여왕 사이에 태어난 아이의 정통성을 강조하기 위한 적지였다. 코널리와 발굴팀은 클레오파트라와 카이사리온의 공동 통치 시기에 주조된 청동 주화들을 찾아냈다. 이집트 유물도 발굴했다. 더구나 예로니소스의 건물들은 이집트 척도에 따라 건설된 것으로 확인됐다. 연대도 맞아떨어진다. "게다가 클레오파트라 말고 그런 자원을 누가 동원할 수 있었겠어요?" 코널리의 말은 건설자가 클레오파트라라는 얘기다.

기원전 30년의 악티움 해전―코널리는 옥타비아누스가 마르쿠스 안토니우스와 클레오파트라 연합군을 격파한 이 전투를 "역사의 전환점"이라고 강조한다―그리고 클레오파트라와 안토니우스가 죽은 뒤, 예로니소스로 유입되던 자금은 끊겼다. 기원전 15년에 일어난 지진으로 섬은 상당 부분 폐허가 되었고, 이후 기원후 4세기에 다시 일련의 대형 지진이 섬 절벽 측면부를 강타했다. 훗날 섬에는 기독교인 거주지가 들어섰지만 다시 폐허로 변하고 말았다. 섬은 1980년에 카지노 건설 후보지로 각광받았다. 하지만 당시 키프로스 고대유적부 소속 공무원이자 나중에 유적부장이 되는 소포클레스 하지사바스가 섬에 중요한 유적이 있었다고 볼 만한 충분한 증거를 제시했다. 그의 노력에 힘입어 키프로스 정부는 카지노 개발 계획을 중단시켰다. 인근 파포스에서 하지사바스와 발굴을 같이 한 바 있는 코널리는 그를 통해 예로니소스에 대해 알게 됐다. 거기서 그녀는 건물 유적 일부를 발굴했고, 이를 토대로 고고학적 가설을 제시할 수 있었다. 그녀는 매년 키프로스 고대유적부에 가시적인 발굴 진전 상황을 보고해야 한다. 현지 작업 허가 갱신을 위해서다.

코널리는 예로니소스를 위해서라면 거의 모든 일을 도맡아 한다. 팀원들과 함께 일주일에 꼬박 6일을 발굴작업에 매달리면서도 한 주에 네 차례나 각각 별도의 주제를 가지고 외부 방문객들을 대상으로 강연을 했다(유럽연합 관계자들에게는 현지 공동체와의 환경보호 파트너십에 대해 강연했다). 또 매년 지역 주민 100여 명을 초청해 감사 파티를 연다. 리처드 위즈와 〈우리는 탐험가〉 촬영팀, 본인의 조카 등 고등학생 네 명과 나를 비롯해 수많은 방문객을 초청하기도 했다. 그러다 보니 일손이 너무 딸린다. 대학원생 조수 두 명이 급한 집안일로 현장을 떠났기 때문이다. 코널리는 며칠 전 58번째 생일을 맞았다. 나이보다 약간 젊어 보이고 운동선수 같은 탄탄한 몸매이기는 하지만 직접 보지 않았다면 그녀의 넘치는 체력은 도저히 믿을 수 없었을 것이다. 이 여성은 매일 바다에 뛰어들어 입에 작업도구를 문 채 출렁이는 파도에 몸을 싣는다. 이어 다시 화사한 의상으로 갈아입고 평범한, 또는 영향력 있는 인사들 사이를 돌아다니며 매력을 뽐낸다. 그녀는 잠이 거의 없었다. 잠? 엔도르핀이 그렇게 넘치는데 잠이 오겠는가.

첫날, 내가 맡은 구덩이 앞에 무릎을 꿇고 앉아 있는데 코널리가 몸을 숙여 나를 보며 발굴기술 시범을 보여주었다. 얼굴을 맞대다시피한 상태여서 그녀의 옅은 파운데이션까지 내 눈에 들어왔다. 그녀는 지역방송 카메라맨들에게 고갯짓으로 신호를 보냈다. "2센티미터 이동하고 다시 원위치.", "핵심은 늘 제일 최근에 퇴적된 지층을 걷어내고 생각해야 한다는 겁니다. 청록색의 뭔가가 보이면 청동일 수 있습니다. 청동은 시간이 지나면 그런 식으로 변색되니까요. 무지개색이 보인다? 그건 유리일 가능성이 있어요. 그러지 않아도 우리는 여기서 고대 유리를 많이 발굴했습니다." 그녀는 잘 알아듣겠느냐는 듯한 표정으로 나를 응시했다. "꾀부리다 걸리면 알죠? 도자기 파편들은 흙이 많이 붙어 있어서 구분이 잘 안 될 거예요." 그녀의 설명이 이어지는 사이 대학원생 하나가 주화를 찾은 것 같다며 다가왔다. 하지만 코널리가 보기에는 암반 파편에 불과했다. "크기는 같은데 무게가 다르네." 코널리는 "긴가민가하면 물어봐."라고 하면서 학생을 원래 작업 위치로 돌려보냈다.

"우리는 파헤친 구덩이 상당수를 매년 다시 메웁니다." 구덩이에서 파낸 흙으로 다시 구덩이를 메운다는 얘기였다. 구덩이 밑에 있을 성벽이나 기타 구조물들을 보호하기 위한 조치다. "발굴 철이 끝나면 이 흙을 원위치에 가져다놓습니다. 그러면서 생각하지요. '아, 이건 털북숭이 같은 파란 흙이지! 아, 이건 자줏빛 그 흙!' 하고 말입니다." 나로서는 털북숭이 같은 파란 흙이 어떤 것인지 상상해보는 수밖에 없었다. 하지만 코널리는 발굴에 대해 시적인 언급을 한다. "고고학자는 모름지기 흙과 더불어 속삭이는 사람이 되어야 합니다."

나는 학생들과 나란히 앉아 햇볕에 익은 흙을 자세히 살펴보기 시작했다. 일단 갈고리 같은 도구로 표토를 잘게 부순다. 그런 다음 트라우얼로 잔 흙덩어리를 콕콕 찍어 쪼갠다. 그러면서 유물이 있는지 주의 깊게 살피는 것이다. 도자기 파편 한 조각일 수도 있고, 반짝이는 유리 조각일 수도 있고, 달팽이가 나올 수도 있다(우리는 어떤 과학자의 부탁으로 달팽이를 채집했다). 각 구덩이 위에는 비닐백들이 놓여 있다. 거기에 발굴물을 종류별로 나눠 담는다. 나는 동료 학생들보다 작업 속도가 느렸다. 학생들은 민소매 셔츠 차림으로 발굴에 열중했다. 타는 듯한 지중해의 땡볕 아래에서도 그들은 끄떡없어 보였다. 반면에 나는 얼굴이 벌게지고 머리는 봉두난발이었다. 오후가 되자 코널리가 내가 파올린 흙더미 사이로 모습을 드러냈다. "이건 도자기네. 기와 파편이에요." 그녀가 내게 말했다. "이건 금석 병용기의 도자기 파편이군요. 우리 학생들은 이걸 금석 병용기 비스킷이라고 하지. 잘했어요!" 나머지는, 다 그냥 돌덩어리다.

매일 오후 우리는 복잡한 구명정 조작 훈련을 반복했다. 그런 다음 장소를 섬 건너편 해변에 있는 아포테케로 옮겼다. 꽤 괜찮은 석조 건물인 아포테케는 발굴팀이 본부로 쓰고 있는 일종의 커다란 창고인데, 사무 공간이 몇 개 있고 안뜰도 제법 넓다. 지붕은 포도 줄기를 곧 이어 덮었다. 섬에서 가져온 유물은 깨끗이 세척한 다음 일지에 내역을 기록했다. 곧 이어 늦었지만 풍성한 점심 식사가 제공됐다. 코널리는 도자기에 대해 강연했고, 방문자 한 사람은 자신이 연구하는 주제의 진척 상황을 소개했다. 얼마 뒤 학생들은 수영을 즐기거나 늦은 오후의 열기 속에서 조깅을 했다. 그들을 바라보는 코널리의 표정이 어둡다. "탈수증이라도 걸리면 회복될 때까지 사흘은 걸릴 텐데……."

밤 8시. 우리는 아포테케에서 800미터 떨어진 한 레스토랑 옥외 테라스에 모였다. 감자튀김과 키프로스식 돼지고기 요리, 토마토소스만 친 담백한 파스타(가장 인기가 좋았다)가 우리를 기다리고 있었다. 상추 샐러드는 내놓기 무섭게 사라졌다. 음식에 대한 불평이 이어지자 코널리가 짜증을 냈다. "여기 나오는 음식은 키프로스 사람들이 평소 먹는 것들이고, 키프로스에서……." 그녀는 이런 음식을 20년 넘게 먹었다. 그러나 최근 주치의가 그녀에게 탄수화물 섭취를 최대한 줄이라고 권했다. 그래서 다른 사람이 자기 접시를 가리키며 "저도 그것 좀 먹으면 안 돼요?"라고 물을 때마다 피곤한 표정을 지었다. 그녀가 하고 싶어 하는 얘기는 발굴에 관한 것, 키프로스에 관한 것, 유럽연합의 미래에 관한 것, 내일로 다가온 동료 폴의 생일을 어떻게 축하해줄 것인가였다. 그리고 우리의 **영혼**에 대해서도 이야기를 하고 싶어 했다. 다만 매일 먹는 음식을 가지고 이러쿵저러쿵하는 것은 질색했다.

어느 날 밤 나는 빵 한 조각을 냅킨에 싸서 슬그머니 호주머니에 넣었다. 매일 아침 예로니소스 섬으로 떠날 때 보면 읍내에는 문을 여는 가게가 하나도 없었다. 가게 자체가 없었다. 가지고 온 에너지바도 벌써 다 떨어진 상태였다. "빵 훔쳐가는 거지요?" 코널리가 다그쳤다. 딱 걸렸다! 나는 멋쩍게 웃으며 말했다. "아니, 지금 이 빵을 먹는 즐거움을 나중으로 좀 미뤄두려고요." 그렇게 위기는 넘겼다. (사실 난 저녁 식사는 대부분 혼자 할 줄 알았다. 그런데 코널리는 매일 밤 외부 방문객들과 함께 식사하도록 자리를 마련해주었다.) 그 빵을 가지고 나온 것이 그렇게 후회될 수가 없었다. 작가는 늘 배고프다. 고고학자는 더 배고프다. 배고픔의 원인은 세상은 신속히 수익을 내기를 요구하는데 고고학은 느려터진 작업이어서 경제적으로는 꽝이기 때문이다. 나는 이런 교훈을 고고학자들을 만날 때마다 실감했다. 고고학자들이 얼마나 빈곤하게 사는지, 그리고 고고학 작업만 하는 데에도 얼마나 돈이 많이 드는지 잘 알게 됐다. 예를 들어 코카콜라 자매회사인 코카콜라 헬레닉 보틀링 컴퍼니는 예로니소스 발굴팀에 탄산음료와 생수를 무료로 제공했다. 그런데 어느 날 밤 발굴팀이 그날 레스토랑에서 마실 음료를 깜빡 잊고 가져오지 않았다. 코널리는 즉시 음료도 주문했다. 레스토랑 주인

과 저녁 식사 가격을 흥정할 때 음료는 우리가 알아서 해결하기로 했
는데 지금은 이제 '여기 2유로, 저기 5유로가 추가' 되었다. "우리 예산
이 너무 빠듯해서 음료 비용까지 낭비할 수는 없어요. 공짜로 받은 게
있는데 그럴 필요 없지요." 말은 이렇게 해도 코널리는 주문한 음료를
그럴 듯한 잔에 가득가득 채웠다. 절약도 좋지만 때론 이런 융통성도
필요한 법.

동료 폴 크로프트의 생일을 축하하는 코널리의 아이디어는 독창적
이었다. 우선 레스토랑에 도넛 모양의 케이크를 주문하고 주방장에게
케이크에다가 누텔라 초콜릿 잼을 넣어달라고 부탁했다. 깔끔하게 구
운 케이크를 새벽에 받아서 딱 맞는 플라스틱 용기에 담아 어렵게 수
송해온 것이다. 케이크는 배를 두 번이나 갈아타고 바위투성이 해변을
지나 무너질 듯한 계단을 올라 우리 앞에 모습을 드러냈다. 흔히 촛불
을 꽂지만 이번에는 칵테일에 넣는 작은 깃대를 올린 다음 아침 식사
뒤 유쾌한 축하연 자리에서 케이크를 잘랐다.

크로프트는 케임브리지대학교 출신으로 지금은 해외에서 활동하고
있는 건장한 고고학자로 코널리가 보기에는 "못하는 게 없는" 인물이
다. 그는 카피예를 쓰고 라스베이거스 로고가 찍힌 티셔츠를 걸쳤다.
나는 크로프트에게 라스베이거스를 그렇게 좋아하느냐고 물었다. 그
러자 그는 깜짝 놀란 표정이었다. 내가 셔츠를 가리키자 그는 가슴 부
위를 잡아당겨 보이며 말했다. "이거요? 중고 의류 가게 쓰레기통에 있
던 거예요." 그렇겠지 하는 생각이 들었다. 키프로스에서 거의 무일푼
으로 살아가는 이 남자가 라스베이거스에서 허송세월을 하지는 않았
으리라. 예로니소스 섬에서 성벽 일부를 발견한 그는 "이제는 우리가

잘 보존할 책임이 있다."고 말했다. 그는 나중에 진흙과 밀짚을 섞어 성벽에 조심스럽게 발라놓았다. 그는 고대의 계단을 수리하고 선착장을 수리했다. 그들은 그런 정도로 만족한다. 요즘 대부분의 성실한 고고학자들이 그러는 것처럼 그들은 발굴지 일부를 더 손대지 않은 채 놓아둔다. 뒤에 올 사람들, 더 다양한 지식으로 무장하고 도구도 더 좋고 자금도 훨씬 풍부한 사람들을 위해 남겨놓는 것이다.

이런 고전고고학 발굴이 (이를테면) 카리브 해 연안 사탕수수 농장 발굴과 다른 점은 무엇일까? 한 가지 예를 보자. 코널리는 발굴 중인 구덩이 위에 서서 아폴론, 클레오파트라, 호메로스에 대해 쉴 새 없이 떠들어댔다. 마치 옛날 친구 얘기하듯이 말이다. 예로니소스 섬을 떠나는 배에서 발렌티노스가 학생들을 데리고 우스꽝스러운 그리스어 합창을 했다. "에메나 메 레네 파고토!Emena me lene pagoto(내 이름은 아이스크림My name is ice cream)"라고 하는 것처럼 들렸다. 코널리의 대학원생 조수 탈리아는 선미에 모여 앉은 우리들에게 그리스 신화에 나오는 스파르타의 왕 메넬라오스가 부인인 절세 미녀 헬레네의 머리채를 잡아끌고 가는 이야기를 해주었다. 우리는 그녀의 이야기에 매료됐다. "그 얘기 글로 쓴 적 있어요?" 누가 물었다. 그러자 탈리아는 그 주제로 〈미인에서 전리품으로〉라는 제목의 논문을 썼다고 했다. 배는 흥겨움에 넘쳤다. 연극을 전공한 페이지는 "저는 여러분께 무대에서 사람 머리채를 어떻게 잡아끌고 가는지 보여드리겠어요."라고 했다. 이어 우리가 하선하면서 구명조끼를 벗어놓자 그녀는 한 젊은 여성을 옆으로 데려가더니 실연해주었다. "보세요. 제가 제 머리채를 잡습니다. 제 옷깃을 움켜쥐세요. 저는 이렇게 우왕좌왕하면서 비명을 지릅니다. '안 돼, 안

돼!"

나는 두 사람 뒤를 바짝 따라가면서 봤다. 정말 실감 났다.

아포테케는 토요일 오후에 열릴 파티 준비로 부산했다. 연한 갈색 의상을 차려입은 뉴욕대학교 학생 열 명이 야외등을 내걸고 울타리 나무를 다듬느라 분주했다. 내가 가져온 누런 도시락용 봉투에는 모래를 넣고 촛불을 꽂아 랜턴처럼 만들었다. 학생들은 5주간의 발굴 실습을 위해 상당액을 지불했다. 어느 필드스쿨이든 수강생들은 한참 고생할 각오를 해야 한다. 흙을 담은 양동이를 나르고 못 쓰는 칫솔로 도자기 파편을 깨끗하게 닦는 것은 기본이다. 여기 학생들은 현지 키프로스 주민들을 위한 파티 준비도 철저히 하고 공연에도 나서야 했다. 현장작업을 마친 다음에는 덤불을 다듬고 등불을 내걸고 도시락 봉투 랜턴도 만들었다. "그렇게 높이 달면 안 되지!" 코널리가 소리쳤다. 학생들은 원주민 민속춤과 그리스어 민요도 연습했다. 코널리는 며칠 전에도 발굴작업을 간단히 마치고 파티 준비를 했지만 오늘처럼 바다가 고요하고 햇살이 좋은 날은 놓칠 수 없는 기회다. 이제 파티 분위기가 한결 무르익은 것 같다. 용의주도하게 행사 준비가 착착 진행됐다. 코널리와 그 일행은 현지 주민들과 교감하면서 키프로스의 과거와 현재를 멋지게 기념하는 데 여념이 없다. 하지만 곧 100명이나 되는 손님이 들이닥칠 텐데 아직 준비가 완전히 끝나지 않은 상태다.

나는 주위를 둘러보다가 테라스가 아직 정리되지 않은 것을 보고 빗자루를 집어 들었다. 코널리 팀의 일원으로서 이렇게 도울 수 있다는

• 학생들이 학점 취득을 위해 등록하는 필드스쿨과 마찬가지로 비용의 대부분은 수업료로 들어간다. 이 경우에는 뉴욕대학교 학점 취득 비용이 약 5000달러, 식사 포함 숙박 비용이 약 2000달러다.

게 더할 나위 없이 행복했다. 이깟 청소쯤이야 나도 달인 수준이라고 할 수 있는 사람이다.

"이제 사진 찍을 준비를 합시다." 코널리의 지시에 맞춰 우리는 절벽 쪽으로 모였다. 거기에는 이미 피아노가 배치되어 있었다. 아메리카 식민지시대를 옮겨온 무대 같은 느낌이었다. 위대한 탐험시대의 영광을 재현한다고나 할까. 물론 오늘 파티는 식민지시대와는 무관한 것이다. 코널리가 카메라를 올려놓은 삼발이 옆에 서서 화면 구도를 잡았다. 잘생긴 학생 한 명은 '부상당한 전사' 역할을 맡아 한쪽 팔에 머리를 괸 채 땅바닥에 드러누워 있게 했다. 탈리아는 야외용 의자에 앉았다. 코널리의 두 동료 폴 크로프트와 리처드 앤더슨은 피아노 옆에 서서 카메라를 응시했다. 코널리의 조카와, 학생들에게 민속춤을 가르쳐준 열두 살 난 마을 소년 안드레아스는 코널리가 앉을 의자 발치에 쪼그리고 앉았다. 나는 같이 구덩이를 판 두 학생 옆에 섰다. 내 왼쪽 어깨 너머로 예로니소스 섬이 보일 것이다. 우리는 곧 파티 복장을 갖춰입고 여기 다시 모여 공식 촬영을 할 것이다.

다들 기숙사로 빌려 쓰는 집으로 가서 복장을 갖춰 입고 돌아와 촬영을 마쳤다. 코널리는 우리에게 흙먼지 날리는 발굴현장에서 땀 흘리고 돌아와 후딱 청소를 마치고 정확히 20분 만에 신나는 파티를 준비하는 요령을 가르쳐줬다. "극단! 난 극단적인 게 너무 좋아." 코널리는 우리가 장화를 하이힐로 바꿔 신는 동안 흥에 겨운 목소리로 소리쳤다. "지루하고 어중간한 건 딱 질색이야!"

발굴작업 탓에 햇볕에 새까맣게 그을린 리처드 앤더슨은 원래 건축가인데 어떤 주제든 모르는 게 없었다. 특히 비잔티움 양식의 교회와 성벽, 유적 등에 대해서는 그야말로 전문가였다. 그런 그가 이제는 멋진 격자무늬 재킷을 걸친 신사로 변신했다. 끝없이 밀려드는 손님을 능수능란하게 맞이하는 품이 파티 호스트로 타고난 것 같다. 꽤나 부유한 키프로스 주민들과 미국 대사 일가족, 베티 부스로이드 남작 부인(영국 최초이자 유일의 여성 하원의장이었다), 어부 발렌티노스, 마사지사, 커피 찌꺼기로 미래를 점치는 현지 할머니, 새카맣게 그을린 ABC 방송 카메라 기자들(요즘 유행대로 빰은 면도를 하지 않았다)이 이날의 주요 손님이었다. 코널리는 연한 복숭아색 실크 의상에 굽 높은 하이힐을 신고 파티장 안뜰을 돌아다니며 손님들에게 환영 인사를 건넸다. 밤공기는 부드럽고 모든 게 더할 나위 없이 유쾌했다. 멀리 항구 쪽에서 바닷가재 잡는 어선의 불빛이 반짝였다. 저 뒤로는 고색창연한 고대 유적이 있는 예로니소스 섬이 배경처럼 서 있었다.

나는 검은 옷에 수염을 기른 정교회 수사들과 잡담을 나눴다. 그들은 내게 손가락으로 할루미 치즈를 들고 구워 먹는 방법을 가르쳐주었다. 코널리가 지나가다가 "우리 수사님들은 정말 대단한 분들이지요."라고 말했다. 흙먼지 쏘여가며 땅만 파던 미국 학생들도 우아하게 분단장을 하고 등장했다. 인상적인 변신이었다. 열정적으로 민속춤을 추는 동안에도 그들의 얼굴엔 미소와 웃음이 떠나질 않았다. 코널리는 나중에 손님 한 명과 춤을 췄다. 위태위태할 정도로 높은 하이힐을 신고도 노련하게 빙빙 돌면서 두 손을 들어 손가락을 딱딱 마주치며 한껏 흥을 돋웠다. 그녀한테서, 살을 에는 듯한 어느 겨울날 작은 이탈리아식 부츠를 신고 뉴욕 어퍼이스트사이드를 걸어 가다가 넘어져 발목이 부러졌다는 얘기를 들은 기억이 났다. 그래서 1년 동안 열심히 물리치료를 받았다고 했다. "예로니소스에서도 절뚝거리는 할머니 취급을 받고 싶지는 않았거든요."

나는 파티장을 벗어나 아포테케 뒤편에서 운동화로 갈아 신고 원래 묵는 아파트로 갔다. 오밤중이라 작은 플래시 하나에 의지해 깜깜한 길을 더듬으며 걸었다. 나중에 들으니 그날 파티는 몇 시간 동안 계속됐다고 한다. 이튿날인 일요일에 우리 대부분은 푹 쉬었다. 그런데 코널리와 조카는 그날도 부스로이드 부인 그리고 키프로스 저명인사들과 함께 배를 타고 바다를 구경했다. 나로서는 도저히 엄두가 안 났다. 나는 탈리아와 함께 지중해 바다로 가볍게 수영하러 나갔다. 그녀가 허우적거리는 나를 구해준 것은 그래도 딱 한 번뿐이었다.

같이 구덩이를 파는 대학생들은 똑똑한 친구들이었다. 어려운 상황도 거뜬히 이겨냈다. 그 땡볕에서 장시간 작업하는 동안 그들은 내게 좋은 친구가 돼주었다. 그들은 사람 알아맞히기 놀이를 즐겼는데, 한 사람이 누구나 아는 어떤 사람을 머릿속에 생각해두면 나머지 사람들이 이런저런 질문을 퍼부어 맞히는 놀이다. 예를 들어, 그 사람을 화장품으로 말하면 어떤 종류인가? 의자나 음악 또는 고고학 작업도구로 말한다면 어떤 종류인가? 등등. 그런 식의 말장난이 참 재미있게 느껴졌다. 치즈로 예를 들면 돌아오는 답변은 "가짜 치즈", 커피로 예를 들면 "인스턴트커피" 하는 식이다. 그러면 학생들은 누구인지 즉각 알아맞혔다. 서로 답을 몰라 헤매기도 했다. "좋아, 그 사람이 조지 마셜 피터스가 이룩한 업적이라면 누구일까요?" 다들 웃음을 터뜨렸다. 나는 학생들이 어떤 탐험가 얘기를 하는 줄 알았는데 아니었다. 조지 마셜 피터스는 이곳 발굴현장에 왔던 실습생이었는데 대단한 일을 해냈던 것 같다. 그는 못하는 게 없었다. 중요한 유물을 발견하고 유물 스케치도 아주 잘했다고 한다. 그는 발굴팀이 사용하는 본부에 장식까지 했었다.

한 시간도 안 돼 코널리가 왔다. 우리는 아침을 먹기 전에 잠시 쉬고 있었다. 사람 알아맞히기 놀이를 한다는 얘기를 들은 모양이다. 코널리가 조지 마셜 피터스 얘기를 꺼내자 학생들은 터져 나오는 웃음을 참느라 안간힘을 썼다. 그러나 그녀가 하는 얘기를 듣고 학생들은 정신이 번쩍 들었다. 피터스가 몇 해 전 발굴팀에 기증한 작은 경적을 도둑맞았다는 얘기였다. 문제의 경적은 매일 예로니소스 사방 끝에서 작업 중인 우리들을 소집하거나 휴식 시간을 알릴 때, 또는 하루 일과가 끝났다거나 비상상황임을 알릴 때 사용하던 것이었다.

예로니소스에는 우리만 있는 것이 아니었다. 매일 오후 관광선이 근처에 정박하는 소리가 들렸다. 휘트니 휴스턴의 〈세이빙 올 마이 러브 포 유Saving All My Love For You〉 노랫소리가 저 밑에서 올라오기도 했다. 파이리트 크루즈 유람선이 섬 주변을 오가는 모습도 자주 보였다. 우리가 발굴작업을 하는 저편에 돌멩이를 쌓아놓은 이상한 무더기가 있었는데 알고 보니 러시아어로 "사랑해."라는 문장이었다. 근래에 누가 들어왔던 게 분명하다. 예로니소스는 키프로스공화국 소유의 문화유적이지만 현재, 사람들의 출입을 금하는 법률은 없다. 섬은 대단히 취약했다. 엊그제 열린 연례 파티 때 하객들을 데리고 섬을 한번 둘러볼 법도 하지만 그러지 않은 것도 선착장에 해당하는 곳이 바위투성이여서 위험한 데다 자칫 섬에 손상이 갈까 우려했기 때문이다. 코널리는 장기적으로 아폴론 신에게 봉헌된 무도장을 복원해 안드레아스 같은 현지 소년들을 불러다 함께 춤을 추고 싶어 했다. "마을 사람을 다 부르는 거지요." 그러나 아직은 꿈이다. 아주 먼 미래에라도 가능하다면 더할 수 없이 행복한 꿈⋯⋯. 그런데 그런 나쁜 소식까지 전해졌으니. 경적 분실은 예로니소스 섬 발굴 역사상 최초의 도난 사건이었다.

발렌티노스가 모는 배에서 코널리는 그동안 목격한 키프로스의 변화에 대해 깊은 생각에 잠겼다. 곳곳에 콘크리트 건물과 대규모 단지가 들어섰다. 아름다운 해변에는 거대한 발전기가 설치돼 인근 매점에 24시간 전기를 공급한다. "이런 얘기를 새로 지은 아크로폴리스박물관에서 했어요. 제목은 〈생태-고고학의 파트너십 구축에 관하여: 키프로스 예로니소스에서 얻은 교훈〉이라고 붙였습니다. 우선 우리가 처음에 식생과 조류 서식 상황 조사부터 했다는 걸 보여줬어요. 1992년 헬기를 타고 이 지역 전체를 찍은 항공사진들도 보여주었지요. 사진 감상이 끝날 무렵 다들 '와, 와' 하는 분위기더군요. 다음에는 그동안 이곳이 얼마나 끔찍하게 변했는지 보여줬어요. 청중 전체가 깜짝 놀라더군요. 충격적인 변화입니다. 불과 1년 사이에 옛날 모습이 다 망가졌어요. 이 모든 게 1년 사이에 벌어진 일들입니다. 나쁜 것들이 야금야금 쌓여가다가 결국 1년 만에 꽝!"

침입자들은 또 있었다. 나는 구덩이 속에서 양동이에 담은 흙을 외바퀴 손수레에 퍼붓고 있었다. 그런데 샌들에 수영복 차림을 한 커플이 절벽 계단 꼭대기에 모습을 드러내더니 발굴작업 중인 곳으로 다가왔다. 코널리가 바로 달려가 두 사람에게 말을 걸었다. 그러자 그들은 채석장 가장자리로 슬슬 다가갔다. 채석장이란 우리가 발굴작업을 하는 현장과 동쪽 절벽 쪽 베이스캠프(오두막) 사이에 있는 거대한 구덩이를 말한다. 거기는 갈매기들이 둥지를 틀고 있는 곳이기도 하고, 급할 때 우리가 숨어서 용변을 보는 곳이기도 하다(고고학자들은 예로니소스 초기 거주민들이 석회암과 분필처럼 하얀 이회토를 채굴하던 장소로 추정한다). 두 남녀는 여기서 무얼 하고 있었던 걸까? 여자는 채석장 위에 서 있고, 남자 친구는 살금살금 채석장 안으로 내려간다. 잠시 뒤 두 사람은 다시 암벽 계단을 따라 내려가더니 배를 타고 슬그머니 사라졌다.

"지오캐싱geocaching이 뭐예요?" 그들이 떠나자 코널리가 내게 물었다. 나는 아는 대로 열심히 설명했다. 지오캐싱은 웹사이트에서 진행하는 일종의 보물찾기 게임이다. 보물과 단서는 진짜 현장에 숨겨져 있고, 게임 참가자들은 GPS를 이용해 보물을 찾는다. 코널리는 채석장 밑바닥에 있는 플라스틱 용기에 필시 단서가 숨겨져 있을 것이라고 말했다. 커플은 바로 그걸 찾고 있었다는 얘기다. 코널리는 그런 건 예로니소스에서 아주 없애버려야 한다고 했다. 나는 용기의 위치 좌표가 웹사이트에 올라와 있으면 사람들이 계속 찾으러 올 것이라는 불길한 느낌이 들었다. 그것이 채석장 밑바닥에 있느냐 없느냐는 문제가 아니다. 나는 코널리에게 문제의 웹사이트를 찾아서 항의문을 보내겠다고 말했다. 나는 그런 놀이 자체에 대해서는 전혀 반대하지 않는다. 세상을 탐험하는 좋은 방법이라는 생각도 든다. 하지만 지오캐싱을 하는 사람들이 고고학 발굴지를 드나들어서는 안 된다. (몇 주 뒤 지오캐싱 웹사이트에서 답변을 보내왔다. 리스트에서 좌표를 삭제했다는 것이다.)

그런 놀이에 대한 코널리의 혐오감은 본능적인 것이었다. 그녀는 가짜 탐험가, 작위적인 모험, 가상현실 게임 같은 것을 극도로 싫어했다. "진짜 모험해보고, 진짜 참여해볼 만한 일들이 얼마나 많은데. 할 일이 얼마나 많은데!" 그녀가 목소리를 높였다. "이 사람들은 탐험을 장난으로 하고 있단 말이야." 그녀가 이끄는 팀과 지오캐싱을 즐기는 사람들의 차이는 분명하다. 그녀가 다시 목청을 높였다. "우리는 장난을 하는 게 아니에요!"

코널리의 조카 옆에서 구덩이를 파고 있는데 코널리가 다가와 우리가 잘하고 있는지를 살폈다. 우리 둘 다 코널리의 칭찬을 받았다. 물론 나는 쪼그리고 앉는 고전고고학의 전형적인 자세로 작업을 하지는 않았다. 수영장에서 아이들이 쓰는 물에 뜨는 매트리스를 깔고 앉은 것은 무릎을 보호하기 위해서였다. 반다나를 물에 적셔 입과 코를 가려 머리 뒤로 묶은 것도 날리는 흙먼지를 들이마시지 않기 위해서였다. 나는 먼저 내가 맡은 구덩이를 곡괭이로 다 파고 나서 트라우얼 작업을 한 다음, 잔해는 구덩이 바깥에 올려놓았다. 나중에 자세히 살펴보아야 할 것들이다. 봉긋하게 솟은 흙 무더기는 윗부분은 깎아내고 가장자리는 반듯한 형태로 만들어놓았다. "여긴 당신의 작업장입니다." 전에 그녀가 나한테 한 말이다. "여긴 당신 실험실이에요. 깨끗하게 해놓아야 합니다!" 코널리의 조카는 정말 잘하고 있었다. 앞서 찾아낸 항아리 주둥이 부위의 오물을 솔로 털어내고 있었다. 코널리가 나한테 다가오더니 잠시 살펴보고는 바로 도자기 파편을 찾아냈다. 내가 도구를 잘못 놀려 부딪치는 바람에 깨진 것이 분명하다. 나는 너무 창피해서 당장 채석장 속으로 뛰어들어 숨고 싶었다.

그래도 분위기를 바꿀 겸 발굴팀이 몇 해 전에 찾아낸 여성 유골에 대해 물었다. 그러자 코널리는 환한 표정으로 설명해주었다. "여자였어요. 지금 아폴론 신을 기리는 무도장이 있는 곳 근처에서 발견됐지요. 기원후 1세기나 2세기의 인물로 추정됐습니다. 그 시기의 유물은 지금 이 섬에는 전혀 없습니다. 그러니까 당시 예로니소스는 폐허였다는 얘기죠. 시신에서 나온 음식물 성분을 보면 상당히 부유한 사람이었음을 알 수 있습니다. 대부분 단백질이었으니까요. 그리고 두 손은 허리춤에 모으고 있었어요. 뭔가를 쥐고 있었던 것 같습니다. 당시로서는 아주 나이가 많은 편이었어요. 50대였으니까. 초기 기독교의 성인이었을까요? 아니면 은거한 수도자? 그럴지도 모르죠. 교회는 4세기까지 여성들이 장로나 전도사 또는 목회자로 활동하는 것을 금하지 않았거든요. 그런데 양쪽 어깨가 목 위로 꽤 올라가 있는 상태였습니다. 왜 그런지 아세요?" 감이 안 잡혔다. 아무리 상상력을 발휘해도 답이 안 나왔다.

"어깨를 잡아 올려 수의 같은 천으로 꽁꽁 동여맸기 때문입니다." 그녀는 일부 남은 성벽이 유적지 특유의 고색창연한 아름다움을 뽐내는 아폴론 신 무도장을 가리키더니 조카를 내려다보며 말했다. "나는 죽으면 그 여자 시신이 발견된 곳에 묻히고 싶구나. 일이 너무 복잡하면 심장이라도 여기 묻혔으면 좋겠다." 그녀의 얼굴은 캔버스 천으로 만든 모자로 가린 데다 뒤쪽에서 비친 햇빛이 구덩이 주변에 그림자를 드리우는 바람에 잘 안 보였다.

예로니소스에 묻히고 싶다는 가슴 뭉클한 이야기를 나중에 내가 다시 꺼냈을 때 코널리는 일에 집중하는 과학자로 돌아가 있었다. 순간 낭만적인 충동에 젖어 그랬나 보다며 웃어넘겼다. 진짜로 그런다면 이 나라 법률을 들먹이지 않더라도 키프로스 고대유적부에서 안 된다고 할 것이 뻔하다. 코널리는 현지 마을 명예주민이지만 그렇다고 무슨 특권을 누릴 수 있는 것은 아니다. 친척들이 곤란을 겪을 수도 있다. 그러니 나도 그런 아이디어는 이제 완전히 잊을 수밖에!

어느 날 나는 코널리가 고등학교 교환학생들을 데리고 예로니소스를 구경시켜주는 데 따라나섰다. 아폴론 신 무도장과 순례자가 발견된 장소에 이르렀을 때 그녀는 땅바닥에 드러누워 여성 유골이 어깨를 높이 세운 채 묻혀 있던 모습을 보여주었다. 코널리는 두 눈을 감고 죽은 듯이 누워 있었다. 학생들과 나는 그 장면에 완전히 매료됐다. 갈매기들이 상공을 날아다니며 끼룩거렸다. 전에 그녀가 했던 말이 귀에 쟁쟁했다. "우리는 장난을 하는 게 아니에요!"

코널리는 예로니소스 섬의 오랜 역사에서 나타난 종교적 표현물에 특히 관심이 많았다. 이미 그녀는 고대 그리스의 종교 영역에서 여성이 누렸던 권세에 대해 밝혀낸 바 있다. 그녀는 그리스정교회 수도사 네오피토스 신부와 장시간 철학적 대화를 나누면서 영적인 목마름을 채웠다. 신부는 까만 턱수염과 날카로운 지성이 특히 인상적인 사람이었다. "저는 가톨릭 신자라서 그런지 정교회와 그들이 하는 영혼에 관한 이야기에 특히 애착이 가요." 그녀가 말했다. "이 섬에서 작업하는 내 친구들 가운데 정교회를 다르게 보는 사람도 있다는 걸 알아요. 하지만……."• 코널리는 매년 발굴현장에서 성직자의 날을 기념하면서 예로니소스를 아폴론 신과 연결시켜주는 명문銘文을 발굴한 공로를 현지 수도원 주교에게 돌린다. 그녀는 2000년 마지막 날 밤에 1000년 가까이 존속해온 장소에서 성직자의 날 기념행사를 하기로 결심했다.

• 그리스정교회는 키프로스에 많은 자산을 보유하고 있다. 아포테케 부지도 정교회 소유다. 아포테케 건물은 키프로스 정부(고대유적부) 소유로 돼 있다.

"마음먹은 대로 되지는 않았지만 성 네오피토스 수도원이 그나마 여기서 가장 가까운 곳이라는 생각이 들었어요. 1159년에 세워진 수도원이지요." 그녀는 비행기를 타고 키프로스로 가서 수도원 원장 및 열 명의 수도사와 제야를 보냈다. 수도원은 파포스 위쪽 산 암벽을 파서 지은 건물이다. 코널리는 미사에 참석해 성가를 부르고 영적인 삶에 대한 이야기를 나누고 발코니에 올라가 폭죽놀이를 구경하고 프랑스산 샴페인을 마셨다. "그런 다음 우리는 영화 〈스타워즈〉를 보았습니다. 특히 요다의 가르침이 나오는 장면이 흥미로웠지요. 그런데 네오피토스 신부가 알려준 바에 따르면 요다의 발언은 기원후 4세기 이집트 광야에서 은거하며 수도 생활을 한 교부教父들의 가르침을 인용한 것이라고 해요."

참으로 흥미진진한 이야기였다. 나는 코널리가 뉴욕 케네디 공항 출국장에서 대기 중인 모습을 상상해봤다. 탐험가는 이제 다시 순례길에 나선 순례자가 돼 있다. 그녀가 달려가고 있는 섬이 새해 안개에 싸인 모습은 또 어떨지 궁금했다.

발굴작업 철이 끝나고 우리는 모두 뉴욕으로 돌아갔다. 나중에 알고 보니 키프로스에서 잠시 시간을 보낸 덕분에 나도 '예로니소스의 친구들'이라는 엘리트 클럽의 회원으로 가입돼 있었다. 코널리를 다시 만난 것은 뉴욕대학교 근처에서였다. 그녀는 굽 낮은 부츠를 신고 도심의 교통 소음을 차단해주는 헤드폰을 끼고 있었다. 우리는 연신 웃어가며 고고학과 책 출판 문제에 대해 잡담을 나누었다. 발굴현장에서 돌아온 학생들은 어엿한 도시의 신사가 돼 있었다. 여기서 보니 키가 한결 커 보였다. 왜 그럴까? 아마도 키프로스 발굴현장 구덩이 속에 항상 쪼그리고 앉아 있는 모습만 봤기 때문인 것 같다.

　나는 코널리를 따라 오하이오의 문화유산 문제를 다루는 학술회의 장에 갔다. 그녀는 불법적으로 획득한 유물의 국제 거래 및 그것이 지역사회와 문화, 우리의 지식 축적에 미치는 악영향에 대해 강연했다. 쾌활하고 거침없는 강연에 참석자들은 상당히 수긍하는 분위기였다. 예를 들어 지금 대영박물관에 조각조각 보관돼 있는 엘긴 마블스는 아크로폴리스라는 원래 장소에서 완전히 절연돼 있다. 코널리로서는 황당한 일이 아닐 수 없다. "지금 포세이돈상의 어깨 부분은 런던에 와 있고 '식스팩'은 아테네에 남아 있습니다." 그녀의 설명에 청중은 금세 사정을 알아채고 폭소를 터뜨렸다. 코널리는 아크로폴리스의 밤 풍경을 담은 슬라이드를 보여주었다. 마치 아테네 하늘에 떠 있는 섬 같았다. 짙은 자주색 바다에 빛들이 초롱초롱 모여 있는 듯했다. 문득 어디선가 같은 풍경을 본 것 같은 느낌이 들었다. 일출 직전에 지중해 위로 솟아 있는 예로니소스 섬을 찍은 내 사진과 똑같았던 것이다. 스티븐 스필버그의 영화가 생각났다. 인디애나 존스의 모험을 그린 영화 말고 좀 더 신비로운 〈미지와의 조우 *Close Encounters of the Third Kind*〉 말이다. 이 영화에서 사람들은 꿈에서 본 독특한 형상의 장소로 이끌려간다. 그들은 그 형상을 그리고 조각하다가 결국에는 실제로 보게 된다. 꼭대기 부분이 평탄한 산 같은 구조물이다. 우뚝 솟은 연단 같다고 할까. 시간과 공간으로 나뉘어 있던 여러 문화가 하나로 만나는 장소다.

3부

고고학과 전쟁

참전 용사 매장지에서

역사는 누구의 소유인가

■미국에서 가장 중요한 고고유적지는 뉴욕 주 소도 시 피시킬의 9번 고속도로 주변 낙후된 상업지역 일대의 잡목이 우거진 구역일 것이다. 경험 많은 계약직 고고학자 빌 샌디Bill Sandy는 그곳을 직접 조사한 인물이다. 샌디는 원래 직접 그곳을 안내해주고 그동안 발견된 무덤도 보여주려고 했는데 브롱크스에 긴급 발굴 건이 있어 나오지 못했다. 그래서 나는 혼자 차를 몰고 피시킬로 향했다. 뉴욕 시에서 북쪽으로 100킬로미터 가까이 떨어진 지역이다. 나는 마야 카페 뒤편 자갈밭에 주차를 하고 도로 주변 풀밭 길을 건너 '교차로 부지'라고 하는 지역을 둘러봤다. 샌디는 이 지역 "한 뼘 한 뼘이 이 나라에서 가장 중요한 유적지"라고 강조했다. 표지판이나 발굴의 흔적인 구덩이 같은 것은 보이지 않고 나무 그루터기들이 간간이 있는 가운데 풀

만 허리 높이로 자란 상태였다. 마야 카페와 헤스 주유소 사이, 9번 고속도로 동쪽 길가에 위치한 4만 460제곱미터(1만 200여 평) 정도 넓이의 땅은 수풀이 우거져 있었다. 중요 고고유적지가 초지 형태로 변장을 하고 모습을 드러낸 것이다. 도로 옆 풀밭 길에는 표지판 두 개가 서 있었다. 하나는 '출입 금지', 또 하나는 나뭇잎에 일부가 가려진 상태였는데 '쓰레기 투기 금지'라고 적혀 있었다.

2007년 이 지역을 개발하기 위해 지표 조사를 실시하던 중 샌디는 일곱 개의 무덤을 발견했다. 샌디는 무덤의 크기나 유골 상태, 관에 박은 못이 완전히 부식된 점 등으로 보아 시신은 미국독립전쟁 당시 병사들의 것이라고 결론 내렸다. 과거 피시킬 보급창에서 매장지로 사용한 지역을 확인한 것이다. 이곳은 현재 민간인들이 사들여 상가 건물로 개발하려는 중이다.

미국인 중에서 '피시킬 보급창Fishkill Supply Depot'을 아는 사람이 얼마나 될까? 역사책을 아무리 뒤져봐도 피시킬 보급창 얘기는 잘 나오지 않는다. 그러나 이곳은 미국 독립을 위해 영국과 맞서 싸운 대륙군의 최대 규모 보급기지였고, 병영이자 집결지, 연병장이었다. 2000명이 넘는 대륙군이 이곳을 거점으로 7년 반 동안 활동했다. 미국독립전쟁 거의 전체에 해당하는 기간이다. 조지 워싱턴 장군이 여기 들러 비밀 작전을 총괄했고, 막사 건설을 지휘했으며, 병력과 식량·군수품 반입과 반출 명령을 내렸다. 방어 상황, 병사들에 대한 천연두 접종, 배신자 교수형 집행 등에 대해 휘하 장군들과 자주 연락을 취하기도 했다. 이 일대에서 여러 차례 전투가 벌어졌고, 인근 콘티넨탈 빌리지에 있는 숙영지가 영국군의 공격으로 불타기도 했지만 피시킬 보급창은 점령당하거나 위험에 처한 적이 없다. 보급창은 전쟁 기간 내내 비밀로 남았고, 이후에도 비밀처럼 사람들의 뇌리에서 사라졌다.

가장자리에서 둘러본 교차로 부지는 28만 3000여 제곱미터(8만 6000여 평) 규모의 군사도시 일부였다. 허드슨 강*에서 약 8킬로미터 떨어진 이 고지대는 당시에는 나무가 거의 없었지만 지금은 수풀이 우거지고 드문드문 가게들이 있다. 나는 9번 고속도로변 잡초가 우거진 지역에 섰다. 마야 카페를 뒤로 하고 헤스 주유소(블림피, 네이선스, 가드파더 피자 같은 가게 간판이 보인다) 너머 북쪽으로 눈을 돌리니 동서 방향 84번 고속도로 진입 램프 바로 아래 있는 반 윅 홈스테드 Van Wyck Homestead의 앞마당 잔디가 보인다. 반 윅 홈스테드는 독립전쟁 기간 중의 보급창 자리에서 유일하게 남아 있는 건축물이다. 한때 워싱턴 휘하 장군들의 본부로 사용됐는데, 지금은 수수한 박물관으로 변신해 있다. 9번 고속도로 서편으로는 더치스 몰 상가 건물이 거의 빈 채로 방치돼 있다. 맥도날드와 홈데포만이 영업 중이다. 건물 전체는 흉물스럽게 변했고, 창문들은 낙서투성이다. 물건을 싣고 내리던 넓은 부지의 아스팔트는 곳곳이 파여 있다. 1970년대의 흔적이다. 이런 풍경이 한때 무기고, 병영, 연병장, 마구간, 대장간, 영창, 병원으로 북적였던 보급창의 현재 모습이다. 지금 눈으로 볼 수 있는 것은 장군들이 본부로 사용했던 반 윅 홈스테드뿐이다.

나는 교차로 부지 끄트머리에 서서 시신을 찾는 과정에서 얼마나 어려움이 많았을까 하는 생각을 해봤다.

• 당시에는 노스 강 North River이라고 했다.

무덤 발견은 그리 놀라운 일은 아니다. 피시킬 보급창이 표시된 워싱턴 장군의 지도에 매장지가 표시돼 있지는 않았지만 묘지는 있을 수밖에 없었다. 독립전쟁 당시 현지에는 질병이 창궐했다. 특히 1777년에는 천연두가 병영에 만연했다. 워싱턴은 곳곳에서 몰려든 대륙군 병사 환자 내지는 부상자들을 배에 태워 북쪽의 테리타운으로 이송하라는 명령을 내렸다. 그에 따라 그들은 "거기서 배에 태워져 피시킬 병원"으로 옮겨졌다. 현지 주민들은 시신이 '마을 길거리에 장작더미처럼 쌓였다'는 목격담을 남겼다. 향토사가들도 전사자들을 기리는 검은 대리석 기념비가 한 세기 가까이 길가에 서 있었다는 것을 알고 있었다. 쌩쌩 달리는 차량들이 표지석을 스치고 지나갔다. 그래서 표지석은 반 위 홈스테드 앞뜰로 옮겨졌다. 나는 9번 고속도로를 따라 북쪽으로 올라가봤다. 차와 오토바이들이 굉음을 내며 지나갔다. 북쪽으로 400미터쯤 올라가자 커다란 검은색 묘비석이 나타났다. 애국여성단체 '미국혁명의 딸들Daughters of the American Revolution'(멜징거 지부)이 1897년에 세운 것이다. 비문은 다음과 같다.

1776~1783년. 미국독립전쟁 당시
조국을 위해 목숨을 바친 용사들을
감사하는 마음으로 기억하며.
그들의 유해는 주변 들판에 고이 잠들어 있다.

'주변 들판에'라는 표현이 원래의 맥락에서 벗어나 휘발유 냄새를 타고 북쪽으로 둥둥 떠올라가는 것 같은 느낌이 들었다.

1960~1970년대에도 시신을 찾아 나선 고고학자들이 있었다. 그들은 시신은 아니지만 병영이 있던 흔적과 다수의 유물을 찾아냈다. 그런 노력의 결과 피시킬 보급창은 국가사적지National Register of Historic Places 명단에 등재됐다. 이는 보급창이 '고고학적으로 중요한 장소'임을 확인했다는 의미에서 명예로운 일이기는 하지만 보호 대상임을 강제하는 조치는 아니었다. 토지 소유주들은 마야 카페에서 반 윅 홈스테드에 이르는 지역을 상업용지로 개발하고자 했다. 그러자 피시킬 시와 뉴욕 주 역사보전국은 고고학 발굴팀을 고용해 개발 계획이 역사 유적을 훼손할 우려가 없는지 확인할 것을 요구했다. 그러나 고고학 발굴팀의 조사를 통해 문제로 드러난 것은 없었다. "개발업자들이 고용한 고고학자는 약 15미터 간격으로 하나씩 구덩이를 파서 조사했지만(1990년대 고고학 발굴의 관행이었다) 아무것도 찾지 못했다."고 빌 샌디는 설명했다. 최종 보고서는 "미국독립혁명 전쟁 당시의 활동이 있었다는 증거는 전혀 발견하지 못했다."며 "우리는 이제 추가적인 시험 조사는 불필요하며 더 이상의 작업은 바람직하지 않다는 점을 확실히 말씀드린다."고 결론 지었다.• 헤스 주유소 건설 이후 이루어진 평가 작업 결과는 교차로 부지에 쇼핑몰 건립을 허용한다는 내용이었다. 그러나 땅주인들이 건설 계획을 계속 밀어붙이려고 하자 시민들이 청원을 냈고, 시 지도부는 개발 계획이 돌이킬 수 없는 역사 현장의 훼손을 야기하지 않을지 다시 한 번 확인해보자는 결정을 내렸다.

• 보고서 원문: Greenhouse Consultants Inc., Stage1B Archaeological Survey of the Touchdown Development, Town of Fishkill, Dutchess Co., NY, Prepared for Battoglia Lanza Architectural Group. P. C. July, 1998.

땅 주인들이 즉각 건설 계획을 밀어붙였다면 샌디가 이끄는 조사팀이 2007년 핼러윈데이 때 현장에 있지 못했을 것이다. 당시 그는 보온병에 담아온 커피를 마시며 초조한 마음으로 현장을 지키고 있었다. 샌디는 1990년대에 시험 발굴을 했지만 아무것도 찾지 못한 문화자원 관리회사 소속이었다. 그런데 이번에는 굴착기에 특수 삽날을 장착하고 작업하기로 했다. "표토를 제거하고 절단면을 잘 보여주기 위해 고고학자들이 사용하는 방법이지요." 샌디는 무덤이 있다면 길가에 늘어서 있었을 것이라고 추정했다. "그래서 길 쪽으로 45도 각도로 시굴을 했어요."

키가 크고 수염이 덥수룩한 50대의 샌디는 나의 고고학계 취재원들에 따르면 "명민한 괴짜"다. 그는 두 손을 들여다보면서 과거 회상에 잠겼다. 나는 결국에 가서는 시신을 발굴한 애기가 나올 줄 알고 자세히 말해달라고 졸랐다. "우리는 아침 8시에 작업 준비를 끝냈습니다. 분위기는 좋았어요. 다만 굴착기가 제대로 작업을 하려면 나무 몇 그루를 잘라내야 했습니다. 그래서 건설 관계자가 와서 전기톱으로 나무를 잘라낼 때까지 기다려야 했지요." 그 사이 가드파더 피자 직원이 나와서 공짜로 파이를 나눠줬다고 한다. 물론 만든 지 오래된 것이지만 그래도 샌디는 기분이 아주 좋았다. "50년 된 건 아닐 테니까요. 그냥 허겁지겁 먹었지요." 당시 파이에 뭐가 얹어 있었는지 샌디는 기억할까? 파인애플. 샌디의 기억은 선명했다.

문제의 핼러윈데이 오후 3시경. 굴착기가 나무 틈을 비집고 들어와 조심스럽게 표토층을 긁어내고 길이 15~18미터로 구덩이를 파기 시작했다. "무덤 두 개가 바로 모습을 드러냈어요. 지금까지 보아온 무덤

중에서도 아주 선명한 형태였습니다." 샌디의 설명이다. "수많은 무덤을 발굴한 경험이 있으면 척 봐도 압니다." 두 개의 시커먼 직사각형 형체가 굴착기 바로 아래 모습을 드러냈다. 불안해진 땅 주인이 옆에서 고개를 들이밀었다. 현지 환경보호 운동가 한 명이 인근을 어슬렁거리고 있었다. "그 사람한테 제발 좀 가라고 그랬어요. 작업 중에는 누구와도 현장 상황에 관해 이야기를 나누면 안 되거든요." 이어 샌디는 굴착기로는 구덩이를 더 파기 어렵다는 것을 직감했다. "땅 주인은 내게 안 된다고 했어요. 우리는 굴착기를 뒤로 이동시킬 수 없는 상황이었고요. 나로서는 옳다고 믿는 바를 하는 수밖에 없었습니다. 그래서 삽을 집어 들고 직접 뒤쪽을 파기 시작했지요. 3센티미터가량 흙을 더 파냈어요. 땅 주인과 동업자는 내 위쪽에 서서 급히 전화를 하더군요. 우리 사장한테 거는 거였어요. 사장이 '당신, 굴착기가 하루에 400달러라는 거 몰라?'라며 고함을 치더군요." 샌디는 그런 압력에도 아랑곳하지 않았다. 그는 일단 현장에 나가면 본인이 '특징'이라고 부르는 것 외에는 관심이 없다. 그것의 정체를 확인하는 일이 절대과제이고 거기에만 신경을 집중한다. "그런데 어떻게 됐는지 아세요? 무덤이 하나 더 나왔어요. 그리고 다시 하나 더, 하나 더, 하나 더, 하나 더. 더 나올 수도 있었지요." 그날 작업이 끝날 무렵에는 시커먼 사각형 형태의 큰 무덤이 모두 일고여덟 개 발굴됐다. 전형적인 성인 무덤 형태였다.

땅 주인들은 추가로 통지할 때까지 발굴을 중단하겠다고 했다. 샌디와 일행은 다가오는 지방선거가 시험 발굴 지연과 모종의 관계가 있다고 생각했다. 샌디는 여러 주에서 수십 년 동안 다양한 땅 주인들의 의뢰로 건설 예정지 조사작업을 했는데, 그 과정에서 관계 법령도 많이 바뀌었다. 그런 다채로운 경험을 한 샌디의 결론은, 모든 부동산은 정치적이라는 것이었다. 샌디의 표현대로 그를 비롯한 계약직 고고학자들은 "고용살이 트라우얼"이었다. 샌디 팀은 짐을 꾸려 다른 자리를 찾아 나섰다. 그런데 얼마 뒤 땅 주인이 다시 평가 작업을 끝마쳐 달라고 부탁했다.

'계약직 고고학자'는 토지 소유주나 부동산 개발업자로부터 도급을 받아 긴급 발굴을 하는 사람들을 말하는데, 일은 상당히 고되다. 일종의 용역 형태로 진행되지만 현장 및 현장에 포함된 고고학적 자산에 대한 책임을 져야 한다. 계약직 고고학자들이 판단하기에 추진 중인 건설 프로젝트가 그런 자산에 손상을 준다면 건설 프로젝트를 수정 또는 중단시켜야 한다. 아니면 긴급 사태로 들어가 관련 유물에 대해 최대한 기록을 남기고 구조해내야 한다. 이것을 '손상 완화 조치'라고 한다. 2010년 고고학자들은 뉴욕 시 로어맨해튼의 쓰레기 매립지에서 18세기 목선 한 척을 발견하고 깜짝 놀랐다. 건설 장비가 아직 가동되지 않는 사이 고고학자들은 손상 완화 조치를 취했다. 일단 선박에 쓰인 거대한 목재들을 신속히 실험실로 옮겼다. 땅이나 물속에 매몰돼 있던 목재는 산소에 노출되면 급속히 부식되기 때문에 보전과 연구를 위해 긴급 조치를 취한 것이다.

건설 프로젝트가 추진되는 사이 고고학적 유물이 발견되면 어떤 면에서는 다행이지만 또 어떤 면에서는 골칫덩어리다. 특히 고고학자들이 절대 발견하고 싶어 하지 않는 것이 사람 시신이다.* 샌디가 피시킬

• 이런 얘기는 내가 처음 인터뷰한 고고학자로부터 들었다. 그녀는 내게 "'NAGPRA'라고 들어보셨어요?"라고 물었다. NAGPRA는 아메리카원주민무덤보호 및 송환법Native American Graves Protection

보급창 무덤 발굴 이후 작성한 기록에도 그런 얘기가 나온다. "나는 묘지 발굴 경험이 좀 있다. …… 묘지 발굴작업은 논란을 불러일으키는 경우가 많다. 주변에 작업 내용이 널리 알려지면 고고학 발굴 사업을 하는 업체는 망할 수도 있다. 그 때문에 전문가나 고고학 업체들이 서로 반목하기도 한다."

빌 샌디는 오랜 친구이자 동료인 에드 러치Ed Rutsch와 발굴작업을 함께해왔다. 역시 계약직 고고학자인 러치는 동료들과 의뢰인들로부터 인기가 높다. 샌디는 러치가 한 말을 아직도 기억하고 있다. "지금은 자네가 날 좋아하지만 내가 유골을 찾아내는 순간 나를 미워하게 될 거야."

1991년 연방기관 도급 업체인 한 엔지니어링 회사가 러치에게 일을 맡겼다. 오래 거래한 회사로 작업 과제는 로어맨해튼의 한 개발 예정지를 조사하는 것이었다. 문제의 땅은 옛날 지도에 '흑인 매장지'로 표시된 곳이었다. 러치는 매장 유골이 발견될 가능성이 있다고 보고 건설에 앞서 부지에 대한 시험 조사를 해보자는 계획서를 냈지만 그럴 만한 시간은 주어지지 않았다. 빌 샌디를 포함한 그의 조사팀이 시신

and Repatriation Act의 약자로, 뒤늦게나마 고고학자와 박물관이 종교적 신봉의 대상이 될 수 있는 유물을 수집·전시하는 행위를 막기 위해 취한 조치다. 적용 대상은 특히 원주민들의 시신 또는 유골이다. 그녀는 "'케네윅인Kennewick Man'이라고 들어보셨을 겁니다. 그것이 결과적으로는 관련된 모든 사람에게 악몽이 되고 말았지요."라고 말했다. 케네윅인은 미국 워싱턴 주에서 발견된 9000년 된 유골로 과학자들과 아메리카원주민협회는 유골 소유권을 놓고 9년 동안 분쟁을 벌였다. 연방법원은 결국 케네윅인은 아메리카원주민이 아니라고 판결했다. 고고학자들이 가장 오래된 유골 가운데 하나를 연구한 끝에 나온 결론이었지만 그것은 상처뿐인 승리였다. 유골은 현재 미육군공병단 관할하에 시애틀 워싱턴대학교 내 버크자연사박물관에 보관돼 있다. 일반인 관람은 금지돼 있으며, 지금도 소유권을 주장하고 있는 과학자들과 아메리카원주민 단체들이 간혹 찾아올 뿐이다.

을 발굴하기 시작하면서 러치가 예상했던 것보다 더 많은 시신이 추가로 쏟아져 나왔다. 러치는 수작업 발굴을 주장했다. 그가 발굴해낸 아프리카인 매장지는 17~18세기에 노예와 해방 노예 출신 자유민을 예를 다해 매장한 장소로 밝혀졌다. 러치는 그곳을 '아메리카 흑인의 플리머스 바위Plymouth Rock(영국인 청교도들이 종교적 박해를 피해 1620년 메이플라워호를 타고 매사추세츠 주 동해안에 상륙한 뒤 처음으로 밟았다고 전해지는 바위—옮긴이)'라고 명명했다. 고용주인 엔지니어링 회사와 연방조달청은 러치에게 손상 완화 조치를 신속히 진행하도록 압박하면서 추가 용역비 지급을 거부했다. 그 과정에서 고고학자들은 조달청 및 건설 노동자들과 불편한 관계가 됐고, 연방정부의 의도를 의심하는 대중은 고고학자들을 상대로 매일 항의 시위를 벌였다. 시위대는 주로 흑인이었는데, 백인 건설 노동자들이 흑인 무덤을 파헤치는 것을 문제 삼았다. 이후 러치와 조사팀이 하던 일은 규모가 더 큰 문화자원관리회사로 넘어갔고, 하워드대학교 팀도 합류했다. 얼마 뒤 의회 감시 소위원회는 발굴작업을 중단시켰다. 샌디는 "우리는 중상모략까지 받았다."고 말했다.* 그는 지금도 아프리카인 매장지에서 출토된 시신들은 건설 노동자들이 우연히 발견한 것이라고 주장하는 논문을 읽을 때마다 화

• 연방조달청의 발굴 관련 보고서는 http://www.gsa.gov/portal/ext/html/site/hb/category/25431/actionParameter/exploreByBuilding/buildingId/1084에 올라와 있다. 비정부기구인 뉴욕문화보전프로젝트New York Preservation Archive Project의 관련 보고서는 http://www.nypap.org/content/african-burial-ground에 실려 있다. 이 보고서는 "HCI(러치가 운영하는 회사)는 현재의 시청에서 북쪽으로 두 블록 떨어진 곳에 아프리카인 매장지가 있음을 보여주는, 1755년도에 제작된 지도를 찾아냈지만 고고학자들은 유적이 있었다고 해도 19세기와 20세기의 개발 과정에서 다 파괴됐을 것으로 추정했다."고 적고 있다. 이것은 러치가 내린 결론이 전혀 아니다.

가 치민다.

샌디가 아프리카인 매장지에서 작업할 때 동원한 기법은 토양이나 물, 동식물체 또는 인체의 여러 부분에 서식하는 미생물이나 화석화된 곡물 등을 연구하는 고민족식물학古民族植物學이다. 그의 날카로운 시선은 아주 작은 발견물도 놓치지 않는다. 그의 동료 한 사람은 내게 샌디가 당장이라도 들판에 나가면 풀 속에 쭈그리고 앉아 바다나리 비드 Crinoid bead(아메리카원주민들이 해양 화석으로 만든 2.54센티미터 크기의 구슬)를 찾아낼 수 있다고 말했다. 샌디는 아프리카인 매장지 조사작업을 하면서 식물 씨앗, 물고기 비늘, 곤충 몸체, 뼈 파편 같은 미세한 크기의 물체들에 대한 조사를 담당했다. 매장지에서 출토된 토양 샘플을 올이 가는 체로 거른 다음 물에 담가 부유물을 조사하는 방식이었다. 그는 아프리카인 매장지에 관한 예비조사보고서(부유물보고서)를 작성했는데, 지금도 그는 발견된 시신이 428구라는 공식 수치는 너무 낮게 잡은 것이라고 주장한다. 그는 훨씬 많은 시신이 매장돼 있을 것으로 본다. 토양을 걸러낸 체에서 아주 작은 유아 치아를 굉장히 많이 보았기 때문이다.

이는 2007년 샌디가 피시킬 보급창에서 발견한 것이 군인 묘지임을 확신하는 이유이기도 하다. 식민지시대의 가족 묘지에는 유아와 어린이 시신이 많다. 일곱 개의 무덤에서 성인 시신만 7구를 발견할 가능성은? "1퍼센트에 불과하다."고 샌디는 단언했다.

2007년 11월 지방선거 실시 일주일 만인 어느 날, 샌디는 교차로 부지 땅 주인들로부터 다시 와달라는 부탁을 받았다. 시커먼 사각형 물체 하나를 발굴해 그 내용물을 검증해달라는 것이었다. 샌디는 검시관에게 동행을 요청한 다음 팀원들을 피시킬 현장으로 불러들였다. 그는 챙 없는 주황색 털실 방한모를 쓰고 낙엽 쌓인 땅바닥에 무릎을 꿇고 앉았다. 그는 처음 시험 발굴 이후 가장 선명한 형태를 드러낸 무덤을 집중 조사했다. "표토를 긁어낸 바닥에는 못이 많았어요. 관이 있었다는 걸 보여주는 전형적인 흔적이지요. 마분지처럼 푸석푸석해진 목재의 잔해가 못에 붙어 있기도 했어요. 우리는 구덩이 속으로 내려갔습니다. 그러자 오래된 현장의 전형적인 특징이 드러났습니다. 무덤은 계속 젖어 있거나 계속 말라 있으면 상태가 좋습니다. 어느 쪽이든 보존에 적합하니까요. 하지만 젖었다 말랐다를 반복하면 꽝입니다. 우리가 발굴한 것도 꽝이었어요. 유해 상태는 아주 나빴습니다. 다리뼈와 팔뼈 몇 점 그리고 두개골 일부를 건져냈습니다. 더 이상 들어가면 안 되겠다는 결론을 내렸지요."

"고고학자들은 중간에 철수하는 걸 아주 싫어해요. 그래서 저도 천번은 더 생각하고 또 생각해봤습니다. 유명한 전문가들도 제게 다시 들어가서 대륙군 연대 배지라도 찾아야 하는 것 아니냐고 했습니다. 제 감으로는 우리가 작업을 계속하면 글자 그대로 유적지를 완전히 망쳐놓을 것 같았습니다. 그 현장은 '여긴 정말 중요한 곳이야.'라고 절규하는 듯했습니다. 미국혁명여성회DAR가 만든 기념비가 원래 있던 장소에서 70미터도 떨어지지 않은 곳이었어요. 배지가 나온다고 해서 달라질 건 없어요. 그래서 더 이상의 시굴은 필요 없다고 했습니다."

샌디와 팀원들은 미국 국기와 당시에 사용했던 깃발을 유골에 덮고 다시 흙을 덮었다. "유골의 주인공들은 대부분 그런 깃발을 보지도 못했을 겁니다. 우리는 나름의 의식을 거행한 뒤 현장을 폐쇄했습니다.

마음속으로 추모의 기도를 올렸지요. 그러고는 기록을 하고 기록지를 비닐백에 넣었습니다. 저의 제자들이 언젠가 거기 가서 로봇을 투입해 DNA 표본을 채취할지도 모릅니다. 10년 뒤 제자들이 알아낸 사실을 보면 우리는 창피해서 얼굴을 들 수 없을 지경이 될 겁니다······." 샌디는 자리에 앉아 말없이 생각에 잠겼다. 키가 크고 수염이 덥수룩한, 플란넬 상의에 청바지를 입은 모습이 더욱 인상적으로 다가왔다.

잠시 후 내가 말했다. "정말 감동적이었겠어요."

"아니요, 아닙니다. 현장에서 감정이란 건 없습니다." 샌디가 단호히 말했다. "그냥 맡은 일을 하는 겁니다. 최종적으로 어떤 결과가 나올까 하는 것은 전혀 생각하지 않습니다. 물론 아프리카인 묘지 같은 경우 사람들에게 우리의 견해를 말할 수는 있습니다. 정말 대단하다, 보존할 가치가 있다는 식으로 말입니다. 하지만 우리가 할 일은 **이게 뭐지?**라는 질문에 답을 하고 그것을 보고서로 정리하는 것입니다. 감동을 받고 말고는 역사 유적 보존을 담당하는 주 정부 공무원들에게 달린 일이지요." 그러면서 샌디는 다소 주저하며 한마디 덧붙였다. "얼마 뒤면 '표지판 하나 없었던 곳인데, 표지판 하나 없었던 곳인데.' 하는 생각이 들게 될 겁니다."

어떤 유적지를 비밀로 유지해 도굴을 방지할 것이냐, 널리 알려서 보존과 가치 평가를 도울 것이냐 하는 것은 고고학에서 늘 어려운 선택이었다. 피시킬 보급창이 국가사적지 명단에 등재된 지 40년 가까이 지난 시점에 내가 주문한 국립공원관리청의 관련 안내책자가 도착했다. 표지에는 '본 유적의 위치는 기밀입니다'라는 경고문이 적혀 있었다. 안을 뒤적여보니 보급창의 각종 시설에 대해서는 위치 표시만 돼 있고 보급창의 경도와 위도는 검은 잉크로 지워져 있었다. 물론 자세히 들여다보니 어렵지 않게 알 수는 있었다. 고고학 관련 단체들과 온라인으로 의견을 나누면서 처음 알게 된 것은 고고유적지의 정확한 위치나 현장 보존에 해가 될 수 있는 일체의 것에 대해서는 공개적으로 이야기하지 않는다는 원칙이 있다는 사실이었다. 그러나 알지 못한다면 보존은커녕 어떻게 유적지의 가치를 제대로 평가하겠는가.

샌디는 문화자원관리회사에 고용돼 있는 동안에는 무덤 발굴에 대해 외부인과 대화할 수 없었다. 그러나 교차로 부지 관련 보고서를 주 정부에 제출한 이후에는 더 이상 비밀 유지 의무는 없었다. "일을 하다 보면 상황이 조금씩 변합니다. 그런 식으로 계속 가는 거죠. 그러다가 딴 일이 생기기도 하지만요." 샌디는 참전 군인이 아니다. 그러나 삼촌이 2차 세계대전 때 그린란드 연안에서 어뢰 공격으로 전사한 것이 그의 어린 시절에 깊은 인상을 남겼다. 그의 자유분방함과 개성은 그가 피시킬에서 발굴한 사람들과 같은 참전 군인들이 준 선물이었다. "저는 그런 분들에게 빚이 많습니다."

고고학 전문가 행동 강령에 따르면 고고학자들은 '고고학적 자원 보존을 적극 지원하고, 고고학 및 고고학의 연구 성과를 책임 있는 방식으로 대중에게 전파해야' 한다. 샌디는 피시킬 현지 문화재 보호운동가[*](이 사람의 청원 덕분에 무덤에 대한 조사가 이루어질 수 있었다)의 전화를 받고 자신이 발굴한 내역을 설명해주고, 운동가들과 대화의 시간을 갖기로 약속했다. 그는 관계 기관의 허가를 받아 운동가들을 현장으로 안내했

• 이름은 마라 패렐Mara Farrell. 피시킬 유적지 보호운동을 초기부터 적극 주도했다.

다. "땅 주인들이 그러라고 해요?" 내가 물었다. 샌디는 교차로 부지 소유자 가운데 한 사람인 도메니코 브로콜리 얘기를 해줬다. "그럼요. 그분도 조국을 사랑해요. 우리랑 똑같지요." 그렇게 해서 샌디의 현장 순례가 다시 시작됐다. 이 과정에서 '피시킬 보급창의 친구들'이라는 신설 단체가 적극 지원에 나섰다. "추모식에도 안 갈 수 없지요. 현장 안내를 끝내고 가봤어요." 샌디는 관심이 있는 사람이라면 누구든 시신이 발견된 곳으로 안내하는 일을 시작했다. 본인 말마따나 피시킬에서 '딴 일'이 생긴 것이다.

2011년 9월의 어느 주말에 미국독립전쟁을 기념하는 행사가 열리고 있었다. 샌디가 반 윅 홈스테드 앞뜰에서 접이식 탁자 앞에 앉아 있는 게 보였다. 보이스카우트 단원들과 대장장이가 보였고, 식민지시대 복장을 한 몇몇 여성은 사과 튀김을 만들고 있었다. 역사 현장 재현을 전문으로 하는 사람이 독립전쟁 당시의 삼각모를 쓴 채 말을 타고 나타났다. 샌디는 호기심에 모여든 사람들에게 이런저런 이야기를 들려주고 있었다. 그는 하루에 세 차례 반 윅 홈스테드 묘비석을 출발해 매장지까지 다녀오는 현장답사를 인솔했다. 샌디는 매장지의 중요성에 대해 간단히 설명한 다음 걸을 힘이 있는 사람을 모두 이끌고 9번 고속도로 남쪽으로 향했다. 손에는 모세의 지팡이처럼 생긴 고고학용 길이 측정 막대기(약 30센티미터 단위로 검은 테이프가 감겨 있다)를 들고 있었다. 보이스카우트 세 명이 도로변 샛길을 일정한 간격을 두고 건넜다. 주유소에서 안전하게 길을 건너기 위한 조치였다.

가을 숲에서 호기심 많은 청중 수십 명이 샌디 주변으로 모여들었다. 그는 심호흡을 한 뒤 뉴저지 출신 특유의 비음 섞인 목소리로 설명을 시작했다. 처음에 무덤 위치를 확인하기 위해 했던 노력, 시신을 찾아내지 못한 불운한 고고학자들, 샌디 발굴팀이 역사적 발견을 하게 된 상황 등에 관한 이야기가 이어졌다. 샌디는 덥수룩한 회색 수염과 커다란 선글라스, 깊이 눌러쓴 챙 긴 모자 뒤로 감정을 숨기고 있었다. 그는 설명 도중 옆으로 몸을 살짝 틀며 두 손을 동그랗게 모아 쥐는 방식으로 특정 부분을 강조했다. 마치 허공에 떠도는 말들을 두 손으로 살짝 떠오는 것 같았다. "우리는 굴착기로 30센티미터에서 45센티미터 정도의 표토를 걷어냈어요. 갈색 흙을 걷어내고 나니까 노란 흙이 나오더군요. 그때 그런 형상들이 보이기 시작했어요. 그 하나하나가 성인용 관과 크기와 형태가 동일했습니다……."

샌디는 땅을 유심히 들여다봤다. 몇 미터 정도에 걸쳐 땅이 움푹 들어간 자국이 선명했다. 그가 팠던 구덩이의 흔적이 남아 있었던 것이다. 약간 떨어진 곳에 있는 나무들 사이로 스며드는 자동차 소리를 제외하고는 이곳 숲 속 공터에 소음은 전혀 없었다. 무성하게 자란 풀 속에 선 청중들은 샌디의 얘기에 온 정신이 팔려 있었다.

"고고학자는 회의주의자입니다. 우리는 아무것도 믿지 않아요. 여러분의 할아버지들이 해준 얘기 세 가지만 저한테 말해보세요. 그럼 저는 아주 주의 깊게 듣겠습니다. 하지만 그게 정말 사실인지는 반드시 의심해볼 겁니다. 우리는 땅에서 증거를 찾습니다. 우리가 말로 하는 얘기가 과연 그런지 땅속에서 찾아내는 것이지요."

샌디의 발굴팀은 매장의 증거를 땅속에서 확보한 뒤 피시킬 시와 뉴욕 주 역사보전국에 제출했다. 땅 주인들은 다른 의견을 제시하기 위해 새로운 문화자원관리회사를 고용했다. 이 회사 소속 고고학자들은 지표 투과 레이더를 투입해 샌디가 내린 결론이 사실임을 확인하는 동시에 수백 기의 무덤이 더 있다고 볼 만한 증거를 찾아냈다. 여기는 단순한 매장지가 아니라고 샌디는 우리에게 말했다. 이곳은 미국 전체에서 독립전쟁에 참전한 군인들이 묻힌 최대 규모의 공동묘지였다.

샌디는 이런 전설적인 얘기를 흥미진진하게 풀어가는 재능이 있었다. 물론 그럴 수 있는 힘은 자신이 중요한 일을 하고 있다는 확신에서 나온 것이다. 우리가 치른 최초의 전쟁에 최초로 참가한 용사들을 대변한다는 벅찬 감정 같은 것 말이다. 그는 대륙군이 직면한 상황을, 사택과 의복이 지급되고 역사에 그 활약상이 기록되고 시신은 정식 교회 묘지에 묻힌 장군들이 아니라, 1년 또는 9개월 기간으로 징집돼 피시킬까지 행군해온 평범한 민병대원들의 삶을 중심으로 증언했다. 피시킬에 집결한 졸병들은 교대로 잠을 자면서 음식물을 구걸하러 다녔다. 현지 주민들은 병사들이 추위를 면하기 위해 나무 울타리나 널빤지를 뜯어다가 불을 때는 것에 극심한 불만을 표시했다. 샌디는 막사에서 병사들이 입을 옷가지가 태부족인 상황을 "벌거벗은 병영"이라는 말로 표현하면서 이스라엘 퍼트넘 소장이 조지 워싱턴 장군에게 보낸 편지를 인용했다. "임무를 수행하라는 명령을 내리기가 어렵습니다. 연대에 담요 한 장 없습니다. 구두 한 짝, 셔츠 하나도 제대로 가진 병사가 거의 없습니다. …… 필수 의복이 없어서 제 구실을 못하는 병사가 수백 명이나 됩니다."

샌디는 병기창 자리를 "미국독립전쟁의 게티즈버그"라고 칭했다. 그런 유적지를 어떻게 우리는 지금까지 까맣게 몰랐단 말인가. 샌디의 설명을 듣던 한 고등학생은 학교 선생님들도 모른다면서 이제 선생님들한테 알려서 이 얘기를 널리 전할 수 있도록 할 생각이라고 말했다. "그래야지." 하며 샌디가 맞장구를 쳤다. "사람들은 몰라요. 안다면 235년 전 조국을 위해 목숨을 바친 사람들의 무덤이 아무런 표시 없이 숲하게 널려 있는 이 자리에 우리가 이렇게 서 있지는 않겠지요."

이제 일행을 인솔해 차량 통행이 많은 도로를 안전하게 건너 반 윅 홈스테드로 돌아가야 할 시간이다. 해산은 묘비석 앞에서 하게 돼 있다. 그에 앞서 샌디가 자유질문에 답하는 시간을 가졌다. 그런데 그를 난처하게 만든 질문은 딱 하나, "묘지가 위치한 땅이 왜 아직도 법률적으로 보호되고 있지 않은가?" 하는 것이었다. 땅 주인들이 내건 가격표는 600만 달러였다. 연방정부 차원에서는 이 지역을 사들일 돈이 없었다. 국립공원관리청에서 운영하는 미국 전적지 보호 프로그램은 남북전쟁 기간의 전투 지역만을 보호 대상으로 하고 있었다. 독립전쟁 기간의 전투지는 보호 대상에서 제외돼 있었다. 더구나 피시킬 일대는 전투지도 아니었다. 샌디는 가슴이 답답한지 고개를 가로저으며 말했다. "척 슈머 상원의원이 수년간 법률 개정을 위해 노력했습니다. 관련 예산을 500만 달러에서 1000만 달러로 두 배 증액해 독립전쟁과 1812년 미영전쟁 당시의 중요 유적지를 보호하는 게 목표입니다." 그러나 우리의 첫 참전 용사들은 시신이 발견된 지 여러 해가 지나도록 아직도 '매물'이라는 간판이 서 있는 교차로 부지에 잠들어 있다. 샌디로서는 심히 부당한 사태라고 볼 수밖에 없었다. 캐나다 대부분의 주에서는 역사적으로나 고고학적으로 중요한 유물이 사유지에서 발견되면 공공 소유로 귀속된다.* 그런데 여기 미국에서는 사유지 소유권자의 마음이다.

다른 프로젝트에 신경이 팔릴 법도 하지만 피시킬 문제에 관한 샌디의 자세는 확고했다. 가을 현장답사 일정이 끝나고 몇 달 뒤 그는 전미헌화협회Wreaths Across America라는 단체를 알게 됐다. 매년 12월 둘째 주 토요일 정오에 자원봉사자들이 전국의 참전 군인 묘역에 헌화하는 운동을 하는 단체다. 이번 행사는 독립전쟁 참전 용사들에게 우리가 진 빚을 다시 한 번 되새길 수 있는 기회였다. 피시킬 역사모임 및 피시킬 보급창의 친구들과 샌디가 그해에 마지막으로 마련한 추모행사에는 '뉴욕 5연대'라는 민간단체에서 나온 역사 재현 전문가 여섯 명을 포함해 건장한 자원봉사자 40여 명이 참여했다. 나는 샌디를 비롯한 여러 참석자들과 함께 반 윅 홈스테드 앞뜰에 있는 묘비석 앞에 섰다. 잠시 묵념을 하고 나서 우리는 꽃다발을 들고 9번 고속도로 남쪽으로 행진했다.

우리는 교차로 부지 한가운데에 있는 공터에 집결했다. 지역 정치인들이 짧지만 핵심이 담긴 연설을 했다. "이 자리에 참석해주신 여러분 모두에게 감사의 말씀을 드립니다." 한 시 의원이 말했다. "오늘은 경건한 날입니다. 우리가 내년에 이 자리에 모일 때는 선배 참전 용사들을 옳게 예우하는 작업이 이미 시작돼 있기를 기대합니다." 시 의원의 연설은 그게 다였다. 간단하지만 완벽한 연설이었다.

모자 달린 망토를 입고 식민지시대 복장을 한 여성이 화환을 올렸다. 퇴역 군인들이 그 뒤를 따라 헌화했다. 그렇게 현장에 놓인 화환은 모두 일곱 개였다. 2007년 발굴된 시신 7구를 추모하는 화환이었다.

• 캐나다 국립공원관리청에 따르면 이 규정은 온타리오와 퀘벡을 제외한 모든 주에 적용된다.

역사 현장 재현을 위해 당시 군인의 복장을 하고 온 사람들이 구덩이 (땅은 얼었지만 시범 발굴의 흔적은 역력했다) 주변으로 늘어섰다. 이들은 옷 자락이 긴 청색 상의, 속에는 좁은 간격으로 단추를 많이 단 셔츠, 갈색 하의를 입고 삼각모를 쓰고 있었다. 그중 한 명은 빨간 니트 모자를 썼는데 엉성하게 수를 놓은 'LIBERTY(자유)'라는 글자가 눈에 띄었다. 이들은 머스킷 소총 개머리판을 땅에 대고 총구 위에 두 손을 교차시킨 뒤 고개를 숙였다. 전사한 동료들에게 예를 표하는 동작이었다. 맨 끝에 있는 사람은 두 손을 허리에 올리고 당당한 자세를 취하고 있었다. 불과 몇 미터 떨어진 9번 고속도로에서 굉음을 내며 달리는 오토바이들을 향해 정숙을 명하는 듯한 모습이었다.

이날 행사가 있기 얼마 전에 이라크전쟁 참전 군인들의 시신이 쓰레기처리장에 버려진 사실이 언론에 크게 보도됐다. 공군은 신원을 알 수 없는 시신 일부를 소각해 쓰레기처리장에 버린 사실을 인정했다. 수세기 동안 우리는 이런 식으로 사자에 대한 최소한의 예우를 갖추지 못하는 경우가 많았다.

뉴욕 5연대 장교들이 장전, 발사 명령을 내렸다. 예포 소리가 천둥처럼 이어졌다. 그러나 머스킷 소총은 제대로 발사된 경우보다 불발된 경우가 많았다. 한겨울 숲 속에서 그런 실수 정도야……. 가장 운구 행렬을 뒤따르는 심정은 절절함과 슬픔이 뒤섞인 어떤 것이었다.

빌 샌디를 다시 만난 것은 2년 뒤 뉴저지 주 북부의 한 유기농 마늘 농장에서였다. 거기서 그는 하계 필드스쿨을 주 4일씩 운영하고 있다. 그는 폐타이어에 걸터앉아 햇볕에 그을린 손에 직접 만든 샌드위치를 들고 있었다. 그가 시간강사로 일하는 서식스카운티 커뮤니티칼리지 학생들이 저 위쪽 언덕에 있는 4000~5000년 전 주거지에서 시굴갱을 파고 화살촉과 석기 파편 같은 것을 찾고 있었다. 샌디는 8년간 의료보험 혜택을 누리지 못했다. 당뇨와 고혈압이 있지만 병원에 갈 시간조차 내기 어려웠기 때문이다. 지난 몇 달 동안 단 하루도 휴일을 갖지 못했다.

그는 힘이 넘쳤다. 원기 왕성하다고 할 정도였다. 그렇게 힘찬 목소리로 그는 내게 어린 곰 이야기를 해줬다. 녀석이 이곳 벌판을 어슬렁거리다가 샌디와 학생 일행 옆을 슬쩍 지나갔다는 것이다. 그런 얘기를 믿으라고? 그는 '펜실베이니아의 자랑'이라는 테이스티 케이크를 함께 먹으며 학생들에게 나를 소개했다. 학생들 중에는 80대 할머니도 있었다. 그녀는 다시 학교에 가서 고고학을 공부하고 싶다는 꿈을 실현하고 있는 중이었다.

나는 샌디가 어떤 곳에 사는지 궁금했다. "들판의 작은 집입니다. 여기서 한 40분 거리에 있어요." 샌디가 말했다. "한번 가 보실래요?" 학생들이 작업을 마치고 떠난 뒤에 우리는 차를 가지러 갔다. "잠깐, 따라가다 중간에 놓치면 어쩌죠?" 내가 물었다. 샌디는 웃으면서 "들판에서는 차를 놓칠 수가 없어요."라고 했다.

검은 흙에 녹색 언덕이 오르락내리락 하는 지대를 몇 킬로미터 정도 뒤따라갔다. 그의 말이 맞았다. 이렇게 맑은 날 고물 픽업트럭을 놓칠 염려는 없었다. 화물칸에 체며 삽이 잔뜩 실려 있는 것을 보니 샌디가 모는 트럭이 분명했다. 우리는 그의 집에 들어가기 전에 주변을 한 바퀴 둘러봤다. 샌디는 차창 밖으로 손을 내밀어 한곳을 가리켰다. 나는 그의 트럭 옆에 바짝 붙어 작은 교회 주차장에 차를 댔다. "여기 좀 보세요." 그가 흰색의 멋진 교회를 가리키며 말했다. 그런데 그 옆에 특이한 8각형 건물이 딸려 있었다. "남북전쟁 때 여기 신도들은 두 파로 나뉘었습니다. 그래서 북군 지지자들은 교회에서 모이고, 남군 지지자들은 이 8각형 건물에서 예배를 봤지요." 샌디는 건물을 바라보며 감회에 젖었다. 그 순간 누군가가 소리쳤다. "빌! 빌!" 길 건너편 깔끔하게 정리된 교회 묘지에서 트랙터로 잡초를 베던 남자가 모자를 벗어 흔들고 있었다. 마른 몸매에 허름한 옷차림이었다. "랜디예요." 샌디가 반가운 표정으로 말했다. "갑시다. 랜디를 만나보세요. 이 일대 지표 조사를 하는 역사학자입니다. 지금 우리 학생들이 발굴 중인 농장도 저 친구가 알려줬어요. 역사 관련 정보가 유실되지 않도록 하는 게 그의 목표지요." 우리는 길을 건너 교회 묘지를 관리하며 고인들을 추모 중인 랜디와 잠시 대화를 나눴다.

우리는 두 번 더 걸음을 멈추고 역사 유적지를 살펴본 뒤 샌디의 집에 도착했다. 집은 원래 뉴욕 주의 한적한 시골길에 서 있던 과일·채소 가게였다. 샌디는 이웃 소도시의 지역 유적 보호 운동가들과 오랜 관계를 유지해왔지만 독신처럼 생활하고 있었다. 논문과 책들이 책상이며 바닥에 높이 쌓여 있었다. 텔레비전이 있지만 수신이 안 됐다. 고인이 된 친구들이 물려준 책도 많았다. 3만 7000장쯤 되는 우편엽서를 담은 상자들이 거실 구석구석을 채우고 있었다. 상자마다 주제별로 분류해 팔 것은 따로 표시해놓았다. 샌디가 어린 시절 가지고 놀던 맥스라는 이름의 빨강머리 소년 인형이 선반에서 나를 내려다보고 있었다. 아버지에게서 물려받은 1936연식 올즈모빌 컨버터블은 헛간에 보관돼 있었다. 일종의 가보다. 옛날에 올즈모빌에서 만든 판촉용 안내문과 수리·정비 관련 설명서도 수북이 쌓여 있는데, 샌디가 부업으로 파는 것들이다. 골동품 수준의 선홍색 올즈모빌에 주유를 하자 시동이 걸렸다. 샌디는 차를 천천히 몰아 픽업트럭 옆을 지나 바깥으로 나왔다. 모란 화단 옆에 서 있던 나는 냉큼 올라탔다. 우리는 골동품 올즈모빌을 타고 들판을 천천히 돌아다녔다. 그의 입에서 연신 지역의 역사에 관한 이야기가 쏟아져 나왔다.

◈ ◈ ◈

주디 울프Judy Wolf는 사시사철 긴 드레스에 앞치마, 보닛까지 갖춘 식민지시대 복장을 하고 있었다. 그러고 보니 현대식 복장을 한 모습은 본 적이 없는 것 같다. 그녀는 열정적인 아마추어 역사 연구가로 피시킬에 매장된 병사들의 시신 일부를 발굴하는 데 도움을 준 인물이다. 그녀는 매달 피시킬 보급창의 친구들 회장인 랜스 애시워스와 함께 독립전쟁 당시의 병력 소집 명부를 뒤진다. 거기서 확보한 이름을 가지고 관련 문서나 전자 데이터베이스, 연금 지급 대장, 당시 의사들이 남긴 일기 등을 대조해가며 사실관계를 검증한다. 펜실베이니아 주 밸리포지에 있는 군 문서고는 확대·보강됐지만 피시킬 쪽은 아직도 국가 차원의 지원을 받지 못하고 있다. 울프는 지금까지 피시킬에서 활동한 병력에 관한 기록을 찾기 위해 곳곳을 돌아다녔다. 그러던 차에 미육군병참박물관U.S. Army Quartermaster Museum에서 자료 관리자의 말을 듣고 깜짝 놀랐다. 각종 병참 관련 자료를 망라한 박물관인 만큼 모든 보급창 관련 정보가 구비돼 있어야 할 텐데 피시킬 보급창 얘기는 한 번도 들어본 적이 없다는 것이었다.

피시킬 보급창에 대해, 그리고 지금은 혼령으로 떠돌고 있을 당시 병사들에 대해 많은 것을 알게 되면서 울프는 독특한 느낌을 갖게 됐다. "피시킬에서 죽은 사람들에 대한 검증을 하면서 그들과 많은 시간을 보냈습니다. 마치 그 병사들과 가족이 된 기분이었어요. 그 병사들을 엄마처럼 돌보는 심정입니다. 솔직히 어떤 때는 그들이 나를 도와주고 있는 듯한 착각이 듭니다. '우리를 좀 찾아주세요.' 하고 호소한다고나 할까……."

2014년 초 주디 울프는 놀랍게도 독립전쟁 때 피시킬에서 사망한 병사 84명의 명단을 확인했다. 이들은 피시킬 일대의 매장지에 묻혔을 것으로 추정되는데 그중에는 캐나다 출신 간호사와 에이브러햄 고드윈 대위도 있었다. 대위는 전투 중에 부상을 당했고, 아들인 헨리 고드윈 대위 옆에 매장됐다. 피시킬 보급창의 친구들이 확보해 구체적인 출신지, 행적과 함께 웹사이트에 올린 참전 용사 명단에는 '피시킬에서 병고 끝에 사망'이라는 표현이 자주 등장한다.• 명단과 함께 망자를 추모하는 웹페이지는 흑백으로 돼 있다. "병사들의 매장지를 취득해 영구히 보존하게 됐다고 선언할 때까지 흑백으로 유지할 겁니다."

피시킬 보급창의 친구들은 개별 병사들에 대한 조사를 계속하는 한편으로 추모행사도 하고 있지만 매장지 일대는 여전히 상업용지로서 개발을 기다리고 있다. 교차로 부지와 관련해서는 각종 청원과 소송이 제기돼 있는 상태다. 1998~2012년에는 담보와 임대, 건설 계획 추진,

---

• 피시킬 보급창의 친구들 웹사이트 주소: http://www.fishkillsupplydepot.org

세금 미납 등이 얽히고설키면서 토지 가치가 500만 달러로 떨어졌다. 시청에서는 40만 달러라는 평가를 내리기도 했다. 두 번째 문화자원 관리회사가 무덤의 존재를 확인한 뒤 뉴욕 주 역사보전국은 매장지 주변의 구조 변경이 불가피하므로 추가 건설은 바람직하지 않다고 권고했다. 그러지 않아도 현장에는 개천과 습지가 있어서 건물을 짓기에는 썩 적합하지 않다. 도메니코 브로콜리도 토지 지분 일부를 가지고 있는데 기대보다 지가는 훨씬 떨어진다. 이제 그는 지분을 팔고 싶어 한다. 하지만 그런 땅을 살 사람이 유적보전 단체 말고 누가 있겠는가.

2013년 전몰장병 추모일(5월 마지막 월요일) 몇 주 전, 중장비가 공터에 나타나 매장지 주변에 폴리에틸렌으로 만든 밝은 주황색 경고 울타리를 둘러쳤다. 울타리에는 몇 발짝마다 **사유지, 출입금지**라는 경고 푯말이 붙었다. 부동산 개발회사는 언론 발표문을 통해 또 다른(세 번째) 문화자원관리회사가 매장지 주변 상황 조사를 거의 끝내고 있다고 밝혔다.[*] 발표문에는 도발적인 문구가 담겨 있었다.

그동안 복수의 특정 개인이 이 부지에 매장돼 있는 것이 확실하다고 주장하는 성명들이 언론에 보도됐지만 그것은 순전히 추정일 뿐이다. 피시킬 보급창으로 이송돼 사망한 개인들에 대한 역사 기록이 일부 존재하기는 하지만 그렇다고 그들이 보급창에 매장됐다거나 그들의 유해가 후일 다른 곳으로 옮겨져 재매장되지 않았다는 의미는 전혀 아니다. 지금으로서는 발견된 극소수의 무덤이 식민지 아메리카

---

[*] 2013년 5월 6일 발표된 성명은 Greg Lane, Snook-9 Realty, Inc. 명의로 돼 있다.

독립군의 것인지, 영국 용병의 것인지, 아니면 우리가 몰랐던 특정 가문 묘지의 흔적인지조차 분명치 않다.

언론 발표문은 현장이 일반인에게 공개되지 않는 사유지임을 강조하는 것으로 끝을 맺었다.

빌 샌디는 문제의 언론 발표문에 관한 애기를 내게 써 보냈다. "물 타기 전략이에요." 그러면서 경고 울타리에 대해서도 걱정할 필요가 없다고 말했다. 피시킬 보급창의 친구들 회원들이 브로콜리를 만나봤는데, 브로콜리 역시 매장지를 보전하고 싶다고 말했다. 그러면서 현장에서 열리는 현충일 기념식에 참석하겠노라고 약속했다. "우리는 서서히 접점을 찾아가고 있습니다." 피시킬 보급창의 친구들 회장 랜스 애시워스의 말이다. "그분은 땅을 팔아야 돼요. 그런데 사려는 사람은 우리밖에 없지요. 하지만 결국 그렇게 되기까지 불화와 다툼과 반목이 많을 겁니다." 수백만 달러를 쾌척해줄 백기사는 아직 나타나지 않았다. 피시킬 보급창의 친구들은 반 윅 홈스테드에 모금 항아리를 비치하는 한편 온라인 모금도 하고 있다. 공공 지원금을 신청하기도 하고 토지신탁제도나 유적보호기금 운영 관계자들을 만나보기도 한다. 언젠가 소망대로 피시킬 유적지를 영구 보전하게 될 날을 꿈꾸며 그렇게 온갖 노력을 기울이고 있는 것이다.

현충일이 다가올 무렵 현장에 있던 경고판과 푯말이 다수 철거됐다. 현충일에 참석한 사람들도 눈에 띄게 늘었다. 불도저가 왔다 갔다 하고 격한 내용을 담은 언론 발표문이 나오면서 경각심이 높아졌기 때문일 것이다. 독립전쟁 당시의 복장과 무기를 갖춘 남성 26명 — 군 역사

재현 전문가들로 한 사람은 말을 타고 있었다—과 식민지시대 복장을 한 여성 예닐곱이 또 다른 70명을 이끌고 올버니 우편도로를 따라 내려와 현장에 도착해 있었다. 참가자 일부는 현대식 군복을 착용하고 있었고, 독립전쟁 때 피시킬에서 사망한 것으로 확인된 병사의 후손 세 명도 자리에 함께했다. 역사 재현 전문가들과 지역 정치인들이 차례로 피시킬 보급창의 친구들이 여러 문서고에서 찾아낸 당시 참전 용사들의 이름을 엄숙한 어조로 거명했다. 애브너 힐, 기프트 프리먼, 조시아 그레이브스 시니어……. 고고학자 빌 샌디는 고개를 숙인 채 서 있었다. 말을 탄 남자가 고삐를 틀어쥐자 머스킷 소총들이 숲을 향해 예포를 발사했다.

증거를 찾아라

법의고고학

　■에린 카워드Erin Coward는 2001년 9월 11일 하와이에 있었다. 잠에서 깼을 때는 그 사건이 터진 지 6시간이 지난 뒤였다. 그녀는 도저히 실감이 나지 않았다. 그런 테러는 텔레비전 드라마에서나 가능할 것처럼 느껴졌다. 카워드는 수도 워싱턴 인근 자택으로 돌아가 동생 차에 몸을 싣고 국방부 청사로 향했다. 비행기 충돌 현장이 고스란히 눈에 들어왔다. 9·11테러가 발생한 지 5년여가 흐른 시점에 그녀는 뉴욕 시 검시국에서 고고학자들에게 보낸 단체 메일을 받았다. 테러로 파괴된 세계무역센터 현장 복구에 필요한 고고학자들을 구한다는 내용이었다. 단, 시신이나 유해 발굴 경험이 반드시 있어야 했다. 카워드는 벌떡 일어났다. 일거리가 생긴 것이다. 계약직 고고학자들은 늘 새 일이 필요하다. 하지만 그것은 단순한 일을 넘어서는 것이었다.

"제대로 한번 해보고 싶었어요. 돌아가신 분들과 어떤 끈을 맺는 일이 었지요."

카워드는 숱이 많은 빨강 머리에 상대를 정면으로 마주보는 회청색 눈이 인상적인 매력적인 여성이다. 그녀는 뉴욕 시 브루클린에 있는 창고를 개조한 건물로 출근했다. 거기서 꼭 맞는 방호복으로 갈아입은 뒤 고글을 쓰고 부츠를 신었다. 두꺼운 고무장갑은 방호복 허리에 테이프로 부착했다. 그녀가 조사해야 할 물질은 세계무역센터 쌍둥이 빌딩 부지 일대의 두께 183센티미터 정도 되는 표토와 하수구 같은 데서 나온 쓰레기, 잔해 등이었는데 독성이 강했다. 따라서 건강 상태도 정기적으로 점검해야 했다. 카워드를 중심으로 조직된 복구팀은 지시에 따라 사망자들의 유품과 3센티미터도 안 되는 유골 파편, 치아 등등을 찾는 작업을 시작했다. 유아 치아의 경우 고고학 훈련을 받지 않은 보통 사람들 눈에는 아주 작은 조약돌처럼 보인다고 카워드는 말했다. 쓰레기와 잔해 더미가 벨트컨베이어를 타고 하루 종일 그녀 앞으로 지나갔다. "우리는 더러운 물건도 일일이 살폈습니다. 탐폰이랑 쥐도 있었지요. 악취가 심했어요." 카워드는 그때를 떠올렸다. "우리 팀에서는 절단된 지 며칠 안 돼 보이는 손가락 하나도 찾아냈습니다. 당연히 경찰을 불렀지요. 정말이지, 뉴욕 시 하수도에서 나온 쓰레기들은 들여다볼 게 못 돼요." 하지만 그게 그녀가 맡은 일이었다. "돈을 받고 사람들이 버린 쓰레기를 들여다보는 거지요."

그녀는 벨트컨베이어에서 테러로 인한 피해의 증거를 골라냈다. 신분증도 여러 장 찾아냈다. 아이가 차고 있던 손목시계는 핑크색 가죽끈이 조여진 상태 그대로였다. 유아용 티셔츠도 발견했다. 곰이 새겨진 티셔츠는 가장자리 부분이 모두 불에 탄 상태였다. "정말 힘들었어요. 서른세 명이 사망한 버지니아공대 총기 난사 사건 현장을 보는 듯했습니다. 친구한테 전화를 걸어서 '지금 달려가서 네 아기를 꼭 안아주고 싶다'고 했지요."

여기저기 떠도는 다른 계약직 고고학자들처럼 카워드도 그런 험한 일에 크게 마음 상하지 않으려고 애썼다. 인내는 직업의 일부였다. 그렇게 1년을 버텼다. "하루에 꼬박 8시간을 거기 서 있는 거예요. 그러다 보니 관계자들이 작업 중에 아이팟노 들을 수 있게 해주더군요. 그걸 들으며 춤을 추는 동료들도 있었어요. 괜찮았지요. 우린 산 사람들이니까."

원래 고고학자들은 9·11테러 이후 구조 및 복구 관련팀에 포함되지 않았다. 그런데 고고학자 리처드 굴드가 9·11테러 이후 몇 주 동안 로어맨해튼을 샅샅이 누비며 "골목길이며 초대형 쓰레기 수거 용기 위에, 그리고 비상계단 등에 다른 건물 잔해와 함께 조각난 시신들이 널려 있는" 것을 목격하고 보고서를 냈다. 굴드를 비롯한 자원봉사자들이 그런 유해를 수습하겠다고 제안했지만, 제일 시급한 것은 현장 청소이고 고압 살수 청소팀도 이미 배치됐다는 답변만 들어야 했다. 굴드는 고고학자 소피아 퍼디카리스 및 과학수사 현장 복원 훈련을 받은 몇몇 수사관과 함께 고고학자팀을 꾸려 그라운드 제로Ground Zero(원래는 핵폭탄이 터지는 지점을 가리키는 말로, 9·11테러로 붕괴된 세계무역센터 자리를 지칭한다—옮긴이) 바깥의 주차장 자리를 발굴하게 해달라고 검시국을 설득했다. 이들은 거기서 인골을 발견했다. * 시신은 2006년에도 계속 발견되고 있었다. 재건축 과정에서 수십 점의 뼈와 개인 소지품들이 드러났다. 카워드가 검시국이 고고학자들에게 보낸 지원 요청 메일을 받은 것은 그 직후였다.

카워드는 뉴욕 테러 현장 토양을 조사한 지 5년이 지난 시점에 나와 함께 로어맨해튼을 걸었다. 새 타워가 머리 위로 올라가고 있었다. 철골 조립공들이 비계를 오가며 작업하고 있었다. 우리는 추모관 입장표를 사서 쌍둥이빌딩 자리에 조성된 '반사 풀' 주위를 거닐었다. 주변 풍경을 반사해주는 연못이라고 하니까 평화로운 느낌이 들지만, 블랙홀 같은 바닥으로 물이 요란한 소리를 내며 쏟아져 들어가는 거대한 웅덩이 같았다. 사각형 주변을 두른 검은 대리석에는 사망자들의 이름이 새겨져 있었다.

카워드는 마흔 살이 다 됐지만 더 젊어 보인다. 그녀는 미 육군에서 5년을 보냈고, 군 복무를 한 동료 고고학자도 많다고 한다. 그녀는 러시아 출신 미국 여성 소설가 에인 랜드Ayn Rand의 작품 중에 《파운틴헤드The Fountainhead》를 읽고 또 읽었다. "군대에 있어서 그런지 개성이라는 메시지가 너무 중요했어요. 아시죠?"

카워드는 석사학위는 아직 없지만 문화자원관리회사에서 8년이나 일한 경험이 있다. "문화자원관리회사 일이라는 게 정말 극도로 피곤한 일이에요." 그녀가 테러 현장을 거닐면서 내게 말했다. "일이 늘 있는 게 아니니까 항상 돌아다녀야 돼요. 가정을 갖고 싶어도 그럴 수가 없습니다. 한 주는 버지니아에서, 그다음 주는 캘리포니아 남부에서, 그리고 다시 수단으로 가는 식이니까요." 그녀는 아직 미혼이다. "1년

• 과학수사고고학복원단Forensic Archaeology Recovery은 9·11 테러를 계기로 조직됐다. 자원봉사자 중심의 비영리기구로, 과학수사 고고학 전문가들을 화재나 비행기 추락 현장, 허리케인 피해 지역 등에 파견하고 있다.

에 6개월을 나가 있어도 이해해주는 남자면 좋겠어요." 카워드는 지금까지 의도적으로 다양한 곳에서 일거리를 찾았다. 처음에는 메릴랜드, 그다음은 버지니아 그리고 뉴욕 시 등등. "미국 동해안은 주로 식민지 시대 고고학에 적합하지요." 그래서 그다음에는 하와이와 미국 남서부로 활동 무대를 넓혔다. 그녀는 애리조나 사막 한가운데에서 필드스쿨을 할 때가 가장 행복했다. 오락거리라곤 밤에 모닥불 피워놓고 둘러앉아 싸구려 맥주를 마시는 정도에 불과하지만 말이다.

그런 종류의 일은 이직률이 높나. "시금은 그 일을 집은 고고학자를 적어도 열 명은 압니다. 대개 의학계로 갔어요. 돈이랑 탄탄한 일자리가 필요하니까요. 고고학자들과 얘기해보면 이 일 저 일 옮겨 다니는 사람이 많아요. 그런 얘기 들으면 저도 겁이 나요. 석사학위에 20년 경력자들이 저처럼 학사학위에 이제 초보를 겨우 면한 사람과 똑같은 급료를 받거든요. 그들이 문화자원관리회사 일을 시작한 건 스무 살 때예요. 지금은 예순인데도 가진 거라곤 차 하나뿐이에요."

문화자원관리회사 일은 법률적 요건을 맞추기 위한 목적으로 하는 것이기 때문에 서류 작업이 장난이 아니다. "저는 고고학자가 되려는 사람들에게 발굴을 해야 한다고 말합니다. 서류 작업을 견뎌낼 수 있는지 잘 생각해야 돼요. 모든 걸 기록으로 정리해야 하니까요. 그날 시작은 어떻게 했는지, 끝에는 뭘 했는지, 매달 말에는 또 어떻게 됐는지 등등. 그런 다음 아무것도 발견하지 못했다는 보고서를 작성해야 합니다." 그녀는 불안정한 생활에는 익숙해졌다. "뭔가를 증명하려고 애쓸 수는 없어요." 그녀가 말했다. 그럼 고고학자들은 뭘 성취할 수 있단 말일까? 그녀는 "합리적으로 볼 때 진실이라고 말할 수 있는 것" 정도라고 말했다.

　카워드가 자신이 하는 일에 대해 내린 평가는 결국 **전문가로서 하지** 않을 수 없는 작업이라는 것이었다. 세계무역센터 복구팀이 찾고 있었던 것도 바로 그런 **전문가들**이었다. 그녀는 아마추어 고고학자들에 대해서는 대단히 비판적이다. 카워드가 얼굴을 찡그리며 말했다. "그런 거 하지 마세요. 아마추어가 발굴을 하다가 항아리를 찾았다고 합시다. 그건 마치 살인 사건 전문 형사한테 '걱정 마세요. 제가 당신 대신 당신이 원하는 증거를 찾았습니다.'라고 말하는 것과 같아요."

과학수사학교

　나는 CSI(과학수사대) 팀과 동승해 뉴저지 주 파인배런스의 비포장 도로를 달렸다. 작은 막대에 깃발을 단 핀플래그pin flag를 잔뜩 싣고, 마약으로 몽롱해진 악당이 술집 종업원인 여자 친구의 시신을 파묻었을 장소를 찾아가는 길이다. 운전을 맡은 아만다는 모래가 많은 뉴저지 주 캠든 출신의 범죄현장 분석가다(이라크에서 두 차례 근무했고, 어린 자녀 둘은 집에 있다). 뒷좌석 유아용 카시트 옆에는 로너와 알렉스가 끼어 앉았다. 로너는 스코틀랜드 출신으로 독물학毒物學 박사학위 취득을 앞두고 있다(양쪽 머리 길이가 서로 다른 비대칭 헤어스타일로 겉은 금발, 속은 갈색이다. 해골을 꿰어 만든 팔찌를 두 개 차고 있다). 알렉스는 영국 웨스트요크셔 브래드퍼드대학교 석사 출신으로 전공은 골학骨學과 고병리학이다. 한마디로 뼈, 특히 질병과 관련된 오래된 뼈에 관해서는 모르는 게 없다는 얘기다(역시 비대칭 헤어스타일의 갈색 머리로 해골 목걸이를 하고 있다).

셋 다 20대로 기민하고 유능했다. 이렇게 매력적인 여성들이 과학수사에 뛰어든 것은 왜일까? 캐시 라익스Kathy Reichs의 소설이자 텔레비전 드라마로 지금도 방영 중인 《본즈Bones》의 주인공 템퍼런스 브레넌 박사가 그런 추세를 예견한 것일까, 아니면 이들이 거기서 영향을 받은 것일까?

아만다는 그날 아침 늦게야 〈증거 복원 극대화를 위한 과학수사 고고학〉이라는 우리의 수업이 진행될 럿거스대학교 야외생태학습장에 나타났다. 차에 달린 내비게이션이 학습장에서 2킬로미터 정도 떨어진 비포장도로로 안내했기 때문이다. 그래서인지 우리가 실종된 술집 여종업원에 관한 경찰 보고서와 그녀의 집과 일하던 술집, 남자 친구가 일하는 창고 위치를 표시한 지도를 받아들었을 때 아만다는 내비게이션이 안내했던 저 아래 비포장 소방도로를 지목했다. 여종업원의 집과 창고 사이에 있어서 시체를 유기할 만한 장소라는 것이다. 그녀는 "시신을 매장하기에는 아주 좋은 장소일 거예요."라고 말했다. 우리는 오전에 과학수사학교 강사의 설명을 통해 살인자가 면식범일 경우 피살자를 근처에 매장할 가능성이 높다는 것을 알고 있었다. 살인자가 자기 집 뒷마당에 시신을 묻고 그 위에 콘크리트를 붓지 않았다면 집에서 근무지까지 이동하는 길 언저리 어딘가에 시신이 있을 가능성이 높았다. 우리는 도로에서 벗어난 지점을 찾아보기로 했다. 입간판이나 차단벽 뒤 또는 이정표가 될 만한 물체 인근에 매장했을 가능성이 높기 때문이다. 그러면 범인도 매장 현장을 쉽게 다시 찾아 나름으로 동태를 살필 수 있다. 강사인 킴벌리 모런이 지적했듯이 예외는 있지만 범인은 대개 예측 가능한 방식으로 행동한다.

우리는 계획을 짰다. 일단 아만다의 차를 타고 비포장도로를 향해 달렸다. 다른 팀이 지나가는 게 보였다. 둘은 20대 여성이고, 한 남성은 젊은 고고학자, 또 한 남성은 30대의 살인 사건 전담 형사였다. 그들은 소나무 숲에 핀플래그를 꽂고 있었다. "뭘 찾았나보지요?" 알렉스가 궁금해했다. 우리는 소방도로 옆으로 차 한 대를 댈 수 있을 만한 장소 두 곳을 찍었다. 한곳이 특히 시신을 매장했을 가능성이 높아 보였다. 오솔길 옆으로 높다란 덤불이 우거져서 자연스럽게 가림막 역할을 하는 곳이었다. 춥고 눅눅한 2014년의 봄, 숲 지대 땅에는 이끼가 많이 자라 있었다. 그러나 덤불이 우거진 뒤편에는 이끼가 없었다. 토양은 주변보다 훨씬 짙은 갈색이었다. 마치 표토 아래에서 흙을 파다가 뿌려놓은 것 같았다. 알렉스가 땅을 밟아보더니 스펀지처럼 푹신푹신하다고 했다. "저거, 밧줄 조각 아냐?" 아만다가 대단한 발견이라도 한 양 소리쳤다. 로너는 핀플래그 몇 개를 땅에 꽂았다. 그런 다음 우리는 탐사를 계속했다. 다들 호흡이 잘 맞았다. 우리는 또 다른 지점을 발견했는데, 역시 시신 매립 장소로 꽤 괜찮아 보였다.

오전에 강사한테 설명을 들으면서 나는 약간 걱정이 됐다. 킴벌리 모런Kimberlee Moran은 활기 넘치고 매력적인 35세 여성으로—이 분야는 젊고 강한 사람들에게 적합하다—법의고고학forensic archaeology도 고고학일 뿐이며 단지 좀 더 철저한 기준에 따라 작업을 진행한다고 강조했다. '발굴을 하고 유품을 체계적으로 비닐백에 담되 각각 별도로 담는다. 그때그때 지도에 발굴 지점을 표시하고 주변 상황을 스케치하는 한편 일일이 사진을 찍어둔다. 특히 오염되는 일이 없도록 주의한다. 경찰 수사 절차를 따르고, 물품 관리의 모든 단계를 기록으로 남김으로써 법정에 가서도 유효한 증거로 인정받을 수 있게 해야 한다.' 주의 사항은 이 정도다. "이제 실제 사건 사례를 배워봅시다!" 모런이 수업을 시작하면서 큰 소리로 말했다. 이어 조교 두 명이 자신들이 직접 본 시신에 관한 이야기와 함께 증거 수집 과정에서 겪게 되는 어려움에 대해 설명했다. 나는 도저히 잊을 수 없는 것들을 배웠다. 사람의 슬개골은 돌덩어리처럼 생겼다는 것, 뼈도 타면 오그라들고 뒤틀린다는 것 등등. 모런의 조교인 애니 해차는 아직 20대지만 100여 건의 살인 사건을 처리한 경력을 가지고 있다. 그녀는 남편을 죽인 다음 시신을 불태워 재를 큰 쓰레기통에 버린 한 여성의 얘기를 해줬다. 해차가 속한 팀은 그 쓰레기통을 뒤져야 했다. 그 좁은 공간에서 한 번에 한 사람이 한 켜씩 쓰레기를 걷어냈다. "거기서 고양이도 나왔어요." 해차의 설명이다. "좋은 시절이었지요!" 교실 탁자에 놓인 도넛에 손을 대는 수강생은 아무도 없었다.

그나마 다행인 것은 내가 지금 미국 내에 다섯 개 있는 '시체 농장'에 와 있는 것이 아니라는 사실이다. 미국 작가 매리 로치Mary Roach가 저서 《시체Stiff》에서 인상적으로 서술한 것처럼, 시체 농장은 경찰과 고고학자들이 당사자의 생전 유언에 따라 기증받은 시신을 매장해두었다가 발굴해 부패 과정 등을 연구하는 곳이다. 그런 시체 농장보다야 으스스하지만 광대한 뉴저지 파인배런스의 한 모퉁이에 와 있는 것이 낫지 않은가. 이곳에 대해 일찍이 미국 작가 존 맥피John McPhee는 이렇게 말했다. "암흑가의 관점에서 보면 허드슨 강보다는 파인배런스에 시체를 유기하는 게 훨씬 낫다. 뉴저지 주의 한 경찰관은 내게 이런 말을 했다. '살인을 하려고 했다면 나중에 차를 타고 다시 가서 삽으로 묻으면 그만입니다. 시신은 절대 찾을 수 없어요. 감으로야 수없이 묻혀 있을 거라는 생각이 들린지만요.'" 뉴저지 주는 과학수사 훈련을 목적으로 시신을 매장·발굴하는 것을 허용하지 않는다. 따라서 우리가 찾는 피해자, 즉 훈련용 가짜 경찰 보고서에 등장하는 불행한 여종업원은 사실 180킬로그램짜리 돼지로 모런 등이 1년 전에 파묻어놓은 것이다. 시신은 온도와 기타 환경 조건에 따라 살이 썩고 뼈만 남는 데 일 년에서 삼 년이 걸린다. 그러나 몇 달 전에 확인해봤더니 아직 살점이 남아 있었다고 모런이 설명했다.

불행하게도 우리 팀 수강생 중 누구도 돼지가 묻힌 장소를 정확히 찾아내지 못했다. 다른 팀도 마찬가지였다. 모런과 그녀의 조수인 해차와 에릭 영은 우리를 생태학습장 부속 건물 뒤편으로 데려갔다. 우리는 거기서 모래가 많은 오솔길을 따라 숲으로 들어갔다. 우리는 1.6킬로미터 정도를 걸어 소방도로 쪽보다는 차량 통행이 많은 포장도로에 더 가까운 지점에 도착했다. 대형 저수조 인근 공터에 지표면을 파헤친 흔적이 역력한 땅이 보였다. 대략 직사각형 형태로 중간 부분은 약간 침하된 상태였다. 시신은 일정한 시간이 흐르면 오그라들면서 복부 부위가 파열된다. 그러면 그 부위의 흙도 주저앉기 때문에 시신이 묻혔다는 증거가 될 수 있다. 모런은 또 문제의 땅 가장자리가 직선으로 돼 있다는 점을 지적했다. 삽으로 땅을 팠다는 얘기다. "자연에 직선은 없어요."라고 그녀가 말했다. 나는 우리의 실수는 시체를 은닉하려는 범인의 심리를 너무 과대평가한 것이라고 확신했다. 그는 주도면밀한 범죄의 달인이 아니라 그저 겁에 질려 허둥대는 범죄자였다. 어쩌면 고속도로보다는 소방도로에서 벗어난 곳에 파묻는 것이 은폐가 더 잘 될 것이라는 생각을 하지 못했을지도 모른다. 그러나 우리가 돌아다니며 찾아낸 장소들에는 무엇이 묻혀 있었던가. 물론 우리는 딱 이틀만 탐사했을 뿐이다. 나머지 파인배런스 전체를 조사할 시간은 없다. 거기에 아무리 많은 시신이 묻혀 있더라도 어쩔 수 없는 일이다. 이튿날 우리는 돼지 발굴에 나섰다.

어쩌다 보니 이틀째 되는 날 아침 나는 숲 속에 혼자 남게 됐다. 생태학습장에는 화장실이 하나뿐이었다. 나는 차례를 기다리는 줄 맨 끝에 서 있었고, 집결지에 도착했을 때는 다들 가버리고 없었다. 하지만 걱정이 되지는 않았다. 돼지가 묻힌 장소는 조금 걸어가면 되는 거리였다. 찾아가기도 쉬웠다. 근처에 있는 대형 저수조가 표지판 역할을 하기 때문이다. 그런데 처음 들어선 오솔길은 막다른 길이었다. 되돌아나오는 수밖에 없었다. 다른 길을 가봤지만 역시 꽝이었다. 모래질 토양과 소나무 숲이 어디를 가도 거기가 거기 같았다. 그런 오솔길이 점점 더 많아지는 것 같았다. 뉴저지 주 파인배런스는 넓이가 4000제곱킬로미터가 넘는다. 주 지도에서 봐도 굉장히 큰 부분을 차지한다. 유명한 미국 드라마 〈소프라노스 The Sopranos〉에 나오는 한 장면이 생각날지도 모르겠다. 갱단 조직원인 폴리와 크리스토퍼는 러시아 조직원을 죽여 파인배런스에 내버리기로 한다. 두 사람은 차를 몰고 뒤틀리고 흉물스러운 나무들이 즐비한 광대한 들판으로 향한다. 거기서 트렁크를 열자 끔찍한 사건에 휘말린다. 애드가 앨런 포의 괴기한 소설과 베케트의 황당한 연극 〈고도를 기다리며〉를 버무려놓은 수준이라고 할 만하다. 시신이 죽지 않은 것이다. 두 사람은 땅을 파려고 가져온 삽으로 공격을 받는가 하면 차까지 도난당한다. 폴리는 신발 한 짝을 잃는다. 두 사람은 멋진 코트에 신발 한 짝만 신고 오들오들 떨면서 서로를 탓하는 언쟁을 벌이며 숲을 헤맨다. 그 기분을 알 것 같았다.

생태학습장으로 가는 길을 찾아냈다. 거기서 근무하는 과학자 두 명의 안내를 받아 돼지를 파묻은 곳으로 가는 길을 알아냈다. 숲 속을 한참 헤매다 모런과 마주쳤다. 그녀도 실종된 수강생을 찾아 헤매던 길이었다. 세 사람 덕에 살아나다니 내 인생에 기록할 만한 일이다.

모런과 내가 돼지가 묻힌 장소에 도착했을 때 다른 사람들은 매장지 주변에 범죄 현장임을 표시하는 노란색 접근금지 테이프를 막 둘러쳐 놓은 상태였다. 나는 폴리에틸렌 섬유로 된 가벼운 방호복을 챙겨 입고 발목까지 오는 부츠를 신고 모자를 뒤집어썼다. 증거물을 오염시키지 않기 위한 조치다. 그런 다음 라텍스 장갑을 두 개 겹쳐 끼는 것으로 준비를 마치고 대원들 무리에 합류했다. 마치 우주인 탐사대 같았다. 작은 솔방울과 죽은 낙엽이 즐비한 지표면은 모래질 달 표면 같아서, 거기서 작업하는 우리가 영락없는 우주인처럼 느껴졌다. 먼저 현장 사진을 찍고 지도에 위치를 표시했다. 그런 다음 노란색 테이프 안으로 들어가 3미터 간격으로 늘어서서 남쪽에서 북쪽 방향으로 천천히 걸어가며 지표면을 살폈다. 나란히 선 여덟 명의 대원은 나무들과 저수조를 지나 매장지로 향했다. 우리는 탄피나 기타 증거가 될 만한 것들을 찾으면서 핀플래그로 낙엽과 보드라운 흙을 긁었다. 사람이 남겼을 법한 것은 모두 표시해놓았다. 그런 다음 따로따로 흩어져 남쪽에서 서쪽으로 현장 일대를 훑었다. 이어 핀플래그를 하나씩 꼼꼼하게 점검한 다음 그것들의 위치를 지도에 표시했다. "이건 왜 표시해놓은 거죠?" 모런이 물었다. 살인 사건 전담 형사는 "거기 강사님이 떨어뜨린 탄피shell casing가 있거든요."라면서 갈색 풀 속에 감춰져 있는 도토리 껍데기shell 같은 것을 가리켰다. 일종의 경찰식 말장난을 한 것이다.

이런 조사작업은 아주 힘이 드는 일이었다. 우리는 단계마다 현장의 규모를 측량하고 사진을 찍고 주요 사항을 기록했다. 토양분석도표와 대조해가며 토양 색깔을 점검한 다음 가로 121센티미터, 세로 243센티미터쯤 되는 사각형 땅을 4등분해 귀퉁이마다 못을 박아 표시했다. 우리는 못을 띠로 연결해 발굴 지역의 한계선을 표시했다. 마침내 우리는 차례로 조심스럽게 시표면에 트라우얼 직업을 하면서 황급히 매장한 과정을 역순으로 원상 복구해나갔다. 돼지발과 발굽, 털이 엉킨 지방덩어리 등 부패 중인 돼지 사체 일부가 모습을 드러냈다. 우리는 물병과 심지어 맥주 캔, 담배꽁초도 찾아냈다. 모두 강력한 증거가 될 가능성이 높은 것들이다. "담배꽁초는 DNA 검사에 아주 유용해요. 악당들은 담배를 잘 피우거든요." 모런이 강조한 부분이다.

쌀쌀한 봄날이라는 점에서 우리는 운이 좋았다. 방호복을 입고 있어서 땀이 많이 났지만, 섭씨 32도가 넘는 날씨에 벌레들이 몰려들기라도 하면 이 작업이 얼마나 더 힘들어질지 충분히 상상이 갔다. 그러지 않아도 붕붕거리는 각다귀들의 공격이 있었다. 구덩이가 깊어질수록 돼지 몸뚱이와 점점 가까워졌다. 조심스럽게 흙을 걷어내기 위해 몸을 뒤틀다 보니 갈비뼈 쪽이 뻐근했다. "머리 위를 파봐요." 모런이 웃으며 말했다. "그쪽 경사면을 파보라니까."

모런은 사립 명문 브린모어칼리지에서 고전고고학과 근동고고학Near East archaeology을 전공했다. 20세에 대학을 졸업하자마자 당장 고고학자로 일하고 싶은 마음에 문화자원관리회사에 현장 조사 요원 자리를 얻었다. "힘든 일이었어요. 몸으로 때우는 일이지요. 하루 종일 매일 그렇게 일했습니다." 안전은 최우선 순위가 아니었다. 따라서 유해 물질이 있는 현장에서 일하다가 납중독에 걸린 것도 놀라운 일이 아니었다. 2000년에 그녀는 시간당 9.5달러를 받았다. 보너스나 다른 혜택은 없었다. 무척 힘든 일이었지만 한 가지 보람은 있었다. 남들이 직업을 물으면 아주 자랑스러운 마음으로 **전문 고고학자**라고 말할 수 있었던 것이다.

"여기 구더기가 하나 있어요!" 아만다가 소리쳤다. 모런은 아만다에게 작은 유리병과 식별표를 건넸다. 애벌레처럼 생긴 허연 구더기를 거기 담으라는 것이다. "더 없는 게 이상하네요." 모런이 말했다. "어떤 때는 무덤 표면 흙을 한 겹 걷어내면 구더기들이 우글우글해요." 구더기는 나비나 나방 같은 날벌레들의 유충 단계로 기온이 올라가면 활동을 재개한다. 모런은 과학수사의 모든 부분이 그렇듯이 구더기도 체계적인 방식으로 치밀하게 조사하면 현장 상황과 시간대를 재구성할 수 있어서 범죄 혐의 입증에 큰 도움이 된다고 말했다. 예를 들어 구더기가 어떤 날벌레의 유충인지 알아내면 당시의 기온과 매장 상태와 관련된 정보를 얻어낼 수 있고, 나아가 시신이 사망한 지 얼마나 됐는지도 역산할 수 있다. "구더기는 사망 시간을 좀 더 정확히 알려주는 지표 가운데 하나예요." 모런은 자연이 사체를 재활용하고 부패 과정을 과학적으로 조절하는 것을 보면서 경이로움을 느꼈다. "우리 집 뒷마당에도 쥐 45마리를 묻어놨어요. 연구를 위해서지요." 모런의 말이다.

오후 3~4시쯤 됐을 때 우리는 벌써 매장지를 30센티미터 넘게 파들어가고 있었다. 이제는 좀 더 안쪽으로 들어가기 위해 배를 땅에 바짝 붙이고 작업을 계속했다. 방사형으로 엎드려서 땅을 파는 수강생 다섯 명은 하얀 방호복을 입고 있어서 마치 커다란 별 같았다. 나는 돼지 주변에 덮인 흙을 파서 솔로 떨어낸 다음 쓰레받기에 담은 뒤 몸을 돌려서 양동이에 털어 넣었다. 이런 흙을 체질해서 특이점을 찾는 작업은 딴 사람들이 맡는다. 서서히 모습을 드러내는 돼지 사체에서 역하고 강렬한 냄새가 훅 올라왔다. 나는 간신히 숨을 쉬면서 동료 범죄 현장 분석가들과 함께 그 냄새를 적절히 기술하려고 머리를 짜냈다. 유기물이 썩은, 하수구 오물 같은 악취인데 농도가 여전히 아주 강했다. 악취는 내 머리와 옷에도 달라붙었다. 그날 밤 집에 돌아왔을 때 우리 개는 그 냄새를 맡고 난리법석을 쳤다.

모런의 조수인 에릭 영은 50세가량의 남성으로 나를 제외하고는 현장에서 제일 연장자였다. 대머리에 콧수염이 인상적인 그는 퇴직 경찰로, 학교로 돌아가 고고학 분야 학위 두 개를 땄다. "이 냄새가 심하다고 생각해요?" 그는 이렇게 물으면서 현역 형사 시절 경험담을 이야기해 줬다. 한 번은 산탄총을 쏘아 자살한 남성이 있었는데 평생 목욕을 안 하는 사람이었다고 한다. 영은 내게 과학수사 분야에 몸담게 된 것은 "누군가는 해야 할 일이기 때문"이라고 했다. 알고 보니 그가 제일 좋아하는 분야는 기원전 3000년경의 중앙아메리카를 연구하는 고고학이었다. 그는 멕시코와 과테말라에서 발굴작업에 참여한 경험이 있다. 다음 주에는 모런과 함께 텍사스 주 오스틴에 가서 미국고고학회의 연례 학술대회에 참석할 예정이다.

모런은 영국에서 석사학위를 받았고 영국의 과학수사 발전을 돕는 일을 해왔다(그녀는 과학수사가 셜록 홈스로부터 자극받았다고 확신하고 있다.

"홈스는 정말 과학수사의 많은 부분을 선구적으로 실천했습니다."). 그녀는 범죄 현장 분석을 위한 표준 작업 절차를 개발해야 한다고 주장한다. 그 일환으로 지난 7년간 미국고고학회의 과학수사 관련 연례 토론회 운영에 힘을 보탰다. 올해에는 최근에 진행한 실험에 관한 논문을 발표해 경찰과 과학수사 전문가들에게 '폭발 직후 사고 현장 조사 기법'을 생생하게 보여줄 계획이다. 실험은 버스를 한 대 구해 죽은 가축들을 채워 넣고, 동물마다 휴대전화와 보석 같은 개인 소지품을 부착해 신원을 부여하는 작업으로 시작됐다. 최종 단계는 아침 출근 시간에 테러 공격을 재현해 버스를 폭파시키는 것이었다.• "동물들에게 옷을 입혔어요." 영이 자신감 넘치는 어조로 말하자 모런이 고개를 끄덕였다. "애들 옷 말입니다!" 실험에 참여한 전문가들이 폭발 이후 상황을 맡아 주변을 봉쇄하고 현장 정밀 조사에 나섰다. 전문가들은 증거를 수집하고 잔해에서 구할 수 있는 정보는 하나도 놓치지 않았다. 범인들의 정체를 밝혀줄 수 있는 실마리이기 때문이다. 이어 동물 하나하나와 소지품도 수거해 신원 확인을 했다. 모의실험에 투입된 모든 동물과 부착한 소지품 61점 가운데 58점을 수거해 신원 확인을 마쳤다.

나는 일부 부패가 진행된 거대한 돼지 사체를 바라봤다. 우리의 불쌍한 여종업원 대역 말이다. 그러면서 청바지 조각이나 티셔츠 정도만 매장됐다면 일이 얼마나 더 어려워질까 하는 생각이 들었다. 그리고 또는 이런, 또는 저런 경우라면……. 여기서 나와 함께 발굴 중인 사람들은 이미 인간 시체를 처리해본 경험이 있었고, 매일 더 배우겠다는

• 모런은 동료인 앨 스튜어트의 도움이 없었다면 이 모의실험은 성공하지 못했을 것이라고 말했다. 스튜어트는 특히 폭파시킬 버스를 구하는 데 큰 역할을 했다.

일념으로 과학수사학교에 출근 도장을 찍었다. 나는 깊이 숨을 들이쉬었다. 그들의 인내와 패기에 경의를 표하지 않을 수 없었다.

늦은 오후가 됐다. 모런은 사체를 구덩이에서 완전히 꺼낼 시간이 없는 것에 대해 유감을 표했다. 이따금 시신 밑에 깔린 물체가 중요한 단서가 된다. 무기나 발자국 같은 것 말이다. "낙엽도 마찬가지예요. 살인자가 구덩이를 미리 파놓고 그대로 두었다면 사전 모의의 증거가 될 수 있습니다." 이제 발굴하다 만 돼지를 다음 수업반이 찾아내도록 다시 묻어야 할 차례. 엉과 모런 그리고 수강생 한 명이 영이 가진 담배를 하나씩 들고 뻑뻑 피우더니 꽁초를 구덩이에 던졌다. 사이다 캔과 물병도 같이 넣었다. 나중에 과학수사를 공부하는 학생들이 비밀을 풀어야 할 범죄의 증거다. 우리는 체로 걸러낸 흙으로 구덩이를 메우고 발로 꾹꾹 밟아 다졌다. 그런 다음 가져온 삽과 범죄 현장 접근금지 표시 테이프, 증거 채집용 비닐백 등을 챙겨 가지고 왔던 길로 되돌아갔다.

아마추어 고고학자

뉴욕 시 검시국의 의뢰로 쌍둥이빌딩 일대의 잔해를 조사한 이후 에린 카워드는 법의고고학을 전문 분야로 삼기로 작심했다. 관련 강좌를 신청하는 동안에는 워싱턴 D.C.에 있는 어머니 집에서 지냈다. 우리는 어느 날 오후 국회의사당 근처에서 만나기로 약속을 잡았다. 그런데 카워드와 그녀의 어머니 레인 카워드가 호텔로 나를 데리러 왔다. 그러고는 어떤 고고학박물관에 대해 살펴보라고 재촉을 했다. 에린 카워드가 인터넷에서 찾아낸 곳이었다. "그런 데가 있다는 얘기는 들어본 적이 없는데……." 내가 의아해하자 그녀의 어머니가 말했다. "에린이 전화해서 관람 예약을 해놓았더라고요." 참 대단하다. 어머니가 운전대를 잡았다. 워싱턴 교외의 순환도로며 입체교차로를 지나면서 어머니는 이런저런 수다를 떨었는데 참으로 듣기 좋았다. 딸의 고고학 관련 활동 상황을 빠삭하게 알고 있는 눈치였다. "우리 애가 사막 한가운데에서 조개껍데기를 찾았다는 얘기하던가요?"

박물관 가는 길은 활기차고 박학다식한 두 사람과 함께하는 모험이었다. 에린 카워드가 어렸을 때 매일 밤 잠자리에서 듣고 싶었던 이야기는 베어울프 영웅담이었다. 하지만 요즘에는 전기물, 여행기, 영국 소설, 진화생물학자인 스티븐 제이 굴드Stephen Jay Gould, 작가 빌 브라이슨을 주로 읽었다. 브라이슨의 유명한 책《거의 모든 것의 역사A Short History of Nearly Everything》에 대해 에린은 이렇게 말했다. "전 남의 말 잘 안 믿었어요. '네가 뭘 알아!' 하는 식이었지요. 근데 진화에 대한 브라이슨의 설명은 정말 놀라웠어요."

차는 언덕을 올라 워싱턴 D.C. 서북단의 팰리세이즈로 향했다. 포토맥 강 상류의 옛 하안단구에 아기자기한 집들이 들어선 주택가였다. 내비게이션이 없었다면 우리는 '팰리세이즈 선사박물관'을 절대 찾지 못했을 것이다. 우리는 약속 시간에 좀 늦은 상태였다. 그 때문에 어머니가 주변에 예쁜 집들이 늘어선 도로를 오르락내리락하는 동안 에린은 손톱을 깨물었고, 우리 모두는 눈을 가늘게 뜨고 도로변 주소 안내판을 열심히 살폈다. 표지판 같은 것은 없었다. 무슨 가게 같은 것도 보이지 않았다. 알고 보니 원래 가게가 없는 동네였다. 인터넷에서 찾은 주소는 널따란 부지 한쪽 구석에 있는 집을 가리켰다. 그 옆으로 포도 나무 덩굴을 올린 터널 형태의 정자 같은 것이 있고, 부속 건물 한 채가 있었다. 앞뜰에는 애들 장난감이 곳곳에 널려 있었다. 우리를 맞이한 박물관장 더그 듀핀은 느긋한 표정의 젊은 아빠로, 스케이트보드를 즐기는 사람이었다. 그는 우리를 다시 바깥으로 데리고 나갔다. 우리는 잔디밭을 건너 부속 건물로 갔다. 원래는 애들이 장난감을 가지고 놀 수 있도록 아기자기하게 꾸민 건물로 딱 네 사람 정도가 들어갈 수 있는 공간이었다. "몇 년째 이 일을 하고 있어요. 이따금씩 사람들이 들르지요." 더그 듀핀이 말했다. 그는 포도주를 보관하는 와인셀러의 기초를 파는 공사를 하다가 땅속에 켜켜이 쌓인 역사를 발굴하게 됐다고 한다. 오래된 약병이며 남북전쟁 당시의 탄환, 도자기 파편, 아메리카원주민이 사용한 돌촉 등이 나왔다. 레인 카워드와 나는 박물관의 전체 구성과 나무껍질 문양이 들어간 굵은 삼베 벽지, 손수 만들어 파는 포스터(아메리카인디언이 사용하던 각종 담뱃대와 포토맥 강 일대에서 발견된 온갖 돌촉이 인쇄돼 있다)에 대해 칭찬을 아끼지 않았다. 에린은 인디언들이 사용한 각종 돌촉을 종류별로 모아 놓은 진열장들에 특히 관심이 가는 눈치였다. 에린과 듀핀의 입에서 석기 관련 전문용어가 마구 튀어나왔다.

듀핀이 개인적으로 현지 고고학 관련 유물을 보존해야겠다는 결심을 굳힌 것은 동네에 미식축구장 건설 공사가 시작되면서였다. 그는 불도저들이 땅을 파헤치는 과정에서 온갖 유물이 쏟아져 나오는 것을 직접 목격했다. 워싱턴 D.C. 소속 고고학자에게 이러면 안 된다고 촉구했지만 공사를 중단시키거나 유물을 수습하게 만들 수는 없었다. 그래서 공사가 끝난 저녁 시간을 이용해 이웃 부부와 함께 지표면에서 돌촉과 도자기 파편을 찾아 모으기 시작했다. 듀핀은 수거한 유물들을 고고학자 전용 단체 메일로 보냈는데 현지 역사보전국으로부터는 핀잔만 들었다. 그는 "보세요. 저는 전문가들이 일을 떠맡게 만든 것에 대해 아주 만족합니다. 하지만 그들이 할 일을 안 하면 제가 나서야지요."라고 말했다. 듀핀은 개발업자들이 팰리세이즈에서 건설 공사를 시작하기 전에 제대로 된 현장조사를 통해 유적이나 유물 손상을 최소화하는 작업을 거의 실행하지 않았다는 사실을 알게 됐다. 그래서 유물을 수집하고 분류해서 일반에 공개하는 방식으로 직접 개입하기로 작심한 것이다. 그는 진열장을 구입하고 애들 놀이터를 박물관으로 개조하고 웹사이트를 개설하면서 현지 전문가들이 방치한 틈을 비집고 들어갔다. 또 시 당국이 역사보존법을 위반한 사례를 밝혀내고 이미 발견된 지역사와 말소된 역사를 새롭게 정리했다.

그를 행동하게끔 이끈 것은 고향에 대한, 과거에 거기 살았고 미래에 그곳을 물려받을 사람들에 대한 애착 같은 것이었다. "저 아래 흐르는 강은 물 반 고기 반입니다. 아메리카원주민들이 왜 여기를 좋아했는지 금방 알 수 있습니다. 저는 우리 아들 녀석 셋을 데리고 절벽 동굴 탐사를 갑니다. 암각화랑 화살촉을 꽤 찾아냈어요."

에린 카워드는 듀핀에게 미국 남서부에서 진행한 발굴작업 얘기를 해주었다. 두 사람은 아메리카원주민의 과거에 대한 사랑이 남다르다는 공통점을 확인했다. 아메리카원주민 문화의 역사를 발굴하는 작업에 경제적 지원이 부족하다는 데 대해서는 둘 다 안타까움을 표했다. 요즘에는 식민지시대 유적과 아프리카계 미국인 관련 프로젝트에 지원금이 집중되는 데 대해 두 사람의 의견은 일치했다. 1만 년도 더 전으로 거슬러 올라가는 아메리카원주민의 삶은 대단히 매력적일 터이지만 아무도 거들떠보지 않는 실정이다.

나중에 한 얘기지만 에린은 듀핀을 만나고 나서 "아마추어 고고학자에 대한 생각을 다시 해봐야겠어요."라고 했다. 듀핀처럼 책임감 있는 사람이라면 자원봉사자들 교육을 맡기지 않을 이유가 없다는 얘기였다. "우연히 어떤 유물을 발견했을 때 어떻게 하는 것이 적절한 처리 방법인지 대중에게 가르치는 것은 많은 전문가들에게도 매우 도움이 될 겁니다." 그녀는 벌써 듀핀에게 일을 맡길 작정을 하고 있었다!

듀핀의 아이들이 학교에서 돌아오기 전에 우리는 박물관을 떠나 워싱턴 D.C. 인근 버지니아 주 애넌데일에 있는 모녀의 집으로 향했다. 거기서 하와이의 특산 생선 만새기 요리 마히마히를 조리하면서 에린은 하와이 섬에서 발굴작업을 하던 시절 얘기를 꺼냈다. 도처에서 '피코' 구멍이 다닥다닥 붙어 있는 암각화를 찾아냈다는 것이다. 피코는 화산 활동으로 생성된 현무암에 난 아주 작은 구멍으로, 원주민들은 행운을 비는 의미에서 거기에 아기 탯줄을 묻었다.

레인 카워드는 세상에서 그렇게 놀라운 것들을 발굴한 딸이 참으로 기특하다는 듯한 표정을 짓고 있었다. 에린이 접시를 들고 주방에 들어서는데 레인이 내 쪽으로 몸을 숙이더니 세계무역센터 잔해 발굴 당시 얘기를 꺼내면서 슬그머니 물었다. "저 애가 그때 애기 티셔츠를 찾았단 말도 했나요?"

위험 세계 속의 고고학

고고학자들, 군과 손잡다

　"챔피언 여러분, 착석하십시오!" 호텔 회의실에서 이런 고함이 들렸다. 나는 복도에 있다가 사람들의 물결에 휩쓸려 얼떨결에 접이식 의자에 앉았다. 미국고고학연구소AIA가 주최하는 연례 학술대회가 열리는 여러 홀을 기웃거리며 차분히 앉아서 들을 만한 세션을 찾는 중에 이 회의실 바깥에 붙어 있는 '위험 세계 속의 문화유산 보전'이라는 안내문에 관심이 간 것이다. '위험 세계dangerous world'라는 표현이 특히 어감이 좋았다. 분명 내가 접근하기는 어려운 세계였다. 고고학자들이 군 관계자들과 만나는 자리였기 때문이다. 군 특유의 약자가 꼬리에 꼬리를 물었다.* 이곳은 CHAMP(챔프)—Cultural

---

*　약자 하나를 소개하면 IMCuRWG라는 것이 있다. International Military Cultural Resources Working Group(국제 군관련 문화유산 워킹그룹)을 줄인 표현이다. CCHAG라는 것도 있다. COCOM Cultural

Heritage by AIA/Military Panel(AIA/군 문화유산 공동 자문단)의 약자다
—모임 자리였다.˙ 말이 복잡하기는 하지만 50명 정도가 모인 회의를
"챔피언(챔프 회원) 여러분, 시작합시다!"라는 말로 시작할 수 있으니 그
나마 유머러스한 약자다.

　회의 참석자들은 어떤 사람들일까? 나는 주변을 둘러보다가 정장
에 넥타이를 착용하고 꼿꼿이 앉은 남성들이 대단히 많다는 사실을 깨
달았다. 군이 총출동한 것이다. 육군, 해군, 공군, 심지어 중부사령부에
서도 나왔다.˙˙ 주 방위군 관계자들은 말할 것도 없고, 자신을 '전시법규
관련문제담당 육군법무감 특별보좌관'이라고 소개한 인사도 있었다.
고고학 학술대회에서 만날 것이라고는 예상치 못한 사람들이었다. 군
인사들은 정중하면서도 절도 있는 자세로 자기소개를 하고 남의 말을
경청했다. 여러 나라에서 온 수십 명의 고고학 전공 대학원생과 교수
들, 3D 디지털 자료를 관리하는 사서와 미국고고학연구소 전임 소장
그리고 나도 인사를 나눴다.

　여기 모인 사람들은 무슨 일을 하고 있는 것일까? 고고학자들은 군
과 협력해 세계의 문화유산을 탱크와 폭탄, 총, 군화 그리고 손버릇 나

　　Heritage Action Group(코콤 문화유산 액션그룹)의 줄임말이다. 여기서 다시 COCOM은 COmbatant
　　COMmand(전투사령부)의 약칭이다.
• 　CHAMP는 2014년 약칭을 없애고 Cultural Heritage by Archaeology and Military Panel(고고학·군
　　문화유산자문단)로 개칭했다. AIA에도 비슷한 역할을 하는 실무 소위원회가 있는데 참여자가 일부 겹
　　친다. 명칭은 역시 약자로 MARS라고 한다. Military Archaeological Resources Stewardship(군사관련
　　고고학 자원보호단)의 줄임말이다.
•• 　해병대도 관심을 보였다. 이라크국립박물관 약탈 사건 이후 고고유물 관련 범죄를 다룬 《바그다드의
　　도적들Thieves of Baghdad》을 쓴 해병대 대령 매튜 보그다노스Matthew Bogdanos도 이 모임 회원이
　　지만 이날 회의에는 참석하지 못했다.

쁜 자들로부터 보호하는 일을 하고 있었다. 최고사령부의 배려로 고고학자들은 미군에게 고고학적 보물을 파괴하지 않고 작전을 수행하거나 전투를 할 수 있도록 관련 문화 정보를 제공하기 시작했다.

군인과 고고학자는 과거에도 협력한 사례가 있다. 2차 세계대전 때 나치가 유럽의 예술 유산을 약탈해가자 연합군이 관련 전문가와 합동으로 예술품 보호부대를 만들어 회수에 나선 일은 영화 〈모뉴먼츠 맨 *The Monuments Men*〉으로 만들어졌을만큼 유명하다. 그러나 협력은 거기서 끝났다. 2003년 들어 이라크국립박물관이 약탈당하는 사건이 벌어졌다. 미군의 명예가 실추됐고, 고고학계로서는 악몽이었다. 약탈이 진행되는 동안 미군이 수수방관했다는 보도가 있었다. 일부는 미군이 박물관에 총을 쏘아 약탈자들에게 문을 열어주었다고 보도했다.* 당시 국방장관 도널드 럼스펠드는 "그런 일이야 있기 마련이지."라는 말로 약탈을 별것 아닌 일로 치부함으로써 사태를 악화시켰다.

이 사건의 충격적인 여파에 자극받은 미국 의회는 결국 1954년에 제정된 헤이그전시문화재보호협약(약칭 헤이그협약)을 뒤늦게 비준했다. 위기감을 느낀 고고학자들과 군 관계자들은 다시 힘을 합치는 문제를 논의했다. 양쪽 다 조심스럽다는 면에서는 편집증적이라고 할 만한 직종이지만 문화적 정체성을 보존하는 시설 및 유물에 대한 피해를

---

* 보그다노스는 당시 이라크에서 군 특별팀을 이끌고 약탈 과정을 조사했으며, 《바그다드의 도적들》을 통해 당시 상황을 재구성하고 초기 언론 보도에서 사실무근인 부분을 밝혀냈다. 박물관은 원래 타격 제외 대상 목록에 올라 있었다. 그러나 박물관이 미군에 저항하는 이라크공화국수비대 기관총 진지로 사용됐기 때문에 보호 대상 지위를 상실했다고 보그다노스는 지적한다. 그는 또 이라크전을 지휘한 토미 크랭크스 중부사령관이 박물관이 적의 엄폐물로 악용된 이후에도 경탄할 만한 인내심을 발휘함으로써 박물관 파괴를 막았다고 주장했다.

최소화해야 한다는 열정은 똑같았다. 알고 보니 CHAMP를 주도한 사람들은 군과 고고학자 사이에 신뢰를 형성하고 상호 이해를 높이기 위해 10년 가까이 노력해왔다. 일부 군 관계자는 고고학 학술대회는 처음이었다. CHAMP가 결성된 이유에 대해 설명을 들은 다음 우리는 여러 워킹그룹(실무작업담당 소위원회)으로 나눠 토론에 들어갔다. 나는 리더십이 돋보이는 한 여성에게 관심이 쏠렸다. 표범 무늬 랩 드레스에 검은 부츠를 신은 그녀는 문화유산 정보에 관심이 많은 인사들을 조직하는 일을 하고 있었다. 미 육군 예비군 소령 출신으로 지금은 박물관 큐레이터로 일하는 코린 웨그너Corine Wegener는 이라크국립박물관 약탈 사건 이후에 문제의 박물관 담당 민사 장교로 복무한 바 있다. 그녀는 블루실드Blue Shield의 미국 지부 설립자다.[•] 여기서 블루실드는 우리가 아는 그 보험회사가 아니라 전쟁 상황에 처한 세계문화유산 보호를 목적으로 활동하는 국제 비영리기구다. 문화 분야의 적십자사라고 할 수 있겠다.

40대인 웨그너는 우리 테이블 모임을 주재했는데, 우리 워킹그룹의 과제는 고고학 관련 중요 정보를 군 전략가들 손에 쥐어주는 것이었다. 아, 정보라고 하니까 괜히 정보기관이 연상된다! 나는 바깥 줄 의자에 앉아 첩보 위성 내지 도청 장치라도 되는 양 사람들이 하는 얘기에 귀를 기울였다. 고고학자들이 과거 문명의 보물들을 보존하기 위해 얼마나 헌신하고 있는지 알아보겠다는 일념에서였다.

웨그너는 2011년에 발생한 리비아 내전 때 블루실드가 어떻게 대응

[•] 청색 다이아몬드 문양에 청색 역삼각형을 얹어놓은 모양의 블루실드 엠블럼은 헤이그협약에 따라 고안된 것으로 지금은 전 세계 중요 문화유적지를 표시하는 상징물로 사용되고 있다.

했는지에 관해 보고했다. 현지에서 내전이 발발하자 유엔안전보장이사회는 리비아에 대한 비행금지구역 설정을 승인했다. 그러자 블루실드 미국 지부의 한 회원이 웨그너에게 전화를 걸어 "지금 뭐하세요? 우리도 뭔가 해야요."라고 다그쳤다. 웨그너는 바로 리비아에서 일한 경험이 있는 고고학자 수잔 케인에게 전화를 했다. 이어 두 사람은 군 연락책들과 접촉에 나섰다. 과제는 리비아의 중요 고고유적지 타격 제외 대상 목록을 작성해 폭격 목표를 최종 선정하는 군 관계자들 손에 넘겨주는 것이었다. "헤이그협약에 따르면 회원국은 그런 작업을 알아서 하도록 돼 있어요." 웨그너는 리비아 유적 목록을 직접 작성했지만 그럴 능력이 있는 나라는 거의 없다고 말했다. "일부 유적은 누가 봐도 폭격하면 안 된다는 게 분명해요." 리비아에 있는 세계문화유산 다섯 곳이 그런 곳이다. "하지만 그렇게 되면 사람들한테 빨리 와서 약탈해 가라고 부추기는 것이나 마찬가지가 되지요. 게다가 24시간 안에 작업을 마쳐야 했어요. 따라서 선택하는 수밖에 없었지요. 미리 그런 작업을 해두어야 하는 이유가 바로 그 때문입니다." 케인은, 이라크에서 작업한 경험이 있고 영국 국방부와 협력하고 있는 영국 고고학자들을 끌어들였다. 일단 목록을 정리하고 좌표를 확인했다. 고고학자들은 분야를 나눠 문화유적지의 등급을 매겼다.

이런 목록을 작성하는 것이 중요한 일이라면, 그것을 관계 당국자에게 제대로 전달하는 일 또한 어려운 과제였다. "군은 균일한 단일 조직이 아닙니다." 웨그너는 이 점을 강조했다. 그녀는 평소 연락을 주고받는 고위급 관계자들—그중 두 명은 지금 이곳 웨그너 옆자리에 앉아 있다—에게 목록을 전달하고 다른 나라 블루실드 관계자 대여섯 명에게도 전파했다. 그럼 이들이 다시 자국의 군 연락관들에게 목록을 통보하는 식이었다.

웨그너가 접촉하는 군 관계자 가운데 한 사람이 리처드 잭슨이었다. 명함에 '전시법규관련문제담당 육군……' 어쩌고 하는 기다란 직함을 올린 그 사람 말이다. 그는 문화유적 타격 제외 대상 목록은 이미 군 작전 계획 수립 과정에서 중요한 고려 요소가 되고 있다고 지적했다. "전장 관련 정보 확보 과정에서 모든 단위 부대가 그런 작업을 합니다. 우리는 전장의 범위를 확정할 때 문화유적지도 일단 입력합니다. 타격 목표를 설정하는 데에는 원칙이 있어요. 예를 들어 공공시설은 민간인들에게는 필수지요." 그래서 병원과 학교는 타격 대상 제외 목록에 올린다. 교회, 모스크, 기타 보호대상 문화유적도 병력 출입을 금한다. "그런 목록을 무시하고 작전을 하려면 최고위급의 승인이 있어야 합니다." 다시 잭슨의 설명이다. "장성은 적의 포격이나 총격을 받는 경우에만 그런 장소를 공격할 권한이 있습니다." 그런 타격 제외 대상 목록이 잘 숙지되면 효과는 좋다. 그러나 "쓰레기를 입력하면 쓰레기가 나오는 법. 좋은 정보를 (타격 목표 설정 담당자들에게) 제공해야 좋은 결과를 얻을 수 있습니다." 잭슨은 현지에서도 중요한 랜드마크가 될 만한 민감한 유적지 한 곳에 대한 얘기를 했다. 1차 걸프전 당시 바로 옆에 이라크군 비행장이 위치해 있었던 이라크 우르에 있는 지구라트 얘기였다. 피라미드 형태의 사원인 지구라트는 2300년도 더 전에 건립된 것으로 타격 제외 대상 목록에 올라 있었다. "사담 후세인은 의도적으로 그곳에 항공기를 배치했어요. 하지만 우리는 타격하지 않았습니다. 지구라트가 손상될까 봐 대상에서 제외한 겁니다."

고고학자들이 작성한 리비아 타격 제외 대상 목록은 당연히 군이 작성한 목록보다 훨씬 길고, 현지 곳곳에서 작업했던 전문가들이 보내온 민감한 정보도 포함돼 있었다. 고고학자들은 나토(북대서양조약기구)의 1차 리비아 폭격이 시작되기 약 24시간 전에 목록을 제출했다. 그것이 과연 담당자들 손에 제대로 들어갔을까? 효과를 봤을까? 나중에 폭격 지점들을 둘러본 국제 블루실드 조사단은 문화유적에 대한 이렇다 할 피해는 전혀 없다고 보고했다. 폭격에 의한 피해도 없었다. 지금까지는 괜찮았다. 나토 보고서는 고고학자들이 제공한 타격 제외 대상 목록이 앞으로 작전을 하는 데에도 하나의 모델이 될 것이라고 언급했다. 웨그너가 잠시 설명을 중단하고 탁자를 둘러봤다. 그때 정장 차림의 국방부 정보국DIA 소속 티머시 멀랜슨이 목소리를 가다듬고 나서 말했다. "리비아에서는 효과를 봤어요. 우리는 (목록을) 폭격 고려 요소에 넣었습니다."

이제 분명히 돌파구가 열린 것이다. 2003년 이라크 정권 붕괴 이후 고고학자들이 그토록 애써온 것이 열매를 거두기 시작했다. 고고학자들은 군을 협상장으로 끌어내는 데 성공했다. 그들이 폭탄 투하 대상 지점을 바꿔놓은 것이다. 멀랜슨은 몸을 앞으로 내밀며 "유적지 손상은 없습니다. 그건 우연이 아니지요."라고 말했다. 그는 전투원들에게 타격 목표 관련 정보를 최종 전달하는 것이 자기네 팀의 업무라는 사실을 인정했다. "제가 그 연락 담당입니다. 네, 우리 회사는 우선 날려버리면 안 될 대상을 확정하는 데 집중합니다. 그런 다음 관련 데이터베이스를 세계 각지로 계속 내보내지요."

멀랜슨과 웨그너가 직접 만난 것은 이번이 처음이었다. 이 자리에 참석한 다른 사람들도 그렇지만 두 사람은 전문가이기 때문에 하이파이브를 한다거나 환호하지는 않았다. 탁자 주변에 미소가 번졌다. 서로들 수고가 많다는 것을 이심전심으로 아는 것이다.

"그동안 선생을 많이 찾아다녔는데 이제야 만나게 되는군요." 웨그너가 멀랜슨에게 말했다.

"여기 언론인 계세요?" 군복 차림의 남성이 좌중을 향해 물었다. 미 공군 문화자원 담당연락관이다. 내가 하는 일이 무슨 문제라도 되는 것일까? 잠시 불안해졌지만 어깨를 쫙 펴고 손을 들었다. 나 언론인인데 뭐 어쩌라고? 하지만 그 군인은 그저 확인 차원이었던 모양이다. 그는 "여기 주제가 무엇인지 잘 아시지요?"라고만 물었다. 나는 여기 모인 사람들을 통해 세계 분쟁의 이면에서 진행된 일들을 알게 됐다. 그들은 협력자 역할을 처음 했을 당시를 회고했다. 그들은 성과를 보았다. 군복 차림의 남성이 내게 고개를 끄덕여 보였다. 자기들이 하는 일을 알아줄 증인을 환영한다는 뜻이었다. 고고학자들이 관여하기 이전에 미 국방부 데이터베이스에는 리비아 보호대상 문화유적지 30곳 정도가 입력돼 있었던 것 같다. 나중에 목록은 242곳으로 늘었다. 7개월간 폭격이 계속됐지만 그 유적지들은 하나도 다치지 않고 살아남았다.

지식을 공유함으로써 폭격으로 인한 문화유적 파괴를 방지하려고 애쓴 다른 고고학자들도 있었다. 나중에 알게 된 바로는, 1차 걸프전 때 시카고대학교 동양학연구소 교수 한 사람이 미 국방부에 타격 제외 대상에 포함시켜야 할 고고유적 관련 정보를 계속 보냈다고 한다.• 그

• 교수의 이름은 맥과이어 깁슨McGuire Gibson이다.

러나 그의 경고는 담당 기관에 전달되지 않아 실효를 보지는 못했다. 군 관료조직을 뚫고 들어가는 것은 참으로 어려운 일이다.

그러나 대단히 민감한 데이터베이스를 작성하는 데 협력하도록 고고학자들을 설득하는 것도 쉬운 일은 아니다. 일부 고고학자들은 윤리적인 이유로 군과 관계하기를 원치 않는다. 자신들의 노력이 유적 파괴 억제에 도움이 될지는 모르지만 전쟁을 벌이는 사람들을 돕고 싶지는 않다는 것이다. 군과의 협력에 대해 실질적인 차원에서 반대하는 경우도 있다. 고고학자들이 현장에서 직면하는 가장 큰 문제 가운데 하나는 약탈이다. 전투 지역에서는 약탈이 분쟁 세력에 재정적으로 도움이 되는 경우가 있다. 그리고 비밀이 새기 쉬운 세상에서 고고학자들이 자신이 알고 있는 장소들을 정부 쪽에 알리고 싶어 할까? 그것은 마치 내가 가지고 있는 골동품에 깃발을 꽂아 "이것 좀 가져가시오." 하는 격일 수 있다. 그러면 그 귀한 유물들은 추가적인 관심의 대상이 된다. 제대로 된 사람들 손에 들어가면 보호를 받겠지만 엉뚱한 자들 손아귀에 들어가면, 뻔하다. 여기 약탈하기 좋은 보물들이 있다, 편리하게 등급 분류도 돼 있다, 그러니 제일 값나갈 만한 것부터……

공군에서 나온 남자는 그런 데이터가 여기 둘러앉은 우리 같은 사람들에게 대단히 민감한 것이라는 사실을 인정하면서 이렇게 말했다. "우리도 최대한 주의하고 있습니다. 지금은 아주 보수적으로 접근하고 있지요. 우리는 충분히 통제할 수 있다고 자신합니다." 웨그너는 리비아에서의 성공이 자신들의 노력에 큰 보탬이 될 것이라고 생각했다. "우리의 네트워크는 잘 구축돼 있어요. 하지만 서로 신뢰가 쌓이려면 시간이 걸릴 겁니다."

전쟁과 분쟁 상황에서도 문화적 책임을 공유해야 한다는 의식이 높아지고 있다. "어떻게 문화를 먼저 걱정할 수 있어요? 사람들이 다 죽거나 집을 잃거나 고통을 면치 못하는 상황인데……." 이런 질문을 종종 받았다는 얘기를 웨그너는 스미스소니언박물관 홈페이지에 올려놓았다. 그런 질문을 "백만 번째" 들었을 때 그녀는 "그런 질문을 하는 것은 항상 미국인"이라는 것을 깨달았다. "제가 일하는 현장에서는 그런 질문을 하는 사람을 하나도 못 봤습니다."

우리 워킹그룹이 그동안의 성공을 자화자찬한 시간은 2분도 되지 않았다. 우리는 다시 성과를 더 높이는 방안에 대해 토론하고, 또 다른 어려움에 대해 의견을 나눴다. 티머시 멀랜슨은 "이 기차는 이미 가고 있어요. 뉴스에 나오는 어떤 나라든 우리에겐 데이터가 필요합니다."라고 말했다. 우리는 아프리카 말리가 분쟁 지역이 될 가능성이 높다는 데 인식을 같이했다. 웨그너가 말했다. "정책 제안서를 작성해봅시다. 당장은 멀랜슨 선생과 좋은 관계를 유지하고 있지만 새 담당자가 들어오고 나가고 하면서 '문화가 어떻다고요?' 하는 식으로 나오면 어쩌죠?" 그녀는 일단 개통된 채널이 앞으로 분쟁 상황이 벌어질 때에도 계속 가동되기를 간절히 원했다. "우리는 그쪽에서도 '그건, 우리 책임입니다'라고 말해주기를 바랍니다."

한편 여기 모인 다른 관계자들은 국제 협력 활동을 하는 한편으로 군인들을 위한 교육 도구를 개발하고 있었다. 한 고고학자는 "우리는 항공기에 오르는 (군인들을) 붙잡고 '근데 문화유산은 파괴하지 않도록 조심해주세요!'라고 말하고 싶지 않습니다."라고 말했다. 일부 교육 도구는 아주 독창적이었다. 예를 들어 이라크, 이집트, 아프가니스탄에서 군인들이 사용하는 카드 한 벌은 보통 쓰는 52매짜리인데 고고학과 관련된 그림과 정보, 주요 문화유적지, 주목할 만한 유물 등의 사진이 들어가 있다. 뒷면을 맞춰보면 그 나라에서 가장 대표적인 유적지의 지도가 된다. 이런 물건을 생각해낸 사람은 누구일까? 나중에 꼭 알아 봐야겠다.

나는 지구에서 가장 위험한 곳에 위치한 세계 고고유산을 살려내려는 전문가들의 간절한 노력을 우연히 알게 됐다. 중요한 역사의 한순간을 목격한 것이다. 고고학자들은 전문적인 지식과 경험을 군에 제공했고, 수년간의 끈기 있는 기초공사 이후 그 제안은 받아들여지고 가치를 인정받았다. 나는 파괴 위기에 처한 유적지에 대한 정밀 3D 지도를 제작하는 비영리기관에서 일하는 젊은 여성과 이야기를 나눠봤다.[•] 또 큰 효과를 발휘할 카드 한 벌을 입수했고, 명함도 한 움큼 받았다. 명함을 주기 전에 주저한 유일한 사람은 코린 웨그너였다. 그런데 그녀의 명함에는 이탈리아 갑옷 사진이 인쇄돼 있었다. 얼굴까지 완전히 가리고 그 어떤 무기로도 뚫을 수 없는 갑옷 말이다. 2차 세계대전 이후 최초로 군에서 고고유물과 미술품 보존 임무를 맡았던 웨그너는 언론에 대해 다소 불쾌한 경험이 있다. 지금도 이라크국립박물관 약탈 사건에 대한 언론의 호들갑스러운 보도 얘기만 나오면 흥분을 금치 못한다. 오보가 많았기 때문이다. 예를 들면 '17만 점이 도난당한 것으

• 제이미 퍼슈트Jaime Pursuit는 파괴 위기에 처한 문화유적을 레이저스캔으로 복제하는 비영리기구 사이아크CyArk(사이버cyber와 노아의 방주ark를 합성한 명칭으로, 사이버 기술로 멸실 위험에 처한 문화유산을 보존하겠다는 취지다)의 개발 및 대외담당책임자다. 사이아크의 환상적인 웹사이트 주소는 www.cyark.org이다.

로 보도됐'지만 사실은 1만 5000여 점이다. "약탈자들이 조각상들의 머리 부분을 쳐서 떨어뜨렸다."고 알려져 있지만 문제의 조각상들은 단 한 건을 제하고는 발굴 당시 이미 머리 부분이 없는 상태였다 등등. 웨그너는 분노에 찬 심정으로 《뉴욕타임스》에 정정 보도를 요구하는 이메일을 보내곤 했다. 하지만 사건이 일어난 지 10년이 지난 뒤에도 권위지라는 《뉴욕타임스》는 이라크국립박물관이 "약탈로 말미암아 거의 텅 비었다."는 식의 보도를 계속했다. (모든 전시실이 거의 비다시피 한 것은 박물관 직원들이 약탈에 대비해 도둑들이 들고 나갈 수 있는 유물은 모두 안전한 장소에 은닉해놓았기 때문이다.) 웨그너는, 좀 더 좋은 그림을 독자들에게 전하기 위해 '아시리아관에서 전시품 위로 올라간 사진기자들'도 좋지 않게 봤다.

웨그너는 호텔 복도를 따라 내려가는 동안 까만 직사각형 안경 뒤로 찌푸린 표정을 짓고 있었다. 아이티와 이집트, 시리아 문화유산의 안위가 걱정됐던 것이다. 그녀가 호텔을 나서자마자 나는 앞서 말한 군인들을 위한 문화유산 보존 교육용 카드를 비롯해 수십 종의 창의적인 교육 도구를 개발한 로리 러시Laurie Rush와 같이 걷게 됐다. 러시는 한 군 기지의 문화재 보존 책임자였다. 나는 그 기지에서 운영한다는 치밀한 고고학 관련 프로그램이 어떤 것인지 궁금해졌다.

군, 문화유산 보호에 나서다

존중하고 존중받기

내가 로리 러시를 만났을 때, 그녀는 미군을 대상으로 문화유산의 중요성을 인식시키는 일을 8년 가까이 하고 있었다. 그녀가 이런 일에 나서게 된 것은 2004년 어느 여름날 차를 몰고 가다가 라디오에서 접한 뉴스 때문이었다. "직장인 포트드럼 육군기지로 가던 중이었어요. 그날 아침 이라크 고대도시 바빌론 유적이 파괴됐다는 뉴스가 엄청 크게 보도됐습니다." 러시는 당시 미국의 공영 라디오 방송인 내셔널 퍼블릭 라디오National Public Radio를 듣고 있었다. '미군 기지가 고대 바빌론 사원을 파괴하다'가 제목이었다. 민간인 신분으로 미 육군에서 일하는 고고학자 러시는 뉴스를 듣고 심한 좌절감을 느꼈다. 1년 전 이라크국립박물관 참사 이후 미군은 바빌론을 보호하라는 명령을 받은 상태였다. 그런데 폐허 유적지에 기지를 건설하면서 고대사원을 불도저로 밀어버리고 헬기 착륙장을 만든 것이다. 방송에서 이라크 주둔 연합군 문화유적 담당고문인 고고학자 존 러셀은 "우리가 상상한 것 이상의 엄청난 파괴"가 야기됐다고 지적했다. 라디오 진행자 르네 몬태뉴는 러셀에게 손상이 회복 가능한지 물었다. 그러자 러셀은 차분한 목소리로 이렇게 설명했다. "고고유적지에 대한 손상을 회복할 길은 없습니다. 유적지에 삽을 대는 순간 과거로부터 전해온 어떤 증거를 파괴하는 것이지요. …… 모든 손상은 돌이킬 수 없습니다." 러셀은 동일하거나 유사한 파괴가 이라크의 다른 지역 곳곳에서도 벌어지고 있을 것이라고 추정했다. 예를 들어 이라크 북동부 키르쿠크 공군기지 같은 곳에서는 유적지 잔해를 부숴서 방어 진지용 모래주머니를 채우는 데 사용하고 있다는 것이다.

캐나다 국경과 가까운 뉴욕 주 북부 포트드럼 기지의 문화자원관리 책임자인 로리 러시는 64제곱킬로미터(1936만 평) 넓이에 분포해 있는 고고·역사 자산을 관리하고 있다. 그녀는 국방부 소속으로 "세계에서 가장 활기차고 혁신적인 문화자산 관리 프로그램"을 운영하고 있다고 자부한다. 러시는 "군 관련 각 분야에서 일하는 고고학자들이 수천 킬로미터가 되는 유적 관련 내역을 작성하고, 고고유적지 수만 곳을 발견했으며, 그중 수천 곳은 보존을 위해 별도 관리를 하고 있을 뿐 아니라 북아메리카 대륙과 하와이에서 다수의 중요한 고고학적 발견을 이뤄냈다."고 말했다. 포트드럼 기지 웹사이트에는 문화자원 보존이 "국방부의 기본 임무 중에서도 가장 기초적인 부분"이라고 적시돼 있다. 사실 국방부는 문화유산을 보존하는 일에 미국 내 그 어떤 기관보다 많은 예산을 투입하고 있다. 문화 보존을 포함하는 환경 관리 부문에 수십 억 달러의 예산이 집행되는 것이다. 이는 군에서 일하는 고고학자들은 물론 국립공원관리청 같은 여러 연방기관에 소속된 고고학자들에게는 자존심의 문제다. 물론 나를 포함한 거의 모든 사람들에게는 놀라운 일이 아닐 수 없다. 국방부에 고고학자들이 있었다니?

국방부가 그동안 한 일은 로리와 그녀가 이끄는 팀이 특별히 자부심을 느낄 만한 것이었다. 이들의 활약으로 포트드럼 기지는 수많은 상과 표창을 받았다. "처음 국방부에서 일을 시작했을 때 고고학자로서의 양심 같은 것에는 개의치 않고 프로젝트 기안서에 고무도장이나 찍을 것이라고 생각했어요. 하지만 그동안의 경험으로 보면 실상은 정반대였습니다." 러시의 설명이다. 실제로 그녀는 대부분의 고고학자들이 잘 겪지 못하는 생소한 사태를 경험했다. 열정적인 지원을 받은 것이다. "우리 상관들은 '이거 정말 흥미로운 걸', '우리 집사람이 아메리카원주민이야' 또는 '우리는 집에서 디스커버리 채널을 봐'라고 말합니다." 이런 격려에 힘이 난 러시는 포트드럼 기지 상관들에게 사격장 부지 일부를 원래 계획에서 제외해줄 것을 요청했다. 아메리카원주민이 신성시하는 장소가 포함돼 있었기 때문이다. 상관들은 동의했다. 그녀는 고고학자로서는 아주 특별한 위치에 있다. 누구한테 아쉬운 소리를 할 필요가 없는 것이다.

러시와 그녀의 동료들이 바빌론 유적지 파괴 소식을 듣고 특히 당혹해한 것은 그 때문이었다. "전 세계 언론이 바빌론 유적이 파괴됐다는 소식을 전했을 때, 미군 소속 고고학자들보다 더 좌절감을 느낀 전문가 집단은 없을 겁니다."

군인들은 4000~5000년 된 폐허 상태의 유적지를 난장판으로 만들의도는 없었다. 바로 그 점이 러시가 참으로 안타까워하는 부분이다. 현장의 파괴 실태를 조사한 고고학자는 "이라크에서 언덕 형태의 지형이 갖는 중요성에 대해 최소한의 배경 지식만 있었어도" 상황은 달라졌을 것이라고 지적했다. **최소한의 배경 지식만 있었어도**…… 역사와 보존의 중요성에 대해 약간의 수업만 들었어도 바빌론의 폐허 유적지는 영구적인 파괴를 면했을 것이라는 얘기다. 부대원들을 조금만 잘 교육시키면 그런 실수를 다시는 하지 않을 것이라고 확신한 러시는 직접 문제 해결에 나서기로 작정했다. "해외에 배치되는 장병들을 대상으로 교육을 실시한다, 그 문제를 해결하는 데 필요한 기술과 경험은 내게 있다라고 계속 되뇌었습니다."

"전통적으로 미국에서는 군이 관리하는 토지에 있는 아주 중요한 고고학적 자산에 대해서는 군 관계자의 출입을 금지합니다. 보존을 위한 조치이지요." 러시의 설명이다. 그런데 그런 조치는 너무 지나친 것일 수 있다. "국내에서는 문화자산을 관리할 때 군 관계자는 근처에 얼씬거리지도 못하게 합니다. 그런 군인들이 해외에 나가 문화유적지를 점령할 때 어떻게 해야 할지 알고 있기를 기대하는 건 무리예요."

미군이 바빌론 문제로 언론의 집중 포격을 맞던 날 아침, 러시는 포트드럼 기지 후문에 차를 세우고 문화자원부 건물에 있는 컴퓨터로 달려갔다. 그녀는 메소포타미아에 대해 아는 것이 별로 없었다. 그래서 팀원들과 함께 사령관에게 가서 장병들에게 문화 관련 훈련을 직접 실시해야 한다고 설득하기에 앞서 구글에서 이라크 고고학 관련 자료를 검색했다. "한 웹사이트를 찾아 지구라트에 관한 글들을 읽고 있었어요. 그러다가 페이지 맨 아래로 가니까 '지구라트 계단의 편평한 바닥은 UFO가 착륙하기 안성맞춤이다.'라는 글이 있더군요. 이런! 크리스털 해골을 찾는다는 사람들이 후원하는 사이트였던 거예요!" 러시는 껄껄 웃어댔다. 거인의 웃음소리 같았다. 그녀는 차고 썰렁한 군 기지에서 복잡하고 어려운 문제와 씨름하는 사람치고는 놀라울 정도로 웃음이 많았다.

러시의 매력은 그 풍모에서부터 강렬하게 드러난다. 키는 작지만 다부진 몸매에 여유가 넘치고 화장기 없는 얼굴에 성긴 금발은 대충 잘라 어깨에서 안으로 말아 넣었다. 환히 웃을 때면 입이 귓가에 걸릴 정도다. "전 투박한 스타일이에요."라고 러시는 말했다. 그녀는 포트드럼 기지에서 발행하는 신문 《산악부대*Mountaineer*》에 실린 프로필—그동안 이룬 성과와 화려한 수상 경력을 중심으로 쓰인 것으로, 가장 최근에는 학자들이 주로 받는 로마상Rome Prize을 수상했다고 써 있었다—을 내게 보내면서 자신은 '자기중심주의자*egoist*'라는 농담을 했다. 하지만 자신을 낮추는 태도나 기회 있을 때마다 동료들을 칭찬하는 것을 보면 그런 표현은 전혀 사실이 아니다. 러시는 포트드럼 기지 사령부가 자신에게 보내는 신뢰가 모든 것의 열쇠라는 점을 강조했다. "저는 세상에서 제일 좋은 상관 두 분을 모시고 있어요." 그녀는 그중 한 사람인 예비역 대령에게 해외 배치 장병들에게 문화 관련 훈련을 실시하겠다는 아이디어를 제시했다. "그분이 저를 빤히 보더니 그러더군요. '내게 그런 정보가 있었으면 발칸 반도에서의 상황은 완전히 달라졌을 거요.'" 그 상관은 기지 근무자 모두에게 "그녀가 필요로 하는 것은 포트드럼에서 우리가 필요로 하는 그 어떤 것보다 중요하다."라고 말했다.

포트드럼 기지 바깥에서는 고고학자, 사적 보존 운동가, 군 관계자들이 러시가 내린 것과 같은 결론에 도달했다. 고고학 지식이 군에도 절대적으로 중요하다는 점 말이다. 그러나 그들은 대개 조직화되지 못한 채 개인 차원에 머물러 있었다. 군의 고질적인 관료주의 때문에 고고학자들이 전문적인 식견을 제공하거나 심각한 문제에 대해 경고할 수 있는 길이 차단된 것이다. 고고학 자체는 섭렵하기가 쉽지 않다. 분야가 방대하고 복잡하기 때문이다. 그런 만큼 구세계의 고고학자들(이라크 및 고대 로마와 그리스를 포함해 동양과 근동의 고대문명들을 주로 연구한다)과 신세계(아메리카 대륙)에서 활동하는 고고학자들은 대개 참가하는 학술대회도 다르고 읽는 학술지도 다르다. 그러나 러시는 미국 고고학이 배출한 자랑스러운 인재다. 미국에서는 고고학이 인간을 연구하는 학문인 인류학의 분과로 돼 있다(반면에 유럽에서는 역사학의 한 분과다). 러시는 두 문화 사이의 간극을 메우는 훈련을 받았다.

처음에 러시는 국방부 문화유산 관련 프로그램에 지원해 해외에 배치된 장병들에게 이라크와 아프가니스탄 관련 기초 고고학을 가르치는 놀이용 카드 개발비를 따냈다. 그다음에는 고고학 관련 장소들을 포트드럼 기지 장병들의 문화유산 관련 훈련용으로 개조하기 시작했다. 내가 기지를 방문했을 때 그녀는 이미 고고학계와 군 쪽의 동료들과 긴밀한 유대를 형성하고 있었다. 그리고 그런 문제에 관한 글을 보면 꼭 로리 러시라는 이름이 등장했다.

포트드럼 기지 문화자원부 본부는 육군 특유의 베이지색 건물 2층에 있는데 널찍한 보관실을 겸하고 있다. 일렬로 늘어선 노란 금속제 선반들이 일종의 칸막이 역할을 하고, 벽에는 각종 서류를 보관하는 암회색 캐비닛과 지도를 넣어둔 서랍장들이 서 있다. 러시는 캐비닛 하나를 열어 돌로 만든 창촉과 화살촉, 비드 같은 것들을 꺼냈다. 최근 몇 년 동안 그녀가 집중적인 관심을 쏟고 있는 유물이다. 그녀는 작업대에 원형으로 늘어놓은, 톱날처럼 삐죽삐죽한 다양한 돌 조각들을 가리키며 말했다. "인디언 맷돌이 트럭에 깔려 산산조각 난 것입니다." 주변에 돌아다니는 탱크에 깔리면 무엇이든 거의 가루가 된다. 러시는 최근 8년 동안 국제 긴급 구조 활동에 참여하면서 이라크, 아프가니스탄, 요르단, 터키, 오스트리아, 영국, 이탈리아를 돌아다녔다. 하지만 홈베이스는 역시 이곳 보관실이다. 그녀와 정규직 고고학자 두 명이 사용하는 사무실이 따로 있고, 아래층에는 유물을 분류하고 세척하는 작업실이 있다. 러시는 문화자원부 부장으로서 포트드럼 기지 일대에 살았던 모든 사람들—1만 년 전 아메리카원주민에서부터 20세기 농부와 선철 제조 노동자, 현재 이곳에서 복무 중인 군인들에 이르기까지—이 남긴 문화의 흔적들을 발굴하고 보존하는 책임을 맡고 있다. 1998년 정규직으로 포트드럼 기지에서 일을 시작한 이래로 그녀가 이끄는 팀은 여러 가지를 발견했다. 그중에는 아메리카원주민이 신성시하는 장소와 선사시대 빙하호의 기슭을 이루는 호안선湖岸線 흔적도 있다. 그런 장소를 찾는 것이 그들 본연의 임무가 아니라는 점을 고려하면—러시가 이끄는 팀이 존재하는 이유는 군이 유적지 같은 것을 훼손하지 않고 각종 시설을 건설할 장소를 찾아내기 위해서지 고고학 연구를 하기 위해서가 아니다—그런 발견들은 인상적인 것이 아닐 수 없다.

러시의 설명을 들어보자. "1998년에는 포트드럼 기지 일대에서 뭔가를 찾는 사람은 아무도 없었어요. 물론 우리는 협곡 근처에서 아주 오래된 도구들을 발견했지요. 옛날 사람들이 거기서 덫으로 동물을 잡고 있었던 걸까요?" 그녀는 빙하호와 호안선에 대해서는 좀 아는 터라 기지에 있는 지도 전문가들에게 전화를 걸었다. 우선 지리정보시스템 담당자들에게 협곡들을 보여줄 수 있느냐고 물었다. "그때가 마법의 순간이었어요. 지도를 들여다보니 언덕들은 짙은 색으로 표시돼 있더군요. 마치 해가 지면서 그림자가 진 것 같았습니다. 순간 어떤 지점들인지 감이 잡혔어요. 강 하류들이 호수로 흘러드는 지점이었지요." 선사시대 이로쿼이 빙하호 호안선 발견으로 주변 일대 역사에는 그동안 몰랐던 층위가 하나 더해졌다. "포트드럼은 1만 년 동안 선박을 건조해온 곳입니다!" 러시의 표정이 상기돼 있었다.

러시 팀은 또 본부에 있는 보관용 캐비닛 안에서도 몇 가지 중요한 발견을 했다. 예를 들어 부하 직원인 어느 큐레이터는 19세기 농장에서 발견된 유물 컬렉션을 조사하다가 소총 화약에 불을 붙이는 프랑스제 부싯돌을 발견했다. "이건 농장에 있을 물건이 아닌데!" 큐레이터는 즉각 러시에게 보고했다. 당시 상황을 러시는 이렇게 설명했다. "아니나 다를까, 우리는 화폐 역할을 하는 비드와 인디언이 무더기로 남긴 유물은 물론 17세기 삼나무 기둥 같은 것들을 찾아내기 시작했어요. 그 모든 게 아주 다른 장소에서나 볼 수 있는 것들이었지요." 초기에 기지에서 고고학 관련 작업을 진행한 문화자원관리회사는 특정 장소에서 출토된 이 유물 전체에 '19세기 농장'이라는 딱지를 붙여놓았다. 다시 러시의 설명을 들어보자. "사실 거기서 가장 주요한 부분은 17세기 모피 거래와 관련된 예수회 선교사 거주 구역으로 밝혀졌습니다. 그런 게 많은 사람들에게 큰 흥미를 주지요. 그리고 실제로 대단히 중

요한 겁니다. 캐나다와 접한 뉴욕 주 지역에서는 유일한 것이니까요."•

러시는 문화자원관리회사의 실수에 대해서는 대단히 관대했다. "조사 책임자의 개인적인 관심사가 대단히 중요한 역할을 하기 때문이지요. 그 팀의 책임자는 이 지역에서 시멘트로 바른 헛간 바닥이 처음 등장한 시기가 언제인지에 관심이 많았습니다." 시멘트로 바른 헛간 바닥이라니! 러시가 웃음을 터뜨렸다. 마치 그래요, 고고학자들은 좀 이상하지라고 말하는 듯했다. 이어 러시는 자신이 했던 실수 한 가지를 얘기해줬다. 호안선 흔적을 따라 선박을 건조한 증거를 발견하자 고대 해상 무역로에 관심이 많은 한 저명한 고고학자가 찾아왔다. "우리는 돌 부스러기들을 모은 가방을 그분한테 보여줬어요. 온갖 돌 조각들의 정체가 무엇인지 우리는 전혀 몰랐지만 일단 보관해둔 것들이었습니다. 그런데 그 고고학자가 거기서 채널 플레이크channel flake를 찾아내기 시작했어요. 그건 정말 중요한 겁니다! 고고학자는 우리를 심하게 나무랄 수도 있었지요. 저를 노려보면서 '이 바보, 바보 같은 여자야. 당신은 여기서 일할 자격이 없어. 채널 플레이크도 모르면서 뭘 하겠다고……!'라고 소리쳐도 할 말이 없었습니다."

우리 둘은 같이 웃었다. 물론 나도 채널 플레이크가 뭔지 전혀 모른다는 것을 인정하지 않을 수 없었다. 러시는 내게 너그러운 눈빛을 보내면서 설명을 해줬다. 요지는 핵심을 알면 과연 그렇다는 걸 알게 된다는 것이다. 고대 인디언들이 사용한 돌촉에는 한가운데에 채널, 즉 세로 홈이 파여 있다. 채널을 만들려면 그 부분을 파내야 한다. "파낸

• 러시 팀은 17세기 교역소 밑에서 8000년 된 화덕도 찾아냈다.

돌 부스러기가 바로 채널 플레이크(박편)입니다. 그 고고학자는 정말로 중요한 것들을 돌 부스러기 가방에서 찾아낸 거지요. 하지만 우리를 기죽이지 않으려는 듯 '이거 정말 대단하네요!'라고만 했어요. 그러고는 참을성 있게 '채널 플레이크의 특징을 보여드릴까요?'라고 말했습니다. 우린 새로운 것을 배우는 놀라운 경험을 했습니다. 그래서 우리는 모토를 만들었지요. '가장 흥미진진한 순간은 우리가 틀렸다는 것을 아는 순간이다.'라고 말입니다. 그건 우리가 새로운 것을 발견했다는 의미이기도 합니다. 그런 식으로 우리는 계속 배우고 있어요."

　로리 러시는 코네티컷 주에서 사립학교를 다녔지만 대학은 중서부에서 다니기로 결심했다. 그곳 인심이 좋다는 얘기를 들었기 때문이다. 정말이지 인심은 그녀가 가장 중요하게 여기는 기준이었다. 러시는 블루밍턴에 있는 인디애나대학교에서 남편 잭을 만났다. 잭이 시카고대학교에서 의사자격증을 취득하고 러시는 노스웨스턴대학교에서 석사와 박사학위를 마친 뒤 부부는 북부 잉글랜드 온타리오 호숫가의 사우전드 제도 지역으로 이사를 갔다. 거기서 남편은 의료 환경이 열악한 동네에서 진료하는 조건으로 공중보건 관련 장학금을 따냈다. 부부는 가정을 꾸렸고, 줄줄이 다섯 명의 자녀가 태어났다. 로리는 현지 엔지니어링 회사들과 고선박박물관Antique Boat Museum에서 고고학 관련 일거리를 얻기 시작했다. 러시가 보기에 1990년대 초 방영된 알래스카 벽지에서 공익근무를 하는 신참 의사 얘기를 다룬 텔레비전 드라마 〈알래스카의 빛Northern Exposure〉은 마치 자신들 이야기 같았다. 부부는 그 드라마를 "잭과 로리 쇼"라고 불렀고, "제작진이 우리 집을 도청해 대사를 만들었다."고 확신할 정도였다. 온타리오 호 일대와 인근 애디

론댁 산맥 지역은 겨울이면 세찬 바람이 불었고, 10월부터 눈이 내리기 시작했다. 내가 포트드럼 기지로 러시를 찾아갔을 때가 5월 중순이었는데, 기지를 둘러보는 동안 차디찬 비가 옆으로 휘날릴 정도로 거세게 들이쳤다. 따뜻한 장갑이라도 끼고 올걸 하는 생각이 들었다. "알래스카의 포트리처드슨 기지가 여기보다 좀 더 추울 거예요. 하지만 눈은 여기가 더 많이 오지요." 러시의 설명이다.

극한의 날씨는 포트드럼 기지가 미 육군 최초의 스키 부대인 제10산악사단의 본거지가 된 이유다. 이 사단은 2차 세계대전 때 나치가 점령 중인 이탈리아 산악 지역을 힘들게 점령한 바 있다. 러시는 산악사단이 미국에서 스키 산업을 처음 시작했다고 설명했다. 기후는 인간과 장비 모두에 심각한 도전이다. 천둥번개를 동반한 폭우로 말미암아 기술적인 재앙을 겪은 산악사단은 야전용 컴퓨터를, 전자 메모를 실험실로 바로 전송하는 '내구성을 높인' 아이패드로 개조했다. 문제는 폭설이나 폭우만이 아니다. 여름에는 살충 스프레이를 많이 뿌리기 때문에 모든 게 끈적끈적해진다. "여기 벌레가 많아요?"라고 내가 물었다. 러시는 폭소를 터뜨리는 것으로 답을 대신했다.

필드워크로 인한 신체적 불편은 러시가 고고학 분야에 몸을 담을 때부터 골치였다. 내가 만나본 다른 전문가들과 달리 그녀는 예전에 다른 직업을 가져볼까 하는 생각을 했었다. 실제로 그녀가 취득한 박사학위는 공중보건 분야다. 그러나 사우전드 제도에는 공중보건 분야 일자리가 없었다. 반면에 그 지역 문화자원관리회사들은 제대로 훈련받은 고고학 전문가를 간절히 찾고 있었다. 러시는 계획을 다시 조정해 고고학계로 돌아왔다.

러시와 팀원인 고고학자 두 명, 그리고 나 이렇게 네 사람은 밝은 주황색 형광 안전 조끼를 입고 빗속을 나서 제10산악사단 본거지로 향했다. 기지를 가로세로로 교차하는 도로마다 '이라크 자유 작전', '항구적 평화 작전' 같은 이름이 붙어 있었다. 도로 저편으로 베이지색과 갈색이 어우러진 산에 상록수들이 띠를 이루듯 즐비하고 간간이 조립식 건물이 보였다. 우리는 호스와 물비누를 갖춘 거대한 창고 같은 건물을 지나쳤다. 탱크를 세척하는 시설이다.

우리 일행이 처음 들른 곳은 산악사단의 훈련상황실이었다. 보안팀이 부대원들의 야외 훈련 상황을 면밀히 지켜보고 있었다. 실제 무장 상태여서 위험했다. 주황색 안전 조끼를 걸친 것은 총격을 받지 않기 위한 조치였다. 그러나 상황 지도판에서 환한 불이 들어온 발사 지점 표시를 보니 으스스했다. 러시의 동료가 기지 야전 훈련을 감시 중이고, 폭발물 처리반과도 바로 연락이 된다는 얘기를 들었지만 안심이 되지는 않았다. 상황실 바깥에 있는 전시용 상자에는 포트드럼 기지에서 사용된 무기 일부가 진열돼 있었다. 지난 세기의 폭탄, 수류탄, 로켓탄 등등. 매끈하고 날카로우면서도 위협적인 것이 고대의 돌촉, 창, 화살 같은 무기를 전시한 박물관의 현대판이라고 할 수 있겠다.

기지에는 역사적으로 의미 있는 장소가 600곳이 넘고, 선사시대와 관련된 장소도 200여 곳이나 됐다. 그런데 러시는 모조 아프가니스탄 마을을 보여주고 싶어 했다. 병사들 훈련용으로 고무와 재활용 건설 자재를 활용해 만든 실제 크기의 모형 마을이다. 모조 모스크와 가짜 무슬림 공동묘지 같은 '기피 목표물' 지역에는 낮은 담을 둘러쳐놓았다. 장병들과 기총소사 담당자들이 현지인들이 신성시하는 장소에 대한 피해를 최소화하도록 전투 훈련을 하는 곳이다. 또 다른 장소에는 지붕이 낮고 편평한 오두막들이 있는데, 일부는 터번을 쓰고 수염을 기른 마네킹이 점거 중인 것으로 꾸며놓았다. 폴리우레탄 거품 스프레이로 알록달록 칠을 한 차도 한 대 있었다. 러시의 설명에 따르면 각 시설을 꾸미는 데 든 비용은 2500달러 미만이라고 한다. 그 정도가 정부에 요구할 수 있는 최대치다. 그녀는 특히 이라크 고대도시 우루크에 있는 것을 복제한 모자이크 탑을 흡족해했다. 기지 건설 자재 창고에서 구한 소노튜브sonotube(압축 종이로 만든 파이프로 값이 싸고 내구성이 뛰어나 보통 콘크리트를 붓는 데 사용한다)로 만든 것이다.

포트드럼 기지의 모조 시설은 거의 만화 같아 보였다. 그러나 그것들은 군이 병사들을 뛰어난 전투병인 동시에 현지 사정을 잘 배려하는 점령군으로 확실히 준비시키려는 최초의 노력이었다. "과거에는 실질적인 해결책이 부족했어요. 뭐랄까, '제군들, 좀 더 조심하게'라고 당부하는 정도였지요. '이렇게 하라'고 구체적으로 말해주지 못했습니다." 러시는 포트드럼 기지의 모조 구조물들을 다른 기지에서도 그대로 따라하고 있다고 전했다. 러시와 팀원들은 군 관련 고고학자들로부터 모조 구조물 제작 방법을 알려달라는 부탁을 많이 받는다.

고고학은 창의적으로 임기응변을 발휘해야 할 때가 많다. 하지만 대개는 도랑에 빠진 트럭을 꺼내거나 접근이 어려운 장소를 발굴할 방법을 찾아내는 정도이지 모조 현장 제작 같은 것은 해당되지 않는다. 하지만 포트드럼 기지에서 근무하는 모든 사람에게 가장 중요한 것은 전투 부대를 지원하는 것이다. 러시도 사령부와 실용적인 차원에서 잘 협력하는 것으로 정평이 나 있지만, 문제 해결 능력이 탁월한 임무 완

수 지향적인 고고학자다. 그녀는 초기에 이라크로 떠나는 병사들을 상대로 문화적 민감성에 대해 강연했을 때를 회고했다. 당시 한 병사가 물었다. "'저들이 공동묘지에서 우리를 향해 총을 쏘면 어떻게 하죠? 반격해도 되나요?' 저는 '당연하지!'라고 답했습니다. 그러자 다른 병사가 그러더군요. '우리 고고학자 님은 정말 내 타입이야.'"•

우리는 르레이스빌 역사 마을(오래된 대저택과 하인 주거구역이 그대로 남아 있다. 지금은 외부에서 출장 온 장교들 숙소로, 그리고 군 관련 행사용으로 사용된다)과 농촌 지역 전초인 스털링빌도 둘러봤다. 둘 다 2차 세계대전 때 토지 수용권을 발동해 기지 구역에 포함된 곳이다. 주민들은 타지로 이주했고, 텅 빈 마을들은 1990년대에 국가사적지로 등재됐다. 포트드럼 기지 문화자원부는 르레이스빌 저택 수리를 지도하는—자원봉사자들에게 휴일에 와서 취향대로 꾸며보라고 조언하기도 했다— 한편, 스털링빌의 옛 가옥 잔해와 무너져가는 기초를 보존·관리하는 업무도 맡았다. 러시 팀은 스털링에 거주했던 주민과 그 후손들을 대상으로 현지 구경을 시켜주었는데, 그 과정에서 군인들의 출입을 금지한 데 대한 불평을 듣고 놀랐다. 군인들이 거기서 훈련할 수 없다면 우리가 정든 고향을 떠난 이유가 무엇이냐는 게 그들의 불만이었다.

그러자 문화자원부 관계자들은 스털링빌의 진짜 고고학 관련 장소를 곧 해외에 파병될 부대원들의 훈련장으로 개조하자는 아이디어를 냈다. 우선 지표에 무성한 잡풀을 걷어내고 추가 손상이 발생하지 않

• 아프가니스탄의 문화유산을 소개하는 놀이용 카드에는 낱장마다 "ROE가 최우선!"이라는 모토가 찍혀 있다. ROE는 'Rules Of Engagement(교전규칙)'의 약자로, 간단히 말하면 병사는 자기 방어가 먼저라는 얘기다.

도록 현장을 안정화시키는 작업을 시작했다. 이것을 러시는 "현장 강화"라고 부른다. 이어 무너져가는 담장들을 모래주머니로 보강하고, 기초가 드러난 곳은 질기면서도 투과성이 있는 토목용 섬유나 중고 탱크 궤도로 덮고 그 위에 깨끗한 모래와 흙을 깔았다. 그렇게 해서 유적지는 취약 지점이 강화된 훈련장으로 변신했다. 그럼에도 유적지 폐허임은 한눈에 알 수 있기 때문에 병사들은 전투 훈련을 하면서도 고고학적 구조물에 손상이 가지 않도록 주의를 기울여야 했다. 스틸링빌 옛 주민들은 현장 개조를 환영했고, 사령부에서는 감사를 표했다. 해외로 가는 장병 훈련용 고고유적지가 미국에서 최초로 탄생한 것이다. 이라크 바빌론의 고대 사원이 손상을 입은 지 2년 만의 일이었다.

러시는 지금도 젊은 병사들에게 문화유산을 존중하는 방법을 가르치고 있다. 한 전임 육군 사령관은 현재 육군학생군사학교 교장으로 있는데 러시의 문화유산 관련 수업을 커리큘럼에 포함시켰다. 이 수업은 곧 ROTC 생도라면 누구나 들어야 하는 필수과목이 될 것이다.

러시는 차를 몰고 기지 일대를 한참 돌아다닌 끝에 다시 한 출입구 앞에 차를 세웠다. 그녀는 육군 소속 신분증과 내 운전면허증을 위병에게 건넸다. "외부인 1명?" 위병이 흘끗 쳐다보며 말했다. 그날 나는 분명 외부인으로 시작했다. 하지만 그 거대한 기지를 돌아다니면서, '자유'라는 명칭이 들어간 도로들을 누비면서 "폭탄에서 우회전하시오." 같은 지침을 충실히 따랐다(러시 팀이 일하는 건물 앞 도로 모퉁이에는 폭탄을 그려놓은 커다란 안내판이 서 있었다). 그런데 시간이 지나면서 좀 익숙해진 것일까? 러시가 벌레가 우글대는 여름에 다시 와서 땀 좀 흘리며 같이 발굴작업을 해보자는 말까지 했으니 말이다. "네." 나는 위병에게 선선히 "외부인 1명."이라고 답했다.

우리는 소나무와 자작나무가 많은 숲 가장자리 모래밭에 주차를 하고 소나무 사이를 걸어 공터로 들어섰다. 습하고 안개가 낀 공기는 기지와는 동떨어진 별천지 같은 느낌을 주었다. 사격보다는 사람들이 한데 모여 노래 부르기 딱 좋은 장소였다. 러시 팀 직원은 작은 빨간 모자처럼 생긴 영국병정이끼 같은 토종 식물을 찾아 여기저기 돌아다녔다. 다른 직원은 고고학자답게 지표면을 자세히 살피다가 흠이 간 작은 도자기 인형 머리를 찾아냈다.

러시는 한 자리에 서서 사질 지표면을 내려다봤다. 그녀는 수년 전 이곳에 조사팀을 보낸 적이 있다. 민감한 지역이라는 감을 잡은 것이다. 현장에는 최근에 탱크들이 돌아다닌 흔적이 역력했지만 수천 년 된 석기 파편들이 널려 있었다. 러시는 당시 현장 조사 담당 직원한테서 걸려온 전화를 기억한다. "제가 지금 스톤 서클stone circle(선돌이 원형으로 줄지어 놓인 고대 유적—옮긴이) 한가운데 서 있는 것 같아요." 선돌의 배치 상태를 볼 때 고대의 신성한 집회 장소일 가능성이 높았다.

어떤 유물의 고고학적 의미를 확인하는 과정은 오랜 시간이 걸릴 수 있다. 이곳 현장을 러시 팀이 조사하는 데에도 수년이 걸렸다. "현장에서 400개가 넘는 화덕이 발견됐지만 도자기는 없었습니다! 그것이 바로 여기서 뭔가 특별한 행사가 진행됐다는 큰 단서였지요. 일상생활을 하던 장소가 아니었던 겁니다." 결국 문화자원부가 현장에서 발견한 화덕 대부분에 대해 방사성탄소연대측정을 실시한 결과, 시기가 기원후 375년까지 거슬러 올라간다는 사실을 확인했고, 고고천문학(천문학의 문화사) 분야 개척자 가운데 한 사람에게 자문을 구했다. 현장에는

25센티미터가 넘는 돌이 500개 이상이었고, 일부는 쌍으로 배열돼 있었다. "그게 현장에서 중요한 부분입니다. 일부 돌들은 이로쿼이(북아메리카 뉴욕 주 북부에 거주하던 다섯 부족의 연합체—옮긴이)가 사용하는 음력의 중간점에 시리우스(천랑성)와 일렬을 이루는 방식으로 배치돼 있었어요." 러시의 설명이다.

고고학자들은 돌들이 별과 일렬을 이루는 방식으로 배열돼 있다는 것을 알아낸 다음, 현지 모호크 인디언 가족들을 초대해 모임을 가졌다. 그날 밤 아이들은 춤을 추었고, 그 자리에 모인 사람들은 야영을 하고 다음 날 새벽에 다시 한자리에 모였다. 러시는 그날 속으로 했던 기도를 회상했다. '신이시여, 이곳에 해가 떠오르게 하십시오.' 그런데 실제로 해가 떠올랐다. 새벽에 찬란한 해가 떠오르면서 "정확히 10분 동안 빛을 발했는데, 이내 짙은 뭉게구름이 밀려들었다." 고고천문학자 앤서니 애브니는 러시에게 다른 선돌들은 아마도 매년 태양이 적도 바로 위에 위치하는 이틀 중 한날에 태양과 일렬을 이룰 것이라고 말했다. 애브니의 말이 맞았을까? "그럼요." 러시가 확인해주었다. "제가 호저와 함께 그 자리에서 태양이 뜨는 걸 지켜보았습니다."

아메리카원주민들은 이곳 현장을 언제든 방문할 수 있다. 하지만 육군 소속 군인과 군무원은 출입금지다. 물론 문화자원부 직원과 그들의 초대를 받은 인사는 예외다. 러시는 "일단 육군에서 현장을 보호하기로 결정하면 우리 일은 거기서 끝입니다."라고 말했다. "그 때문에 직원들이 상심이 크지요. 고고학자들은 발굴을 좋아하거든요. 현장을 놓아두고 떠나야 하는 심정이 어떻겠어요. 그들로서는 이제 막 시작인데 말입니다." 하지만 모호크족을 포함한 이로쿼이에게는 "그편이 나았다." 러시는 아메리카원주민들이 기지를 방문한 얘기를 자주 했다. 한 번은 어떤 족장이 막대기를 들고 와 모래밭에 별자리를 그리고 모래를 쿡쿡 찔러 플레이아데스 성단을 구성하는 별들을 표시하더니 "다시 막대기로 흐트러뜨려 다 지워버렸다. 정말 놀라운 경험이었다." 또 한 번은 뉴욕 부족 연합의 영적 지도자인 샤먼 타도다호가 찾아와 "'우리가 그 이름을 잊어버린 별들에게' 감사를 드리는 시적인 순간도 있었다."

러시는 이로쿼이(본인들은 '하우데노사우니'라고 칭한다)와 긴밀한 관계를 맺게 된 것을 직업상의 크나큰 혜택이라고 여겼다. "육군에서 일하면서 그들에 대해 정말 많은 것을 배웠습니다." 그녀는 유적지 교육용 카드를 홍보하거나 국제 공동 군사 훈련 계획 시 고고학자도 참여시켜달라는 로비를 할 때도 미 육군과 이로쿼이의 관계를 모델로 소개하면서 다른 문화에 대한 존중이 얼마나 좋은 결과를 낳는지 강조했다. 그녀는 아메리카원주민들을 이해관계인 내지는 후손 공동체라고 하지 않고 육군의 "주둔국 사람들"이라고 칭했다. 특히 기지에서는 하우데노사우니 족장, 씨족의 어른 역할을 하는 여성, 타도다호 등이 방문하면 국가수반에 준하는 예로써 맞이했다.

국가수반? 원래부터 그랬던 것은 아니다. 하와이 제도 오아후 섬에 있는 마쿠아 군사보호구역과 하와이원주민 사이에 심각한 소송이 벌어진 이후 1990년대 말 국방부는 새로운 시도를 했다. 전국의 원주민 부족 지도자들에게 '어떻게 대우해주면 좋겠느냐?'고 물은 것이다. 결과는 1998년 10월 '정부 대 정부 모델'을 공식화한 새로운 정책으로 현실화됐다. 그것은 본질적으로 아메리카원주민과 관련되는 모든 문제에 대해 그들에게 자문을 구하는 한편, 그들을 정중히 예우하겠다는 국방부의 결의이자 다짐이었다.

러시는 혁신적인 리더십을 발휘한 공로로 육군장관과 국방장관 표창을 여러 차례 받았고, 동료 고고학자들로부터도 높은 평가를 받았다. 그러나 그녀가 이로쿼이와 협력한 얘기가 나올 때마다 그녀의 남편은 어깨를 으쓱하며 능청을 떨었다. "난 모르겠네. 당신이 한 거라곤 그들을 존중한 것뿐이잖아. 그런다고 상까지 주나?"

"그럼. 그게 요체니까!" 러시의 응수다.

이라크와 아프가니스탄의 문화유산을 소개하는 테두리가 까만 카드는 멋진 디자인으로 큰 성공을 거뒀다. 혼자 하거나 포커 게임을 하거나 전투 중 휴식을 취할 때 사용하기 좋지만 무엇보다도 고고유적 내지 유물 관련 사진이 많이 들어가 있는 게 인상적이다. 이들 카드에는 시인이 좋아할 만한 내적인 논리가 담겨 있다. 네 가지 무늬의 짝패 열세 장은 서로 다른 문화적 측면을 상징한다. 즉 다이아몬드는 유물을, 스페이드는 발굴지와 유적을, 하트는 '상대의 마음과 정신을 얻는 행동'을, 클럽(클로버)은 문화유산 보전을 나타낸다. 카드 낱장마다 가장 기본적인 것("고대유물이나 고고유적지 같은 것을 발견하면 땅 파는 것을 멈춰라.")에서부터 정보를 많이 알려주는 내용("카레즈Karez는 고대 아프가니스탄의 지하수로로 항공사진에서는 개밋둑처럼 보인다.")까지 서로 다른 메시지를 담고 있다. 카드 한 벌은 퍼즐 맞추기용으로도 활용할 수 있다. 낱장 뒷면의 조각 그림을 다 이으면 대표적인 고고유적 전체의 사진이 되는 것이다. 카드도 일종의 현대판 유물이라고 한다면 그것은 제작자들의 치밀함과 창의성, 놀이를 즐길 줄 감각을 잘 보여준다.

러시가 교육용 카드를 창안할 때 처음으로 동료가 되어준 사람을 만난 것은 고등학교 동창회에서였다. 거기서 10대 때 친구였던 로저 울릭과의 우정을 다시 이어갔다. 울릭은 현재 다트머스대학교에서 고전 고고학을 가르치는 교수로, 러시에게 그 분야 전문가들을 연결해준 구세계 전문가다. 그런 전문가들이 카드에 담을 내용과 관련해 울릭과 러시에게 조언을 해주었다. 울릭의 학생들은 정보가 사실과 부합하는지 검증하고 게재용 사진을 물색하는 한편, 유적과 유물 관련 이미지를 카드에 사용해도 되는지 저작권 관련 사항도 확인했다. 두 사람은 카드를 디자인하고 제작하는 과정에서 콜로라도주립대학교 군사지역 환경관리센터를 설득해 도움을 받았다. 곧 세 벌의 카드가 탄생했다. 하나는 이라크와 아프가니스탄의 문화유산을 내용으로 했고, 또 하나는 아프가니스탄만 소개했으며, 나머지는 2년마다 공동 기동 훈련에 투입되는 미군과 이집트군을 대상으로 한 것이었다.

　문화유산 관련 교육용 카드와 복제 구조물을 활용한 훈련에 대해 러시가 현장 부대로부터 들은 유일한 불만은 "몇 년 전에는 왜 이런 게 없었는가?"라는 것이었다. 카드 관련 일화는 학술지 《고고학》과 일간지 《유에스에이 투데이USA Today》에 실렸다. 군과 문화유산의 관계를 긍정적으로 조망한 기사였다. 러시는 고무됐다. 교육용 카드는 사막에 텐트를 치고 임무를 수행 중인 병사들에게 보급됐고, 병사들은 카드에 인쇄된 주요 랜드마크 사진을 보면서 점령 지역의 문화유산에 관해 흥미롭고 유용한 정보를 얻을 수 있었다. 사진 밑에는 '이 장소는 1700년(또는 2300년 또는 3500년)을 버텨왔다. 이런 유적지들이 당신이 떠난 뒤에도 계속 살아남을까?'라는 식의 설명이 달려 있다. 교육용 카드는 어떤 면에서 명함만큼이나 효과를 봤다. 분야별로 칸막이가 돼 있다시피

한 데다 미로 같은 군 관료주의를 뚫고 들어가기 어려운 고고학 분야에서 문화유산 보존에 종사하는 이들에게 공개적이고 직접적인 행동 채널을 열어주었기 때문이다. 포트드럼 기지 문화자원부 및 콜로라도 센터와 접촉하면 문화유산 보존에 헌신하면서 군에 의한 유적 손상을 최소화하려는 전문가 집단과 연결이 가능하다. 관련 주소가 교육용 카드마다 인쇄돼 있고, 언론 보도에도 꼭 등장한다. "많은 군 관련 인사들이 대중매체를 통해 우리의 문화유산 관련 프로젝트를 알게 됐다는 것은 어떤 면에서는 정말 우스운 일입니다." 러시의 말이다. 그만큼 교육용 카드가 일종의 자극제가 된 것이다.

러시는 군 지휘부와 일선 부대로부터는 크게 칭송받았지만 그들과 협력했다는 이유로 일부 고고학자들에게 비판을 받았다. 2008년 아일랜드 수도 더블린에서 열린 세계고고학대회에서 러시는 군과의 협력 이점을 논하는 토론을 주재하다가 큰 저항에 부딪혀 경찰 보호를 요청해야 할 지경이 됐다. 온라인 채팅방에는 그녀가 주재하는 세션을 난장판으로 만들어버리자는 제안까지 올라와 아일랜드 경찰이 러시와 강연자들을 회의 기간 내내 경호했다. "한 경찰이 '선생님, 우리랑 대피 계획을 점검해봐야겠습니다.'라고 하더군요." 러시는 "경찰은 강연자들을 걱정하시는 모양인데, 분명히 말해두지만, 우리 일은 소심한 사람들은 감당 못하는 일이랍니다."라고 답했다. 굳이 그렇게까지 말할 필요는 없었지만 어쨌든 자신감의 표현이었다.

이런저런 비판에 답하는 차원에서 러시는 〈전쟁의 신이 지혜의 여신에게 도움을 청하다: 고고학, 군, 학자적 대화에 관한 단상〉이라는 논문을 썼다. 미군의 문화유산 보호 노력을 옹호하는 동시에 합리적이고 품격 있는 대화를 호소하는 내용이었다. 말하자면 모든 이에게 서로를 존중해주기를, 그리고 사람 목숨이 달린 문제일 수 있다는 점을 기억해달라고 당부한 것이다. 그녀가 포트드럼 기지에서 정규직으로 일을 시작한 것은 맏이가 열일곱 살에 갑자기 사망한 이듬해였다. 그녀가 군이 인류 문화의 모든 흔적을 제대로 알고 존중하도록 돕는 일에 그토록 열심인 것은 지극히 개인적인 측면이 있다. 그녀는 젊은이들이 전쟁에 나가는 것을 보면서 그들이 존중받고, 또 현지인들을 존중하도록 돕고 싶었다. 사람 걱정을 해야 할 때 우리가 왜 질그릇 파편과 무덤과 폐허에 신경 써야 하느냐는 해묵은 불만은 그녀에게는 중요한 것이 아니었다. 질그릇 파편과 무덤과 폐허도 인간이 만든 것이었다.

러시는 논쟁을 환영했다. "가장 경험 많고 분석적인 고고학자들도 군과 관련된 상황에 처하면 급속히 거기에 동화될 수 있습니다." 그런 점을 인정하면서도 그녀는 다음과 같이 강조했다. "동료 고고학자들은 우리가 왜 참여하는지, 그리고…… 우리가 하는 일이 어떤 효과가 있는지에 대해 지속적으로 자기 성찰을 하는 데 대단히 중요한 역할을 할 수 있습니다." 그러나 그녀는 전쟁을 하는 군과 협력하기를 거부하기 때문에 지식도 나눠주지 않으려는 태도는 용납하지 않았다. "우리는 결과적으로 검문소에서 이라크인들을 죽였습니다. 왜냐하면 우리 병사들이 손바닥을 편 채로 내밀었기 때문입니다. '멈춰.'라는 신호였지요. 그런데 손바닥을 내보이는 것은 이라크인들에게 '환영한다.'는 뜻입니다. 그러니 고고학자로서 사람 목숨을 구할 수 있는 지식이 있다면 어떻게 남들과 공유하지 않을 수 있겠어요?"

러시는 의견이 다른 고고학자들의 입을, 아니 그 어떤 집단의 입도 막고 싶은 마음이 없다. 그녀는 누구나 문화 관련 토론의 장에서 발언할 수 있어야 한다고 생각한다. 예를 들어 금속탐지기를 사용하는 보물 사냥꾼들을 소개하는 텔레비전 리얼리티 쇼에 대해 고고학자들은 강력히 비난하지만, 러시는 보물 사냥꾼도 잠재적으로는 문화유산을 보존하는 데 동맹자가 될 수 있다고 본다. "관련 법규 제정이 우리에게 유리한 쪽으로 흘러가지 않아요. 그런데 고고학자들은 다들 화만 내요. 그게 지금 우리의 이미지죠. 성난 고고학자들이라는……. 이렇게 말하고 싶어요. '잠깐, 그런 자원(유물)을 정말 아끼는 집단이 있다. 그런 열정을 우리가 좋은 방향으로 유도할 수는 없을까?' 지금 우리는 굉장한 기회를 놓치고 있는 겁니다."

"우리는 여전히 그런 잠재력을 가지고 있어요. 하지만 그런 일을 돈 받고 하는 것이야말로 놀라운 특권이라는 것을 잊고 있는 동료 학자들도 있다고 봅니다. 우리는 남들이 참으로 부러워할 만한 직업을 가지고 있어요. 칵테일 파티 같은 데 가보면 주변에 모여든 의사들이 하나같이 그럽니다. '와, 나도 정말 고고학자가 되고 싶었는데.' 정말 믿기지 않을 정도지요."

나도 모르는 사이에 그녀는 화제를 바꿔버렸다. 직업상 골치 아프고 말 많은 문제를 본격 제기한 것이다. 그러나 보물 사냥꾼까지도 우군으로 만들 수 있다는, 그리고 그러려고 애쓰는 열정은 확실히 느낄 수 있었다.

포트드럼 기지를 방문하던 날, 나는 새키츠 하버에서 러시와 그녀의 남편 잭(가정의로 넉살 좋은 유머가 일품이다), 딸 케이트 부부와 저녁 식사를 함께했다. 항구 위로 석양이 지는 광경이 보였다. 1812년 미영전쟁 당시 여러 차례 전투가 벌어졌던 곳이다. 우리 자리에는 여러 종의 수제 맥주가 등장했다. 늦은 햇살이 대형 전망창을 뚫고 들어와 맥주에 반사되면서 잔마다 호박, 루비, 황금 같은 다양한 보석 색깔의 물이 들었다. 러시는 대중 앞에서, 특히 군 장성들 앞에서 발언하면서 떨었던 시절을 얘기해줬다. 그래서 무대 공포증을 극복하기 위해 아이스 댄싱을 시작했고, 대회에도 몇 차례 출전했다고 한다. 일단 관중 앞에서 엎어져보면 누구에게나 말을 걸기 쉬워진다고 그녀는 말했다.

딸 케이트는 엄마에게 기자랑 만났을 때 얘기를 다시 해보라고 졸랐다. 한 대학생이 인터뷰를 요청해서 러시는 기지로 오라고 했다. 케이트는 나머지 얘기를 대신 한 다음 엄마가 했던 말을 소개했다. "그 아가씨, 다시 봐도 절대 못 알아볼 거야. 평범한 데다 키도 요만 했거든." 이 말을 듣고는 러시가 먼저 웃음을 터뜨렸다. 본인도 키가 작은 데다 평소 "투박한 스타일"을 자처했기 때문이다.

책을 쓰기 위한 초기 조사 과정에서 한 원로 고고학자는 내게 정부에서 일하는 고고학자를 적어도 한 명은 소개하는 것이 좋겠다고 권했다. 나는 육군 소속 고고학자 로리 러시를 인터뷰 중이라고 말했다. 그러자 그의 표정이 환해졌다. "정말 마음에 드는 친구지!" 그러면서 서둘러 "그게 뭐 중요한 문제는 아니지만."이라고 덧붙였다.

하지만 이 경우에 사람이 좋다는 것은 중요한 문제였다. 쾌활하고 적극적인 성격이 서로 다른 문화 사이에 다리를 놓는 데 도움이 된다. 그런 점이 전문 영역별로 뚝뚝 떨어져 있는 학문 분야들을 연결시키는데 중요하다는 것은 말할 것도 없다. 그리고 보면 러시의 그 상냥하고 쾌활한 태도는 대단한 무기가 아닐 수 없다.

4부

인류 문화유산

마추픽추에서 **문화유산**을 생각하다

고고학자들이 세상을 구하는 날

　　오전 5시 30분 깔끔하고 매력적인, 페루 포로이 기
차역에서 사람들이 하는 얘기를 우연히 듣게 됐다. 재미나게 꾸민 화
사한 역사 끝으로 좁은 골목길에 개똥이 더덕더덕 들러붙은 쿠스코 시
의 빈민가가 이어지고 있었다. "선생님, 논문 발표 잘 들었습니다.", "네,
저도 잘 들었어요!"(여러 나라 말과 온갖 악센트가 난무한다. 이런 경우에는 간
단한 영어나 간단한 스페인어로 족하다.) 유네스코 국제고고유산관리위원
회 회의는 이제 끝났다. 나흘 동안 여섯 개 대륙에서 온 고고학자들이
세계문화유산을 어떻게 관리할 것인가에 관해 대화를 나눴다. 세계문
화유산 보전이라는 야심찬 프로그램이 시작된 지 40년이 지난 시점에
우리는 지금 어떻게 하고 있는가를 점검하는 자리였다. 이제 회의를
마친 고고학자들이 노고에 보답받을 차례다. 고고유적의 제왕이라고

불리는 마추픽추로 현장답사를 가는 것이다. 회의 참석자 중에서 나흘이나 걸리는 '잉카 트레일'을 걸어서 마추픽추로 갈만큼 시간적 여유가 있는 사람은 없었다. 그래서 선택한 것이 비스타돔 레일을 타고 3시간 반을 달려 마추픽추 바로 아래 아과스 칼리엔테스로 가는 코스였다. 비스타돔 레일은 특급 열차인 하이럼 빙엄 레일처럼 고급스럽지는 않지만 배낭 여행객이 주로 이용하는 기차처럼 퀴퀴하지도 않다. 고고학자들을 가득 태운 기차를 타고 그들과 고고학과 문화적 정체성, 본국으로 송환된 유물이며 기타 흥미진진한 주제를 가지고 토론해보는 것은 나의 꿈이었다. 토론의 열기가 높아질수록 차창 밖으로 보이는 풍경은 시시각각 모습을 달리하고 환상 같은 실제의 왕국이 시야에 들어올 것이다.

그 많은 지식과 경험을 가진 고고학자들을 이 유쾌한 기차역에 불러모은 사람은 활달한 성격의 엘리자베스 바틀리였다. 할아버지 같은 느낌의 빌렘 빌렘스, 영국인 존 스코필드, 박사과정에 있는 미남 청년 베이셀 아파이딘도 인상적이었다. 귀고리 두 개를 한 아파이딘은, 전날 남들이 걷거나 택시를 타고 쿠스코 북쪽 폐허 유적을 찾을 때 말을 빌려 타고 현장에 나타났다. 작은 체구에 머리를 짧게 친 모니크는 지금은 외부인 방문이 불가능한 팔레스타인 지역 문화유산에 대해 열정적인 강연을 한 귀여운 아가씨다. 독일인 프리드리히 뤼트, 닐과 냉소적인 호주인들, 사토와 그의 동료 요 네기시도 눈에 띄었다. 네기시는 고고학자들이 잔뜩 탄 기차 여행을 앞두고 유달리 설레는 표정이었다. 이런 여행이 흥미로운 논문 소재가 될 만하다고 생각하는 모양이다. 아니면 애거사 크리스티 스타일의 추리소설 소재가 될 만할까? 다만 우리 중에 살인자는 없는 듯하다. 사실 우리 일행은 그야말로 온순한 무리다. 예를 들어 국제고고유산관리위원회ICAHM* 공동위원장을 맡고 있는 빌렘 빌렘스 교수는 공명정대한 인물이어서 그 이른 아침 시간에도 우리 고고학자 일행을 지칭하는 말로 뭐가 좋을지를 놓고 요 네기시와 논쟁을 할 정도다. 외바퀴 손수레? 쓰레기 더미? 고고학 선수들? 기차역 승강장에서 우리는 이 문제를 투표에 붙였다. 한 양동이의 고고학자들이라는 표현이 가장 그럴 듯한 표현으로 뽑혔다. 그러나 고고학자들을 담은 양동이는 목적지에 도착하기도 전에 이미 쏟아졌고, 고고학자들은 사방으로 흩어졌다. 마추픽추행 비스타돔 레일 좌석은 예약 순서에 따라 사전에 좌석 배정을 끝낸 터라, 고고학자들은 이 칸 저 칸으로 흩어져 일반 여행객들과 뒤섞여 구분이 되지 않았다. 딱 한 사람 애시턴 시나마이만이 내가 탄 칸에 같이 탔다. 짐바브웨에 있는 세계문화유산 유적지에서 일하는 고고학자로, 그곳은 현지 주민들이 거의 떠난 상태다. 그런데 우리 둘 사이에 수다스러운 캐나다 가족이 끼어 앉아 있어서 대화를 나눌 수는 없었다. 시나마이는 눈을 감았고, 나는 책을 펴들었다.

기차 승무원들은 항공기 승무원처럼 우리에게 너무 많은 신경을 써주었고, 거창한 선물이라도 되는 양 미니어처 음식을 서비스했다. 기차 스피커에서 〈엘 콘도르 파사*El Cóndor Pasa*〉 같은 떨리는 팬파이프 음악이 흘러나오는 사이, 풍경은 녹색 경작지에서 그림 같은 산을 배경

* ICAHM은 국제기념물유적협의회International Council On Monuments and Sites, ICOMOS와 유네스코 세계유산위원회World Heritage Committee, WHC에 고고학 및 문화·자연유산과 관련해 조언하는 기구다.

으로 한 라마 방목장으로, 삐죽삐죽한 형태의 사막 같은 협곡으로, 그리고 다시 거대하고 선명한 색깔의 식물들이 우거진 열대우림으로 바뀌었다. 차량 측면과 천장에 달린 거대한 유리창은 티끌 하나 없이 깨끗해서 스위치백(갈지자형 선로)을 타고 고지대에서 '잉카의 신성神聖 계곡'으로 내려가는 동안 기기묘묘한 암석들과 선인장처럼 줄기나 잎이 통통하고 특이한 다육식물의 모습을 잘 볼 수 있었다.

이번 여행을 위해 가져온 책《안데스Andes》에서 필자 마이클 제이콥스Michael Jacobs는 독일 지리학자 알렉산더 폰 훔볼트가 19세기로 넘어가는 시점에 프랑스 식물학자 에메 봉플랑과 함께 남아메리카를 탐험한 사건에 대해 자세히 설명한다. "그들은 감각적으로 그 모든 것에 완전히 도취됐다. 그렇게 많은 새로운 현상들은 감당할 수가 없을 지경이었다. 기후, 풍부한 자연, 특이한 식물들…… 압도적인 관능의 세계였다. 땅을 기어 다니는 게조차 하늘처럼 파랗고 노랬다." 능수능란한 필치에 흥미진진한 내용이 이번 여행에는 딱이었다. 그런데 버스가 계곡으로 추락하는 사태처럼 교통사고에 대한 제이콥스의 설명이 뇌리에서 떠나지 않았다. 아과스 칼리엔테스에서 갈아탈 버스도 우리의 목적지인 마추픽추를 향해 산악지역을 전속력으로 달리기 때문이다.

우리는 이탈리아의 폼페이, 요르단의 페트라, 캄보디아의 앙코르와트, 영국의 스톤헨지, 이집트의 대피라미드를 포함해 세계에서 가장 중요하다고 할 만한 고고학적 발견물을 코앞에 두고 있었다. 그러나 기대에 찬 설렘과 함께 불안감이 교차했다. 우리가 탄 버스의 운전사는 맹렬한 속도로 산을 내려오는 다른 버스와 마주치자 급히 브레이크를 밟았다. 이어 안간힘을 다해 길가 쪽으로 살살 방향을 틀었다. 잘된다는 보장은 물론 없었다. 버스 바퀴 바로 바깥의 천 길 낭떠러지 쪽으로는 숨 막히는 장관이 펼쳐지고 있었다. 이윽고 두 버스는 살금살금 서로를 지나쳤다. 두 차의 간격이 너무 좁아서 거대한 돌덩어리를 정교하게 다듬어 신용카드 한 장 들어갈 틈도 없이 꼭 맞춘 잉카인들의 석조 기술을 연상케 했다. 고고학자들을 가득 태운 버스가 마추픽추로 올라가다가 길가로 추락해 우루밤바 강에 떨어진다면 세계문화유산은 어떻게 되나? 그런 걱정이 아슬아슬한 위기를 넘기는 반 시간 동안 뇌리에서 떠나지 않았다.

엘리자베스 바틀리가 말이 많아진 것도 두려움 때문이었을 것이다. 산으로 올라가는 동안 그녀는 내내 오하이오 주에 있는 둔덕들에 대해 수다를 떨었다. 고향인 신시내티 인근에 있는 고고유적인데, 대부분 아직도 제대로 된 연구가 진행되지 않았다고 한다. 수년 동안 신시내티대학교에는 오하이오 주 관련 고고학 전문가조차 없었다. 왜 더 많은 사람들이 그런 둔덕에 관심을 갖지 않을까? 바틀리가 궁금해하는 부분이다. 그 이야기를 들으면서 나도 죄책감 같은 것을 느꼈다. 그건 그냥 흙이니까!라는 변명 같은 생각이 떠올랐지만 산으로 올라가는 동안 차마 입 밖에 낼 수는 없었다. 그러다가 루이지애나의 파버티포인트 인조 둔덕이 생각났고, 정말 큰, 정말 누가 봐도 분명하게 보이는 그런 둔덕들을 조만간 한번 순례해봐야겠다고 결심했다. 물론 이건 나만의 편견이 아니다. 사람들이 고고유적지를 찾을 때는 항상 돌이 흙을 이긴다. 버스 하나를 가득 채운 우리나 뒤따라오는 수많은 버스들이 돌을 깎아 만든 유적지로 향하는 것도 결국 그 때문이다.

몇몇 고고학자들은 이번 회의에서 '보이지 않는 고고학'에 관해 발언했다. 외양이 허름하거나 땅이나 물속에 묻혀 있거나 다른 이유 때문에 관광객들이 보지 못하는 곳에 감춰져 있어 보존 여론을 얻기 어려운 장소들을 말하는 것이다. 흥미로운 문제였다. 유럽고고학협회 회장인 독일인 프리드리히 뤼트는 '유럽 대륙붕' 문제를 거론했다. 2만 년전에는 지상이었지만 지금은 현재의 해안선을 따라 해수면 아래에 잠겨 있는 땅으로, 북해와 발트 해의 대부분에 걸쳐 있는 광대한 구석기시대 유적지다. 과학자들은 이 어마어마한 자원을 지도에 정확히 표시하는 동시에 보전하기 위해 애쓰고 있다. 그러나 관광객들이 눈으로볼 수 없는 것이기에 세계문화유산 지정에 따른 보호 조치 같은 혜택은 아마 절대 받지 못할 것이다. 수많은 관광객들은 마추픽추와 페트라를 밟고 다니면서 유적에 심각한 손상을 끼치기도 하지만 고고학적보전을 위한 투자의 필요성을 일깨워주기도 한다.

방문객들은 회전식 출입문을 통과해 산길을 오른 다음 마추픽추가내려다보이는 계단식 경작지(테라스)에 모인다. 다섯 개 대륙에서 온고고학자들이 여섯 번째 대륙에 선 것이다. 마침내 우리는 하나의 찬란한 고대문명의 정점에 도달했다. 아무런 사전 지식이 없어도 숨 막히는 장관 앞에서는 감탄이 절로 나온다. 아무리 잡초를 제거하고, 석재들을 원래 자리에 가져다 맞춰놓고, 층층이 이어져 내려가는 테라스(감자와 콩이 넘쳐났을 것이다)를 골프장 잔디처럼 가꾸는 등 인공적으로다듬었어도 도저히 믿기지 않는 보석 같은 도시의 본래 모습을 망칠수는 없다. 산을 깎아 만든 고대도시를 구름이 스치고 지나가는 그 장관이란……. 그러나 분명히 알아두시라. 이 유적지는 현대에 들어 인위적으로 가꾸어놓은 것이라는 사실을. 미국 탐험가 하이럼 빙엄Hiram

Bingham이 마추픽추를 발견했을 때—이미 사람들이 살고 있는 어떤 장소를 '발견'했다고 말하는 것은 제국주의시대가 아니면 불가능한 아이러니다—찍은 옛날 사진을 보면, 그동안 지표를 뒤덮은 잡목과 잡풀을 제거하고 무질서하게 밀림화되어 가는 것을 막기 위해 어떤 노력을 기울였는지 짐작할 수 있다.

밑을 내려다보니 마추픽추에서 의식을 집행했던 광장들을 덮은 잔디가 한눈에 들어온다. 잔디에는 작은 돌담들이 미로처럼 늘어서 있고, 그 아래로 테라스들이 경사면을 따라 아래로 주름처럼 이어진다. 그 주변으로는 낭떠러지가 높이 솟아 있어서 마추픽추 전체는 오목하게 들어간 사발 형상이다. 알파카 서너 마리가 어슬렁거리고 있는 광장은 배드민턴이나 크로케 같은 게임을 해도 될 만한 규모다. 영국의 역사적 건물과 기념물을 관리하는 잉글리시 헤리티지English Heritage에서 일한 적이 있는 존 스코필드에게 한 유럽인 고고학자가 고개를 돌리며 야릇한 표정으로 말했다. "잉글리시 헤리티지에서 여기를 관리하는 모양이에요." 그러자 두 사람은 동시에 웃었고, 주변에 있던 사람들도 웃었다. 스코필드는 한 가지 본질적인 차이를 지적했다. 잉글리시 헤리티지가 관리하는 유적지에는 안내인 없이 스스로 알아서 찾아다니는 관광객이 득실거린다는 것이다. 스코필드가 감탄스럽다는 듯한 어조로 말했다. "이 끝내주는 유적지를 보세요. 헤드폰이나 이어폰을 낀 사람은 하나도 없고 다들 안내인만 졸졸 따라다니네요!"

기차와 버스를 타고 마추픽추 코앞까지 편히 왔건만 우리는 헐떡이는 숨을 멈출 수 없었다. 잉카인들은 여기서 어떻게 살았을까? 더구나 이런 도시를 만드는 데 들어간 그 많은 거대한 돌들은 또 어떻게 운반해왔을까? 우리는 위험을 무릅쓰고 테라스 가장자리까지 가보았다. 난간 같은 것은 없었다. 발을 헛디뎌 천 길 낭떠러지 밑으로 떨어질 확률은 열에 아홉이었다. "잉카인들이 여기서 아이를 키웠다고 보세요? 그렇다면 아이들이 떨어지지 않도록 하기 위해서 어떻게 했을까요?" 우리 일행 중 한 사람이 물었다.

마추픽추는 사람 천지였다. 머리가 허옇고 지팡이를 짚은 관광객이 대부분이었고 휠체어를 탄 사람도 있었다. 주변 사람들이 들것처럼 들어서 테라스에서 테라스로 한 층 한 층 올려준 것이다. 마추픽추는 죽기 전에 꼭 가보고 싶은 곳에 속한다. 나이를 먹어가면서 많은 사람들이 그런 로망의 장소를 점점 줄이지만 그래도 끝까지 남는 곳이다. 우리가 마추픽추가 내려다보이는 돌출 바위 위에 도착했을 때 높이는 해발 2438미터였고, 나의 심장은 고동치고 있었다. 광장으로 내려가려는데 두 남자가 들것을 들고 우리 위쪽 테라스로 가더니 상태가 안 좋은 관광객을 들것에 묶어 급히 내려가는 게 보였다. **부에나 수에르테, 투리스타**Buena Suerte, turista(부디 별일 없으시기를). 동료가 호랑이한테 물려가는 것을 바라보는 원숭이 무리처럼 우리는 그를 하염없이 바라보다가 이내 황홀한 경관 쪽으로 다시 눈을 돌렸다.

우리는 인원이 많아서 두 조로 나눠 안내인을 한 명씩 붙였다. 나는 영국인, 일본인, 아프리카인, 미국인이 속한 조에 들어갔다. 관행적으로 안내인은 원주민이 맡는다. 이날은 잉카문명의 후예인 페루인이었다. 나는 피시킬 보급창을 건설하고 보급창을 활용해 독립전쟁에서 승리한 천재들의 후예다. 또 매머드와 들소 뼈를 끓여 뼈기름을 만든 천재들의 후예이기도 하다. 그러나 우리의 안내인 미겔은 마추픽추를 건설한 천재들의 후예다. 그런 그가 지금 여기 당당하게 서서 우리들의 눈을 응시한 채 리드미컬한 목소리로 반만 년 전 잉카인들이 이룩한 경이로운 위업에 대해 자세히 설명하고 있다. 그의 선조들은 수 톤이나 되는 돌들을 엄청나게 먼 지역에서 운반해왔다. 더구나 경사가 극심한 산악지역이고, 운반용 바퀴 같은 것도 없던 시절이었다. 그런 돌들을 아주 정교하게 예술적 감각을 곁들여 다듬은 것은 물론, 지금이라도 우리가 배워야 할 정도의 독창성을 가지고 도시 전체를 계획하고 건설했다. 특히 1년 중 특정 시기에 햇빛이나 달빛이 신성한 일정 지점을 비추도록 모든 것을 용의주도하게 배치했다. 대기오염과 인공 불빛으로 별이 사라진 뉴욕 시의 밤하늘을 바라보아야 하는 천문학자로서는 거의 상상도 할 수 없는 일이다. 그런데 우리의 안내인은 멈춰 서는 곳마다 천문학에 관해 새로운 얘기를 해주었다. 석벽에 난 아주 작은 이 구멍은 동지에만 빛이 든다 등등. 그런 구조물은 결국 일종의 천문대였다. 고대 페루인들의 수학 및 천문학 지식과 기술이 집적된 구조물들을 보니 초능력자들이 만든 것 같은 느낌이 들었다. 게다가 그들은 미술가이기도 했다. 중앙부에 있는 광장들 가운데 하나는 우아하면서도 뾰족뾰족한 바위 조각들이 우아하면서도 뾰족뾰족한 산과 마주보게 배치돼 있다. 마추픽추 곳곳에서 볼 수 있는 닮은꼴의 조화다. 밤이고 낮이고 여름이고 겨울이고, 인간이 건설한 이 도시는 자연과 완벽한 조화를 이룬다.

고고학자들은 테라스를 따라 일렬종대로 이동하면서 한 바퀴 빙 둘러 중앙 안뜰에 도착한 다음 오목한 사발 모양의 마추픽추로 내려갔다. 그들의 전문가적인 시선이 전체 건축에 쏠렸다. 우리가 석조 건물이며 각종 주거지, 보관시설 등을 지나칠 때마다 미겔은 손짓 발짓으로 가리키며 설명을 해줬다. 그런데 그의 안내에 따라 구조물 입구를 지날 때마다 시나마이, 존 스코필드, 요 네기시와 엘리자베스 바틀리는 무리를 이탈해 문틀 가로대 밑으로 머리를 숙이고 들어가 곳곳을 살펴봤다. 그들은 창틀과 문틀, 벽감들에 대해 감탄을 금치 못하면서 연신 카메라 셔터를 눌러댔다. 우리의 안내인은 벽이나 담으로 둘러싸인 좁은 공간은 의도적으로 안내하지 않았지만 고고학자들은 그 좁은 공간에 들어가 보는 것을 아주 좋아했다. 나도 어떤 고고학자를 따라 골방만 한 공간으로 들어가봤다. "미겔은 밀실공포증이 있는 모양이지요?" 그 고고학자의 말이었다.

고고학자들이 찍은 사진은 쉽게 알아볼 수 있다. 일반 관광객이 찍은 사진은 산이나 테라스, 석조 구조물, 해시계 같은 것들을 배경으로 앞쪽에 사람이 등장한다. 하지만 고고학자들은 관광객들이 다 빠져나가기를 기다렸다가 사진을 찍는다. 그들이 찍고 싶어 하는 것은 테라스, 석벽, 문틀 가로대 등등 인간이 만든 것들이다. 그러나 거기에 인간은 보이지 않는다.

고고학자들은 마치 주변에 돌아다니는 알파카 같았다. 알파카처럼 먹지도 마시지도 않고 뙤약볕 아래 급경사를 수 시간 동안 오르내린다. 마추픽추 출입구 안에 들어서면 스낵이나 음료는 입에 댈 수 없고, 페루 돈 1솔을 내야 하는 화장실도 저 아래 출입구에 가야 있다. 강인한 사람들이다. 그러면서도 고고학자들은, 관광객이 너무 많이 쏟아져 들어오기는 하지만, 마추픽추가 참으로 훌륭한 고고유적지라는 데 의견이 일치했다. 한 고고학자가 몸을 숙인 채 아래쪽 비탈면을 내려다봤다. 각종 덩굴과 수목이 울창하다. 잘 다듬어지고 지도에 표시된, 안내인이 소개하는 마추픽추는 전체의 극히 일부에 불과하다. 그 위아래로 산 경사면을 따라 더 많은 유적지가 발굴을 기다리고 있다. 안내인은 우리에게 현재 여러 팀이 감춰진 도시의 나머지 부분에 대한 발굴 작업을 진행하고 있다고 말해줬다. 마추픽추는 앞으로 규모가 점점 커질 것이다. 현재는 입장객 수와 잉카 트레일 하이킹에 제한을 둔다. 유엔은 국제고고유산관리위원회 같은 기구를 통해 이 유적을 밟는 관광객 수를 더 제한하라고 페루에 압력을 가하고자 한다. 그러나 우리는 이번 회의를 통해 페루가 늘어나는 관광객을 고려해 새 출입구와 안내 센터를 여러 개 증설하고 기차 운행 서비스도 확대하는 한편, 머지않은 장래에 인근에 공항을 건설하는 계획도 추진 중이라는 사실을 알게 됐다.

한편, 매력 넘치는 청년 베이셀 아파이딘─함께 온 고고학자들 대부분의 아들 내지는 손자뻘 나이다─은 혼자 떨어져나가 와이나픽추로 올라갔다. 잉카의 사제들이 거주했던 아찔한 높이의 산봉우리를 오르는 길은 목숨을 걸어야 할 만큼 위험하다. 몇 시간 뒤 아파이딘이 다시 우리 앞에 나타났다. 땀을 뻘뻘 흘리고 알통도 툭 불거진 모습이었다. 그러나 그는 곧 다시 떠났다. 우리가 버스를 타고 산을 내려가는 동안(이번에는 도로 안쪽에 바짝 붙어 갔다) 그는 90분간 당나귀를 타고 고대에 축조된 계단을 내려가는 코스를 선택한 것이다. 하이럼 빙엄이 100년 전에 이용했던 길이다. "저 친구에 비하면 우린 정말 늙었구먼." 옆에 있던 고고학자가 푸념처럼 말했다.

답사 과정에서 안내인 미겔은 자랑스러운 어조로 위대한 페루 고고학자 루트 샤디 솔리스Ruth Shady Solis에 대해 언급했다. 샤디는 페루 수도 리마에서 차로 몇 시간 거리인 태평양 해변 근처에 있는, 남북아메리카 대륙을 통틀어 가장 오래된 고대도시 카랄을 발견한 인물이다. 샤디와 같은 나라 사람이 이 산꼭대기에서 그녀에 대해 이야기하는 것을 들으니 정말 감회가 깊었다. 산을 내려가는 동안 그녀 생각이 떠나지 않았다. 나를 페루로 달려오게 만든 건 마추픽추가 아니라 루트 샤디다. 오해 마시기 바란다. 마추픽추는 참으로 대단한 유적이지만 내가 이곳에 온 이유는 샤디 때문이라는 얘기다.

❧ ❧ ❧

나는 일에 모든 것을 거는 고고학자들을 좋아한다. 그들은 바위와 뼈 조각을 찾기 위해, 과거에 대한 자신의 해석과 비전을 확인하기 위해 혼신의 힘을 쏟는다. 나는 독창적인 사람들을 좋아한다. 샤디는 분명 그런 사람들 가운데 하나다. 젊었을 때 샤디는 페루의 항공사진을 샅샅이 뒤져 수페 계곡에 삐죽 솟은 이상한 지형들을 발견했다. 《고고학》지에 실린 흥미로운 논문에 따르면 "샤디는 거의 상상할 수 없는 빈곤과 무법 상태를 견디면서 작업을 시작했다."고 한다. 복면강도들에게 총격을 받기도 했다. 그녀는 낮에는 발굴을 하고 밤에는 학교로 가서 학생들을 만났다. 처음에는 산마르코스국립대학교에서 강의했고, 그곳 학생들과 인근 기지 군인들을 동원해 거대한 둔덕들을 발굴했다. 그 과정에서 땅속에 묻힌 피라미드들이 드러났다. 샤디는 막강한 영향력을 행사했다. 15년 동안 온갖 우여곡절을 겪은 끝에 태평양 연안에서 카랄을 잇는 도로를 포장하게 만든 것이다. 또 극심한 도굴로부터 카랄을 지켜냈다. 그런 노력 덕분에 카랄은 문명적 가치를 인정받았고, 세계문화유산으로 등재됐다. 샤디는 또 문제의 유적지 명칭을 원래의 '추파시가로 그란데Chupacigarro Grande'에서 카랄로 개명했는데, 역시 현명한 처사였다.

샤디의 유일한 실수는 미국인 고고학자 부부 조너선 하스와 위니프레드 크리머를 불러들인 일일 것이다. 원래는 카랄의 건설 연대를 알아내기 위해 비용이 많이 드는 방사성탄소연대측정에 도움을 받기 위해서였다. 과학 전문지《디스커버Discover》에 실린 〈카랄 목장의 결투〉라는 제목의 기사에 따르면 하스는 파트너가 되면 장점이 많을 것이라고 샤디를 설득했다. "하스는 샤디가 추진하는 프로젝트에 대한 지원금을 미국 쪽에서 확보할 수 있었다. 가난한 페루에서는 기대하기 어려운 일이었다." 미국인 부부는 카랄에서 출토된 유물 표본을 실험실로 보냈고, 그 결과 놀랍게도 연대가 기원전 2627년으로 확인됐다. 이어 세 사람은 연구 성과를 공동 명의로《사이언스》지에 발표했다. 놀라운 뉴스였다. 카랄이 이집트 피라미드만큼이나 오래되었다는 의미였기 때문이다! 하스와 크리머는 고대문명의 발견자로 갈채를 받았고, 특히 영어권 언론에 널리 소개됐다. 부부는 나중에 오해를 바로잡기 위해 애썼지만 샤디는 격분했다. 이후 부부와 다시 작업하기를 거부했고 말도 섞지 않았다.

그러나 하스와 크리머는 카랄 관련 연구에서 손을 떼지 않았다. 부부는 전에 살펴봤던 카랄 인근 강변 계곡 일대의 둔덕 발굴에 나섰다. 명성에 금이 갔고, 저명한 학자들의 비난을 받았지만 부부는 연구비를 추가로 확보해 샤디 밑에 있던 대학원생 조교와 학생들을 고용하는 한편, 미국 대학생 발굴팀을 대규모로 꾸려 카랄 북쪽 인접 지역에서 자체 발굴을 시작했다.

나는 2년 동안, 그 어떤 어려움에도 굴하지 않는 루트 샤디를 만나려고 애썼지만 그녀는 나와 접촉하는 데 관심이 없었다. 그래서 이번 문화유산 관련 회의를 통해 그녀의 핵심 주장을 들어보기로 했다. 회의 첫날 아침 나는 회의장 맨 앞줄에 자리를 잡았다. 최소한 그녀의 포스 넘치는 진면목은 볼 수 있을 것이라는 기대감에 넘쳤다. 번쩍이는 페루식 귀고리와 목걸이를 하고 자신이 발견한 유적지에 대해 빠른 스페인어로 설명하겠지. 그런데 열 마디 중 한 마디 정도밖에 알아듣지 못할 텐데 어쩌나 하는 걱정도 없지 않았다. 회의 진행 담당인 헬레인 실버맨이 쿠스코에 도착한 우리에게 영어와 스페인어로 환영 인사를 한 뒤 공지사항 몇 가지를 전했다. 첫 번째 공지사항은, 아, 유감스럽게도, 루트 샤디 솔리스가 시급을 다투는 작업 때문에 회의에 참석하지 못한다는 것이었다.

입장권을 미리 구해 여기까지 온 것은 그녀를 보기 위해서였다. 불후의 업적이 될 만한 도전을 감행했고, 인류사를 다시 쓴 고고학자들 가운데 한 사람이었기 때문이다. 그런데 숨어서 나오려고 하지를 않았다. 참으로 답답한 노릇이었다. 만나려고 애를 썼지만 그런 식으로 등을 돌린 고고학자들이 꽤 많았다. 그들은 교묘하게 빠져나가는 부류다. 늘 이동 중이거나 다른 시간에 얽매여 모습을 드러내지 않는다. 심지어 우연히 테라스 너럭바위에 같이 앉게 되어 대화를 나눌 충분한 시간이 있어도《오즈의 마법사*The Wizard of Oz*》에 나오는 착한 마녀 글린다처럼 어렴풋이 나타났다가 어느새 흔적도 없이 사라지고 만다.

샤디가 200명의 각국 동료 학자가 모인 가장 중요한 이번 고고학 회의에 참석하지 않은 것은 참으로 유감이었다. 그녀는 세계 곳곳의 현황을 담은 파워포인트 자료들을 보지 못했다. 그리고 자신의 발언을 들으러 온 청중들 사이에 번지는 실망감을 보지 못했다. 그 실망감은 바로 우리의 존경과 감탄을 전하는 것이었다.

샤디의 불참 소식을 알린 주최 측 진행자 헬레인 실버맨은 영어와 스페인어에 유창했다. 영어로 말할 때는 동작이 어색하고 부산했다. 일리노이대학교 어바나샘페인 캠퍼스 교수로 정력적인 활동을 하고 있는 그녀는 유네스코 세계문화·자연유산 운영 40주년을 축하하고 그동안의 성과를 점검하는 이번 회의를 막후에서 성사시킨 주역이다. 그녀는 스페인어로 말할 때는 자연스러운 동작에 매력적인 모습으로 변했다. 온몸에 생기가 돌고, 두 손은 우아하게 움직였으며, 얼굴에는 활기가 넘쳤다. 낮에는 안경을 쓰고 점잖은 구두를 신고서 15분마다 한 명씩 고고학자들을 연단에 올리고 내렸다. 덕분에 우리는 편히 앉아서 모든 발표자의 발언을 들을 수 있었다. 고지대와 저지대 유적지, 초라한 유적지와 장관을 이루는 유적지, 무관심 속에 방치된 유적지와 관광객이 들끓는 유적지 등 온갖 곳에 관한 발표가 수십 건 진행됐다.

실버맨은 밤에는 콘택트렌즈로 갈아 끼고 화장한 모습으로 나타났다. 어깨에 숄을 두른 그녀는 우리 일행 몇 명을 단골 술집으로 데려갔다. 쿠스코 시내가 내려다보이는 가파른 언덕 위에 있는 수도원을 개조한 대단히 매력적인 곳으로, 벽에 걸린 오래된 태피스트리와 바로크시대 그림들이 특히 인상적이었다. 값이 꽤 비싼 피스코 사워pisco sour(페루의 대표적인 브랜디 칵테일―옮긴이)를 한 잔 시키면 푹신한 가죽 쿠션에 등을 기댄 채 몇 시간이고 노닥거리면서 페루의 화려한 역사와 아름다움을 느낄 수 있는 곳이다. 우리는 배가 고프면 실버맨을 따라 갔다. 좁다란 도로와 뱀처럼 구불구불한 골목길을 요리조리 따라가다 보면 건물 속에 동굴처럼 움푹 들어간 레스토랑을 만날 수 있다. 몇 솔 이면 퀴노아 수프 요리를 한껏 맛볼 수 있는 곳이다. 거기서 나는 고고 학자들의 빠듯한 호주머니 사정으로도 성대한 만찬을 즐길 수 있는 비 결을 배웠다. 나는 그녀가 웨이터에게 주문하는 모습을 유심히 지켜봤 다. 그녀는 두 손을 벌새처럼 바삐 놀리면서 이런 냄비에 저런 접시를 달라는 요구를 하고 있었다.

바로 그 손이 페루 남부 저 멀리에 있는 나스카문화를 발굴한 손이 었다. 나스카인은 지금으로부터 1200년~2000년 전에 페루 남부 사막 지대에 살았던 정체를 알 수 없는 사람들이다. (그들의 이름을 표기하는 방 식도 까다롭다. 학자들은 지금도 나즈카Nazca냐 나스카Nasca냐를 놓고 의견이 분 분하다. 나는 실버맨 교수의 의견을 따랐다. 그래서 그들의 문화는 나스카라고 하 고, 그 지역과 거기에서 발견된 선형 이미지들은 나즈카라고 한다.)[*] 나스카인들 은 색채와 문양이 아름답고 화려한 직물과 부채꼴 머리를 한 신화적인 식인고래 같은 동물이 가득 그려진 질그릇들을 남겼다. 특히 나스카문 화에서 발굴된 두개골들을 보면 선인장 가시로 위아래 입술을 뚫어 붙 이고, 이마와 턱 밑에 구멍을 내서 노끈을 끼워 들고 다니기 편하게 만 든 것이 특징이다. 나스카문화는 특히 사막 지표면에 새긴 거대한 선

• 나스카를 구글에서 찾을 때 전미스톡자동차경주대회NASCAR나 섹스클럽 나스카인터내셔널과 혼동 하면 안 된다.

형 이미지들(나스카 라인)을 남겼다. 이는 지표면을 덮고 있던 붉은색 막돌들을 제거하고 그 밑에 있는 회색 땅바닥에 각종 문양을 새겨 넣은 것이다.

많은 사람들이 스위스 저술가 에리히 폰 데니켄Erich von Däniken의《신들의 전차 Chariots of the Gods》에 나오는 식으로 그런 초대형 지상화를 고대 우주인들을 위한 활주로라고 알고 있다. 호텔 지배인 출신의 데니켄이 쓴 고대문명의 수수께끼를 다룬 책들은 1960~1970년대에 초대형 베스트셀러가 됐다.* 지금까지도 그는《신들의 황금 Gold of the Gods》, 《역사는 틀렸다 History is Wrong》같은 책들을 통해 고대 원주민들이 독자적인 문명을 건설할 만큼 똑똑하지 못한 이유를 날조해내고 있다. "그런 것이 밀림에 사는 족속한테서 나왔다는 것은 믿기 어렵다." 금성의 주기를 기준으로 1년의 길이를 설정한 마야인들의 능력에 대해 데니켄이 의문을 제기한 대목이다. 실버맨이 젊은 대학생이었을 때 데니켄은 저술가로서 막 두각을 드러내고 있었다. 이후 실버맨은 나스카문화에 대해 많은 글을 썼다. 그러면서 데니켄류의 대중서들을 단순히 무시하기보다는 고고학자들의 엄밀한 논리를 강력히 옹호하는 한편으로 "나스카 라인에 관한 사이비과학적 이론이 미치는 심대한 폐해"에 제동을 걸었다. "과거에 대한 자의적인 해석과 거짓말"이 고고학과 페루인들에게 미친 해악에 대해서도 예외가 아니었다. 그녀는 페루의 참

---

* 나는 데니켄의《신들의 전차》와 실버맨과 도널드 프루Donald A. Proulx 교수가 쓴《나스카 The Nasca》를 다 읽어봤다. 나스카인들은 그 어떤 고대 우주인들보다 훨씬 거칠고 흥미로운 존재였다. 특히 마야 달력 및 이른바 "원시적인" 족속들이 이룩한 문명적 발전에 대한 데니켄의 해석을 읽고 나서는 그가 기본적으로 인종주의적 편견에 물들어 있음을 느꼈다.

역사 편에 서서 싸워왔고, 한 저서에서는 데니켄의 핵심 주장을 묵사발 냈다. 고고학자에게는 헛소리는 헛소리라고 따끔하게 꾸짖을 책임이 있다고 생각한 것이다. 그런 일탈행위를 무시한다면 우리가 감내해야 할 피해가 너무 크다.

마침내 연단에 직접 올라 자기 발언을 하게 됐을 때 실버맨은 저 신비한 나즈카 라인이나 사이비고고학에 관한 얘기는 일절 꺼내지 않았다. 그녀는 지금 우리가 와 있는 도시 쿠스코와 아르마스 광장이라는, 유네스코 세계문화유산으로 지정된 역사적 중심지에 관해 이야기했다. 관광객과 현지 주민이 한데 어우러져 살 수밖에 없는 곳이다. 도시는 역동적인 변화를 거듭하고 있는데 그 한복판에 있는 역사적 정체성을 어떻게 보존할 수 있는가? 실버맨은 예전에는 호텔 건설 과정에서 고대 잉카문명시대 성벽이 손상을 당하면 일반 고고학자들처럼 참담함을 금할 수 없었다고 한다. 그런데 "쿠스코인들의 마지막 남은 마음의 공간이자 수십 년간 지식인, 현지 중산층, 외부 고고학자들이 자주 찾던" 명소 '카페 아일루'(잉카 공용어인 케추아어로 '가족'이라는 뜻이다)가 건물주의 결정에 따라 쫓겨나고 그 자리에 치킨 체인점 KFC가 들어섰다.[*] 그때까지만 해도 실버맨은 유적지의 원형을 그대로 보존해야 한다고 목소리를 높였다.

그런데 지금은 원형 보존이라는 관념을 재검토하면서 지금 이 시대의 공간에서 펼쳐지고 있는 문화를 탐사해보고 싶다고 그녀는 말했다. 쿠스코인들은 KFC, 맥도날드, 토종 브랜드 뱀보스 등 패스트푸드 체

---

[*] 카페 아일루가 명주인인 현지 대주교에 의해 쫓겨난 이야기는 우리의 가슴을 아프게 한다. 자세한 내용은 http://www.cuzcoeats.com/2011/07/cafe-ayllu를 보라.

인접 세 곳을 관광안내센터에 들여 자기네 것으로 만들었다. 셋 다 전통 쿠스코식 미술로 장식했는데, 현지인들만 광장을 사용하는 일요일 오전이나 휴일을 제외한 나머지 시간에는 관광객과 쿠스코인들의 교류의 장이 되었다. 패스트푸드 레스토랑의 화려한 외양에서 당대의 독특한 문화를 발견하는 것이 창의적이고 폭넓은 시각에서만 가능한 것은 아니다. 그것은 고고학자들의 시야와 발상이 진짜로 변했음을 말해준다. 고고학자의 작업은 역사의 한 모퉁이를 시간 속에 동결하는 싸움에서 패한다고 해서 끝나는 것이 아니다. 실버맨은 그런 모퉁이를 다시 만들어내는 사람들이 있는 한 고고학자들이 써야 할 역사의 페이지는 계속 남아 있다고 말하는 것 같았다.

세계유산운동은 2차 세계대전 이후부터 기념물과 역사적 건물에 대한 보존 활동을 시작해 점차 다양한 방식으로 확대됐다. 유네스코 국제과학위원회와 자문그룹이 후원한 이번 유산 관련 회의는 유산에 대한 우리의 개념을 확대하고 조정하는 동시에 인간 역사의 어떤 부분들이 과연 보존할 가치가 있는가 하는 질문에 답하는 자리였다. 지난 40년 동안 이 문제에 대한 입장 변화는 놀라울 정도다. 자연유산, 역사적 의미가 농축된 도심都心, 역사적 공원과 정원, 수중 문화유산 그리고 심지어 춤, 음악, 구비전승, 축제 같은 무형문화까지 '유산heritage'이라는 개념에 추가됐다. 고고학 컨설턴트 헤더 길프레어킹은 연단에 올라 미라를 유산 목록에 올리는 것을 공식적으로 고려해야 한다고 주장했다. 폼페이나 대규모 공동묘지(네크로폴리스)가 딸려 있는 이집트 고대도시 테베 같은 매장지들이 세계문화유산으로 지정되기는 했지만 거기에 있는 인간 유해에 대해서는 별도의 조치가 없는 상태다. 현재 덴마크 실케보르박물관이 소장하고 있는 습지 미라 톨룬트인과 자연 상태로 미라가 된 '얼음인간 외치Ötzi the Iceman'(알프스 산의 얼음 속에서 발견됐으며 5000여 년 전에 생존했던 것으로 추정된다─ 옮긴이) 같은 경우 세계문화유산 지정 요건에 해당하지 않는다. 길프레어킹은 그런 유해가 우리의 중요한 고고학적 유산이 아니라고 할 수 있는가 하는 의문을 제기한 것이다.

몇몇 고고학자가 내게 말한 대로 고고학 분야는 낡은 생각이 깨져야 발전한다. 고고학자들이 역사고고학을 고고학의 한 분야로 받아들이는 데는 오랜 시간이 걸렸다. 그런데 17, 18, 19세기 유물을 현장조사 방법론을 통해 새로운 방식으로 이해할 수 있다면 20세기, 심지어 21세기의 특정 장소에 대해 고고학적으로 접근하지 못할 이유는 무엇인가? 고고학자들이 관찰과 과학적 기술을 활용해 지금 우리가 거주하고 있는 방을 연구할 수 있을까? 한때 고전시대나 선사시대의 뼈, 돌, 도자기 등을 연구 대상으로 했던 분야가 이제는 250만 년 전 우리 선조들이 사용한 도구에서부터 우리가 지금 막 내버린 치킨 너겟이 제조·유통되는 과정에 이르기까지 모든 것을 발굴하고 관찰하고 연구하고 있다.

이번 학술회의에서는 고고학에서 사용되는 흥미로운 도구들에 대한 기술적 설명도 있었고, 현지 공동체와 관계를 맺고 도굴을 방지하고 인공적·환경적 위협을 극복하는 데 실패하거나 성공한 다양한 유적지 관련 사례에 대한 증언도 있었다. 그리고 그 사이에 아주 평범하지만 놀라울 정도로 인간적인 접근을 강조하는 헬레인 실버맨의 발표도 있었다. 나의 뇌리에는 후자가 훨씬 강하게 각인됐다.

현재 영국 요크대학교 교수로 있는 존 스코필드는 고고학에 대해 특히 대중적이고 현대적인 입장을 보여주는 발표를 했다. 평범한 얼굴이지만 표정 변화가 많은 그는 현재 주로 관심을 쏟고 있는 분야를 '당대라는 과거의 고고학archaeology of the contemporary past'이라고 칭했다. 나는 그 표현이 5분 전을 다루는 고고학이라고 느꼈다. 그는 고고학 발굴작업 때 썼던 중고 포드 익스플로러를 '발굴하는' 팀과 일한 적이 있다. 그들은 그 밴을 한 점의 물질문화로 보고 상세한 기록을 남겼다. 우선 꼼꼼히 살펴보면서 각종 치수를 재고, 구석구석 남아 있던 흙과 17세기 도자기 파편들을 제거한 뒤 프레임에 붙은 녹 표본을 채취했다. 이어 다이빙대로 사용돼 움푹 들어간 루프 부분을 기록하고 차체와 엔진을 분해했다. 두 달 동안 그들은 그 차를 인간이 만들고 변경을 가하고 흐트러뜨린 하나의 물건으로 보고 연구했다. 일종의 실험이자 이벤트였지만 관찰, 측정, 기록, 분해라는 정형화된 과학적 조사 기법을 새롭게 적용한 사례였다. 포드 익스플로러 연구팀이 내린 결론은 내게 의외의 교훈을 주었다. 차량 내부는 원형이 아주 잘 보존돼 있었다. 사용하는 고고학자들이 유지·보수를 잘한 것은 물론 정기적으로 수리도 했던 것이다. 그런데 차체와 외부는 현장작업이라는 거친 환경으로 인해 난파선 같다고 할 만큼 심하게 훼손된 상태였다. 차량 내부와 외부 곳곳에 고고학자들이 남긴 흔적과 이 차가 다양한 발굴작업에 투입됐음을 보여주는 증거들이 있었다.* 이처럼 우리가 매일 사용하고 잘 안다

---

* 나의 흥미를 끈 또 다른 발견이 있었다. 연구팀은 엔진을 분해하고 나서 지문을 채취하기 위해 먼지를 털어냈지만 지문은 나오지 않았다. 차량 관련 기록 조사를 통해 문제의 차량은 완전 로봇 자동화 공장에서 처음 생산된 차량 중 하나라는 사실이 밝혀졌다. 극히 최근의 과거를 연구하는 당대고고학contemporary archaeology 분야를 접하면서 나는 선구자적인 기록 보관 전문가 하워드 고트리브가 떠올랐다. 그는 기록 보관 대상 인물이 파일로 정리될 만큼 늙을 때까지 기다리지 않고 비교적 젊었을

고 여기는 것들조차 치밀하게 조사해보면 새로운 어떤 것이 드러난다. 스코필드는 강당을 가득 메운 고고학자들에게 문화유산을 아이콘과 건물로 보는 것에서 보통 사람들의 삶을 기록으로 남기는 또 다른 방식으로 생각하는 것으로의 변화에 대해 말했다. 그는 특히 몰타의 수도인 발레타를 사례로 언급했다. 이 도시가 세계문화유산으로 지정된 이유는 역사적 기념물이 많이 밀집돼 있기 때문이다. 지중해 남부의 이 아름다운 도시는 1700년대 말 이후 적어도 건축적인 면에서는 거의 변화가 없다. 몰타는 여러 나라 해군들이 오랜 기간 기착지로 사용했던 곳이다. 정박한 수병들은 발레타 스트레이트 거리의 술집이나 카바레로 달려가곤 했다. 그런데 1970년 이후 술집들은 문을 닫았다. 그러나 가톨릭교회를 포함해 몰타의 실세들은 스트레이트 거리를 보존하는 데 아무 관심이 없었고, 심지어 그런 사실을 인정하지도 않았다. 한때 스트레이트 거리에서 생업을 꾸렸던 사람들 가운데 일부가 그 잔해 속에서 살고 있는 것이 발견됐다. 조라는 이름의 남자 댄서도 그중 한 명이었다. 여기서 스코필드는 '조가 사는 동네도 발레타의 역사와 문화유산의 중요한 일부가 아닐까?' 하는 생각이 들었다.

　나는 존 스코필드가 강당을 가득 메운 청중들을 둘러보면서 무엇을 보고 있을까를 생각해봤다. 어둡고 퀴퀴한 시청 건물에 앉아 연단을 주시하고 있는 다양한 피부색의 얼굴들, 엉성한 스페인어와 영어 동시통역을 전달하는 헤드폰, 우리가 들고 있는 안내전단과 원고와 명함, 고산병이 심한 사람들이 먹는 코카 사탕의 포장지……? 마추픽추의

때 관리 항목에 올리는 한편, 그들에게 매주 책상 정리를 해서 스크랩이나 신상 관련 문서 같은 것이 있으면 보내달라는 식으로 자료를 수집했다.

테라스에 올라선 스코필드는 또 무엇을 보았을까? 15세기 잉카문명의 폐허와 100여 년 전 양치기들이 사용했을 오두막들의 잔해, 신발 자국과 여기저기 삽으로 구덩이를 판 자국, 경관을 가꾸는 사람들이 잡목을 제거하고 시설물을 수리하고 조림한 흔적, 그리고 지금 당장 유적지를 밟고 다니는 관광객들이 남긴 물질적인 자취들……? 그는 사람들이 200년 전에, 또는 지난 계절에, 또는 당일 오전에 남긴 것들을 보고 있다. 동전과 단추와 입장권과 선글라스와 사탕 포장지, 반다나, 빈 선탠로션 통, 몰래 반입한 물병, 에너지바, 사람들이 지팡이를 짚으면서 길에 난 작은 구멍들, 운동화 바닥의 물결무늬나 샌들 또는 징 박은 부츠가 땅바닥을 눌러 찍힌 문양들……. 그는 성수기에 길게 늘어선 관광객들 때문에 다른 길보다 마모가 심한 출입구 주변 소로의 변화 상태를 본다. 배낭여행객들이 와이나픽추에 오르기 직전에 쉬고 가는 바위의 이끼가 많이 닳아 있는 것도 본다. 그들이 남긴 것에서 그들 이야기의 작은 부분을 읽을 수 있다. 역사 기록이나 입장객 기록부, 출입문 회전 횟수 총계, 조경 관리 인부나 버스 운전사, 안내인 등의 근무시간 기록표 같은 데에는 나타나지 않는 증거들을 모으는 것은 가치 있는 일이다. 사람들이 유적지를 이용하는 여러 가지 방식을 파악할 수 있기 때문이다.

"우리는 그런 미묘한 흔적들을 찾아냅니다." 스코필드의 말이다. "고고학자들은 세상을 아주 특이한 방식으로 보지요. 당대라고 하는 과거를 연구하는 고고학자들도 전혀 다르지 않습니다. 우리는 지나간 인간 활동의 흔적을 찾습니다. 다만 바로 전에 지나간 과거에 집중할 따름이지요. 바로 어제의 일일 수도 있습니다." 그는 "우리 눈에 들어오는 것은 다 쓸모가 있을 겁니다."라며 미소 지었다.

　나는 쿠스코 시청 강당을 잠시 떠나 시내 곳곳을 둘러보다가 카사 콘차박물관Casa Concha Museum에 들러 좋은 구경을 했다. 하이럼 빙엄이 마추픽추에서 발굴해 당시 교수로 재직 중이던 예일대학교로 가져갔던 유물들(최근에 예일대학교가 페루에 반환했다)을 전시하는 코너 옆에 고고학계의 현안을 소개하는 섹션이 있었다. 아름답기 그지없는 팔라우의 록아일랜드와 뉴칼레도니아의 산호초 보존 현황을 소개하거나 페루의 황무지와 칠레의 사막에서 진행 중인 발굴현장 모습을 담은 슬라이드가 특히 눈길을 끌었다. 나는 가난한 고고학자들의 노력에 감동했다. 그들은 지원이라고는 거의 받지 못한다. 부에노스아이레스에서 온 고고학자는 "우리는 구멍이 있는 데면 어디든 팝니다."라고 말했다. 그러나 돈 있는 사람들이 자기네 문화유산에 투자하는 것을 보면서도 감동을 느꼈다. 독일인들은 고고학자를 항공관측장비 라이다가 탑재된 비행기에 태워 슈바르츠발트(검은 숲이라는 뜻)로 보냈다. 곁에서는 볼 수 없는 빽빽한 숲 속을 투시하는 사진을 찍기 위해서다. 그런데 그 과정에서 옛날 성城이 발견됐다!

　하루 종일 발표를 들은 어느 날 저녁, 나는 쿠스코 북쪽의 한 레스토랑에 앉았다. 구식 흰색 욕조에 물을 담고 그 위에 유리판을 덮어 수족관처럼 꾸민 탁자가 놓여 있었다. 말하자면 유리판 위에 음식을 올려놓고 먹는 것인데, 그 밑으로는 물고기들이 해초와 조개껍질 사이를 헤엄치고 다녔다. 욕조 가장자리로 각국에서 온 고고학자들이 둘러앉아(축소판 유엔총회를 방불케 했다) 피스코 사워를 주문했다. 물론 맥주도 빠질 수 없다. 특이한 것은 천사 인형들이 천장에 매달려 있다는 것이다. 의자에는 호랑이 무늬의 인조가죽을 씌운 쿠션이 놓여 있고, 핑크색 불빛은 상당히 어두웠다. 어울리지 않는 희한한 것들이 뒤섞인 깊은 물속에 들어와 있는 기분이었다. 우리는 수족관 유리판 위에서 알파카 스테이크를 먹었다. 하지만 채식주의자들은 알파카 고기를 먹지 않았다. 미국 학자 더글러스 카머도 알파카 고기를 먹지 않았다. 국제 고고유산관리위원회 공동위원장인 카머는 이번 회의에 참석하는 길에 먼저 고대 유적지인 쿠스코 북쪽의 삭사이우아만을 도보로 다녀왔다. 그런데 거기서 떠돌이 알파카를 만났고, 녀석은 그가 마음에 들었는지 졸졸 따라다녔다. 카머는 자신에게 코를 비벼대던 녀석 생각이 나서 알파카 고기를 도저히 먹을 수 없었던 것이다.

나는 우주고고학space archaeology 전문가인 카머와 1만 4000년 전 수렵과 채집을 주로 했던 일본 조몬문화 전문가 요 네기시 사이에 앉았다. 카머는 볼티모어에서 위성과 항공 관련 자료를 수집·분석하는 일을 전문으로 하는 문화자원관리회사를 운영하고 있었다. 당시 그는 나사(미국항공우주국)와 공동으로 작업했는데, 유적지의 시기별 변화를 연구하려면 최근에 기밀 해제된 나사의 위성사진들을 활용하라고 고고학자들에게 권했다. 요 네기시는 세계에서 가장 오래된 도자기를 연구한 바 있다. 그는 내게 자기네 나라에서 이뤄지는 발굴의 99퍼센트는 일종의 긴급 사태 해결 같은 것이라고 말했다. 이를테면 개발 예정 토지의 문제점을 말끔히 해소해주는 작업이다. 고고학자의 이미지는 대체로 매력적이고 낭만적이지만 일본의 경우 네기시와 그의 동료 고고학자들은 멸시를 당한다. 그는 긴급 발굴현장에서 일했던 경험을 들려줬다. 무릎까지 빠지는 진흙 구덩이 속에서 한창 작업을 하는데 옆에 건설 담당 관계자가 서 있었다. 앞서 장비가 유골을 들어 올리는 바람에 건설 작업이 중단된 상태였다. 그 관계자는 네기시에게 조롱하는 말을 던졌다. "이것도 직업이오?" 네기시가 그 말을 흉내 내며 웃었다.

페루를 떠나기 직전, 나는 루트 샤디 솔리스에게 경의를 표하고 남북아메리카 대륙에서 가장 오래된 도시를 순례했다. 브라초라는 안내인이 동행했다. 상냥하고 수다스러운 그 친구는 페루인과 동남부 유럽인의 혼혈로 리마에서 나를 차에 태운 뒤 태평양 연안을 따라 올라갔다. 우리는 리마의 거대한 빈민가를 지났다. "저 공동묘지 꼭대기에 사람들이 살아요." 그가 말해줬다. 우리는 지붕 위로 전선이 어지럽게 얽히고설킨 수많은 집들을 지나쳤다. "집이 더 들어설 거예요." 브라초가 말했다. "우리 집만 해도 제가 지었지만 전선이 많아요. 언젠가 아들 녀석도 그 위에 자기 집을 한 층 올리고 싶겠지요. 저길 보세요! 벌써부터 저렇게 붙어 있잖아요!" 그는 자동차의 CD 플레이어로 중독성 강한 치차 음악을 틀었다. 아마존 스타일의 악기와 리듬이 환각을 불러일으키는 듯하면서도 카를로스 산타나의 강렬함을 연상시켰다. 남북아메리카를 잇는 팬아메리칸 하이웨이를 타고 가다가 안개 자욱한 가파른 산악지대를 넘어 연안 사막으로 내려가는 길에 듣기에는 딱이었다.

우리는 그렇게 몇 시간을 가다가 수확하기 쉽도록 불태운 사탕수수밭에서 동쪽으로 방향을 틀었다. 주변에는 야자수들이 서 있었다. 벌거벗은 사람들이 관개용 수로에서 멱을 감는 게 보였다. 큰 대자로 드러누워 낮잠을 자는 사람도 있고, 휴식 중인 일꾼들도 있었다. 말이 끄는 수레에는 사탕수수 더미가 높이 쌓여 있었다. 바퀴자국이 난 길을 따라 계속 달리는 동안 주변의 산은 점점 높아졌다. 우리는 매리골드와 옥수수, 아스파라거스가 자라는 들판을 따라 비옥한 수페 계곡으로 접어들었다. 덮개 없는 트럭들(뒤쪽 발판에 사람들이 잔뜩 매달려 있었다)과 흙벽돌 집 그리고 파란색 안내판이 스쳐 지나갔다. 안내판에는 스페인어로 '신성한 도시 카랄, 앞으로 23킬로미터'라고 적혀 있었다. 우리는 짧은 치마를 입고 모자에 꽃 장식을 한 여성이 모는 염소 떼가 지나가기를 기다렸다. 검은 염소와 갈색과 흰색이 뒤섞인 염소들 옆에는 개와 당나귀, 얼룩 조랑말이 따라다녔다. 농경지 한가운데에는 스페인어로 '고고유적지'라고 적힌 또 다른 거대한 안내판이 있는데, 안내판 기둥에 붙여 지은 무허가 판잣집을 개 두 마리가 지키고 있었다.

갑자기 사방이 사막으로 변했다. 모든 게 베이지색에 바짝 말라 있었다. 강바닥도 마찬가지였다. 녹색의 산과 녹색의 들판은 가물가물한 배경처럼 멀어져 있었다. 카랄로 들어가는 길은 단색의 황량한 달 표면 같았다. 내륙으로 향하는 동안 내내 머리 위에서 빛났던 해는 어느새 자취를 감췄다. 구름에 가렸다는 표현은 부족했다. 안개라고 할 수도 없었다. 마치 모든 것이 무엇엔가 감싸인 듯 습하고 서늘했다. 황갈색 피라미드 6기가 황량한 고원 위로 희미하지만 거대한 모습을 드러냈다. 피라미드들 사이로 햇볕에 허옇게 바랜 광장들이 있고, 그 주변을 낮은 돌담이 둘러싸고 있었다. 카랄 유적지에는 잘 설명된 안내판이 많아서 관광객이나 학생들이 견학을 오기에 아주 좋았다. 짚으로 지붕을 얹고 앞뒤를 튼 소박한 오두막마다 발굴 유물이 전시돼 있고, 버스를 세워놓기 좋을 만큼 널찍한 주차공간에 화장실도 깨끗했다. 우리는 카랄 유적지 안내를 맡아줄 디노를 기다리면서 시크라에 관한 설명문을 읽었다. 갈대 노끈을 헐렁하게 꽈서 만든 커다란 주머니 같은 이 용기는 피라미드 기단에 들어갈 돌을 담아 나르는 도구였다. 카랄 유적지는 넓이가 66만 7700여 제곱미터(20만 2000여 평)에 달한다. 멀리 피라미드 위에 서 있는 사람들이 염소만 해 보였다. 디노가 다가와 저 사람들은 여기서 일하는 고고학자들로 22일 일하고 8일 쉰다고 말해 주었다. "여긴 고고학자들에게는 감옥이나 마찬가지예요." 디노의 입가에 미소가 흘렀다. 학생들을 가득 태운 버스가 늦은 시간에 도착할 때까지 카랄에서 볼 수 있는 생명체라고는 브라초와 디노와 나 그리고 멀리서 바삐 움직이는 고고학자들이 전부였다.

루트 샤디 솔리스가 본인이 발견한 것의 실체가 무엇인지 알게 되기 전까지 여기서의 발굴작업이 어땠을지 상상이 안 간다. 당시 석벽과 담은 땅속에 묻혀 있었고, 피라미드들은 평범한 모래언덕처럼 보였다. 그녀는 보잘것없지만 이국적인 잔해, 시크라 주머니, 뼈를 깎아 만든 약물 흡입기, 해변에서 32킬로미터쯤 떨어진 이곳에 묻혀 있던 정어리와 앤초비의 뼈 무더기, 두루미 뼈를 깎아 만든 다량의 피리 등을 발굴해냈다. 이런 유물들이 단순히 고대의 어떤 집단이 살았던 흔적을 보여주는 것이 아니라 광범위한 교역망을 가진 조직화된 사회가 존재했음을 보여주는 증거라는 사실을 깨닫게 되기까지 15년이 걸렸다. 물리적 인프라도 대단히 정교했다. 예를 들어 여러 개의 제단 아래 땅속으로는 연기가 빠져나가는 통로를 설치해두었다. 유럽의 폐허에서 찾아볼 수 있는 것과 같은 종류인데 유럽에서는 수천 년이 지난 시기에야 등장한다. 고원 지대 가장자리 바로 위쪽으로는 관개시설을 갖춘 경작지를 두어 콩과 호박, 면화를 재배했다. 풍성한 작물들은 사시사철 들판을 다양한 색깔로 물들였다. 주민들은 수확한 콩과 면화 일부를 해변 지역인 아스페로로 가져가 정어리, 앤초비와 교환했다. 이들 생선 역시 면화로 짠 그물로 잡은 것이다. 샤디는 현재 바로 그 아스페로에서 미국인 고고학자 마이클 모즐리와 함께 발굴작업 중이다. 모즐리는 하스와 크리머의 '학문적 제국주의'에 맞서 샤디를 옹호했던 인물이다. 최근 강연에서는 하스 부부가 "글자 그대로 남의 권리를 무단으로 도용했다."고 비난했다. 샤디, 하스, 크리머는 하나같이 '엄청나고도 혁명적인' 고고학적 과제에 도전했다. 모즐리는 세 사람의 분쟁을 많은 고고학자들에게서 발견되는 성격적 결함 탓으로 돌렸다. "그들은 자존심과 고집이 엄청납니다."•

카랄에서 제일 큰 피라미드 옆에 서 있는 동안 디노가 수천 년 전 이곳에서 살았을 자기네 조상들에 대한 이야기를 계속했다. 우리가 지금 걷고 있는 곳은 그들이 살던 집 자리일 것이라고 그는 말했다. 브라초는 꽤 수준 있는 질문들을 우리에게 던졌다. 친구와 해변을 따라 도보 여행을 하다가 우연히 한 동굴에서 미라를 발견한 이후 고고학에 푹 빠진 것이다.

루트 샤디 솔리스는 식민지시대 이전 페루인들의 이야기에 몰두했다. 그렇게 집중한 결과 지금까지 남북아메리카 대륙을 통틀어 가장 오래된 것으로 보이는 도시를 발견했다. 그와 함께 조상들의 저 먼 과거의 일부를 복원해냈다. 카랄 유적의 중요성을 간파한 것은 그녀가 고고학자로서 탁월한 감각을 지녔다는 증거다. 고고학자들에게는 특징이 있다. 카랄이든 카랄이 아니든 샤디는 아마도 어떤 식으로든 뭔

• 모즐리의 강연 〈4000년 전의 페루 연안에 관하여〉는 https://peabody.Harvard.edu/node/581에서 들을 수 있다.

가 해냈을 것이다. 발견한 것이 최고最古이든 아니든, 최초이든 아니든 휴가도 반납하고 차에서 자면서 매일 아침부터 하루 종일 일했을 것이다. 격려해주는 사람도 없고 뭔가를 발견한다는 보장이 없어도 마찬가지다. 나는 그녀가 무엇을 발굴하든 간에 자신의 이상을 고집스럽게 끝까지 추구했을 것이라고 본다.

그동안 만나본 모든 고고학자들을 떠올리면서 나는 그들의 놀라운 추진력과 고집스러운 이상 추구가 어떤 의미인지 생각해봤다. 나는 사우스다코타 주 수폴스에서 일하는 긴 머리의 고고학자 애드리언 해너스를 생각했다. 책머리에서 바짝 구운 베이컨을 씹으며 나한테 대평원의 아메리카원주민들이 어떻게 동물 뼈에서 뼈기름을 추출했는지 이야기해주었다고 소개한 그 해너스 말이다. 그는 월남전에 참전한 군인 출신인데, 제대 무렵에는 극도로 쇠약해졌다. 아메바성 이질에 걸려 체중이 30킬로그램 가까이 빠졌고, 전쟁터에서 목격한 "괴기함과 폭력과 살육"에 극도의 혐오감을 느꼈다. 제대 후 해너스는 법학 공부를 접고 인류학으로 전공을 바꿨다. 인간에 대해 연구하는 학문에 흥미를 느낀 것이다.

그에게 고고학은 무엇이었을까? 그것은 생명을 죽이는 것과 반대되는 것이었다. 그것은 수천 또는 수백만 년 동안 잊히고 파묻혀 있던 것들에게 생명을 되돌려주려는 노력이었다. 그것은 단순히 뼈나 보물의 파편과 조각들을 찾는 작업이 아니었다. 그것은 열악한 조건에서 무릎을 꿇고 앉아 극도로 세심하게 주의를 기울이면서 한때 지금의 현장에 닿았었던 인간 삶의 불티를 포착해내려는 작업이었다.

브라초와 카라를 떠날 때쯤 그곳엔 사람이라곤 그림자도 보이지 않았다. 우리는 돌투성이 강바닥을 따라 천천히 이동했다. 사방은 외딴 달 표면 같았다. 그런데…… 저게 뭐지? 저 맞은편에서 어떤 남자가 노란 재킷에 모자를 쓴 채 모토택시(바퀴가 세 개인 오토바이다)를 몰고 달려오고 있었다. 핸들 밑에는 노란색 아이스박스가 끈으로 묶여 있었다. 브라초가 차창을 내렸고, 둘은 바짝 마른 강바닥 한가운데에서 잠시 무슨 얘기를 나눴다. 브라초가 몇 솔을 건네자 남자는 우리에게 아이스바를 꺼내주었다. 그렇게 우리는 수천 년의 시간을 통과해 현재로 돌아왔다.

::
감사의 글

나를 흔쾌히 맞아준 고고학자와 전문가 제위께 감사드린다. 그분들의 이야기가 이 책을 구성하는 데 결정적인 역할을 했다. 그랜트 길모어, 로리 러시, 빌 샌디, 존 시어 선생은 다른 고고학자들을 소개해주기도 했다. 특히 샌디는 여러 발굴현장으로 나를 데려가줬다. 로버트 애시워스, 짐 버 시니어, 조이 카바치니, 조 콘테스, 테리 엔츠, 리덤 레퍼츠, 리카 마르케스, 두아네 쿠아테스, 크리스티나 스칼렛, 멕 슐츠, 윌라 스키너, 마이크 스프라울스, 루드 스텔튼, 페니 스테이어, 조 월러스에게도 많은 빚을 졌다. 문화유산 보존을 위한 법률가위원회의 레일라 아민돌리와 토머스 클라인 그리고 발굴작업을 같이 했던 질리언 뱅크스, 알렉스 데닝, 켈리 리머스마, 탈리아 배로노스파블로폴로스를 비롯한 뉴욕대학교 학부생 발굴팀에게도 신세를 졌다.

자신이 하는 작업에 대해 이야기함으로써 이 책에 굉장한 기여를 한

앤디 봅야드칙, 빌 카라허, 제니퍼 에버하트, 조엘 그로스만, 레이철 헬로트, 크리스 허스트, 샌드리 홀리몬, 푸미코 이카와스미스, 데이브 존슨, 제시카 존슨, 주디 켈리모버그, 렁시마 쿨라파트, 에드워드 레니크, 브라이언 라이온, 테일러 미들턴, 앤드루 레인하드, 프리드리히 쉬퍼, 크리스토퍼 스태코비츠, 마거릿 스타우터, 몬트리올의 푸앵트아칼리에Pointe-à-Callière 고고학역사박물관의 루이즈 포티에와 소피 리모주 선생에게도 감사를 표한다.

고고학에 관심이 있는 사람이라면 누구나 이용할 수 있는 프로그램들 덕을 많이 봤다. 특히 미국고고학연구소와 여러 지부, 뉴욕 주 고고학협회와 여러 지부, 브라운대학교 주코스키 고고학·고대문명 연구소, 뉴욕대학교 고대연구센터, 코세라(온라인 공개강좌 기업) 측에 감사드린다. 미국고고학회, 고인류학협회, 뉴욕주립대학교 스토니브룩 캠퍼스는 큰 호의를 베풀어주었다.

퍼처스칼리지와 이 대학 작가지원센터 및 도서관의 도움이 없었다면 이 책을 쓰는 데 필요한 각종 자료 조사와 연구는 제대로 하지 못했을 것이다. 특별히 루이즈 옐린과 수잔 케슬러, 다시 게르바지오, 마리 시안굴라에게 감사한다. 마거릿 폭스, 캐롤라인 레즈닉, 메릴 스프린젤, 셰리 드보어는 중요한 자료를 소개해줬다. 짐 니커슨은 이 프로젝트를 시작할 때 요긴한 조언을 해줬다. 소중한 도움을 준 진 캐롤, 피트 덱스터, 닉 트라우트 웨인에게 감사한다. 봅 브러팅 베치 카터, 리 아이젠버그, 에릭 힘멜, 크리스틴 레너, 제이 러빙어, 브루스 매콜, 베키 오크렌트, 댄 오크렌트, 캐롤라인 밀러, 데이비드 스미스, 로이 솔로몬, 이본 밴코트의 도움도 잊을 수 없다. 캐롤 콜드웰은 중요한 시기에 만사를 제치고 도와주었다. 크리스 다지도 그랬다.

내 친구와 독자들은 일종의 동료다. 캐서린 앤더슨, 마르셀 클레멘츠, 메리 하니발, 애비 로즈마린, 크리스텐 머넬리, 바바라 로울리는 아주 유용한 의견을 주었다. 마사 앨코트는 마감시간에 늦지 않게 원고를 읽고 사실관계를 확인해주었다. 케이트 버포드, 벤 치버, 게이 데일리, 마크 골로데츠는 초고 상태의 원고를 읽어주었고, 특히 수잔 스콰이어는 원고 전체를 세 번 넘게 읽어주었다. 에스메랄다 산티아고와 라킨 워런은 항상 원고에 대한 견해를 보내주고 한없는 인내로 나를 성원해주었다. 친구 루스 리브맨은 페루에 동행했는데, 그의 통찰력 넘치는 관찰을 책에 많이 도용했음을 이 자리에서 고백한다. 메리 머피와 봅 민즈하이머는 항상 내 연락을 받아주었다. 잭슨 플레더, 캐롤린 플레더, 닉 플레더를 비롯한 너그러운 시댁 식구들도 마찬가지다.

출판사 사람들에게 감사의 말을 전하고자 한다. 조너선 번햄과 마이클 모리슨은 항상 나를 믿고 지지해주었다. 제인 번, 에드 코언, 배리 하보, 애니 메이즈, 시드니 피어스, 버지니아 스탠리는 원고를 열심히 읽으면서 책이 나아갈 방향에 대해 중심을 잡아주었다. 요즘 같은 세상에 10년 동안 같은 편집팀과 즐겁게 일할 수 있는 작가가 얼마나 될까? 나는 세 권의 책을 내는 과정에서 고비마다 저명한 편집자 데이비드 허시의 유머와 전문적인 식견 덕을 보았다. 밀란 보직은 세 권의 책 표지를 멋지게 디자인해주었다. 크리스 캘훈은 언제나 현명하게 나를 이끌어주었다. 그리고 현재 나와 인생을 공유하고 있는 롭 플레더는 세 권의 책에 대해 환상적인 제목을 지어주고 편집 과정에서 참으로 귀중한 조언과 용기를 주었다.

지금까지 거명한 분들은 참으로 대단한 사람들이다. 이 자리에서 언급하지 못한 분도 많다. 하지만 내가 내린 결정이나 내가 저지른 오류는 그분들과 아무 관계가 없다. 오로지 나의 책임일 따름이다.

책머리에: 고고학자, 그들은 누구인가

"Archaeology's Dirty Little Secrets," online course, Sue Alcock, Brown University, 2014: www.coursera.org/course/secrets.

Birmingham, Robert A., *Spirits of Earth: The Effigy Mound Landscape of Madison and the Four Lakes* (Madison: University of Wisconsin Press, 2010).

Gill-Frerking, Heather, and W. Rosendahl, "Use of Computed Tomography and Three-Dimensional Virtual Reconstruction for the Examination of a 16th Century Mummified Dog from a North German Peat Bog," *International Journal of Osteoarchaeology*, vol. 23, issue 6, November/December 2013.

Glob, P. V., *The Bog People: Iron Age Man Preserved* (Ithaca: Cornell University Press, 1969).

Karr, Landon, with L. Adrien Hannus and Alan K. Outram, "Bone Grease and Bone Marrow Exploitation on the Plains of South Dakota: A New Perspective on Bone Fracture Evidence from the Mitchell Prehistoric Indian Village," A Bush Foundation Research Project, November 3, 2005.

"Kingship and Sacrifice: Iron Age Bog Bodies and Boundaries," Heritage Guide no. 35, Archaeology Ireland.

Lange, Karen, "Tales from the Bog," *National Geographic*, September 2007.

Renner, C., "Hard Evidence," *NDSU Magazine*, Fall 2007 (헤더 길프레어킹의 프로필이 포함돼 있다).

Robinson, Ron, with contributions by L. Adrien Hannus, *The Village on the Bluff: Prehistoric Farmers/Hunters of the James River Valley* (Sioux Falls: Archeology Laboratory, Augustana College, 2011).

Sanders, Karin, *Bodies in the Bog and the Archaeological Imagination* (Chicago: University of Chicago Press, 2009).

"Top 10 Discoveries of 2013," *Archaeology*, January–February 2014.

Vergano, Dan, "Bog Bodies Baffle Scientists," *USA Today*, January 16, 2011.

1장 필드스쿨

Deetz, James, *In Small Things Forgotten: An Archaeology of Early American Life*, rev. (New York: Anchor, 1996).

Gilmore, Richard Grant, "All the Documents Are Destroyed! Documenting Slavery for St. Eustatius," in Jay B. Haviser and Kevin C. MacDonald, eds., *African Regenesis, Confronting Social Issues in the African Diaspora* (London: Routledge, 2006).

Gilmore, R. Grant, "Shawn Lester Burials: White Hook or *Witten Hoek* Area Excavation," St. Eustatius Center for Archaeological Research, 2011.

Gilmore, R. Grant, III, M. L. P. Hoogland, and Corinne L. Hofman, "An Archaeological Assessment of Cul-de-Sac (The Farm)," Phase 2, report to NuStar, June–August 2011.

Gilmore, R. Grant, III, and Madeline J. Roth, "Fort Oranje, St. Eustatius, An Historical Archaeological and Architectural Assessment," *Fort: The International Journal of Fortification and Military Architecture*, vol. 41, 2013.

Hofman, Corinne L., Menno L. P. Hoogland, and Annelou L. van Gijn, eds., *Crossing the Borders: New Methods and Techniques in the Study of Archaeological Materials from the Caribbean* (Tuscaloosa: University of Alabama Press, 2008).

Morrison, Bethany, guest ed., "Special Forum: Innovations in Archaeological Field Schools," in *SAA Archaeological Record*, vol. 12, no. 1, January 2012.

Parker, Matthew, *The Sugar Barons: Family, Corruption, Empire, and War in the West Indies* (New York: St. Martin's Press, 2011).

Siegel, Peter E., and Elizabeth Righter, eds., *Protecting Heritage in the Caribbean* (Tuscaloosa: University of Alabama Press, 2011).

2장 초기 인류는 천재였다

American Museum of Natural History, Podcast: Land of Painted Caves with Jean M. Auel and Ian Tattersall, April 29, 2011.

Auel, Jean, *The Clan of the Cave Bear* (New York: Crown, 1980; Brilliance Audio, 1986).

_____, *The Land of Painted Caves* (New York: Crown, 2011; Brilliance Audio, 2010).

_____, _The Mammoth Hunters_ (New York: Crown, 1985; Brilliance Audio, 1986).

_____, _The Plains of Passage_ (New York: Crown, 1990; Brilliance Audio, 1991).

_____, _The Shelters of Stone_ (New York: Crown, 2002; Brilliance Audio, 2002).

_____, _The Valley of Horses_ (New York: Crown, 1982; Brilliance Audio, 1986).

Bataille, Georges, _Lascaux; Or, the Birth of Art: Prehistoric Painting_ (Lausanne: Skira, 1955).

Cochran, Tracy, "The View from Mount Auel," _Publishers Weekly_, April 22, 2002.

Edgar, Blake, "Chronicler of Ice Age Life," _Archaeology_, November/December 2002.

Finlayson, Clive, _The Humans Who Went Extinct: Why Neanderthals Died Out and We Survived_ (New York: Oxford University Press, 2010).

Hornblower, Margot, "Queen of the Ice Age Romance," _Time_, October 22, 1990.

Klein, Richard G., _The Human Career: Human Biological and Cultural Origins_, third ed. (Chicago: University of Chicago Press, 2009).

McBrearty, Sally, and Alison S. Brooks, "The Revolution That Wasn't: A New Interpretation of the Origin of Modern Human Behavior," _Journal of Human Evolution_, vol. 39, issue 5, November 2000.

Shea, John, "Bleeding or Breeding: Neandertals vs. Early Modern Humans in the Middle Paleolithic Levant," in Susan Pollock and Reinhard Bernbeck, eds., _Archaeologies of the Middle East: Critical Perspectives_ (Malden, MA: Blackwell, 2005).

_____, "The Human Revolution Rethought," _Evolutionary Anthropology_, 15:42–43 (2006).

_____, "Child's Play: Reflections on the Invisibility of Children in the Paleolithic Record," _Evolutionary Anthropology_, 15:212–16 (2006).

_____, "Homo sapiens Is as Homo sapiens Was," _Current Anthropology_, 52:1, February 2011.

_____, "Neanderthal News: Extinct Species Exhibit Variability," book review, _Evolutionary Anthropology_, vol. 20, no. 5, September/October, 2011.

_____, "Refuting a Myth About Human Origins," _American Scientist_, 99:2, March–April 2011.

_____, "Stone Tool Analysis and Human Origins Research: Some Advice from Uncle Screwtape," _Evolutionary Anthropology_, April 12, 2011.

_____, _Stone Tools in the Paleolithic and Neolithic Near East: A Guide_ (Cambridge, U.K.: Cambridge University Press, 2013).

Shea, John J., and Ofer Bar-Yosef, "Who Were the Skhul/Qafzeh People? An Archaeological Perspective on Eurasia's Oldest Modern Humans," *Journal of the Israel Prehistoric Society*, 35:451-68.

Stringer, Chris, *Lone Survivors: How We Came to Be the Only Humans on Earth* (New York: St. Martin's/Griffin, 2012).

Trinkaus, Eric, and Jiří Svoboda, eds., *Early Modern Human Evolution in Central Europe: The People of Dolní Věstonice* (New York: Oxford University Press, 2006).

Zielinski, Sarah, "Neanderthals . . . They're Just Like Us?" National Geographic News, October 12, 2012, http://news.nationalgeographic.com/news/2012/10/121012-neanderthals-science paabo dna sex-breeding-humans/.

3장 극한 음료

McGovern, Patrick E., *Uncorking the Past: The Quest for Wine, Beer, and Other Alcoholic Beverages* (Berkeley: University of California Press, 2009).

Tucker, Abigail, "Dig, Drink and Be Merry," *Smithsonian*, July–August 2011 (디지털 화면 제목은 "The Beer Archaeologist").

4장 옥저룡

Adovasio, J. M., Olga Soffer, and Jake Page, *The Invisible Sex* (New York: HarperCollins, 2009).

Nelson, Sarah M., *The Archaeology of Korea* (Cambridge, U.K.: Cambridge University Press, 1993).

_____, "The Development of Complexity in Prehistoric Northern China," *Sino-Platonic Paper*, no. 63, December 1994.

_____, "How a Feminist Stance Improves Archaeology," http://www2.nau.edu/~gender-p/Papers/Nelson.pdf.

_____, "In the Trenches: A Sister Archaeologist Joins a 'Band of Brothers,'" (미출간 원고).

_____, *Jade Dragon* (Walnut Creek, CA: Left Coast Press, 2009).

_____, "RKLOG: Archaeologists as Fiction Writers," in John H. Jameson Jr., John E. Ehrenhard, and Christine A. Finn, eds., *Ancient Muses:*

Archaeology and the Arts (Tuscaloosa: University of Alabama Press, 2003).

_____, *Shamanism and the Origin of States: Spirit, Power, and Gender in East Asia* (Walnut Creek, CA: Left Coast Press, 2008).

_____, *Spirit Bird Journey* (Walnut Creek, CA: Left Coast Press, 1999).

_____, *Tiger Queen*(미출간 원고).

Nelson, Sarah Milledge, and Myriam Rosen-Ayalon, eds., *In Pursuit of Gender: Worldwide Archaeological Approaches* (Walnut Creek, CA: AltaMira Press, 2002).

Stark, Miriam T., ed., *Archaeology of Asia* (Malden, MA: Blackwell, 2005).

5장 나의 삶은 폐허 속에 있다

"University Guide 2014: League Table for Archaeology," *Guardian*, June 4, 2014.

6장 길을 따라서 가는 시간 여행

"Archaeological Investigations in Deadwood's Chinatown, 2002," *Black Hills Historian* (newsletter of the Friends of Case Library, Black Hills State University), Fall 2002.

Brokaw, Chet, "Gambling Brought Deadwood, S.D., Back to Life," *USA Today*, November 11, 2009.

"Deadwood Dedicates Tribute to Its Chinese Heritage," *Rapid City Journal*, July 23, 2013.

Floyd, Dustin D., "Doomed: The Rise and Fall of Deadwood's Chinatown," *Deadwood Magazine*, February 1, 2006.

Griffith, Tom, "Deadwood Tapping into Its Chinese Heritage," rapidcityjournal. com, June 11, 2013.

Harvey, Andy, "Wing Tsue Demolition Affects Research," Keloland.com, February 10, 2006.

Katchadourian, Raffi, "Where East Met (Wild) West," *Smithsonian*, March 2005.

Loken, Maria, "Pair of Historic Buildings Razed," *Rapid City Journal*, December 28, 2005.

_____, "Razing Spurs Deadwood to Take Action," *Rapid City Journal*, January 19, 2006.

Wong, Edith C., "Ancestral Legacy," *Deadwood Magazine*, February 1 and March 1,

2006.

"Chinatown's Conundrum," *Deadwood Magazine*, March 1, 2007.

Zhu, Liping, and Rose Estep Fosha, *Ethnic Oasis: The Chinese in the Black Hills* (Pierre: South Dakota State Historical Society Press, 2004).

7장 바닷속에서 미스터리를 찾다

Abbass, D. K., "A Marine Archaeologist Looks at Treasure Salvage," *Journal of Maritime Law and Commerce*, vol. 30, no. 2, April 1999.

Chera, Constantin, "The Future of Underwater Archaeology," *UNESCO Scientific Colloquium on Factors Impacting the Underwater Cultural Heritage*, Loyal Library of Belgium, December 13–14, 2011.

Gould, Richard A., *Shipwreck Anthropology: The School for American Research* (Albuquerque: University of New Mexico Press, 1983).

McLeish, Todd, "Seeking Sunken Ships," *Quad Angles*, February 2007.

Mooney, Tom, "Treasures So Near, Yet So Far," *Providence Journal*, October 13, 2008.

8장 탐험가 클럽

Bintliff, John, "Why Indiana Jones Is Smarter Than the Post-Processualists," *Norwegian Archaeological Review*, vol. 26, no. 2, 1993.

Canby, Vincent, "Raiders of the Lost Ark" (ecstatic movie review), *New York Times*, June 12, 1981.

Connelly, Joan Breton, *Portrait of a Priestess: Women and Ritual in Ancient Greece* (Princeton, NJ : Princeton University Press, 2007).

Fagan, Brian, "An Archaeologist Whips Indy," *Wall Street Journal*, May 24, 2008.

Indiana Jones and the Ultimate Quest (movie), directed by Nikki Boella and Kevin Burns, Prometheus Entertainment, 2008.

Munsell Soil Color Charts, Munsell Color Company, rev. ed., 2000.

Polk, Milbry, and Mary Tiegreen, *Women of Discovery: A Celebration of Intrepid Women Who Explored the World* (New York: Clarkson Potter, 2001).

Wiese, Richard, *Born to Explore: How to Be a Backyard Adventurer* (New York: Harper, 2009).

Wilford, John Noble, "New Analysis of the Parthenon's Frieze Finds It Depicts a

Horrifying Legend," *New York Times*, July 4, 1995.

9장 흙과 더불어 속삭이는 사람들

Connelly, Joan Breton, *The Parthenon Enigma: A New Understanding of the West's Most Iconic Building and the People Who Made It* (New York: Alfred A. Knopf, 2014).

_____, "Twilight of the Ptolemies: Egyptian Presence on Late Hellenistic Yeronisos," in V. Kassianidou, R. Merilees, and D. Michaelides, eds., *Egypt and Cyprus in Antiquity* (Nicosia: Cyprus American Archaeological Research Institute and the University of Cyprus, 2009).

_____, "Yeronisos: Twenty Years on Cleopatra's Isle," *Explorers Journal*, Winter 2010–11.

Stone, Webster, "Cleopatra's Secret," *Departures*, July/August 2008.

10장 참전 용사 매장지에서

Bumiller, Elisabeth, "Air Force Mortuary Sent Troop Remains to Landfill," *New York Times*, November 9, 2011.

Carola, Chris, "Saving NY's Valley Forge: Revolutionary War Patriots' Graves Besieged by Development," *Gaea Times*, July 3, 2009.

Chastellux, Francois Jean, Marquis de, *Travels in North America* (Chapel Hill: University of North Carolina Press, 1963).

Goring, Rich, "The Fishkill Supply Depot and Encampment During the Years 1776–1778," New York Office of Parks & Recreation, Division of Historic Preservation, December 1975.

Hasbrouck, Frank, ed., *The History of Dutchess* County, New York (Poughkeepsie, NY: S. A. Matthieu, 1909).

Maynard, W. Barksdale, "The Fight to Save Fishkill," *American Spirit*, May–June 2014.

Randall, Michael, "Fading into History: Fishkill Depot Defenseless Against Mall," *Times Herald-Record*, September 16, 2006.

Rhinevault, Carney, and Tatiana Rhinevault, *Hidden History of the Lower Hudson Valley: Stories from the Albany Post Road* (Charleston, SC: History Press, 2012).

Smith, Philip Henry, *General History of Duchess [sic] County from 1609 to 1876,*

Inclusive (Pawling, NY: Self-published, 1877).

Sullivan, Robert, *My American Revolution: A Modern Expedition Through History's Forgotten Battlegrounds* (New York: Farrar, Straus and Giroux, 2012).

Ward, Christopher, *The War of the Revolution* (New York: Skyhorse Publishing, 2011).

Washington, George (John C. Fitzpatrick, editor), *The Writings of George Washington from the Original Manuscript Sources 1745-1799*; 미국 조지 워싱턴 탄생 200주년 기념 위원회가 기획하고 미국 의회가 공식 인정해 발간한 자료집 (Westport, CT: Greenwood Press, 1970).

11장 증거를 찾아라

Barry, Dan, "At Morgue, Ceaselessly Sifting 9/11 Traces," *New York Times*, July 14, 2002.

Bryson, Bill, *A Short History of Nearly Everything* (New York: Broadway Books, 2003).

Dunlap, David, "Ground Zero Forensic Team Is Posted to Seek Remains," *New York Times*, October 21, 2006.

Hockenberry, John, "Sherlock Holmes: Connecting Fiction and Forensics," *Takeaway*, NPR, December 17, 2013.

McPhee, John, *The Pine Barrens* (New York: Farrar, Straus and Giroux, 1981).

Robbins, Elaine, "Archaeological Crime Fighters," *American Archaeology*, Summer 2006.

Tattersall, Ian, *Masters of the Planet: The Search for Our Human Origins* (New York: Palgrave Macmillan, 2012).

12장 위험 세계 속의 고고학

Binkovitz, Leah, "Q&A: How to Save the Arts in Times of War: From Iraq to Libya, Corine Wegener Works to Preserve Priceless Objects of Human History," Smithsonian.com, January 24, 2013.

Bogdanos, Matthew, with William Patrick, *Thieves of Baghdad* (New York: Bloomsbury, 2005).

Joffe, Alexander, H., "Museum Madness in Baghdad," *Middle East Quarterly*, Spring 2004.

Kane, Susan, "Lessons Learned from Libya," *SAA Archaeological Record*, vol. 13, no. 3, May 2013.

Myers, Steven Lee, "Iraq Museum Reopens Six Years After Looting," *New York Times*, February 23, 2009.

Parker, Diantha, "Treasure Hunters in Uniform: 'Monuments Men' Remembered," *New York Times*, February 20, 2013.

Power, Matthew, "Letter from the Hindu Kush: The Lost Buddhas of Bamiyan: Picking Up the Pieces in Afghanistan," *Harper's*, March 2005.

Rush, Laurie, ed., *Archaeology, Cultural Property, and the Military* (Woodbridge, U.K.: Boydell Press, 2011); 특히 Laurie Rush의 논문 "United States Department of Defense Cultural Property Protection Program for Global Operations"에 주목하라.

_____, "CEAUSSIC: Mars Turns to Minerva," the American Anthropological Association's Ad Hoc Commission on Anthropology's Engagement with the Security and Intelligence Communities 2009년 7월 21일자 블로그 http://blog.aaanet.org/2009/07/21/ceaussic-mars-turns-to-minerva/.

Wegener, Corine, guest post, The Punching Bag blog by Larry Rothfield, November 29, 2009: http://larryrothfield.blogspot.com/2009/11/guest-post-from-maj-corine-wegener-on.html.

13장 군, 문화유산 보호에 나서다

Cutshaw, Jason B., "Post Archaeologist Will Train Soldiers to Preserve Historic Sites," June 22, 2006: http://www.drum.army.mil/mountaineer/Article.aspx?ID=1287.

Eugene, Toni, "Army Project Teaches Cultural Awareness to Deployed Troops," *Army*, March 2008.

"Fort Drum Archaeologist Offers Lessons Learned While Studying in Rome," December 9, 2010: http://www.drum.army.mil/mountaineer/Article.aspx?ID=4979.

Ghiringhelli, Paul Steven, "Fort Drum Archaeologist Spreads Influence During Studies in Rome," February 24, 2011: http://www.drum.army.mil/mountaineer/Article.aspx?ID=5115.

_____, "Fort Drum Archaeologist's Influence Grows After Year at Prestigious Academy in Rome," October 6, 2011: http://www.army.mil/

article/66827/.

Greenleese, Nancy, "Archaeologist Saves Cultural Treasures with Cards," Deutsche Welle, August 27, 2012: http://www.dw.de/archeologist-saves-cultural-treasures-with-cards/a-16195430-1.

McHargue, Georgess, *In the North Country: The Archeology and History of Twelve Thousand Years at Fort Drum* (Hollis: Puritan Press, 1998).

Montagne, Renee, "U.S. Base Damages Ancient Babylonian Temple," *Morning Edition*, NPR, June 24, 2004.

Schlesinger, Victoria, "Desert Solitaire," *Archaeology*, vol. 60, no. 4, July–August 2007.

Wagner, Heather, Laurie W. Rush, and Ian Warden, *Protecting the Past to Secure the Future: Best Management Practices for Hardening Archeological Sites on DoD Lands*, Legacy Resource Management Program, March 2007.

14장 마추픽추에서 문화유산을 생각하다

Adams, Mark, *Turn Right at Machu Picchu: Rediscovering the Lost City One Step at a Time* (New York: Plume, 2012 reprint ed.).

Atwood, Roger, "A Monumental Feud," *Archaeology*, 58:4, July–August 2005.

Bailey, G., et al., "Sic Transit Gloria Mundi," British Archaeology, 92: January–February 2007.

Council of Europe Framework Convention on the Value of Cultural Heritage for Society (Faro agreement, 2005): http://conventions.coe.int/Treaty/EN/Treaties/Html/199.htm.

Creamer, Winifred, Jonathan Haas, and Ruth Shady Solís, "Dating Caral, a Preceramic Site in the Supe Valley on the Central Coast of Peru," *Science*, April 27, 2001.

Drake, Barbara, "Totally Offensive: McDonald's Opens at Cusco Plaza de Armas," An American in Lima (blog), September 24, 2008.

Harrison, Rodney, and John Schofield, *After Modernity: Archaeological Approaches to the Contemporary Past* (Oxford, U.K.: Oxford University Press, 2010).

Jacobs, Michael, *Andes* (London: Granta, 2010).

Mann, Charles C., 1491: *New Revelations of the Americas Before Columbus* (New York: Vintage, 2006).

Miller, Kenneth, "Showdown at the O.K. Caral," *Discover*, September 9, 2005.

Moseley, Michael Edward, "Four Thousand Years Ago in Coastal Peru," Gordon R. Willey Lecture, Peabody Museum of Archaeology and Ethnology at Harvard University, April 8, 2010.

_____, *The Incas and Their Ancestors: The Archaeology of Peru* (New York: Thames & Hudson, 2001 revised ed.).

_____, *The Maritime Foundations of Andean Civilization* (Menlo Park, CA: Cummings Publication Company, 1974).

Munro, Kimberly, "Ancient Peru: The First Cities," *Popular Archaeology*, vol. 5, December 2011.

Parcak, Sarah, "Eat Your Heart Out, Indiana Jones," *Future Tense*, October 3, 2013.

Ruggles, D. Fairchild, ed., *On Location: Heritage Cities and Sites* (New York: Springer, 2012).

Shady, Ruth, "Reply of Dr. Shady to PANC (Proyecto Arqueológico Norte Chico) (English version)," Caral Civilization Peru blog, January 17, 2005: http://caralperu.typepad.com/caral_civilization_peru/2005/01/reply_of_dr_sha_1.html.

Shady, Ruth, and Christopher Kleihege, *Caral: The First Civilization in the Americas: La Primera Civilizacion de America* (Chicago: CK Photo, 2010).

Shady Solís, Ruth, "Caral: Ruth Shady Solís," en Perú (blog), November 17, 2007: http://enperublog.com/2007/11/17/caral-ruth-shady-solis/.

_____, *Caral, The Oldest Civilization in the Americas: 15 Years Unveiling Its History* (Proyecto Especial Arqueológico Caral-Supe, Instituto Nacional de Cultura, 2009).

Silverman, Helaine, and William H. Isbell, eds., *Handbook of South American Archaeology* (New York: Springer, 2008).

Silverman, Helaine, and Donald A. Proulx, *The Nasca* (Malden and Oxford: Blackwell, 2002).

기타 흥미로운 고고학 문헌

Brinkley, Douglas, *The Wilderness Warrior: Theodore Roosevelt and the Crusade for America* (New York: HarperPerennial, 2010).

Carmichael, David L., Robert H. Lafferty III, and Brian Leigh Molyneaux, *Excavation (Archaeologist's Toolkit)* (Walnut Creek, CA: AltaMira Press, 2003).

Carver, Martin, *Making Archaeology Happen: Design versus Dogma* (Walnut Creek, CA: Left Coast Press, 2011).

Ceram, C. W., *Gods, Graves and Scholars* (New York: Vintage Books, 1986 second rev. ed.).

Childs, Craig, *Finders Keepers: A Tale of Archaeological Plunder and Obsession* (New York: Little, Brown, 2010).

Christie, Agatha, *Murder in Mesopotamia: A Hercule Poirot Mystery* (New York: William Morrow Paperbacks, 2011 reissue ed.).

Cuno, James, *Who Owns Antiquity? Museums and the Battle over Our Ancient Heritage* (Princeton, NJ: Princeton University Press, 2008).

Curtis, Gregory, *The Cave Painters: Probing the Mysteries of the World's First Artists* (New York: Anchor, 2007).

deBoer, Trent, *Shovel Bums: Comix of Archaeological Field Life* (Walnut Creek, CA: AltaMira Press, 2004).

Eiseley, Loren, *The Night Country* (Lincoln: University of Nebraska Press, 1997).

Fagan, Brian M., *Ancient North America: The Archaeology of a Continent* (London: Thames & Hudson, 2005, 4th ed.).

_____, *In the Beginning: An Introduction to Archaeology* (Boston: Little, Brown, 1972).

Felch, Jason, and Ralph Frammolino, *Chasing Aphrodite: The Hunt for Looted Antiquities at the World's Richest Museum* (Boston: Houghton Mifflin, 2011).

Feldman, Mark, *Archaeology for Everyone* (New York: Quadrangle/New York Times Books, 1977).

Flatman, Joe, *Becoming an Archaeologist: A Guide to Professional Pathways* (Cambridge, U.K.: Cambridge University Press, 2011).

Geier, Clarence R., Jr., ed., *Look to the Earth: Historical Archaeology and the American Civil War* (Knoxville: University of Tennessee Press, 1996).

Grann, David, *The Lost City of Z: A Tale of Deadly Obsession in the Amazon* (New York: Doubleday, 2008).

Hallote, Rachel S., *Death, Burial, and Afterlife in the Biblical World: How the Israelites and Their Neighbors Treated the Dead* (Chicago: Ivan R. Dee, 2001).

Herridge, Victoria, "TrowelBlazers: In Search of the Female Indiana Jones," CNN. com, June 20, 2013 (and TrowelBlazers blog).

Jansen, Gemma C. M., Ann Olga Koloski-Ostrow, and Eric M. Moormann, eds., *Roman Toilets: Their Archaeology and Cultural History* (Leuven: Peeters, 2011 supplement ed.).

Kansa, Eric C., Sarah Whitcher Kansa, and Ethan Watrall, eds., *Archaeology 2.0:*

New Tools for Communication and Collaboration (Los Angeles: UCLA Cotsen Institute of Archaeology Press, 2011).

Leakey, Mary D., *Disclosing the Past: An Autobiography* (New York: McGraw-Hill, 1986).

Lenik, Edward J., *Rocks, Riddles and Mysteries: Folk Art, Inscriptions and Other Stories in Stone* (Franklin: American History Press, 2011).

Mallowan, Agatha Christie, *Come, Tell Me How You Live: An Archaeological Memoir* (New York: William Morrow, 1946).

Mann, Charles C. *1493: Uncovering the New World Columbus Created* (New York: Vintage, 2012).

MacManamon, Francis P., and Alf Hatton, eds., *Cultural Resource Management in Contemporary Society: Perspectives on Managing and Presenting the Past* (New York: Routledge, 2000).

Sebastian, Lynne, and William D. Lipe, *Archaeology and Cultural Resource Management* (Santa Fe: School for Advanced Research Press, 2009).

Thomas, David Hurst, *Skull Wars: Kennewick Man, Archaeology, and the Battle for Native American Identity* (New York: Basic Books, 2001).

Wilson, Lanford, *Lanford Wilson's The Mound Builders* (New York: Broadway Theatre Archive, 1976).

Wynn, Thomas, and Frederick L. Coolidge, *How to Think Like a Neandertal* (New York: Oxford University Press, 2012).

Zeder, Melinda A., *The American Archaeologist: A Profile* (Walnut Creek, CA: AltaMira Press, 1997).

_____, "The American Archaeologist: Results of the 1994 SAA Census," *SAA Bulletin*, March 1997.

찾아보기

폐허에 살다
발굴해서 역사를 찾는 고고학자들 이야기

1판 1쇄 2016년 8월 25일

지은이 | 메릴린 존슨
옮긴이 | 이광일

펴낸곳 | (주)도서출판 **책과함께**
　　　　주소 (04022) 서울시 마포구 동교로 70 소와소빌딩 2층
　　　　전화 (02) 335-1982~3
　　　　팩스 (02) 335-1316
　　　　전자우편 prpub@hanmail.net
　　　　블로그 blog.naver.com/prpub
　　　　등록 2003년 4월 3일 제25100-2003-392호

ISBN 979-11-86293-60-7 03900

이 도서의 국립중앙도서관 출판시도서목록(CIP)은
서지정보유통지원시스템 홈페이지(http://seoji.nl.go.kr)와
국가자료공동목록시스템(http://www.nl.go.kr/kolisnet)에서 이용하실 수 있습니다.
(CIP제어번호 : CIP2016018563)